하나님의 열심을 품은 간절 목회

# An Earnest Ministry

*by*

John Angell James

하나님의 열심을 품은

# 간절 목회

존 에인절 제임스 지음
서문 강 옮김

청교도신앙사

차례
contents

- 역자후기 _6
- 지은이 머리말 _10
- 제 3판을 선보임에 즈음하여 _20

chapter 1
사도의 목회 사역 _22

chapter 2
'간절한 열심'의 본질 _34

chapter 3
'간절한 열심'과 목회 사역 _84

chapter 4
설교 방식에서 나타나는 '간절한 열심' _107

chapter 5
여러 설교자들이 보여준 '간절한 열심'의 본보기들 _126

*An Earnest Ministry*

*chapter 6*
설교 전달에서 나타난 '간절한 열심'의 본보기들 _163

*chapter 7*
목회적 돌봄에서 나타나는 '간절한 열심' _201

*chapter 8*
목회 사역 속에서 나타난 '간절한 열심'의 본보기들 _224

*chapter 9*
'간절한 열심'의 동기들 _242

*chapter 10*
'간절한 열심 목회'를 위한 방편들 _326

*chapter 11*
목회 사역과 신적 감동의 함수 관계 _373

역자후기

**먼저** 이 책을 우리에게 주신 성 삼위께 찬미와 영광을 돌리나이다.

일전에 어느 자리에서 제가 이 책의 번역을 마치고 책을 편집 제작 중이라고 하니, 영국에서 유학하였던 어느 목사님께서 대번에 반가워하면서 이런 말씀을 하셨습니다. "우리에게 목회학을 가르쳤던 교수님께서 리처드 백스터(Richard Baxter)의 「The Reformed Pastor」[1]와 함께 목회자들이 반드시 읽어야 하는 다섯 권의 목회학 고전을 소개하였는데 그 중에 그 책이 들어 있었습니다."

역자인 저는 이 책을 번역하면서 그 목사님께서 유학 때에 영국의 목회학 교수님으로부터 들었다는 그 말이 참되다는 것을 큰 소리로 증거할 사람이 되었습니다. 리처드 백스터의 「참 목자상」은 제가 회심하고 나서 복음적인 은혜에 사로잡히고 소명을 강하게 의식하던 시기(1970년 초)에 읽고 얼마나 감동이 되었는지요. 신학대학원에 입학하기 전에 그 책을 읽었을 때, 제 복음 소명을 더욱 더 깊게 의식하게 되었으며 복음 사역자로 부르심에 합당하게 섬기는 것의 참된 행복과 영예로 마음이 부풀어 올랐었습니다. 그 때 그 감동을 이 책을 번역하면서 새롭게 체험하였습니다. 주제넘을지 모르지만, 이 책을 읽게 될 모든 하나님의 사람들 역시 저의 그러한 감동을 동일하게

---

[1] 이 책의 한국의 최초역본은 박형용의 '참 목자상' 이다. - 역자주

체험할 것이라고 감히 확신하는 바입니다. 과격하다는 소리가 들릴지 모르지만 한 마디 더 하고 싶은 충동을 받습니다. 이 책을 읽고도 시큰둥한 사역자가 있다면 그는 자신의 현재의 영혼 상태를 심각하게 점검하든지, 아니면 복음 사역자의 자리를 아예 내려놓는 것이 하나님과 교회 성도들을 위해서 더 좋을 것이라고 말입니다.

　이 책의 저자 존 에인절 제임스(John Angell James, 1785-1859) 목사님은 우리 한국교회 성도들에게는 아주 생소한 이름입니다. 그러나 그는 비국교도 교회의 목회자로서 교리적으로나 실천적 경건이나 목회 사역적 열매에 있어서 균형잡힌 칼빈주의로서 당대 영국 교회들에 지대한 영적 지도력과 영향을 끼친 분이셨습니다. 스펄전(C. H. Spurgeon, 1834-1892) 목사님 보다 거의 50년 이전에 태어났다가 스펄전 목사님의 나이 25세에 하나님께 부르심을 받았습니다. 스펄전 목사님이 이 분의 경건과 신학과 목회적 열매에 큰 도전을 받았던 것이 드러났습니다. 듣기로 스펄전 목사님에게 큰 영적 도전과 감화를 준 선진들(특히 존 갈빈과 청교도들)이 있었는데, 그들 중에서 대표적인 목사님들을 들라 하면 리처드 백스터(Richard Baxter) 목사님과 이 책의 저자인 존 에인절 제임스 목사님이었다는 것입니다. 특히 그의 책들은 스펄전 목사님의 회심과 목회 소명과 사역에 큰 영향력을 끼쳤다는 것입니다. 하여간에 이 책을 읽는 독자는 이 저자 목사님의 논리적이면서도 불같은 뜨거운 확신과 도전과, 스펄전 목사님에게서 만나는 것이 것이 거의 동일하다는 인상을 마음에서 지워낼 수 없을 것입니다.

　본서는 고린도후서 11:2의 "*내가 하나님의 열심으로 너희를 위하여 열심 내노니 내가 너희를 정결한 처녀로 한 남편인 그리스도께 드리려고 중매함이로다.*"라는 말씀을 기초 본문으로 삼고 목회 사역의 본질을 설파하는 '불같은 뜨거운 책' 입니다. 특히 그 진정성을 나타내는 여러 표지(標識)들 중에 '간절한 열심'

(earnestness)의 요점을 중심하여 목회사역의 본질과 그 영광을 진술해 나갑니다. 특히 성경과 교회사의 여러 신실한 종들의 사역의 원리와 목회 임상적 열매와 체험에 그 역설을 예증하고 비추어 내고 있습니다.

그래서 이 책은 하나님께서 '목회'라는 방편을 통해서 당신의 일을 이루시되, 소명 받은 사역자의 어떤 목회 자세와 실제를 통해서 이루시는 지를 잘 드러내고 있습니다.

누구나 느끼는 것은 '목회' 실제에 대한 관심은 많으면서도 정작 '목회'에 대한 학문적이고 논리적 연구에는 등한합니다. 그저 '목회는 이론으로는 되지 않고 실제 임상으로 배우는 것이라' 는 의식이 팽배해 있습니다. 그래서 신학대학에서 신학의 정론은 가르치려 노력하면서도 그 신학과 교리를 맡겨진 회중들에게 먹이고 적용하는 '목회 사역'에 대해서는 등한히 여기는 것이 사실입니다. 그러니 신대원에서 목회학이 필수로 되어 있으면서도 그저 '통과 수순' 정도로 여겨지고, 소위 목회에 성공하였다는 목사님들의 목회 임상적 경험론이 그 목회학 과목의 내용의 주를 이루고 있는 실정입니다. 그러나 막상 목회 현장에 나가는 젊은이들이 '실제 목회 현장'에서 자기들의 방향을 잡아줄 '나침반과 같은 길잡이'가 없어서 '사역적 방황'을 하게 됩니다. 또 이 방면에서 진정한 도움을 줄만한 고전적인 양서들이 그리 많이 소개되지도 않았습니다. 그러다 보니 현대 소위 '이머징 처치'(Emerging Church)로 불리우는 '신흥 대형 교회들의 목회자들'의 '대형교회로 가기까지의 성공스토리'가 그것들을 대신하는 기막힌 현실이 등장합니다.

그러나 '목회'는 사람이 정한 제도가 아니라 하나님께서 당신의 피로 값 주고 사신 교회에 제정하여 주신 '신적인 살아있는 제도'요, 하나님께서 당신의 일을 하실 때 쓰시는 '최우선적인 방편' 입니다. 이런 상황 속에서 이 책이 모든 복음 사역자들이나 교회를 섬기시는 모든 신실한 성도들이 교회의 목회자와 목회에 대한 정론(正論)을 제시하는 '나침반'과 같은 역할을 하리라 저는 주님 안에서 확신합니다.

저는 첨가하여 감히 모든 복음 사역자들에게(뜻있는 성도님들도 함께) 리처드 백스터의 「참 목자상」(The Reformed Pastor), 찰스 브릿지스(Charles Bridges)의 「참된 목회」(The Christian Ministry), 이 책 「간절 목회」(An Earnest Ministry)를 절대적인 필독서로 권하고 권하는 바입니다. 이 책의 제목을 원문대로 직역하여 '열심목회'라고 하려다가 '간절 목회'로 바꾼 것은, 오늘날 '열심'이란 단어가 풍기는 뉘앙스가 너무나 다양해졌다는 제 나름의 의식 때문입니다. '간절'이란 말 속에 '참된 진지함과 열심'이 다 들어 있다고 여겨 그리하였습니다.

이런 책을 위해서 힘을 쓰는 '청교도신앙사'에 하나님의 복주심이 더욱 충만하게 넘치게 하시기를 바랍니다. 이 출판사의 부단한 정진을 위해 많은 독자 여러분들의 기도와 성원과 지원을 간청하는 바입니다. 이 책의 원고 정서, 편집, 디자인 등 이 책이 나오기까지 수고한 모든 이들과, 늘 부족한 종의 목회사역과 함께 문서사역을 하나님이 맡기신 일로 기뻐하며 기도로 지원하는 중심교회 모든 성도님들에게 심심한 감사를 드립니다. 지금까지와 앞으로 주님의 은혜 속에서 늘 저를 보필하며 사랑 가운데서 동행하는 신실한 아내 '사랑하는 당신'에게 이 책으로 인한 기쁨을 드리는 바입니다.

아버지 하나님, 부족한 제게 교회사에 숨어 있는 성령께서 쓰셨던 말씀의 신실한 종들을 찾아내는 영광과 지혜를 더해 주옵소서. 그리하여 그 은혜를 함께 누리기 원하시는 한국교회 성도님들과 복음 사역자들과 함께 기뻐하게 하옵시기를 우리 주님의 이름으로 간구하옵니다. 아멘.

주후 2012년 9월, 새 가을이 옷깃까지 스며들어온 때에
녹번동 중심교회 서재에서 역자 아룀

지은이 머리말

현대의 복음적인 강단이 가졌던 권능의 일부를 이미 상실하였고, 지금도 여전히 그런 일이 진행되고 있지 않습니까? 이 질문은 단순한 호기심으로 던져보거나, 깊이 생각해 보지 않고 그저 무지한 상태에서 대충 서둘러 대답하기에는 너무나도 중대한 질문입니다. 그 질문에 대하여 '그렇지는 않다'는 식으로 대답한다면 그 대답을 세워줄 논박할 수 없는 증거를 제시하여야 합니다. 이 문제는 '복음의 정통성'이라는 대의(大義)뿐만 아니라 인류의 영원한 복락과 너무나 깊은 연관을 가진 결과들을 가져옵니다. 반면에 실제 악한 실상을 주목하면서 '정말 그러하다'고 대답한다면, 그 악을 교정(矯正)하기 위하여 필요한 척도가 우리 손에 아직도 남아있는데도 그것을 등한히 여겨 그 악을 계속 존속케 하고 있음을 인정하는 셈이 될 것입니다.

이 질문에 대한 바른 해답을 얻기 위해서는, 강단의 권세를 잃는다는 것이 무엇을 뜻하는지 규정할 필요가 있습니다. 복음적인 목회의 여러 직무들을 염두에 두고 '사람들이 설교를 들으러 오고 싶은 마음이 줄어들었다'는 실상을 주목하면서 그런 질문을 던졌다 합시다. 그러면 서슴없이 그 복음적인 목회 직무들이 아직은 권세를 잃지 않았다는 긍정적인 답변을 내놓을 수 있을 것입니다. 왜냐하면 이전 어느 시대도 지금 현 시점에서처럼 구원의 기쁜 소식을 들으려 사람들이 이같이 모여든 적이 없었기 때문입니다.[1]

그러니 우리가 위에서 던진 질문의 참된 의도는 '현재 강단이 복음 설교의 위대한 목적의 관점에서 그 효력의 일부를 상실하지 않았느냐?'는 의미입니다. 복음 전파의 큰 목적은 죄인들로 회심케 하고, 이미 믿는 자들로 영적 진보를 하게 하는데 있습니다.

이 문제에 대한 바른 결론을 얻기 위해서는 또 다른 질문을 던지고 그에 대한 해답을 얻어야 합니다. 곧 '과거 교회 역사와 현재의 교회 실상을 비교하면 어떠한가?' 하는 것입니다. 우리는 리처드 백스터(Richard Baxter), 존 하웨(John Howe), 존 오웬(John Owen), 윌리엄 베이츠(William Bates), 토마스 맨튼(Thomas Manton), 스테판 차르녹(Stephen Charnock) 같은 이들의 청교도 시대로 되돌아가 현재 강단들의 실상을 비추어보면, 현 시대의 강단이 그런 시대와 동일한 결과를 맺고 있다고 말할 이유를 거의 발견하지 못합니다. 조지 휫필드(G. Whitefield)와 존 웨슬리(John Wesley)의 사역의 수고를 통하여 영국 국교회나 비국교도 중에서 복음의 부르심을 받았던 사람들을 생각해 보십시오. 지금 현재 설교자들보다 그들이 더 큰 능력으로 하나님의 은혜의 복음을 선포하여 성공을 거두었습니다. 그 점에 대하여 의문의 여지가 없습니다.

그러므로 우리는 지금부터 25년 전(이 책의 저작 연대가 1847년임을 감안할 것)부터 시작하여 지금까지의 실상을 주목하면서 그 문제를 풀어나가는 것이 더 좋습니다. 지금 복음 설교의 문제를 복음적인 교단들 모두를 통틀어 탐사하는 형식으로 알아보자면, 그 교단들이 그 전과 같은 동일한 결과, 곧 사람들이 구원받고 거룩하게 되는 열매들을 만났습니까? 그렇지 않을 뿐 아

---

1) 이 책의 저작 연대가 1847년임을 감안하면 도움이 될 것이다. 스펄전 목사가 1834년에 태어났고, 스펄전 목사가 이 책의 저자의 책들을 통하여 영적으로 큰 영향을 받는다. - 역자 주

니라 갈수록 그 효과가 절감되고 있는 것처럼 보이지 않습니까? 우리가 던진 그 질문에 답하기 위하여 그와 관련된 정확한 통계 자료는 가지고 있지 않습니다. 그러나 상대적으로 일반적인 보도 자료들을 의존할 수는 있습니다. 이러한 강단의 효력이 부족한 현실을 아는 복음적인 교단들이 이 일을 슬퍼하고 있습니까? 우리는 마땅히 그 질문을 던져야 합니다.

어느 시대나 소속 교단이 어디이든지 목사들은 어느 정도까지는 그 현실을 인정하면서 정말 슬퍼하기도 하였습니다. 그러나 지금의 상황을 인정하는 정서를 이끌어 가는 자들은 누구입니까? 자기들끼리 서로 비교하는 수준에서 머물고 있는 자들이 아닙니까? 그들의 정서 속에는 현재도 어느 정도 성공적이고, 과거에도 그 나름의 성공을 거두었다는 의식이 들어있습니다.

그러나 현재 장로교회나 회중교회나 침례교회나 미국의 감리교회들이 하나 같이 모두 "우리 교단의 교회가 생기를 잃어 부흥이 희귀하고 회심이 아주 희소하고, 이미 신앙고백하는 그리스도인들의 경건의 능력이 매우 낮은 수준으로 떨어져 있다."고 동시적으로 자백합니다. 1846년 영국의 감리교단의 보고에 따르면 700명 정도의 교인 증가수를 보였으나, 올해 1847년에는 5,000명의 감소 현상이 나타날 것이라고 보도하였습니다. 영국 국교회의 복음적인 목사들은 자기들의 설교를 통해서 회심하는 일들이 희귀해졌다고 슬퍼하고 있습니다. 헨리 벤(Henry Venn), 로메인(Romaine), 세실(Cecil), 존 뉴톤(John Newton)의 능력을 이어 받을 후계자들이 없어 보입니다. 침례교회나 독립파교회들도 앞으로의 전망을 밝게 하는 보고를 하지 못하고 있습니다.

North British Review 최근호에 촤머스 박사(Dr. Chalmers)가 스코틀랜드 교회 상태를 말하면서 이렇게 지적합니다.

"스코틀랜드의 국교회인 장로교회의 분열이 적어도 자유교회(Free Church)

의 사역에 새로운 활력을 준 것으로 추정하던 때가 있었다."

그는 그 때를 지적하면서 탄식 어린 어조로 이렇게 말합니다.

"현 상황을 있는 그대로 볼 때 우리의 신조(信條)들과 신앙고백서들이 힘을 쓰지 못한다. 성경은 죽은 문자처럼 보인다. 한 때 영광스러웠던 정통(正統)이 생기와 활력을 상실함으로써 지금은 우리 모든 교회의 수치와 능욕거리처럼 취급당하고 있다."

이는, 우리로 화들짝 놀라게하는 강한 어법입니다. 그러나 정말 우울한 것은 실상(實狀)이 그 기고문 대로라는 데 있습니다.

현재 복음적인 강단이 죄인들을 회심시키고 신자들의 영적 생명을 진보하게 하는 능력 중에 무언가를 잃고 있음을 사실 그대로 인정하는 것이 온당합니다. 그런 입장에서 우리 모두 가장 깊은 진지함으로 그 고통스러운 실상을 반추하며 가장 주밀한 자세로 그 원인을 찾아내려고 애를 써야 마땅합니다. 도덕폐기론적(Antinomian) 방종이나 환각주의의 악한 정신에 빠져 그 전체 문제를 그저 하나님의 주권에다 돌리며 "하나님께서 그리 되게 하셨다."고 말하는 것은 정말 부당한 일입니다. 그것은 마치, 회개하지 않고 있는 죄인이 자신의 현재 상태를 만족하게 여기면서 "내가 이러한 상태에 빠져있는 것은 나를 회심시키기 위해 필요한 감화를 거두어 가신 하나님의 주권 때문이다."고 말해도 된다는 것과 다를 바 없습니다.

물론 좋은 열매가 줄어든다면 하나님의 감동하심이 멈추게 된 결과라고 인정해야겠죠. 그러나 성령께서 적절한 방편을 통해서 역사하고 계시다면, 그러한 정체(停滯) 자체가 설교자 자신 편에 있는 허물로 야기된 것으로 볼 수는 없는 것입니까? 방편을 활용하되 지금 현재의 모양새와는 다른 질서 속에서 활용하거나, 그 방편들을 사용하여 더 큰 힘을 얻으면, 성령의 능력의 감소를 가져오는 원인을 제거하는 효과로 이어지지 않을까요? 우리 모두 진지하게 자신을 탐사하면서 기도하는 심정으로 던져야 할 질문은 그것입니다. 강단의 권세가 약화된 것이 사람들의 상태를 강단이 제대로 적응하지 못한 결과입니까? 아니면 강단의 감화력이 이같이 서글프게 하락된 것이 오로지 시대의 환경들 때문입니까? 의심할 여지없이 이 두 가지의 방면 모두에 문제가 있음을 유념하고 그 이유를 찾아야 할 것입니다.

그러니 이 문제는 모든 것과 깊이 연관되어 있습니다. 밑으로 떨어지는 추세는 갈수록 더 가속적으로 진행되기 마련입니다. 그래서 약한 것이 더 약하게 될 것입니다. 그 하향 추세의 진행을 막아 정지시키지 않는다면 그리 될 것입니다.

강단의 효력의 감소를 다른 입장에서도 숙고하여 말할 수도 있습니다. 그런 입장에서 신문(新聞)이나 주일학교 영향력의 증대를 주목해야합니다. 한 때 설교자는 일반 사람들의 마음을 거의 혼자서 알아내야 했습니다. 그때에도 성경과 학교와 책자가 있었습니다. 그러나 오늘날과 비교해보면 그 수에 있어서도 얼마나 적었고 그 영향력도 얼마나 미미하였던지요! 그러나 지금은 복음 진리가 가능한 모든 형태의 다양성을 띠고 수백만의 사람들 앞에 제시되어 있습니다. 어린이도 주일학교 선생으로부터 교훈을 배웁니다. 성인들의 경우 아무리 가난하더라도 집에서 소책자나 작은 잡지를 읽을 수 있습니다. 어떤 방면에서는 이것이 설교자에게 도움을 주기도 하지만, 설교자가 가지고 있는 모든 이점(利點)을 빼앗아갑니다. 곧 그런 것들이 새로운 표현으로 공중(公衆)의 마음을 독점하여 사로잡고 있습니다. 그런 일이 한 때는 독점적으로 설교자에게 주어졌었습니다. 그러나 이제는 모든 주제에 대하여 주일학교 교사(敎師)의 생생한 음성이 설교자를 앞질렀습니다. 또는 소책자의 조용한 권면이, 모든 주제에 대한 설교자가 설교로 할 말을 미리 해 버렸습니다.

그러나 사람이 회심하는데 이러한 부수적인 보조 방편들이 사용될 수는 있지만 결단코 강단을 대신하지는 못할 것입니다. 강단에 선 설교자가 그런 것들에 자기 지위를 빼앗겨서는 안됩니다. 그러한 경쟁자들이 늘어나면 그만큼 하나님께서 의도하신 사람들의 구원을 위한 능력으로 쓰시는 설교자의 수고가 증대되기 마련입니다.

주일학교나 인쇄물로 말미암아 종교적 지식이 증가하는 것을 강단에 선 설교자가 결코 두려워 할 필요가 없음은 다음과 같은 사실로 말미암아 명백해집니다. 곧 과학이 발달하여 그 논문들을 많이 내니 그 논문 책자들의 가격이 저렴해져 가장 가난한 사람의 주머니 속에도 들어가게 되니 그에 비례하여 공적인 학문을 가르치는 교수들의 수도 늘렸다는 사실입니다.

이상에서 간단하게 주목해본 그 사실들이 이 책의 출현(出現)의 필요성을 설명해 줄 것입니다. 아니 그 사실들이 이 책의 출현의 정당성을 인정받게 할 것입니다.

우리는 '열심 시대'(earnest age)에 살고 있습니다. '간절한 열심 목회'가 아니고서는 그 어느 것도 그 목회의 성공을 기대하지 못하게 합니다. 작년에 저자인 본인은 췌스헌트 칼리지(Cheshunt College)의 설립 기념 예배에서 설교하는 영예를 얻게 되었는데, 그 때 그 확신 속에서 이 책의 주제를 발견했습니다. 그 예배가 끝난 뒤에 그 대학의 학장이 제게 '설교한 것을 출판해 달라'고 요청하였습니다. 그러나 그러한 요청이 정말 애국심에 충만하던 시대에나 주어질 법하다는 생각이 들어 저는 그 청에 응한다는 생각 자체를 모두 버렸습니다. 물론 그 학장은 아주 정중하게 제게 요청하였지만 말입니다.

그러나 제 마음의 중심이 바로 그 주제로 다시 돌아가게 되었습니다. 그리고 그 대학 사회를 그처럼 많은 지혜와 존엄을 가지고 이끌어 가는 그 뛰어난 학장 목사의 간청을 받아들여 결심을 바꾸기로 하였습니다. 그 학장은 다른 모든 일에서 뿐만 아니라 실천적 경건에 있어서도 매우 풍성한 경지에 이르신 분인데, 또 다른 종류의 간청을 제게 하였습니다. 그 간청이 저로 하여금 깊은 의무감을 갖게 하였습니다. 그리고 그 간청을 들어 주려면 어느 시대 어느 나라에서든지 가장 심오한 철학자들과 해리스 박사(Dr. Harris)의 이름을 연계시켜야 했습니다. 저는 그분의 가치 있는 생애가 더 연장되어 그 거대한 일련의 논문들을 마치게 은혜를 주십사고 하나님께 바라는 바입니다. 그분은 그처럼 모험적이나 매우 균형 있는 지성을 가지고 그 일련의 거대한 논문들을 계획하셨습니다. 그 중 최근에 발간된 그 분의 책은 이제 시작에 불과합니다!

본인은 그 분의 원고를 교정하면서 처음에 탈고했던 원고에 더 많은 증보를 하셨음을 발견하였습니다. 그래서 저는 이 책을 쓸 시간을 얻자마자 그 효력이 짧아 오래 읽히지 못할 팸플릿보다는 더 나은 생명력을 가진 소논문을 준비 해야겠다고 결심하였습니다. 그 논문의 주제가 본인의 손아래서 자라나서 결국 이렇게 부피가 늘어난 책으로 완성된 것입니다.

그러나 본인은 이렇게 부피가 큰 책의 분량으로 동역자들을 권고하는 역할을 수행하게 되었는데, 너무 억측을 부린다는 비난을 면제받기 어려울 것 같습니다. 본인 스스로는 목회 동역자들의 주목을 끌만한 어떤 것을 거의 갖고 있지 않다고 생각합니다. 심지어 가장 어린 목회 동역자들에게 보여줄 것의 차원에서 그러합니다. 본인은 이제 선진들에게 돌아가야 할 노년에 이르렀습니다. 물론 그런 연수가 항상 지혜를 가르치지는 않습니다. 42년의 목회 사역을 위해 수고한 것은 사실입니다. 그 기간 중에 다른 사람들을 관찰할 매우 한정된 기회를 가진 것도 아니고, 목회 사역에 쓰임 받고 유익한 어떤 것을 체험적으로 발견할 기회를 가진 것도 아니었습니다. 본인은 겸손을 가장하여 그 속의 허영의 알맹이를 감추려는 의도에서 이러한 말을 하는 것이 아닙니다. 있는 대로 솔직하게 말씀드릴 수 있습니다.

　이 책을 두렵고 떨리는 마음으로 형제들 앞에 내어 놓습니다. 우리는 이 책을 통해서 형제들에게 제시된 것이 그 내용이나 방식에 있어서 주목을 받을 만한 가치가 있음을 저는 확신합니다. 만일 필자인 제가 이 책을 통하여 문자 그대로 '평판 좀 얻어야지' 하는 마음을 가졌다면, 이 책이 어떻게 받아들여질까 더 염려하느라고 아직도 출간되지 않았을 것입니다. 그러나 저는 오직 이 책이 완전한 양식으로 저작된 것으로 자부하지 않고, 오직 쓸모를 가질 수 있기만을 바라고 선을 보인 것입니다. 그래서 형제들이 이 책을 받고서 별 주목할 만한 가치가 없다고 여기지 않기를 희망할 뿐입니다. 형제들의 목회에 유익하게하려는 저자 나름의 간절한 일념으로 이 책을 썼음은 인정하여 애정 어리게 받아주기를 형제들에게 공손히 간구하는 바입니다. 하나님께서 본인을 도우셔서 하나님의 대의(大義)를 위해서 무엇인가를 할 수 있도록 하셨습니다. 그 일이 어떻게 이루어진 것을 아는 본인은 다른 사람들을 그 길로 이끌어드리려는 간절한 마음을 가지고 있습니다.

　이제 저의 해가 서산(西山) 위에 걸려 있어 저의 그림자가 땅에 길게 드리워져 있습니다. 그 해를 주목하며 인생을 관조(觀照)하며 느끼고 있습니다. 영혼들을 사망에서 구하기 위해서 어떤 일인가를 했다는 생각이, 배움과 학문의 가장 큰 업적에서 얻을 수 있는 기쁨보다 훨씬 더 큰 기쁨을 가지게 함을 느끼고 있습니다. 그것이 비범한 천재라는 평판을 사람들로부터 얻는 것보다 제게 더 큰 기쁨을 주고 있습니다. 장작개비 같이 영원한 멸망의 화구에서 불타고 있는 영혼을 끄집어내시는 하나님의 도구로 인정받았다는 것이, 가장 고상한 문학적 야심작을 성취하였다는 확신으로부터 오는 만족보다 더 참된 만족을 줄 시간이 오고 있습니다. 아니 모든 이들에게 그런 날이 이르겠지요.

본인은 이 책을 읽는 독자들 중 많은 사람들이 이 책에 대해 논평하기를, "이 책은 어느 정도 건져낼 것이 있는 책이구먼"이라고 논평하기를 기대합니다. 그러나 독자들이 이 책에 대해서 불만할 이유는 거의 없을 것입니다. 왜냐하면 본인이 다른 사람들의 생각의 창고로부터 꺼내와 제시하였기 때문입니다. 제 자신의 창고로부터 가져온 어느 것보다 그것이 훨씬 더 나음을 알고 있습니다. 그 밖에, 목회에 관하여 충고하는 중요한 문제에 있어서도 저자 자신의 관점이 아닌 저 보다 더 큰 무게를 지닌 권위자들의 이름과 견해를 참고하려고 애를 썼습니다. 그래서 이 책이 모자이크 작품과 같은 모습을 띠었어도 저는 아주 만족하고 있습니다. 이 책에서 저자가 담당한 역할이 여러 보배로운 돌들을 배열하는 정도가 되더라도 매우 만족합니다.

책의 내용 속에 어떤 사상을 반복적으로 진술하거나 표현하는 경우도 발견될 것입니다. 이 책이 다루는 주제의 성질상 그 일은 거의 불가피한 일이었습니다. 이 책을 더 꼼꼼히 살펴서 교정할만한 시간이 모자랐다는 것은 불완전성에 대한 구차한 변명이겠지요. 그럼에도 불구하고 이 작은 책에서 발견되는 많은 부족에 대해서 저자가 할 수 있는 최선의 핑계가 그것입니다. 저자의 형편상 이 책을 저술하는 동안 아마 천 번은 더 방해를 받았을 것입니다. 보다 외딴 곳에 있는 많은 사람들은 결코 당해보지 못한 방해였습니다. 여러 가지 부산한 일 가운데 집필되었기에 다른 일들을 해야 할 시간들을 빼내어 작업하지 않을 수 없었습니다. 바쁜 활동 중에도 아주 적은 시간의 짬이라도 이용하였습니다. 그러나 이러한 노력을 기울였어도 보다 유능한 저술가들이나 서평 집이나 잡지에 글을 쓰는 사람들의 눈으로 보기에는 어떨까요? 그들의 눈에는 가장 중차대한 문제, 곧 '목회 사역'을 새롭게 생각해 보게 할 것이 전혀 없어 보일 수도 있습니다. 그럼에도 불구하고 이 책의 저작을 위한 노력은 높고 거룩한 일을 이룩한 셈입니다. 아무리 그 주장이 비천해 보이고 그 공력이 낮아 보인다 할지라도 말입니다.

1847년 4월

존 에인절 제임스(John Angell James)

## 제3판을 선보임에 즈음하여

이 책의 저자인 본인은 허영에 차서가 아니라 감사한 마음으로 초판이 발행된 후 6개월 내에 이 제 3판을 내게 된 사실을 언급하렵니다. 이처럼 빠른 시일 내에 많은 독자들의 주목을 받은 것이 이 책의 주제가 다루어지는 방식을 사람들이 인정한 결과라고 보고 싶지 않습니다. 다만 사람들이 이 책의 주제에 깊은 관심을 보인 것을 시사한 것이라 생각하니 기쁘기 그지없습니다. 종교적인 관점에서 볼 때 이 책의 주제, '간절한 열심 목회'(earnest ministry)와 같이 인류의 영원한 복락과 깊이 연관된 것이 없습니다. 이 문제에 이러한 관심을 기울이는 것이야말로 이 시대가 소망이 있음을 보여주는 더 좋은 표증이 없을 것 같습니다. '간절한 열심 목회'를 분발시키고 인도할 만한 능력을 이 책의 저자인 본인이 가지고 있든 없든 간에, 이 책이 팔리고 있다는 사실로부터 명백해진 것은 이 책의 주제를 숙고하는 성향이 우세하다는 점입니다. 또한 어느 사람이든지 바른 도전을 줄 수만 있다면, 높고 거룩한 사명을 감당할 마음에 더 깊은 느낌과 활동력을 가지는 데 고무될 준비가 되어있는 이들이 많다는 사실입니다.

본인은 정말 만족 이상의 풍성한 기쁨을 가지고 있습니다. 또한 그 수고에 대한 보상을 충분한 것 이상으로 받았습니다. 개인적으로 여러 분야들에서 격려를 받았고, 정기 간행물들이 본인의 논문을 싣겠다고 나섰습니다. 그러나 저자인 본인 자신이 간절히 바라는 바는 선도적 위치에 있는 정기 간행물들의 편집자들이 신앙적 저작들에 관심을 기울여 유능한 여러 작가들로 하여금 이 주제에 대하여 글을 쓰도록 촉구해 주셨으면 하는 바입니다. 그런 유능한 저술가들은 제 글 솜씨로는 나타내지 못할 능력과 권위로 말할 수 있을 것입니다. 본인은 정말 그런 재능 있는 사람들이 앞으로 나와서 이 나라와 이 시대 사람들에게 능력 있고 활력 있고 유효한 목회 사역의 중요성을 충만하게 깨우쳐주기를 진정 바랍니다. 그리하여 본인은 그들의 그림자에 가려진다 하여도 그 일을 사심 없이 기쁘게 받아들이렵니다.

이 목적을 성취하게 위해서 한분이 이미 많은 일을 하였습니다. 현대 강단에 관한 가치 있는 저작을 쓰신 바우간 박사(Dr. Vaughan)에게 우리가 다 빚을 졌습니다. British Quarterly 지(誌)의 지면에 그분이 쓴 글이 또 나오기를 고대하는 바입니다. 인쇄물들의 영향에도 불구하고 교회 강단은 여전히 도덕 세계의 주요한 지렛대로 남아 있어야 합니다. 그러므로 이 사회의 영적 상태에 대해서 관심 있는 모든 사람들이 이 강단이 가지고 있는 그처럼 강력한 엔진의 힘을 증대시키기 위해 진력하는 것이 얼마나 마땅한지요. 복음적인 교리를 편들어 말하는 친구들과 정통 복음의 옹호자들은 합세하여야 합니다. 그래서 이 시대 속에서 항상 제멋대로 구는 비평주의(Criticism)가 일어나 성경의 여기저기를 잘라 내거나 삭제하는 일을 하지 못하게 하고 성경을 사수해야합니다. 성경적인 바른 신학을 지켜 거짓된 철학이 왜곡시키지 못하게 해야 합니다. 강단을 바르게 지켜 이단적이고 현세적인, 또는 무자격 목사들이 점령하는 일을 막아야 합니다.

1847년 10월 19일

chapter 1

# 사도의 목회 사역

"이러므로 우리가 그리스도를 대신하여 사신이 되어 하나님이 우리로 너희를 권면하시는 것같이 그리스도를 대신하여 간구하노니 너희는 하나님과 화목하라"
(고린도후서 5:20).

참으로 놀라운 이 본문을 문맥에 비추어 생각해보면, 본문은 매우 아름다운 단순성을 드러내면서도, 기독교 목회 사역의 빼어난 장엄성과 주제와 계획과 방식을 모두 담아내고 있습니다. 본문은 세상을 당신과 화해(和解)케 하시는 하나님을 주제로 삼고 있습니다.

적대적인 나라들을 협상 테이블로 이끌어내 전쟁의 공포를 종식시키는 종전(終戰) 조약을 맺게 하여 흉포한 인간성을 제어하고 잠잠케 하는 일을 상정해 보고, 그것을 본문이 가진 장엄한 주제와 대비하여 보십시오. 그러한 국가 간의 협약도 중요하나 매우 일시적이며 지극히 한정적인 성격을 가지고 있어 본문의 주제와 엄격한 대조를 이룹니다.

목회 사역의 궁극적인 목적은 죄인들을 인도하여 하나님과 실제적인 화해를 이루게 하는 것입니다. 하나님께서 친히 창달(暢達)하시고 선포하신 그리스도를 통한 중보의 체계를 의존하여 그 진리로 인간의 패역한 마음을 설득하고 호소하는 방식으로 그 목회 사역이 진행됩니다. 죄를 범한 인간에게 주권자이신 하나님의 마음을 거스르는 모든 적대적인 행실을 중지하라 호소하고, 하나님께서 제시하신 은혜로운 사면(赦免)의 제안을 받으라 권유하는 것, 바로 그것이 목회 사역의 방식인 것입니다.

목회 사역이 가지고 있는 위대한 목적과, 그 목적을 이루기 위한 설교자의 설득과 호소의 방식이 조화를 이루면, 목회 사역은 매우 독특한 감동을 일으킵니다. 어떤 목회자가 자신의 목회직을 수행하면서 하나님과 화해하게 하는 가장 직접적인 방편의 중요성을 간과한다 합시다. 그러한 목회자는 죄인들을 설득하고 인도하여 하나님과의 실질적 우정(友情) 상태로 들어가게 하는 것을 자신의 사역의 최대의 목표로 삼고 있지 않는 셈입니다. 그렇다면 그는 거룩한 성직을 주신 하나님의 의도에 전혀 부합하지 못하는 사람일 수밖에 없습니다.

설득과 호소는 목회직의 의무를 효과적으로 감당하도록 하나님께서 친히 지정해 주신 방식입니다. 목회자가 하나님께서 친히 정해 주신 설득과 호소의 기술과 방편을 소홀히 하면, 그는 하나님의 제정하신 방식을 스스로 평가 절하하는 실수를 범하고 있는 셈입니다.

사도는 그리스도의 교회에 편지를 쓰면서 하나님과 화목하라고 종용하였습니다. 사도가 그러한 권면이 담긴 편지를 쓴 일을 의아하게 여기는 사람들이 있을지도 모르겠습니다. 왜냐하면 사도가 보낸 편지의 수신자들은 신앙고백을 통해 이미 하나님과 화해한 상태에 있던 자들임을 의심할 수 없기 때문입니다. 본문이 들어 있는 대목을 주의 깊게 살펴보면 이탤릭체로 쓰여져 있는 2인칭 대명사를 발견할 수 있습니다.[1] 하지만 헬라 원문에는 그 대명사가 발견되지 않습니다. 그것은 본문의 의미를 보다 구체적으로 드러내게 하기 위해 영역자(英譯者)들이 첨가한 것입니다. 만약 우리가 본문의 의미를 그보다 더 확실하게 드러나게 하기 위해 그 자리에 새로운 단어를 대체했다고 생각해 봅시다. 그 주절의 첫 부분에 등장하는 '너희(You)' 대신 '사람들(People)'이라는 단어로, 두 번째 부분에 나오는 '너희(You)'는 '저희(They)'로 말입니다. 이렇게 되면 사도가 신앙을 고백한 그리스도인들에게 이미 도달한 것으로 추정 되는 하나님과의 화해의 상태에 들어가라고 촉구하는 것 같은 의아함은 간단히 사라질 수 있습니다. 이러한 번역으로 본문에 함축되어 있는 사도의 의도를 유추한다면, 사도가 기록한 본문의 대상은 여전히 회개하지 않은 죄인들을 향한 것임을 알 수 있습니다.

"우리가 그리스도를 대신하여 사신이 되어 하나님이 우리를 통하여 사람들을 권면하시는 것 같이 그리스도를 대신하여 간청하노니 사람들이여, 하나님과 화목하라."

이는 사도가 사역의 직무에 속한 여러 역할들을 감당할 때 회개하지 않은 자들을 설득하기 위해 채용한 전형적인 방식입니다. 사도는 그들에게 이렇게 말하고 있던 셈입니다.

"하나님의 거룩한 성품과 율법과 통치에 대하여 이유 없이 적대감을 가

---

[1] 저자는 KJV역에서 2인칭 대명사를 그렇게 표기함을 지적하고 있다. Now then we are ambassadors for Christ, as though God did beseech you by us: we pray you in Christ's stead, be ye reconciled to God.

지고 완강하게 반역을 꾀하는 어리석은 자들이여! 우리가 하나님께 지명받은 사신(使臣)으로서 주 예수 그리스도의 중보(仲保)로 말미암은 자비를 그대들에게 선포하노니, 가공(可恐)할 공의(公義)로 범죄한 그대들을 심판하실 하나님을 대적하는 무기들을 손에서 내려놓고 하나님의 영원한 용서와 평강의 제안을 받아드리길 촉구하노라! 강력한 죄의 세력과 세상에 대한 사랑에 사로잡혀 있는 그대들에게 하나님의 이름과 그리스도를 대신하여 하나님과 화해할 것을 권고하기 위해 내가 할 수 있는 가장 간절한 말로 그대들을 권고하고 간청하지 않을 수 없도다!"

사도는 이렇듯 자기 자신의 마음의 깊은 관심을 표현할 때 가장 '강력한 탄원의 열심'을 사용하였습니다. 하지만, 사도는 자신의 권고와 간청을 받는 이들에게 그들의 복락을 위해 권면하고 설득하는 자신의 그 '열심'이 하나님을 본받고, 하나님을 대신하여 하는 일임을 밝히는 일을 **빼놓지** 않았습니다. 사도는 그들에게 간청하고 있는 자신의 말이 그리스도께서 하시는 말씀, 곧 하나님께서 직접 간청하시는 말씀임을 그들로 깨닫게 하려 하였습니다.

온 우주에 이 보다 더 아름다운 정경이 있습니까? 위대하신 창조주께서 '영원한 구원의 잔'을 친히 손에 드시고 죄인의 마음 문을 두드려 열면 들어가시겠다 간청하시는 모습이라니요! 단번에 멸망의 구덩이로 던져버렸어야 마땅한 벌레 같은 죄인들의 마음에 들어가시려고 그토록 간절하게 애원하시다니요. 온 우주만물의 창조주를 모독한 그들은 정말 멸망 받아 마땅한 자들이 아닙니까? 하나님께서 그들을 한 순간에 멸망시키셔도 하나님의 공의의 영광은 한 점도 흠이 가지 않습니다. 그럼에도 불구하고 '용서의 긍휼'을 받으라고 먼저 간청하시다니요. 끝없는 고집과 거절에도 불구하고, 수많은 세월 동안 죄인들을 오래 참으시며 설득하시고 기다리시는 그분을 생각해 보십시오.

오, 하늘이여, 놀랄지어다! 하나님의 그 형언할 수 없는 자비하심에 놀랄지어다! 오, 땅이여, 이루 다 말할 수 없는 인간의 극악함이 가져올 가공(可恐)할 두려움을 가질지어다! 여기 하나님의 무한하신 사랑의 극치 앞에 사람의 절망적인 부패를 놓아 보십시오. 하나님의 자비하심은 예수 그리스도께서 십자가에 못 박히신 것으로 끝난 것이 아닙니다. 하나님의 자비하심은 멸망할 수밖에 없어 아무 소망도 없는 죄인들에게 긍휼을 베푸시길 원하여 간청하시는 그 놀라운 정경 속에서 최고 절정에 이릅니다. 무엇과도 비교할 수 없는 그 '하나님의 자비하심'의 정경을 바라보는 기쁨을 본 강론에서 모두 표현하는 일은 불가능합니다. 다만 우리는 본문이 담고 있는 엄숙한 주제를 향해 나아가야 합니다.

그 경이로운 정경에 비추어 볼 때 '기독교 목회 사역'은 너무나도 놀라운 직무가 아닐 수 없습니다. 목회 사역은 하나님께서 사람을 보내신 대사(大使)의 직임입니다. 세상에 이 보다 더 존귀하고 명예로운 직임이 어디 있습니까? 물론 제한된 의미의 관점에서 보면 '그리스도를 위한 사신'(대사)이라는 칭호와 직무는 그리스도의 교회를 위해 세움을 받은 목회자(pastor)에게만 한정되어 적용될 수 있음을 인정합니다. 그러나 넓은 관점에서 이를 생각한다면, '사신'의 직임은 그리스도의 복음을 증거 하는 모든 일꾼들에게 일반으로 적용될 수도 있습니다. 왜냐하면 그들도 역시 주님께서 직접 하실 일을 대신 수행하도록 특별하게 세우심 입었기 때문입니다. 주님께서 그러하셨듯이 그들도 하늘의 복락과 평강을 사람들에게 제시할 직임을 가진 이들입니다. 복음을 위해서 세움을 받은 사역자들은 그런 의미에서 다 그리스도의 사신(대사)들인 것입니다.

'대사'의 존귀함은 언제나 그를 보낸 주권자의 권세와 영광에 비례합니다. 그렇다면 왕 중 왕이시오 만유의 주(主) 되시는 분의 사신된 자가 입은 존귀와 영광은 어떠하겠습니까! 하지만 동시에 그들은 그러한 높은 존영을 입은 자로서 그에 합당한 신성한 성품을 가져야 할 책임이 있습니다. 한 나라의 왕을 대신하여 타국에 파송된 사람들이 그 지역의 공관이나 궁정에서 어떠한 행실을 보이는 것이 마땅하겠습니까? 그는 행여 자신을 보낸 군주나 자기가 대표하는 나라에 누를 끼치는 무가치한 일을 하지 않으려 자신의 행동에 세심한 주의를 기울일 것입니다. 한 나라의 왕을 대신하는 자가 그러하다면, 하늘로부터 받은 심판과 긍휼에 대한 사명을 가지고 죄 있는 인생들을 설득할 직임을 가진 사람은 하나님과 그리스도의 존귀하신 이름에 영광을 위해 얼마나 더 큰 주의와 '열심'을 가져야 하겠습니까! 목회직이라는 존엄한 직무를 감당하는 자는 그 존귀와 영광에 상응하는 마땅한 성품의 존귀함도 가져야 합니다. 이 직임을 감당하는 이가 다음과 같이 생각하는 것은 얼마나 정당하고 얼마나 필요한 일입니까!

"나는 다른 누구도 아닌 존귀하신 그리스도의 사신이다. 그리스도의 사신된 내가 그 모든 행실에서 어떠한 거룩함과 경건함을 가지는 것이 마땅하지 않은가! 내 직무에 관한한 내가 하늘과 땅을 주관하시는 위엄하신 분을 대표하는 자라니 내가 어떠한 사람이 되어야 마땅하겠는가!"

복음 사역(ministry of the Gospel)을 이 대목에서 '평화의 사신'으로 부각하고 있습니다. 복음 사역을 가리켜 사도는 '화목하게 하는 직책'(ministry of neconciliation)이라고 지칭하였으니 말입니다. 그 보다 더 아름다운 개념을 구상하거나 표현할 것이 전혀 없으며, 그 직책보다 더 아름답고 위대하고 우아한 매력을 생각해 낼 수 없습니다.

만약 복음을 설교하는 자의 손에 성령의 검(劍)만 들려 있다면, 설교자는 그 검으로 사람의 영혼을 베고 쪼개는 일만 할 수 있을 것입니다. 그러나 그의 다른 손에는 죄인에게 하나님의 화평과 생명을 주시는 하나님의 긍휼하심을 나타내는 '감람나무 가지'(창 8:11)[2]가 들려 있습니다. 복음을 전하는 설교자들은 언제나 쟁투와 분쟁의 현장 한 가운데 있기 마련입니다. 하나님과 충돌하고 다투는 자들을 설득하고 권면하여 하나님과 화해시키는 직무를 감당하고 있기 때문입니다. 그들은 갈등의 장소로 나아가 하나님과 더불어 화평을 맺는 조약을 선포하고 그 조약을 이해시켜야 합니다. 그리고 그 조약을 받아드리도록 강권해야 합니다. 죄인들로 하여금 자신의 죄가 무엇인지, 그 죄로 인해 율법 제정자이신 하나님의 마음을 얼마나 상하게 했는지 알려야 합니다. 그리고 하나님과 화해해야 할 마땅한 이유와 그 화평을 이룰 수 있는 오직 유일한 길을 제시해야 합니다. 그러한 '강권함'과 '호소'를 통해 영혼의 고통을 겪고 있는 사람들의 가슴속에 평강과 소망을 빛을 주고, 정죄감의 찌르는 고통을 가하는 양심과 화해하게 유도해야 합니다. 마음속에 있는 이기적이고 부패한 적대감과 선입견들을 깨닫게 하며, 악한 혈기에서 우러나오는 포학을 버리고 사랑으로 자기 이웃과 연합하는 길이 무엇인지 알게 해야 합니다. 이것이 복음을 설교하는 이들이 가진 직무입니다.

그 옛적 그리스도의 탄생을 노래했던 천사들은 이 위대한 직무를 수행하

---

[2] "저녁때에 비둘기가 그에게로 돌아왔는데 그 입에 감람 새 잎사귀가 있는지라 이에 노아가 땅에 물이 감한 줄 알았으며"

는 설교자들의 수고에 대해서도 같은 격려의 노래를 부를 것입니다.

"지극히 높은 곳에서는 하나님께 영광이요 땅에서는 기뻐하심을 입은 자들에게 평화로다."

'기뻐하심을 입은 자들'은 그리스도의 구속(救贖)하심을 받은 자들입니다. 설교자의 강권과 호소를 통해 하나님의 진노와 자신들의 정욕의 소동으로부터 구원받을 모든 사람들을 가리킵니다.

선지자는 복음 설교자들에 대해 이렇게 말하였습니다.

"기록된바 아름답도다. 좋은 소식을 전하는 자들의 발이여 함과 같으니라" (롬 10:15).

우리의 구주께서는 복음을 증거 하는 설교자들이 받게 될 복을 분명하게 선언하셨습니다.

"화평케 하는 자는 복이 있나니 그들이 하나님의 아들이라 일컬음을 받을 것이며" (마 5:9).

화해의 일꾼이요 평화의 설교자여, 그대는 영예롭고도 복되도다. 세상이 그대를 알지 못함은 그리스도를 알지 못하기 때문이로다. 때로는 교회마저도 그대의 수고를 알지 못하도다. 그러나 지금 현재 이 세상에서의 그대 사역은 그 자체로 그대에게 주어진 상급이로다. 그대의 발이 닿는 곳에 평화가 싹트고, 그대가 머무른 곳에 하늘의 복락의 샘이 터지지 않는가?

하지만 복음 설교자들은 역경(逆境)의 골짜기를 걸어야 하는 사신(使臣)들입니다. 그들은 죄악적이고 교만하고 완고한 마음으로 하나님께서 베푸시는 구원을 거부하는 사람들을 만나야 합니다. 그런 이들을 하나님의 거룩하심과 은혜에 승복하도록 설득하는 것은 어려운 일입니다. 사역자들은 세상에서 맛 볼 수 없는 무한한 하늘의 복락을 사람들에게 제안합니다. 하지만 그들에겐 하늘 복락의 한없는 달콤함을 느낄 수 있는 미각(味覺)이 전혀 없습니다. 만약 목회 사역자들이 하나님의 무한하신 자비하심과 하늘로부터 오는 복락에 대한 제안들을 친밀하게 느끼는 사람들만 만난다면, 그 짐은 결코 무겁지 않을 것입니다. 그러나 사역자들은 가는 곳마다 전하는 복된 소식에 냉담한 이들을 만날 뿐 아니라 지극히 적대적인 사람들을 만나야 했습니다. 온갖 핑계를 내놓으며 혼인 잔치의 초청을 거부한 사람들이 주님의 비유에만 등장하는게 아닙니다. 수많은 세월이 흐른 오늘날 복음 설교자들은 그들과 똑같은 사람들을 만나고 있습니다. 사람들은 자신의 구원에 대해 생각을 돌릴 겨를이 없습니다. 그들은 너무 바쁠 뿐만 아니라, 자신들이 세상에서 누리고 있는 것을 향한 깊은 애착을 가지고 있습니다. 세상에 속한 대상들에 대해 광적인 집착을 가진 그들이 영적으로 온전히 깊은 잠에 빠져 있다는 것은 말할 필요도 없습니다. 영적으로 잠들어 있는 그들을 깨워야 합니다. 영적으로 나태한 그들의 삶에 경종을 울려야 합니다.

하지만 '영혼'이라는 눈에 보이지 않는 실체에 시선을 집중시키는 일은 정말 어려운 일입니다. '거듭나지 않은 사람'의 마음이 가진 절망적인 상태와 그를 장악하고 있는 사악한 힘의 본질을 알지 못하면, 목회 사역의 목표와 그 목표에 이르기 어려운 난관을 제대로 이해하지 못합니다. 전혀 불가능하지요. 복음을 전파하는 사역자들이 번번이 그 '간절한 열심과 수고'

를 포기하는 이유는 무엇입니까? 사역자들의 노고에 대항하는 사악하고 강력한 원리가 죄인들의 영혼을 장악하고 있는 현실을 깊이 인식하거나 바르게 숙고하지 못하기 때문입니다. 복음 사역자들이 강력한 저항과 마주하는 일은 지극히 필연적인 일입니다.

바로 이 복음 사역의 난점을 주목하여 보다가 이 강론의 주제에 이르게 되었습니다. 저는 이 책을 통해 목회 사역에 대한 '간절한 열심'(earnest ministry)의 필요성을 다룰 것입니다. 복음 사역의 성공은 바로 이 '간절한 열심'에 달려 있습니다. 그 간절함이 부족하다면 목회 사역은 매우 중대한 부분에서 그 목적을 달성하지 못할 것입니다. 목회 사역의 과정에서 만나는 어려움이 클수록, 그것을 극복하기 위해 드려져야 할 '간절한 열심'의 분량이 그 만큼 커져야 마땅합니다. 큰 장애물을 극복하려 한다면, 반드시 장애물의 크기를 극복할 만큼의 '간절한 열심'이 요구됩니다. 목회 사역이 필연적으로 직면해야 할 일들을 종합적으로 숙고하고 바르게 인지한다면, 목회 사역에는 엄청난 노력과 간절한 열심이 요구된다는 것을 알 수 있을 것입니다. 성경에 등장하는 사도의 표현 어구를 주의 깊게 살펴보십시오. 사도는 그 일이 분명하게 '오직 간절한 열심으로'(only by earnestness)만 가능하다는 것을 지적하고 있습니다. 인간 본성에 관해 기록된 모든 보고서들을 취합해 보십시오. 그 모두가 목회 사역은 '간절한 열심'을 통해서만 이루어질 수 있다고 대답해주고 있습니다.

우리 자신의 체험과 다른 사람들의 체험을 종합하여 관찰해 본다 해도, 그것은 모두 한결같이 '간절한 열심'이 아니고서는 복음 사역은 이루어질 없다는 것을 말해줄 뿐입니다. 우리에게 부족한 것은 언제나 이것입니다. 우리가 그리스도의 복음이 가지는 목적들이 광대하게 성취되길 간절하게 원한다면, 우리는 반드시 '간절한 열심 목회사역(Earnest Ministry)'을 수행해야만 합니다.

최근 들어 우리는 '학식있는 목회사역'(learned ministry)에 관한 이야기를 자주 듣습니다. 그러나 어떤 경우에도 '학식의 부족'과 같은 큰 해악으로 고생하는 일을 우리가 당하지 않기를 바랍니다. 저는 그리스도의 복음을 전하는 목회자가 제대로 된 교육을 받아야 한다는 필요성을 자주 상기하곤 합니다. 복음을 전하라고 부르심을 받아 섬기는 모든 사역자의 사명과 그 목적을 위해서 말입니다.

그럼에도 불구하고 저는 목회 사역에 대하여 경건의 중요성을 강조하는 여러 진영의 목소리에 동조합니다. 그 목소리들은 한결같이 경건이 없는 목회는 결코 성공할 수 없다고 말합니다. 이는 매우 옳고 적절한 말입니다. '목회 사역'이라는 주제와 관련한 그 어떤 진리도 경건만큼 중요한 것은 없습니다. 하나님께서 진노를 발하시는 모든 징계의 저주를 다 합한다 해도 '거룩하지 못한 목회 사역'에 쏟아질 진노만큼이나 무시무시하지는 않을 것입니다. 저는 오늘날 우리 교회의 목회자들에게 요구되는 가장 제일의 자격이 '경건(Godliness)'임을 믿어 의심치 않습니다.

놀라운 재능과 깊은 학식, 뛰어난 웅변술도 목회자가 반드시 갖추어야 할 경건의 자리를 대신할 수는 없습니다. 하나님의 제단에서 섬기는 자들이 가지는 재능을 경건보다 더 우월한 것으로 여겼던 때는 언제나 어둡고 악한 세대였습니다. 하지만 목회자로서의 경건한 성품과 재능, 학문적인 학식을 겸비하고 있음에도 여전히 덧붙여져야 할 것이 있다면 그것은 바로 하나님께 자기 자신을 온전히 헌신하여 드리는 것입니다. 사실 이것에 비하면 다른 모든 것은 그 다음 문제입니다. 바로 이것이 현대 강단에서 결핍되어 있는 것이며, 거의 모든 교회 시대에 요청된 것이기도 합니다.

British Quarterly Review라는 계간지(季刊誌)는 최근호에 다음과 같은 진술을 담은 기사를 게재하였습니다.

"목회 사역이 지성적인 측면에서 어떠한 평가를 받는다 할지라도, 강력한 믿음과 참된 영성, 그리고 깊은 간절한 열심(deep earnestness)을 겸비한 목회만큼 효과적인 것은 없을 것이다."

저는 이 황금과 같은 진술이 모든 신앙 고백자들이 앉은 좌석 위에, 모든 학생들의 책상머리에, 그리고 모든 설교자의 강단 위에 새겨져 모두가 그 빛을 따라 가기를 바랍니다. 이 짧은 진술 속에는 그리스도의 복음을 전하는 목회 사역의 주제와 관련하여 다루어야 할 모든 것이 집약되어 있습니다. 만약 우리의 모든 목회자들과 학생들과 교사들이 그 진술을 마음에 새기고 그것이 말하고자 하는 바에 영혼 전체가 사로잡히고, 또 그들이 하는 모든 말과 행실에 그 진술의 정신을 적용할 수만 있다면 사실상 제가 쓴 이 책은 더 이상 필요치 않을 수도 있습니다. 이 책을 통하여 추구하고자 하는 진정한 가치와 목표는, 어쩌면 그 진술을 더 확장하여 사람들에게 각인시키려는 것이라 할 수 있기 때문입니다.

*chapter 2*

# '간절한 열심'의 본질

**인간의 활동** 영역에서 사용되는 말 중에서, "열심을 내라(Be in earnest)"는 어구처럼 흔하게 쓰이면서도 직접적인 전달력을 가진 단구적(短句的) 표현은 매우 드물 것입니다.

이 표현이 함축하는 바는 무엇입니까? 이 표현은 마음에 뚜렷한 '목표'나 '확정된 뜻', '의지의 결심' 등을 가지고 그것을 이루기 위해 인내로 부단하게 힘을 기울인다 의미를 내포하고 있습니다. 그래서 우리가 어떤 나태함에 빠진 이들을 깨우치고 일으켜 희망을 가지고 활동하도록 촉구하거나, 그들의 영혼을 고취시켜 우리와 같은 마음의 의욕을 타오르게 하고 싶을 때, '열심을 내라'고 말하는 것입니다. 불꽃과도 같은 이 한 마디의 문장이 다른 이들의 심령에 의욕(意慾)의 화염(火焰)을 일으키는 힘을 발휘하는 경우가 자주 있습니다.

그리스도께서도 복음과 목회 사역의 소명(召命)을 받은 모든 자들에게 '열심을 내라' 하신 것 말고 무슨 다른 말씀을 하고 싶으시겠습니까?

사람들이 무엇인가를 위해 '강렬한 열심'을 보인다면, 그 목적하는 바가 그 마음에 끼치는 인상과 영향력으로 인해 온전히 사로잡혀 있음을 알 수 있습니다. 자기가 추구하고자 하는 목적을 선택한 후, 그 목적을 달성하려는 욕망에 자기 자신 전부를 건 사람을 유심히 살펴보십시오. 아마도 그는 아주 잠시도 주춤거리지 않고 일관된 마음의 자세로 정해진 목표를 향해 달려 나가고 있을 것입니다. 그는 목표를 향해 달리고 있는 자신에게 아주 잠깐의 휴식도 허락하지 않습니다.

  사람들은 자신이 선택한 목적을 마음의 가장 높은 자리에 올려놓기 마련입니다. 이 경우 사람들의 행동 양식은 언제나 가장 높은 곳에 자리한 목적에 맞추어 결정됩니다. 설령 그 목적과 전혀 무관한 다른 문제가 발생한다 해도 마음은 그 목적하는 바에서 시선을 떼지 않습니다. 주위의 사람들은 그들의 그러한 변함없는 열정에 놀라며 매력을 느끼기도 하고, 그러한 열정에 감염되어 자기도 같은 열정의 소유자가 된 것 같은 착각에 빠지기도 합니다. 만약 그들의 열정에 공감하던 누군가가 그들과 실제적인 관계를 맺는다면, 그는 그러한 열심을 가진 사람들의 영향력 아래로 온전히 들어가 버릴 것입니다.

  무엇인가에 강렬한 열심을 보이는 사람은 마치 인간이 가진 평범한 본성을 초월한 사람처럼 보이기도 합니다. 다른 이들의 유익을 열심의 주요한 목적으로 삼은 사람의 경우, 그는 다른 이들에 대해 능동적이며 특별한 간절함을 가지면서도 정작 자신에 대해서는 매우 냉정한 자세를 취합니다. 자신의 복락에 대해 매우 나태하고 무관심한 태도를 가진 사람들도 그런 그의 모습에 큰 인상을 받아 자신의 복락에 관심을 가지는 쪽으로 마음을 새롭게 돌리기도 합니다.

하나님의 말씀 사역자들은 바로 이 점에 주목해야 합니다. 목회의 본질은 인간의 마음의 총명을 모두 동원하고 집중시켜야 할 만큼의 실로 중차대한 주제들과 직접 연관되어 있기 때문입니다. 우리는 흔히 하나님께서 사람들을 구원하시기 위해 채용하신 인간의 정신적 공감(共感)의 법칙인 감동(感動)을 간과하곤 합니다. 그 결과 얼마나 많은 사람들이 자기 자신의 영혼 구원에 관해 그토록 무관심하고 멍한 자세를 보이고 있는지요! 우리는 그들의 영혼의 회심을 위한 '간절한 열심'을 그들에게 보이고 있습니까? 우리의 설교를 듣는 회중들이 그러한 열심에 영향을 받아 다음과 같은 마음의 생각을 가지도록 하고 있습니까?

"저 설교자가 나의 구원을 위해 저런 간절함을 보이다니. 그런데 정작 나는 나의 구원 문제에 무관심하구나. 나의 영혼의 영원한 복락의 문제를 외치는 저 분 앞에 정작 나는 아무런 반응이 없다니! 저가 차라리 차가운 논리만을 제시한다면 그것을 반박할 논리를 내세우며 증거를 대라고 외치기라도 하겠지만, 차라리 단순한 수사적(修辭的) 기교나 현란한 웅변술을 과시하고 있다면 그저 조소를 보내며 스쳐지나 보내기라도 하겠건만. 차라리 자기 자신을 드높이고, 돋보이게 하는 설교라면 지금 일어나 자리를 뜨겠건만. 저 분이 보이는 나를 위한 '간절한 열심'이라니! 그것은 견뎌낼 수 없구나. 나는 저 설교자의 모습 속에서 불 가운데 빠진 나를 끌어내리려고 황급히 뻗는 팔을 보았도다. 나로 하여금 생각하게 할 뿐만 아니라 감동을 주다니. 그의 간절한 열심이 나를 승복시켰도다!"

우리는 이제 '간절한 열심 목회(Earnest Ministry)'가 무엇을 의미하는지에 대한 거대한 주제로 더 깊이 나아가야 할 것입니다.

# I
## '간절한 열심'의 대상 선정

첫째로, '간절한 열심'은 특별하게 추구할 대상을 선정하고, 그 대상의 가치와 중요성을 아는 살아있는 의식을 소유하는 것을 의미합니다.

사람의 마음이 여러가지 대상을 동시에 집중하거나, 그 모든 대상에 같은 분량의 마음을 쏟는 일은 불가능합니다. 우리는 그런 식으로 마음과 생각을 분산시킬만한 충분한 에너지를 갖고 있지 않습니다. 우리의 정서(情緖)는 반드시 어느 하나의 대상을 향해 흘러 부어지게 되어 있습니다. 집중력 또한 마찬가지입니다. 만약 우리가 어느 한 가지 일에 집중하지 않고 있다면, 차라리 우리가 어떠한 한 가지의 일도 효과적으로 해낼 수 없다고 말하는 편이 나을 것입니다.

'간절한 열심을 가진다'는 것은 사람이 자신의 마음과 생각을 완전하게 장악하고 있는 단 한 가지의 절대적 대상에 집중하고 있다는 것을 의미합니다. 만약 누군가가 그러한 열심을 가진 사람에게 다른 일에 시간과 수고를 청구한다면 그는 이렇게 말할 것입니다. "기다리시오. 내겐 지금 다른 일에 신경을 쓸 겨를이 없소. 내가 매진하고 있는 그 일이 지금도 나를 기다리고 있소."라고 말입니다. 물론 그에게 자신이 매진하고 있는 일을 하고도 남은 힘의 분량이 있다면 자신의 시간과 노력을 다른 여러 부수적인 것들에 나누어 줄 수는 있을 것입니다. 그러나 분명한 것은 그의 시간과 노력의 주류(主流)는 여전히 한 통로로만 흐른다는 사실입니다. 마치 큰 물레방아 바퀴를 돌리기 위해 거기에 끊임없이 물을 흘려보내는 것처럼 말입니다. 그의 온 마음을 쏟는 통로는 그것이 그가 가진 계획과 결심과 항상 연결되어 있습니다.

　사람들은 그런 열심을 가진 이를 보며 의아하게 여기며 심지어 비난하기도 합니다. 그런 반응은 그가 가진 절대적인 대상에 대한 이해가 전혀 없거나, 그 일에 대한 진정한 가치를 느끼지 못하기 때문에 나올 수 있는 반응들입니다. 하지만 그에게 다른 이들의 평가는 중요치 않습니다. 그것은 그가 그 일이 무엇인지를 이해하고 있으며, 그 일이 가진 가치를 알고 있기 때문입니다. 그는 결코 두 마음을 가지지 않습니다. 만약 그가 어떤 한 대상에 정함이 없는 상태의 마음을 가지고 있다면, 사람들의 분분한 의견 앞에서 자신이 목적한 바를 굳건하게 견지하지 못하고 이리저리 흔들릴 것입니다. 하지만 하나의 대상에 온전히 집중하는 그에게 다른 사람들의 의견이나 평가는 전혀 문제되지 않습니다. 그는 다른 모든 일을 포기하고서라도 도달해야 할 분명한 목표의 중요성과 가치를 알고 있기 때문입니다.

　마음의 정함이 없는 사람은 어떠한 일에서이든지 열심을 낼 수 없습니다. '간절한 열심'은 하나의 목적을 향해 결연한 자세를 취하는 사람만이 보일 수 있는 행동 양식입니다. '간절한 열심'을 가진 사람이 하나의 목표에 집중하는 힘은 매우 강력해서 그 마음속에서 언제나 선명하게 나타나 보입니다. 마치 멀리 떨어져 있는 애굽의 피라미드가 거기를 여행하는 모든 여행객들에게 뚜렷하게 보이는 것과 같습니다. 여행객들은 멀리 있는 그것을 바라보며 마치 그것이 자신에게 아주 가까이 있는 듯, 금방이라도 당도할 것 같은 느낌을 가지며 거기에 당도하기 위하여 들이는 수고를 크게 여기지 않습니다. 그같이 목표가 분명한 그 사람은 장구한 세월 동안 쏟아 부어야 할 수고와 노력을 부담스러워하지 않습니다.

　또 그들이 자신이 목표하는 것에 이르는 정로를 이탈하지 않을 수 있는 것은 그 목표하는 대상이 언제나 뚜렷하게 보이기 때문입니다. 그들은 그

대상을 바라보며 '앞으로 나아가라'는 마음의 소리에 귀를 기울입니다. 그렇게 매일 매일의 순례의 삶을 통해 목적지에 한 걸음씩 다가가는 것입니다. 누가 그런 이의 행로를 방해하고 싶으면 그를 만나 보십시오. 그를 만나기가 아주 쉬울 것입니다. 그리고 그가 자신의 길을 방해하는 시도에 대해 어떠한 반응을 보이는지 알아내는 것은 그리 오랜 시간이 필요하지 않을 것입니다.

'간절한 열심을 가진 사역자' (earnest minister)의 모습이 이와 같습니다. 그러한 목회자는 자신이 받은 직임의 본질과 목적을 분명하게 인식하고, 그 목적을 자기 자신의 마음 가장 높은 곳에 두어 다른 모든 대상과 그것을 확연하게 구별시킵니다. 그렇다면 그가 최상위로 여기는 절대적인 목적의 대상이 무엇이겠습니까? 아니 무엇이 되어야 하겠습니까?

'간절한 열심을 가진 목회자'가 가지는 목적은 문학이나 철학과 같은 학문적 지식이 아닙니다. 그런 지식을 통해 자신의 지성적 품위를 유지하고, 지식의 보화를 쌓아 수준 높은 학식에 도달하기 위함도 아닙니다. 문명화된 사회 속에서 자기 실존(實存)을 우아하게 꾸미어 사회적 교제의 폭을 더 넓히려 하는 것은 더욱 아닙니다. 만약 명상(冥想)의 시혼(詩魂)에 사로잡힌 사치(奢侈)를 좇기 위해 성직을 받은 사람이 있다면, 그는 강단(講壇)에서 말씀을 전하라는 소명을 전혀 인식하지 못한 사람이라고 볼 수 있습니다. 그는 하나님 앞에서 "제사장 직무로 저를 들여보내소서. 그리하여 떡 한 조각만 먹게 하옵소서."라고 말하고 있는 것과 다를 바가 없습니다.

목사가 문학이나 철학과 같은 분야로부터 학문적 소양을 쌓는 일이 거룩한 목적을 위한 보조적 수단임을 부인하지는 않겠습니다. 역으로 교회의 강단 역시 학식과 철학의 모든 분야에서 수많은 기여를 하였으며, 지금도 그렇게 하고 있다는 것은 누구도 부인할 수 없는 사실입니다. 기독교 국가들에서 철학적 탐구의 성공이 있었고, 그 탐구는 가장 쓸모있고 자비로운 목적들을 위해 활용되기도 했습니다. 헬라의 찬연한 유물들, 로마의 지혜와 웅변술들은 기독교를 받아들였던 나라들에서 만들어지고 발전하였습니다. 존 어스킨 박사(Dr. John Erskine)는 자신의 강론을 통해 이렇게 말했습니다.

"만약 이러한 것들이 사회에 유익을 주는 선한 용도를 가졌다면, 이것들 대부분이 복음 전파를 위해 세움을 받은 이들에게 바람직한 유익을 줄 수 있다고 생각합니다. 건전한 철학적 논증으로 복음을 반대하는 이들을 설득하고, 거룩한 전쟁을 위해 인간의 문학을 강력하고 효과적인 무기로 활용할 수만 있다면 말입니다. 대중들의 마음을 읽고 있는 설교자가 강단에서 외치는 설교의 효과는 숙고해 볼 만한 것입니다. 높은 학식을 바탕으로 계몽주의자들과의 교감을 형성해 열악한 환경 속에서 살고 있는 사람들을 위해 학교를 세우고 지원하는 일을 이끌어낼 수 있다면, 적은 비용으로 사람들의 건전한 지성을 발전시키는 일에 기여할 수도 있을 것입니다. 그렇게 할 수만 있다면, 여러 표본을 통해 관념을 형성하고, 수많은 진리를 깨우쳐 스스로의 논증을 점검하고, 자신들의 마음의 감상을 조리있게 표현함으로 많은 이들에게 건전하고 깊은 인상을 끼칠 수 있습니다. 그 뿐 아니라 참 신앙이나 공적인 평정(平靜)을 해치려고 호시탐탐 노리고 있는 대적들로부터 자신들의 신앙을 보호하고 거짓된 논증을 간파해 낼 수 있게 될 것입니다. 또한 일용할 양식을 얻기 위해 이마에 땀을 흘리는 사람들의 교양 수준이 설교자의 신앙 강론(講論)의 특성과 기풍에 영향을 받는다는 것은 매우 주목할 만한 일입니다. 어른들이 하는 말을 들으며 자라는 아이가 인위적인 학습 없이 말을 익히듯이, 교회에 출석하는 이들이 자신들의 주된 의도와는 무관하게 자연스레 논리와 수사(修辭)를 익히게 되니 말입니다."

이 점은 모든 복음 사역자들이 유의할 가치가 있는 진리입니다. 우리는 이것의 필요성과 중요성을 상기해야 합니다. 특별히 강단 밖에서 이루어지는 부수적이고 제 2차적인 사역을 더 큰 마음의 대상으로 삼고 있는 이런 시대에는 말입니다. 강단에서의 가르침을 보다 효과적으로 진행하길 원한다면 이 점은 충분히 유의할 필요가 있습니다.

하지만 그럼에도 불구하고 이 모든 것들은 말씀 사역의 부수적이며 주변적 요소에 불과함을 유념해야 합니다. 말씀 설교와 복음 사역을 통한 감동은 개인과 사회 속에서 가지는 인간적 이해관계를 증진시키기 위해 주어진 것이 아닙니다. 이러한 것들은 다루어질만한 다른 주제들 중 하나일 뿐입니다. 우리가 포착하고자 하는 중대한 주제는 그런 데서 찾을 수 있는 것이 아닙니다.

사도의 함축적이고 엄숙한 어법에 주목해 보십시오.

"그들은 너희 영혼을 위하여 경성하기를 자신들이 청산(淸算)할 자인 것 같이 하느니라"(히 13:17).

짧지만 장엄하고 외경스러운 이 문장 안에 목회직의 엄숙한 목적과 목표가 제시되어 있습니다. 강단을 세우신 하나님의 의도는 십자가를 세우신 의도와 일치합니다. 모든 설교자는 그러한 하나님의 의도를 수행해야 합니다. 잃어버린 자를 찾아 구원하려고 이 땅에 오셨던 우리 주님의 그 위대한 목적을 수행해야 하는 것입니다. 갈보리의 십자가에서 죽으셨던 예수님께서는 '하나님의 사신(使臣)들' 의 설교와 가르침을 통하여 대속(代贖)하신 영혼들을 구원하시길 원하십니다. 부수적인 다른 모든 일을 성취했다 할지라도 영혼 구원을 이루지 못하는 목회는 그 본질이 가진 가장 큰 목적의 성취에 있어서 완전히 실패한 것입니다. 우리는 그리스도의 사신된 자들로서 가져야 하는 '참된 열심의 본질'이 무엇인가를 바르게 이해해야 합니다. 영혼을 구원하시길 원하시는 하나님의 의도를 뚜렷하게 인식하고 그리스도의 일꾼의 의무를 완수하겠다는 결연한 긴박감을 가져야 하는 것입니다.

사역자는 그리스도께서 주신 의무를 실제로 수행하기에 앞서 자기 자신을 정립하는 것은 매우 중요한 일입니다. 마음에 제시될 수 있는 목회직의 여러 목적과 의무들을 살펴보아야 합니다. 그 의무들을 마음의 저울에 달아 보아 '영혼 구원이 자신이 감당해야 할 소임의 가장 중요한 본질이라.'는 확고한 지성적 의식을 가져야 합니다. 그래서 '나는 영혼을 지키는 자로다!'라는 엄중한 고백을 할 수 있어야 합니다. 그때라야 비로소 목회의 사명을 수행할 준비가 되어 있다고 말할 수 있는 것입니다. 그러한 방식으로 목회의 사명을 바르게 이해한 사람은 목회직을 수행하는데 있어서 불확실성의 오류로 혼란에 빠지는 일이 없습니다. 그는 인류를 구원하시려는 영원한 목적을 세우신 하나님 아버지와, 성육신과 죽으심을 통해 영혼 구원의 목적을 이루신 하나님의 아들, 그리고 우리의 황폐한 세상에 내려오시어 그 모든 뜻을 이루시려는 성령님과의 교제 속으로 완전히 들어간 사람입니다. 바로 이 목적을 성취하기 위해서 그 옛날 선지자들이 설교하였고 하늘의 천사들이 그들을 섬겼던 것입니다.

목회의 사명을 바르게 이해한 사람은 성삼위 하나님의 목적을 추구합니다. 하나님의 피조물들 중에서 가장 고상한 존재인 천사들에게 찬탄받은 바입니다. 그 목적을 이루려는 강한 영적 소욕을 가진 목회자는 학자나 철학자나 시인과 같은 높은 지성을 가진 사람들보다 복음의 일꾼이 더 위대하다는 사실을 확신하게 됩니다. 그 위대한 목적이 단 한 번만이라도 성공을 거둔다면, 그는 그 성공을 영원히 기념할만한 일생일대의 가장 위대한 승리로 여길 것입니다. 그는 분명 확신하고 있기 때문입니다. 재능으로 이룩한 업적을 기리는 기념비가 세월과 재난의 힘 앞에 소멸될 수는 있어도, '영혼 구원'이라는 승리의 기념비는 영원히 소멸되지 않을 것이라고 말입니다.

'영혼의 구원'은 목회직이 가지는 여러 세부적인 특성들이 목표하는 바를 모두 함축하는 포괄적인 어구입니다. 회심하지 않는 자들을 각성시키고, 영혼 구원에 대한 중요성을 일깨우고, 복음을 가르치고 은혜로 말미암아 믿는 사람들의 성화(聖化)을 촉진하고, 그들을 위로하는 일 등은 모두가 '영혼 구원'에 포함되는 일입니다. '영혼 구원'은 곧 '영혼 속에서 작용하는 하나님의 은혜의 역사(役事) 전체'를 의미하고 있는 것입니다.

하지만 이 책을 읽는 독자들이 그러한 은혜의 특성 중 무엇보다 가장 먼저 주의를 기울여야 할 것은, 거듭나지 못한 상태에 있는 사람들의 회심(conversion) 문제입니다. 이 문제는 목회자가 언제나 염두에 두어야 할 가장 시급한 사항입니다.

만약 제 자신의 삶의 내력과 수고와 성공을 말해 달라고 요청하는 사람이 있다면, 저는 겸손의 법칙을 벗어나지 않는 범위 내에서 가장 먼저 다음과 같은 사건에 주목할 것입니다. 젊은 시절 제가 학생의 신분으로서 영혼 구원에 대한 강렬한 목적을 가지고 목회 사역을 시작하였을 당시, 특별히 회개하지 않는 자들을 회심케 하는 문제에 주목할 수 있었던 것은 뉴저지의 데이비즈(Davies) 박사의 설교 때문이었습니다. 그는 세속적인 일에 누구보다 강한 열정을 나타내는 젊은 세대들을 각성시키는 탁월한 능력을 소유했던 분입니다. 그 깊은 감명으로부터 저는 충분한 보상을 받았습니다. 리처드 백스터(Richard Baxter)는 그의 책 「참 목자상」(Reformed Pastor)에 이와 동일한 요점을 지적하였습니다.

"우리는 사람들의 회심을 위해 매우 특별한 노력을 기울여야 합니다. 회심의 역사(役事)는 우리가 쉴 새 없이 좇아야할 위대한 일입니다. 이 일에 우리는 모든 힘을 다할 필요가 있습니다. 회심하지 않는 사람들의 비참함을 보십시오. 그 비참이 우리를 향해 '회심하지 않은 이들을 불쌍히 여겨달라.'고 외쳐대고 있지 않습니까? 이미 회심한 자라도 실족하여 넘어지는 경우가 있습니다. 하지만 그러한 경우라도 회심하지 않은 자들의 무서운 운명과는 다른 문제입니다. 이미 그들은 그리스도의 피로 말미암은 용서를 보장받은 자들이기 때문이다. 물론 하나님께서는 회심한 자들의 죄를 회심하지 않은 자들의 죄 만큼은 미워하지 않으신다하면 말이 되지 않습니다. 회심하였다고 그들이 지속적으로 죄 가운데 거하게 내버려 두시는 하나님도 아닙니다. 만약 그러하신다면 회심한 모든 자들은 회심하지 않은 자들과 다를 바 없이 일생을 죄와 함께 살다 그 죄를 고스란히 가지고 하늘나라에 가야 할 판입니다. 하지만 그들이 회심하지 않은 자들이 처한 비참 가운데 있지는 않습니다. 하나님께서 그들 속에 계신 성령으로 말미암아 그들이 계속 죄 가운데 거하는 것을 내버려 두시지 않으실 것이기 때문이다. 그에 비한다면 회심하지 않은 상태에 있는 사람들의 경우는 어떠합니까? 그들은 '악독이 가득하여 불의에 매인 바 된 자' 들입니다(행 8:23). 그들은 죄사함이나 영광의 소망에 참여하였거나 그 분깃을 단 한 번도 가져 본 일이 없는 자들이 아닌가요? 우리가 그들을 위해 일할 필요성이 여기에 있습니다."

백스터는 계속 이어 말합니다.

"'그 눈을 뜨게 하여 어둠에서 빛으로, 사탄의 권세에서 하나님께로 돌아오게 하고 죄 사함과 나를 믿어 거룩하게 된 무리 가운데서 기업을 얻게 하리라'(행 26:18). 치통으로 괴로워하는 사람과 치명적인 질병으로 죽어가는 사람이 우리 앞에 있다면, 누구를 더 불쌍히 여기겠습니까? 설령 죽어가는 사람이 우리의 형제나 자녀가 아닐지라도 그를 돕기 위해 더 황급히 서두르지 않겠습니까? 죽음의 문턱을 넘어 죽어 영원한 파멸에 빠지게 될 저주 아래 있는 사람들이 그와 같습니다. 우리는 그들을 보며 마땅한 슬픔을 느껴야 하며, 파멸로 치달아 가는 그들을 그냥 보고만 있을 수 없습니다. 이 일은 어떠한 다른 일보다도 시급한 일입니다. 경건한 사람들로부터 그리스도를 아는 지식에 진보하는 일을 소홀히 할 수 없는 이유는 아직 회개하지 않은 사람들의 회심을 위해 더욱 힘써 일해야 할 필요성을 매순간 느끼기 때문입니다. 우리는 이보다 적은 필요성을 지닌 요점에 대해 심혈을 기울여 논란을 벌이면서도, 변화하지 못함으로 피할 수 없는 저주를 받을 무지하고 비참한 죄인들의 무리를 너무나 자주 방치하고 있지 않습니까? 영원한 멸망으로 치달아가고 있는 그들을 가만히 앉아 바라보고만 있을 수 있다니요! 복음을 갈급하는 그들의 소리없는 울부짖음이 들리지 않습니까? 그들의 비참은 더 큰소리로 외치고 있습니다. 그들이 가진 의지가 스스로 도움을 요청하려 하지 않고 있기 때문입니다. 내 설교를 듣는 이들 중 이미 회심한 이들이 설교를 통해 더 높은 환상을 기대하는 것을 나는 발견하곤 한다. 나의 설교를 통해 그리스도인으로서의 삶에 도움이 될만한 말씀을 듣길 원했던 그들은, 죄인의 회심을 강조하는 나의 설교에 큰 불만을 가지고 있었습니다. 그럼에도 불구하고 나는 그들의 마음의 평안을 위해서 아직도 회심하지 않고 있는 사람들의 비참을 내버려 두는 것을 선택할 수는 없었습니다. 비참한 죄인들을 눈앞에 보면서 어찌 그들의 구원을 위해 말해줄 것들을 포기할 수 있겠는가요? 그런 이들이 아니라면, 나는 이미 회심하였으나 연약함으로 고통당하는 성도들에게 은혜 안에서 더욱 견고한 믿음을 견지할 수 있도록 하는 말들을 보다 많이 해줄 수 있었을 것입니다. 하지만 이미 회심한 성도들의 평안한 삶을 위해 일촉즉발의 위기 앞에 서 있는 회심하지 않은 자들을 내버려 둘 수는 없습니다. 우상 앞에 자기들의 모든 것을 던진 아덴 사람들을 보았던 사도 바울의 심령이 어떠했겠습니까? 영원한 저주의 가공할 위험 속에 있는 사람들을 바라보는 그의 심령은 격동 되었을 것입니다. 그들이 불타는 지옥의 벼랑 한 치 앞에 서 있는 사람들이라는 것을 알고도 믿음의 사람들인 우리가 어찌 격동하는 심령을 가지지 않을 수 있겠으며, 우리가 어찌 그들에게 그 엄청난 위험을 알리는 일을 위해 우리의 혀를 사용하지 않을 수 있겠습니까? 우리가 입을 열지 않음으로 한 죄인이 지옥에 가도록 내버려 둔다면, 그것은 우리에게 영혼 구원을 원하시는 구속주를 사랑함이 없음을 증거할 뿐 아니라, 우리가 그들의 가장 큰 원수보다도 더 악하게 그들을 대한 셈이 되는 것입니다. 형제들이여, 그대들이 설령 많은 이들을 소홀히 한다 할지라도, 가장 비참한 처지에 놓인 자들을 소홀히 마십시오! 다른 모든 것을 지나친다 해도, 율법의 정죄와 저주 아래 있는 가련한 영혼들을 지나치지는 마십시오! 그들은 어떠한 변화도 중단도 없을 가공할 지옥의 형벌을 매시간 기다리고 있는 사람들이 아닙니까! 사망의 잠을 자고 있는 그들을 향해 '일어나라' 외치십시오! 그들을 깨우십시오! 다른 모든 일에 실패할 지언정, 영혼을 회심시키는 위대한 일은 열심을 다해 완수할지어다!"

백스터의 책을 편집한 사람은 이렇게 말했습니다.

"백스터가 강력하고 깊은 인상으로 주목하며 사역자들에게 유념할 것을 강조한 영혼의 회심은 아무리 간절히 권고한다 해도 지나친 문제가 아니다. 영혼의 회심은 기독교 목회 사역에 있어서 가장 우선적인 중대한 목표임에도 불구하고, 오늘날 우리가 알고 있는 많은 설교자들이 그 일을 위해 힘쓰는 면에서 본질적으로 많은 결함을 안고 있다는 것은 사실이다. 오늘날 행해지는 설교의 보편적인 추세를 주목해 보면, 누구나 그들의 설교를 듣고 있는 회중들 속에는 마치 회심하지 않은 죄인이 단 한 명도 없는 것 같다는 결론에 도달할 수 있을 정도이다. 목회자는 자신의 설교를 듣고 있는 회중에 관심을 기울일 경우, 목회자는 반드시 가장 먼저 회중 전체를 구성하고 있는 각 계층의 비율과 그 계층이 필요로 하는 것이 무엇인지를 파악해야 한다. 목회자는 특히 '회심하지 않은 사람들'에 대해 특별히 주목해야 할 필요가 있다. 그들은 가장 가련하고 위험한 급박한 상황에 처한 사람들이다. 그들은 단 한 순간도 영원한 비참에서 벗어난 적이 없는 상태에 처해 있는 사람들인 것이다. 그들에게는 매 순간이 구원 받을 만한 기회이며, 그 기회가 언제 끝날지는 누구도 장담할 수 없다. 분명 기독교 목회자의 관심의 가장 큰 대상이 되어야 함에도 불구하고 그들은 실상 매우 작은 분량의 주목 밖에는 받지 못하고 있다. 고작해야 만날 때나 헤어질 때 잠깐 얼굴을 마주 대하는 정도이다. 나는 오늘날 목회자의 말씀 사역을 통해 회심하는 이들이 적은 이유가 여기에 있음을 의심하지 않는다. 이는 매우 중차대한 문제이다. 나는 이 주제와 관련해 리처드 백스터의 다른 저작에서 진술된 내용을 인용하고자 한다. '선별된 기독교 저술가들'(Select Christian Authors)이라는 일련의 목록에 소개된 「자기 무지의 비행」(Mischiefs of Self-Ignorance)에서 백스터는 이렇게 진술하고 있다.

"두리뭉실한 보편적 강론이나 말씀에 대한 비평적 관찰, 호기심어린 학파들이 발견해 냈다고 하는 흥미로운 견해 등을 산뜻하고 잘 다듬어진 말솜씨로 포장한 설교를 통해 죄인들로 하여금 자신의 죄를 깨닫게 하는 것은 매우 어려운 일입니다. 우리는 듣는 이들의 마음에서 멀리 떨어져 있는 요점만을 다루는 설교를 얼마나 자주 듣습니까! 그러한 설교는 듣는 이들로 하여금 영혼의 죄를 깨닫게 하고 마음을 열어 회심케 하는 데 어떠한 힘도 발휘하지 못합니다. 교회의 회중들이 만약 그러한 깨우침을 받을 필요가 전혀 없는 사람들로만 구성되어 있다면 그런 설교는 권장될 만도 합니다. 그러나 우리 앞에 앉아 있는 회중 가운데 상당수는 여전히 죽음에 대한 준비가 되어 있지 않고, 여전히 하나님의 율법의 정죄를 받고 있습니다. 하나님의 긍휼하심을 입을지 아니면 영원한 정죄를 대가를 치를 지의 분명한 두 기로 앞에 여전히 서 있는 자들이 아닙니까! 그들이 회심함으로 자신의 죄에서 구원 받지 못한다면, 그들이 어찌 영원한 비참을 피할 수 있겠는가요. 그들 자신에게 가장 깊은 연관을 가진 길을 가장 효과적인 방식으로 말해주어야 할 시점은 언제나 바로 지금 이 순간입니다."

"생각해보십시오. 물에 빠져 익사할 위기에 처한 사람이 노래와 춤을 즐길 여유가 있겠습니까? 교수형에 처해질 사람에게 위트 있는 말을 해주는 것이 무슨 의미가 있겠습니까? 당장 영원한 파멸의 저주를 맞이할 이들에게는 거룩한 삶에 관해 책 읽듯 하는 식의 설교가 큰 의미가 있겠습니까? 그 설교가 어떠한 의도를 가졌든지 간에 그들을 구원하기에 합당한 성격을 띠지 않았음에 분명한데 그런 입장에 처한 이들에게 합당할 이유가 없습니다. 그러한 위기에 처한 사람들에게 회심을 통한 영혼 구원의 주제 이외의 것들은 사실상 어울리지 않다는 것을 기억해야 합니다. 그럼에도 불구하고 그들의 진상을 직설적으로 말하기는커녕, 다른 주제에 시선을 돌려 그들의 마음과 생각을 다른 것으로 채워 그들 자신들이 처한 비참에 대해 한 없이 무감각하게 만드는 설교를 우리는 얼마나 자주 듣습니까! 메마르고 활기 없는 강연록을 종교적으로 말하고 있는 것을 설교라고 하다니요! 그런 설교자는 자기를 망하게 하고 속이기 쉽지 않습니까? 그런 설교자는 구원에 대한 관심과 유사해 보이는 어떤 다른 것을 행함으로 자기 일을 잘 해 나가고 있다는 의식으로 양심을 무마시키고 구원을 위해 필요한 돌봄의 짐을 벗습니다. 설교자가 어리석은 자의 엉뚱한 주장이나 조소를 받고 그런 것이 아닙니다. 그런 설교자는 뻔뻔스런 악행이나 하나님께 감히 도전하는 불경이나 이성의 공격을 받기보다는 종교라 일컬어지는 어떤 것을 통하여 참 종교에서 시선을 돌이키는 데로 길들여질 것입니다. 물론 종교라 일컬어지는 그 무엇이 자기의 시선 전환을 정당화시켜줄 것을 희망하면서 말입니다. 그러나 우리는 많은 이들의 갈채를 받는 설교들을 들으며 사람들의 영혼을 불쌍하게 여기는 마음으로 이렇게 생각하는 적이 얼마나 많습니까!

"저런 설교내용 모두가 죄인의 마음을 열어 자신을 들여다보게 하거나 자신의 거듭나지 못한 비참한 상태를 보게 하는 데 무슨 유익이 있다는 말인가? 저런 설교가 자기기만에 빠져 지옥으로 달려 들어가고 있는 자신의 상태를 알고 각성 받게 하거나, 하늘에 대한 기대에 찬 확신으로 일어서게 하는데 무슨 소용이 있는가? 이런 설교가 사람들로 하여금 자기들의 멸망 당할 수밖에 없는 비참한 조건과 그리스도의 절대적 필연성과 새롭게 하시는 은혜를 알게 하는데 무슨 소용이 있을까? 이런 설교 속에 있는 무엇이 세상에 얽매어 땅밖에 모르는 사람들로 하여금 하늘에 친숙한 관심을 가지게 인도하며, 무엇이 눈에 보이지 않는 세계를 친숙하게 알려주고, 무엇이 사람들을 도와 믿음과 사랑의 삶을 영위하게 하고, 무엇이 그들의 죄 용서와 죄를 죽이는 일에 소용된다는 말인가?"

정말 얼마나 많은 설교자들이 그런 비참에 처하여 있는지요! 그 말은 사람들의 마음을 탐사하는 일이나, 사람들로 하여금 자신들이 그리스도 안에 있는지 아니면 버림받은 상태에 있는지 알게 하는 기술을 많은 설교자들이 거의 갖고 있지 못하다는 말입니다. 또한 사람들로 하여금 자신들이 처한 시험거리가 무엇임을 알게 촉구하거나, 자신들을 점검하고 판단하는 일을 돕는 일이 얼마나 빈약한지요! 마치 그런 일은 전혀 필요가 없는 일인 것 같이 여깁니다. "그들이 내 백성의 상처를 가볍게 여기면서 말하기를 평강하다, 평강하다 하나 평강이 없도다"(렘 8:11).

우리가 만일 리처드 백스터의 힘있는 주장의 정신을 들이킬 수 있다면, 우리 모두 얼마나 놀라운 설교자들이 되었을까요! 하나님께서 백스터의 그 놀라운 진술이 우리 마음 가운데 새겨지게 하시옵고, 그 정신이 우리의 강론을 형성하는 주요한 틀(mould)이 되게 하시옵소서.

물론, 그러하다고 이미 신앙을 고백한 자들의 심령을 거룩한 믿음 안에서 견고하게 세우는 것의 중요성을 간과하지는 말아야 합니다. 또 구속(救贖) 받은 가정의 일원으로 태어난 자녀들을 먹이고 돌보고 인도하고 양육하여 자라게 하는데도 힘을 써야합니다. 영생을 기업으로 얻은 자들이 은혜와 지식 안에서 자라게 하는 일은 신실한 목회자에게 있어서 언제나 큰 관심거리가 되어야 합니다. 왜냐하면 회심함으로 믿음을 가진 자들이 곧바로 영화롭게 되는 것은 아니기 때문입니다. 그들은 내면 깊은 곳에서 일어나는 여러 가지 갈등과 시험과 유혹의 과정을 겪어야 합니다. 때로는 그러한 과정이 매우 길게 지속되기도 합니다. 깊은 강론을 통해 신앙생활에서 만날 수 있는 여러 복잡한 난제들과 위험들을 믿음으로 넉넉히 이겨내도록 지도하는 것은 목회자의 분명한 임무입니다. 목회자들은 믿는 자들이 진리에 대해 더욱 자라 온전함으로 나아가도록 인도해야 합니다.

그리고 목회자들은 언제나 자신의 회중 가운데 이미 회심한 신자임에도 불구하고 훨씬 많은 수가 믿음의 초보를 체험한 적이 없거나, 실천적 경건에 대해서 마치 알파벳도 배우지 못한 어린 아이들과 같다는 사실을 망각하지 말아야 합니다. 매우 높은 지성을 가졌던 한 여성은 회심한 이후 잠시 런던에 머물며 여러 설교자들의 설교를 듣고는 놀라움과 탄식을 금하지 못하며 이렇게 말했습니다.

"설교들은 정말 훌륭했어요. 하지만 하나같이 높은 수준에 있는 신자들만을 겨냥한 것 같더군요. 마치 자신의 설교를 듣고 있는 회중들 중에 허물과 죄로 죽었던 자들은 하나도 없는 것을 당연하게 여기는 것처럼 말이에요."

제가 알고 있는 매우 헌신적인 그리스도인은 수년간 출석한 교회를 떠나며 이와 유사한 이야기를 했습니다.

"나는 몇 해가 지나는 동안 그 목회자로부터 실천적 설교를 거의 듣지 못했어요. 그 목회자의 설교는 교리적이며 신학적인 진술로 일관됐고, 설교의 대부분이 종교적인 위안을 주는 내용이었습니다. 막 회심한 성도들이나, 아직 예수님을 영접하지 않은 죄인들을 향한 생생하고 신랄한 호소같은 것은 전혀 없었습니다. 그 목회자가 자신의 설교를 통해 사람들의 회심이 일어나는 경우를 목격하지 못했다면 그것은 전혀 이상한 일이 아닐 것입니다. 그런데도 이 설교자는 도덕폐기론자(Antinomian)는 아닙니다."

# Ⅱ
## '간절한 열심'과 전인적 집중

'간절한 열심'(earnestness)이란 말 속에는, 그 사람이 주목할 주제가 정해졌을 뿐 아니라 그 주제가 그 사람을 온전하게 사로잡아 그 주제를 향하여 마음이 온통 불붙어 있음이 함축되어 있습니다.

목회자가 가져야 하는 '간절한 열심'은 이론이나 논리적 추론 이상의 것입니다. '간절한 열심'은 단순히 지성을 행사하거나 자신의 상상력을 동원한 높은 관념을 가지는 것이 아닙니다. 자신에게 주어진 소임과 목적에 대한 바른 평가와 이해를 바탕으로 몸과 마음의 모든 기능들을 동원하여 그 목적을 추구하기 위해 부단히 매진하는 것을 의미합니다. 목적을 위해 매진하는 열심을 가진 사람은 그 활기와 민첩함이 마치 불과 같습니다. 자신 앞에 놓인 목적을 좇는 사람은 언제나 그 목적을 생각합니다. 낮에는 그 목표를 묵상하고, 밤에는 그 목표를 이루는 꿈을 꿉니다. 그는 언제나 목표를 바라보며, 그것을 묵상하는 것을 기뻐합니다. 그 목표는 그에게 있어서 언제나 대화의 가장 주요한 화제(話題)입니다. 설령 그와 같은 생각을 가지고 있지 않은 사람들이 보기에도 그는 정말 '대단한 열심장이' 입니다.

포스터(Foster)는 그의 책, 「성품 형성에 대한 평론」(Essay on Decision of Character)에서 이러한 정신적 품격을 보여주는 훌륭한 예증으로 하워드(Howard)를 지목하였습니다. 이 대단한 박애주의자가 한 순간도 자기가 가고 있는 길에서 시선을 돌린 적이 없다는 독특한 진술을 하고 있습니다. 저는 우리가 다루고 있는 주제와 직접적인 연관을 가진 그 대목을 인용하고자 합니다.

"그가 정한 목표의 중요성은 그의 인격이 가진 모든 기능들을 흥분의 도가니로 몰아넣었다. 그의 인격은 그로 하여금 다른 모든 가벼운 이해관계를 전혀 돌아보게 하지 않을 정도로 격렬하였다. 자연과 예술이 지닌 아름다움은 그에게 어떠한 영향력도 미치지 못했다. 훌륭한 그림이나 조각들, 호화롭고 웅장하게 세워진 건축물에 대해서도 그는 아무런 관심을 가지지 않았다. 오직 한 가지의 일만을 해야 한다는 믿기 어려운 확신의 엄격성이 그를 온전하게 장악하고 있었던 것이다. 죽을 수밖에 없는 운명에 처한 사람들에게 박애 정신을 펼치려는 그의 행동 속에는 눈에 보이지 않는 영들이 가득 차 있는 것처럼 보였다. 그런 사람은 인생 동안 무엇인가 큰일을 하고자 한다면, 그와 같이 자기가 가진 힘 전부를 그 일에 쏟아야만 한다. 자기 자신의 안위만을 생각하며 살아가는 나태한 구경꾼들에게 그는 마치 미치광이 같이 보일 것이다. 그러한 사람은 자신의 목적에 조금이라도 더 다가가기 위해 자신이 발휘할 수 있는 인격의 마지막 한 방울의 힘까지 쏟는다. 그리고는 자신이 끝내 이루지 못한 것에 대해 죽을 수밖에 없는 인생의 유한함을 인정하면서 조용히 모든 것을 전능자의 손에 맡긴다."

예수 그리스도의 참된 일꾼인 '간절한 열심'을 가진 목회자의 표상이 그와 같습니다. 그것은 불멸의 영혼들을 구원하는 일을 최대의 목적으로 삼는 사람들이 취해야 할 사역의 방식으로 본 삼아야 할 표상입니다. 그러한 목회자는 말로 형용할 수 없이 고상하고 엄숙한 말씀의 영감을 완전하게 들이마신 사람입니다.

"너희를 인도하는 자들에게 순종하고 복종하라 그들은 너희 영혼을 위하여 경성하기를 자신들이 청산할 자인 것 같이 하느니라"(히 13:17).

그는 이처럼 자신을 완전하게 매료시킨 말씀의 세력에서 잠시라도 달아나거나 벗어나기를 원하지 않습니다. 연구실 의자에 앉아 진리를 탐구하든지, 아무도 없는 골방에서 홀로 개인의 경건을 위한 시간을 가지든지, 강단에 서서 회중들을 향해 설교를 하고 있든지, 아니면 그리스도인의 교제 모임 속에서 즐거움을 누리고 있든지, 하나님께서 지으신 자연의 아름다움을 감상하며 그 활력을 재충전하고 있든지, 그의 눈앞에는 온통 솔로몬을 통해 주신 하나님의 말씀이 어른거릴 뿐입니다.

"지혜로운 자는 사람(영혼)을 얻느니라"(잠 11:30).

때때로 그의 귀에는 그리스도의 천둥같은 두려운 질문이 들려옵니다.

"사람이 만일 온 천하를 얻고도 제 목숨을 잃으면 무엇이 유익하리요. 사람이 무엇을 주고 제 목숨과 바꾸겠느냐?"(마 16:26)

그는 죄 있는 영혼들을 회개하도록 인도하는데 부단히 쓰임을 받는 일을 자신의 최대의 실천적 목적으로 삼습니다. 설교 본문을 정하거나 설교문을 작성하거나, 또 회중들 앞에서 설교할 때 그는 그 점을 항상 염두에 둡니다. 그에게 있어 영혼을 구하는 일에 쓰임을 받는 것은, 마치 전쟁 영웅에게 있어 '승리'가 가지는 의미와 세력처럼 다가옵니다. 사람들의 박수갈채를 받을 목적으로 매우 웅변적 설교를 준비하거나 전하는 일은 그가 바라는 목적에 전혀 미치지 못합니다. 마치 전쟁터에서 적들을 제압함으로 그 포악한 원수의 손아귀에서 자신의 나라를 해방시키려는 일념으로 불타있는 애국 충정의 전사(戰士)의 마음과 같습니다. 그는 수많은 구경꾼들의 감탄을 불러일으킬 군인들의 정교한 열병식이나 웅장한 퍼레이드나 호전적인 음악소리 따위에는 어떠한 만족도 얻지 못합니다.

'간절한 열심'을 가진 목회자는 오직 영혼을 구원하는 제일의 목적만을 추구합니다. 영혼을 구원하는 일은 그의 마음 전체에 새겨진 기조(基調)이며, 그가 보여주는 모든 행실의 원천인 것입니다. 무엇도 그의 행실에서 그 최상의 목적을 떼어낼 수 없습니다.

영혼 구원의 목적에 집중하는 열심 목회자는 많은 사람들 가운데서도 특별하게 구분되어 보여지기 마련입니다. 그를 아는 사람들은 그가 하는 설교를 들으며 무엇을 기대해야 할지를 알고 있습니다. 사람들은 그 목회자로부터 현란한 수사술(修辭術)이 만발한 꽃 대신 가지에 열린 생명의 열매를, 메마른 철학의 파편이나 화석과 같은 비평주의 대신 하늘로부터 내려오는 생명의 떡을 기대합니다. 아무 쓸모도 없는 종교적 불꽃놀이 대신 어둠 속에서 방황하고 있는 상실된 영혼들의 피난처로 가는 길을 밝히 비춰줄 영원한 진리의 횃불이 그의 손에 높이 들려지기를 기대하는 것입니다.

그러한 목회자는 영혼 구원을 위해 쓰임새 있는 설교자들이 가진 강론의 통상적인 특성을 가지고 있습니다. 그의 설교를 듣는 이들은 마치 질병에 걸려 고통 받고 있는 환자를 진단하는 의사의 말을 듣고 있는 것과 같은 느낌을 가질 것입니다. 병에 걸린 환자를 진단하는 의사는 은유적인 시적 표현을 사용하거나, 이해하기 어려운 고전적 논문을 인용하지 않습니다. 병든 사람에게 필요한 것은 건강을 회복하기 위한 분명하고 직설적인 처방전입니다. 병든 영혼에게 있어서 영혼 구원과 동떨어진 주제들은 사실상 모두 부수적인 것들에 불과합니다. 다른 문제들은 병들어 있는 그들의 영혼에 유익을 주는데 있어서 사실상 아무런 의미가 없습니다.

그러하다고 설교자들이 가지는 웅변적인 어조와 깊은 학식을 부정하는 것은 아닙니다. 사역의 궁극적인 목적을 이루는데 도움을 줄 수만 있다면, 설교자들이 그러한 특성이나 자질 등을 사용하는 것을 꺼려할 필요는 전혀 없습니다. 그의 마음과 양심에 있는 '사역의 확고한 목적의 화살촉'을 더욱 날카롭게 함으로 과녁에 더 깊이 꽂힐 수 있게 하는 것이라면, 설교자는 시적이며 문학적이며 논리적인 그 무엇도 거부할 이유가 없습니다. 이는 크게 권장할 만한 일입니다. 하지만 분명한 사실은, 모든 방편은 "어찌하든지 내가 몇 사람을 구원코자 함이라"는 거대한 대전제에 위에 있어야만 한다는 것입니다. 이것이 참된 열심 속에 함축되어 있는 모토입니다.

## III
## '간절한 열심'과 방편 활용

이 세 번째 대목에서는 사역의 목적을 효과적으로 이루기 위해 채용되는 합당한 방편들과, 그것을 활용하는 문제를 다룹니다. 곧 정한 목적을 이루기 위한 모든 합당한 방편들을 궁구하고 그것들을 부지런히 활용하는 문제입니다.

간절한 열심을 가진 사람은 일반적인 형식이나 단순하게 고정된 틀에 얽매이는데 만족하지 않습니다. 그는 자신의 목표 수행을 위해 보다 효과적인 방편들과 수단들을 끊임없이 찾는 사람입니다. 그는 자신의 지나온 과거를 돌아보아 실패와 성공의 원인을 분석하고, 이를 자신이 앞으로 해 나가야 할 일에 있어 더욱 주의를 기울이는 근거로 삼습니다. 자신이 이제 더 무엇을 해야 할지, 그 일을 위해 어떠한 방편을 사용할지를 부단하게 탐문하며 새로운 계획을 수립하고 새로운 방편을 구축하려 합니다. 자신이 설정한 목표를 향해 꺼질 줄 모르는 열정과 결연함을 가진 그는 언제나 이렇게 외칩니다.

"나는 이 목적을 반드시 수행할 것이다! 이를 위해 더 좋은 방편이 무엇일까?"

그렇다면 우리 목회자들이 영혼 구원의 위대한 목적을 이루기 위해 가지는 마음의 자세는 어떠해야 할까요? 우리는 그저 둔하고 단순하고 형식적이고 지루하게 반복되는 고정된 경로로 가는 것에 만족하지는 않습니까? 우리는 우리 자신에게 끊임없이 다음과 같은 질문을 결코 던질 필요가 있지 않습니까?

"내 목회 사역을 통해 더 큰 성공이 일어나지 않은 이유는 무엇인가? 나의 회중은 어째서 더 증가하지 않는 것인가? 영혼을 구원하시는 하나님의 능력이 내가 전하는 십자가의 교리로 말미암아 발휘되지 않는 이유는 어찌 된 것인가? 나의 목회 지도 아래 있는 회중들 가운데 자신의 구원의 문제를 염려하며 '내가 어떻게 해야 구원을 받으리이까?' 라고 물어오는 이들이 이처럼 적은 이유는 무엇인가?'"

저는 우리 목회자들 모두가 일상적인 목회자로서의 임무를 정기적으로 감당하는데 있어서 수고를 다 기울이고 있음을 알고 있습니다. 하지만 그러한 수고에도 불구하고 많은 열매를 맺지 못하는 이유가 무엇입니까? 우리는 선지자가 했던 것과 같은 탄식을 해야 할 지경에 있지 않습니까?

"우리가 전한 것을 누가 믿었느냐? 여호와의 팔이 누구에게 나타났느냐?"(사 53:1)

우리는 실제로 늘 그러한 불만에 빠져 있지 않습니까? 아니 더 나아가 그러한 서글픔을 토로할 만큼의 충분한 '간절한 열심'을 가지고 있기는 한 것입니까? 회중의 규모가 늘 제자리를 유지하고, 교회 내에서의 평안이 유지되는 것에만 만족하고 있지는 않습니까? 목회직이 갖는 목적의 성취와 무관하게 교회의 사례(謝禮)는 계속 집행될 테니 말입니다. 모든 것을 아시며 감찰하시는 하나님의 눈에 깊은 사색과 엄숙한 묵상과 철저한 자기 검증을 하기 위해 힘쓰는 모습을 끊임없이 보여드리고 있는지 돌아보아야 합니다. 만약 우리가 하나님 앞에서 그러한 모습을 보여드리지 못하고 있다면, 우리는 스스로에게 우리 자신의 이 불편부당(不偏不黨)한 행사를 질책하고, 서글프고 안타까운 마음으로 이렇게 자문해야 합니다.

'목회 사역의 효력을 증대시키기 위해 기존의 방식을 개선하거나 교정하거나 무엇인가를 덧붙여야 필요가 있지는 않은가? 또한 새롭게 적용해 볼 새로운 방식이나 체계를 연구해야 할 필요는 없는가? 나의 설교의 내용이나 전달의 방식이나 자세에 있어서 보완해야 할 것들은 무엇인가? 목회적 돌봄의 과정 전체 중 부족한 부분은 무엇인가?'

분명히 이러한 질문은 우리에게 주어진 사역의 중대함에 비추어 볼 때 지극히 자주 던져져야 할 필요가 있습니다. 이를 위해서 목회자들은 매 해가 시작되는 시기나 특별히 할애한 시간을 통해 주기적으로 관찰하는 것이 좋습니다. 그러한 탐구의 노력이 아무런 유익 없이 끝나버리는 일은 결단코 일어나지 않을 것입니다.

지금 우리가 다루고 있는 주제는 우리 목회자의 본분 영역을 벗어나서도 쉽게 발견되는 부분입니다. 각별한 열심을 가진 무역상들이나 군인들이나 법률가들이나 철학자들이 자신들의 빈약한 성공에 아무런 문제도 제기하지 않고 현상을 유지하는 것에 만족하고 있을 거라 기대할 수 있습니까? 모든 인간의 활동에는 그 영역마다 저마다 다른 나름대로의 큰 목적을 가집니다. 만약 그러한 목적을 달성하려고 들인 수고에 비하여 형편없이 적은 성공의 열매만을 얻는다면, 그들은 자신들의 목적을 이루기 위해 사용한 과거의 행동 양식을 돌아보고 검증하여 문제를 발견하고 보완하거나, 큰 성공을 거두기 위한 새로운 방편을 시도해보려는 결심을 가집니다. 그렇다면 하물며 불멸하는 영혼을 돌보는 막중한 일을 위해 기울인 우리의 수고가 적은 열매를 얻는다면, 풍성한 열매를 확보하기 위한 계획을 다시금 수립하는데 있어서 얼마나 더 큰 관심을 가져야 하겠습니까?

물론 새로운 방식들이라 함은 새로운 교리나 원리를 말하는 것이 결코 아닙니다. 어떠한 경우라도 새로운 방식에 관심을 기울이는 문제에 있어서 본질적인 기초나 정규적인 틀을 흔들고 무시함으로 광신주의와 같은 극단에 빠지게 할 수 있는 기상천외한 상상들은 반드시 배제되어야 합니다. 저는 단순히 과격하게 부추겨진 열정을 가리키고 있지 않습니다. 우리가 가져야 할 열정은 진지한 판단과 건전한 이성으로 인정받을 만한 것에 근거해야 합니다. 목회의 위대한 목적을 추구하는데 있어서 이성적 판단이 결여된 열정만을 가지는 것 역시, 간절한 열심이 빠진 메마른 지성만을 가지는 것처럼 매우 큰 위험을 내포하고 있기 때문입니다. 물론 간헐적이며 돌발적인 열심을 부리는 것이 중풍병자와 같은 무감각한 자세를 가지는 것보다 덜 치명적이고, 보다 더 쉽게 치료가 되기는 하지만 말입니다.

우리는 우리가 하는 설교를 면밀히 살펴볼 필요가 있습니다. 우리는 하나님의 경고와 엄중한 계시의 주제들에 대해 너무 조금 밖에는 설교하고 있지는 않습니까? 아니면 반대로 너무 많은 부분을 하나님의 가공스러우신 진노에 할애하고 있지는 않습니까? 만약 후자의 경우라면, 우리는 하나님의 사랑과 자비하심에 대한 부분을 조금 더 증가시킬 지혜를 발휘할 필요가 있을 것입니다. 때때로 우리는 너무나 평범한 문체와 어조로 반복함으로 복음이 가진 힘을 반감시키곤 하지 않습니까? 또 지나치게 논쟁적이거나, 불필요한 상상력을 과하게 동원하거나, 그리스도의 복음을 도덕적 실천을 권고하는 형태로 강조하고 있지는 않습니까? 만약 우리의 설교가 이미 믿음을 고백한 신자들만을 향해 집중하고 있는 것이 발견된다면, 우리는 회심하지 않은 이들을 각성시킬 만한 신랄한 문장이나 어조를 더 자주 사용하려는 계획을 세울 수도 있을 것입니다. 죄에 대하여 희미하고 그저 보편적인 관점으로 두리뭉실하게만 묘사했다면, 이전보다 더 특별하고 분별력 있게 죄의 문제를 다루어야겠다는 결심을 할 수 있을 것입니다. 젊은이들에게 관심을 기울이는 설교를 하지 않았다면 그들을 향한 설교를 규칙적으로 계획할 수 있고, 비슷한 주제에 너무 많은 부분을 할애 했다면 또 다른 주제를 골고루 배정할 계획을 세울 수 있습니다. 또 우리의 강론이 너무 지나치게 정교화되었거나 추상적인 경향이 있다면 보다 더 단순한 형태를 취하겠다 마음 먹을 수도 있을 것입니다. 돌이켜 보아 경솔함이 발견됐다면 이후 그런 일이 없도록 더 심혈을 기울일 필요를 깨달을 수 있으며, 너무 교리적인 설교를 했다는 판단이 든다면 모든 진리에 대해 마땅한 바대로 가져야 할 마음과 의지를 심어주는 일에도 주의를 기울이려고 할 것입니다.

목회를 위해 주어지는 여러 수고에 대해 엄격하게 탐사하는 일은 단순히 문제를 의식하는 것에 그치는 것이 아니라, 매우 비중 있고 실제적인 정규적인 과제로 여겨져야 합니다. 중차대한 목회직을 수행함에 있어 우리는 여러 양식들을 부단히 재고해 볼 필요가 있습니다. 목회란 언제나 끊임없이 새로운 양식을 고안하고 계획할 필요가 있는 가장 광대한 분야의 직임이기 때문입니다. 목회직을 수행하는 목회자의 모든 활동은 우리가 가진 사명에 맡겨진 양떼들에게 직접적인 영향을 끼칩니다. 만약 우리의 목회 활동을 조사함으로 그들을 돌보는 일에 나태함이나 게으름이 발견되었다면, 우리는 즉시 이전의 방식들을 개선시킬 수 있는 여러 방편들을 찾아 나서야 합니다. 구원을 소망하는 사람들을 대하는 방식 역시 마찬가지입니다. 주일학교를 활성화시키고 성경공부 반을 개설하거나 신자들을 심방하는 등, 여러 분야에서 그 개선점을 찾아 적용해야 합니다.

하지만 무엇보다 우리에게 긴요하게 요구되는 바는, 목회직과 관련된 그 어떤 일에도 부족함이 없어야 한다는 소원과 그 궁핍함을 메우고자 하는 부지런한 열심입니다. 우리의 생각은 언제나 목회의 사명을 효과적으로 감당하기 위한 더 나은 방편들과 방식들을 궁구해 내는 일에 가 있어야 합니다. 이를 위해 연중에 별도의 날과 시간을 정하고, 한 해 동안 진행해 왔던 활동을 엄숙하게 점검해보고, 우리의 부족과 게으름이 무엇이었는지, 더 나은 개선을 위해 어떠한 방식이 필요한지를 조망해야 합니다. 지나간 과거의 소임의 활동을 돌아보는 것은 목회자로 하여금 목회의 사명을 감당함에 있어 하나님 앞에서 자신을 낮추고, 더 풍성한 열매를 얻기 위한 새로운 법칙을 세우도록 하는 일입니다. 우리가 만약 이제껏 부단히 그런 일에 더 큰 주의를 기울여 왔다면, 우리는 하나님께서 주신 사명을 감당하는데 있어 훨씬 더 쓸모있는 일꾼이 되었을 것이며, 더 풍성한 열매를 거두었을 것입니다.

자신의 목회 활동을 돌아보아 검증하고, 이를 개선하려는 수고를 기울이는 것은 '간절한 열심'이 요구하는 일입니다. 이러한 일을 게을리 한다면 그 누구도 간절한 열심을 가졌다고 말할 수 없습니다. 자신의 목회 활동을 통해 매우 미세한 성공을 거두거나 거의 성공을 거두지 못했다는 것을 인지하고 있으면서도 왜 그런 결과가 나왔는지, 개선해야 할 부분은 무엇인지를 탐문하는 일에 냉담한 자세를 가진다면, 그것은 경건에 관련된 전체의 개념과 전혀 일치하지 않는 것입니다.

따라서 우리는 이러한 결론을 내릴 수 밖에 없습니다. 자신의 목회직이 가지는 의도와 목적에 대해서 만약 그러한 자세를 견지하는 목회자가 있다면, 그는 근본적이며 본질적으로 목회자로서의 결함을 가진 사람이라고 말하지 않을 수 없는 것입니다.

## Ⅳ
## '간절한 열심'과 민첩한 적응력

'간절한 열심을 가진 사람'은 자신의 모든 활동과 행위의 양식을 오직 한 가지 목표에 적응시키는 의지와 능력을 발휘합니다.

특별한 목적을 향해 '간절한 열심'을 가진 사람은 자신의 목적을 이루는데 기여할 만한 일을 찾아내는 총명을 가지고 있습니다. 설사 그 대상이 멀리 떨어져 있는 것이라고 해도 말입니다. 그 대상이 조금이라도 가까이 다가오면, 그는 단 번에 그것을 부여잡는 능력을 발휘합니다. 그리고 그것을 자신이 목적과 계획을 위해 효과적으로 활용하고 운용하는 재치와 기지(機智)를 발휘합니다. 그는 자신의 목표를 이루는데 사용되는 방편에 마음을 빼앗기는 어리석음 따위는 범하지 않습니다. 수단으로서 존재하는 것들을 목적으로 삼는 어리석음을 범하지 않는 것입니다. 그의 마음과 생각은 마치 거대한 기계의 움직임을 연상케 합니다. 기계 전체를 운용하는 하나의 세력의 통제 아래서 기계를 구성하는 각 부속들이 기계가 가진 용도와 목적을 위해 움직입니다.

또 '간절한 열심'을 가진 사람의 생각이나 감정의 흐름은 도도하게 흐르는 강물과도 같습니다. 수많은 실개천들의 흐름은 마치 그 도도한 강물의 흐름을 만들어 내기 위해 존재하는 것 같습니다. '간절한 열심'을 가진 사람에게 있어 그러한 대상들은 오직 거대한 목적을 위한 수단일 뿐입니다. 어떠한 수단이나 방편도 자신의 목적을 대신하도록 내버려 두지 않습니다.

목회자가 목회직을 감당하는 수단으로써 주의를 기울여야 할 첫 번째 방편은 지식입니다. 이는 모든 방면의 지식을 의미합니다. 문학이나 과학, 철학 등은 그 자체로도 매우 훌륭할 뿐만 아니라 목회직에도 큰 도움을 주는 방편으로 활용될 수 있습니다. 하지만 그러한 것들은 위대한 목회직의 목적을 위한 수단에 불과합니다. 어느 때라도 그러한 것들을 목회직이 가지는 목적과 같은 높은 자리로 올리는 일은 없어야 합니다. 궁극적인 목적을 위한 부수적이고 제 2차적인 것들 자체에 높은 가치를 부여하거나 그것들을 지나치게 추구하지 말아야 합니다. 복음 사역의 가치를 대신할 수 있는 지식이란 있을 수 없습니다. 한정된 범위 내에서 복음 사역의 목적에 기여할 수 있는 정도일 뿐입니다. 따라서 목회직을 수행하는데 있어서 모든 종류의 지식은 목회직의 목적을 위한 보조적 수단으로서의 가치만으로 여겨져야 합니다.

높은 지식을 겸비한 설교자가 그것을 통해 매우 유익한 쓰임을 받을 수 있다는 것은 인정할 만한 사실입니다. 물론 문학이나 학문 자체가 그리스도의 사역자에게 해를 끼치게 내버려 두는 것은 상상할 수 없는 일입니다. 그리스도의 사역자에게 큰 해를 입히는 것은, 마치 비옥한 옥토에서는 자라 번성할지 모르나 척박한 땅 위에서는 말라 죽을 교만과 허영과 같은 것입니다. 목회 사역에서 학문적 지식이 해가 된다고 주장하는 사람이 있다면 그는 칼리프 오말(Caliph Omar)의 역할을 감당하기에 충분한 사람입니다. 그 사람은 세상의 모든 도서관들에 불을 지르기라도 할 것 같은 사람입니다. 목회의 본질과 목적을 분명하게 알고, 그를 위한 '간절한 열심을 가진 목회자'가 높은 지식을 가지는 것은 어떠한 흠이나 탈도 아닙니다.

이에 대한 와이즈먼 박사(Dr. Wiseman)의 다음과 같은 진술을 주목해보십시오. 이 문제와 관련된 그의 올바른 정서가 그 자신의 진술을 얼마나 아름답게 장식하고 있는지 모릅니다.('학문과 신학의 관계성에 대한 강좌'〈Lectures on the Connection between Science and Revealed〉에서 인용〉

"기독교 신앙은 낯설고 저속한 인간적인 학식의 도움을 필요로 하지 않는다고 말하는 분별없는 그리스도인들이 있다. 그런 이들에게는 아마도 싸우스(South)가 한 말이 최선의 답변이 될 것이다. '하나님께서 우리의 학식을 필요로 하는 분이 아니시라 할지라도, 우리의 무지함을 충분히 혐오하실 수는 있다.' 신령한 성전(聖殿) 안에는 언약궤(言約櫃) 뿐만 아니라 변변치 않은 헌물들이나 가죽이나 털옷과 같은 수준의 것들을 위한 자리도 있다. 금과 은을 위한 자리도 있지 않은가? 인간의 학문을 우리의 지존자를 섬기는 일에 유익하게 활용할 수만 있다면, 자존(自存)하는 지혜자(知慧者)의 딸들이라도 경건한 천사의 주목을 받는 것처럼 그것들은 지존자를 섬기는 여제사장(女祭司長)이 될 수 있다."

"바티칸의 보기아(Borgia) 별채의 천정에 그려져 있는 절묘한 미술 작품을 볼 때 그대들은 감탄해마지 않을 것이다. 그걸 보는 사람들로 하여금 장엄한 존중감을 요구한다. 그같이 여러 문장들과 뛰어난 표징들에 둘러싸인 고상한 품위와 아름다운 용모와 풍채를 지니고 의자에 좌정해 있는 사람을 그린 미술가가 그 그림을 위해 자신의 모든 학문적 개념을 동원하지 않았다고 상상할 수 있는가? 이 땅에 존재하는 모든 학문 중 가장 고상한 신학의 본질에 관한 저술의 사명을 받은 사람이 있다면, 그것을 표현하는데 있어 얼마나 높은 학문적 경지가 요구되겠는가! 세상에 존재하는 모든 학문들은 가장 높은 자리에 있는 신학에 충성과 경배를 드려야 할 하녀(下女)와 같다. 이미 입증된 바와 같이 그것들은 한 결 같이 신학에 종속되어 신학의 권위를 증거하는 역할을 감당하고 있으니 말이다. 그렇다면 지존자의 훌륭한 신하로서 '학문'이라는 조공(朝貢)을 그분께 드리는 특권을 위임받은 자들이 느끼는 명예와 존영이 어떠하겠는가! 그 훌륭한 조공을 드림으로 그들이 지존자께 더 가까이 나갈 수 있었다면, 위임 받은 자들이 그 조공을 바라보며 느끼는 감탄이 어떠하겠는가!"

필자는 위의 인용 대목으로 긴요하게 강조하고 싶은 것들을 함축하고 있습니다. 세상의 학문이 목회직을 수행하는데 큰 기여를 한다는 것은 분명 인정해야 할 사실입니다. 물론 거대한 상전을 섬기고 돕는 신하로서의 위치에서 말입니다.

많은 이들에게 호감을 주는 경건한 다드릿지(Doddridge)는 '영혼들을 소홀히 하는 악행과 위험'(The Devil and Danger of Neglecting Souls)이라는 제하의 놀라운 설교를 통해서 이 점을 분명히 말하고 있습니다.

"오, 나의 형제들이여, 하나님께서 할당하여 주신 삶을 살고 있는 우리는 죽음의 종점을 향하여 얼마나 빨리 달려가고 있는지를 깊이 숙고해보십시오, 우리에게 주어진 삶은 훗날 무한한 세계로 들어갈 순간을 준비하는 시간으로 활용되어야 함을 유념하십시오. 그 날이 되면 우리는 즉시 주님의 면전으로 나아가 우리의 살아온 날들 속에서 행한 모든 것들을 직고(直告)해야 할 것입니다. 그 마지막 날에 하나님께서 영혼들을 돌보아야 할 교회 목회자로서 그 시간들을 어떻게 활용했는지 물으신다면 여러분은 어찌 하시겠습니까? 저는 하나님 앞에서 다음과 같이 직고하지 않으면 안 될 사람은 결코 되고 싶지 않습니다. '주여, 저는 제 인생의 대부분의 시간을 손상된 고전(古典)의 대목들을 복원하는 일을 함으로 분명하지 못한 많은 것들을 예증하고, 연대기나 지리학이나 대수학(代數學)의 복잡한 문제들을 두루 섭렵하고, 호기심어린 천문학에 관한 글들을 남기는데 사용하느라 목회 사역을 위해 강단을 준비하거나 영혼을 돌보는 사역에 많은 관심을 기울이지 못했습니다.' 오, 선생들이여, 여러분이 생명의 샘에서 길어 올린 물을 마시고자 하는 갈급한 영혼들의 진지함과 절심함을 생각해보십시오. 그들의 갈급함이 고작 사람들로부터의 박수갈채를 얻으려는 야심어린 마음을 달콤하게 고양시키기 위함이었습니까? 만약 그러하다면, 여러분은 하나님 앞에서 모든 것을 직고하며 참회의 눈물을 강물같이 흘릴 분명한 이유가 있음을 두려워해야 합니다. 하나님 앞에서 여러분이 흘릴 눈물은 이 땅에서 가치 없는 것들을 좇느라 돌보지 못한 영혼들이 흘린 피와도 같습니다."

우리는 이러한 진술이 다양한 지식을 겸비한 학자이자 비평가였던 그로부터 나왔다는 사실에 주목할 필요가 있습니다. 그가 이룬 목회자로서의 공적과 헌신은 다른 업적들 못지않게 대단하였습니다.

저는 Eclectic Review 지(誌) 제 9월호에 게재된 하겐바흐(Hagenbach)의 저작 「교리의 역사」(History of Doctrines)에 대한 매우 정교하고 능하고 놀라운 비평적 서평에서, 매우 정당하면서도 놀라운 대목을 발견할 수 있었습니다.

"어느 누구라도 목회의 사역이 빛을 발할 때 사람들로부터 훌륭한 학식을 가졌다는 평판을 듣기 위해서만 일하고 싶은 유혹에 자신을 방임하는 사람은 없다. 그리스도의 신실한 종에게 있어서 학식의 가치를 존중하는 경우는 자신의 목회 사역에 그것이 분명한 쓰임새가 있다는 판단이 들 때 뿐이다. 학식 있는 사람으로 인정받기 위해 자신의 시간과 수고를 동원하는 사람은 주님 앞에서 신실한 종이라고 말할 수 없다. 들여지는 수고와 시간을 통해 자신의 사역에 쓸모 있는 사람이 되려 한다면 그런 식의 목표는 합당치 않다. 그러한 목표를 가진 사람에 대해 학식에 대한 평가를 내리는 것 외에 다른 평가를 내릴 수 있겠는가?"

"평생을 학문적 성취에 매달리고 자신이 소유한 학식에 더 큰 학식을 더하기 위해 무던히도 애를 쓰는 사람들을 보면, 그들은 마치 인생의 목적이 학식을 얻는 것 자체에 있는 것처럼 보인다. 그러나 그들 모두가 그 학문적 성취가 무엇에 유익을 주는지, 얼마나 좋은 용도로 쓰일지에 관심을 가지는가? 그것이 그저 학식에 학식을 더하는 일이라면 무슨 가치를 가지겠는가? 세상의 희귀한 물품을 소장하는 일이나 돈을 버는 일 자체에 자신의 모든 것을 쏟아 붓는 어떤 상인(商人)이 자신의 인생의 목적을 '어떻게 하면 더 큰 부자로 죽을 수 있는지, 세상을 떠나는 순간이 오기까지 얼마나 많은 부를 축적할 수 있는지'에 두고 있다고 생각해 보라. 거북하긴 하지만 학식에 학식을 더하는 것을 인생의 목적으로 삼는 자들에 비하면 더 큰 부자가 되려고 매진하는 사람이 더 낫지 않은가? 세상을 떠날 때 평생 축적한 그 부를 고스란히 남기고 떠나겠지만, 그가 남기고 간 돈은 적어도 누군가의 쓰임을 받을 것이니 말이다. 그러나 자신의 학식에 학식을 더하기만 하던 자가 남기고 가는 것은 무엇인가? 금과 은을 보관하는 은행처럼, 자신의 학식을 쌓아 놓을 은행이 있는가?"

"사람에게 유익을 끼치는 차원에서 정신적 저장 창고에 소중히 저장된 지식이 가지는 문제점은 획득한 지식의 분량은 본질적으로 영원한 내세에 들어갈 그에게 어떠한 유익도 되지 않을 뿐만 아니라, 오히려 '하나님 앞에서 커다란 문책 요인이 된다는 것이다. 세상의 관점에서는 그것이 대단한 일로 여겨질지 몰라도, 하늘의 상전이신 하나님 앞에서 그것은 선(善)을 위해 쌓은 학식이 아니라는 책망을 받을 일이기 때문이다. 학식의 가치란 유익을 끼치는 범위 안에서만 존재한다. 학식을 쌓는 일과 그것을 바르게 사용하는 일은 다르다. 학식이 곧 지혜는 아닌 것이다."

"이미 지적한 바와 같이, 가장 경계해야 할 것은 무엇보다 정반대의 극단으로 치우치는 일이다. 자신이 쌓아 온 학식을 다른 사람의 유익을 위해 활용하지 않고 그저 더 많은 분량의 학식을 축적하는 일에만 전념하는 것이나, 반대로 다른 사람의 유익을 위해 온 마음을 기울이면서도 자신들에게 유익을 끼칠만한 것들을 준비하고 획득하는 노력은 전혀 하지 않는 것은 똑같이 서로 다른 극단적 파행에 불과하다. 설교하는 일을 좋아하면서도 책을 읽거나 연구하는 일을 등한히 여기는 목회자가 있다면, 그는 좋은 의도를 가졌음에도 불구하고 비극적인 오류 아래 처한 자이다. 물론 낮은 학식을 가진 자라도 얼마든지 유익한 사람이 될 수 있다. 하지만 그가 유능한 목회자는 될 수 없는 것이다. 그가 강단에서 복음이 가진 요소들 중 몇 가지를 따와 설교를 할 수 있을지는 몰라도, 자신의 양떼들을 지속적으로 양육하는 일에는 합당하지 않은 사람이다. 만약 그가 스스로 더 많은 책을 읽고 연구하는 할 필요가 없을 만큼의 자원을 이미 가지고 있다고 생각한다면, 그러한 주제넘음으로 그가 얻을 수 있는 결과는 '열매 없음'이다. 그가 하는 목회자로서의 모든 활동은 무기력, 단조로움, 진부함 등과 같은 유익이 없는 일의 반복에 불과할 뿐이다."

"어떠한 목회자는 성경이 가진 높은 가치를 이유로 성경 이외의 다른 어떠한 것도 연구하지 않는다. 회중들로 하여금 성경의 내용을 분명하게 이해하도록 돕는 예증의 방편을 위해 전혀 연구하지 않는 것은, 성경에 대한 연구는 게을리 하면서 인간적인 견해만을 연구하는 경우와 마찬가지로 잘못된 극단이 아닐 수 없다. 전자의 경우가 후자보다 낫다고 해도 말이다. 그러한 극단을 고수하는 목회자는 엄청난 자만심의 오류에 빠질 수 있다. 진정으로 성경의 가치를 드높이는 방식은, 성경을 최고의 가치로 여기고 그에 대한 분명한 확신의 모습을 견지하는 것뿐만 아니라, 자신을 비롯한 모든 이들이 보다 효과적으로 그 진리에 도달하도록 적용될 수 있는 방편들을 부지런히 찾아내는 것이다."[1]

지금 우리는 기독교 목회의 주요한 목적을 수행하기 위한 목회 사역이 효력을 발휘하는 문제에 있어서 그 어느 때보다 어려운 시대를 살고 있습니다. 우리는 목회 사역자로서 보다 높은 자질과 학식에 대한 광범위한 습득을 요구하는 현실을 무시하지 말아야 합니다.

지식을 획득하기 위해 큰 부지런함을 보이는 목회자의 수고가 무조건적으로 평가절하 되지 말아야 합니다. 그러한 수고를 통해 습득한 지식을 영혼 구원의 위대한 목적을 위한 보조수단으로 복종시켜야 한다는 절대적 전제 하에 말입니다. 세상의 그 어떤 가치 있는 학식도 그리스도의 거룩하고 헌신된 종이 가지는 야심을 넘어서지 말아야 합니다. 세상의 학식은 그러한 거룩한 야심이 가지는 참된 목적을 위해 지성을 일깨우고 상상력을 풍부케 하고, 개발된 지각으로 생각이 힘을 얻으며, 진리를 이해하는데 효과

---

[1] 이 인용구가 들어 있는 전제 비평문은 정말 가치 있었다. 그런 비평문 때문에 정기 간행물들과 그 속에 유능한 기고자들의 글들을 접할 수 있음을 기뻐하게 한다. 이 비평문을 기고한 사람이 지적한 대로 지금 우리가 가진 간행물들은 정통 독일 신학에서 마저 쏟아져 나오는 많은 새 이론들을 '수용하기에는 너무나 청교도적인 구색'의 형태를 띠고 있다. 그러더라도 앞으로 계속 발행될 정기간행물들과 기고자들의 글들이 복음적인 예리한 비평의 체로 새롭게 영역(英譯)되어 쏟아져 나오는 무수한 독일 저작들의 옥석을 제대로 가려내기를 간절하게 열망한다. 그 독일 저작들 속에는 곡식 알갱이도 많이 있기는 하나 여전히 쭉정이같은 것도 있으니 말이다. (여기서 저자는 당시 독일을 진원지로 일어난 합리주의적인 자유주의적인 신학의 태동과 그 산물들을 지적하고 있음에 분명하다. - 역자 주)

적인 예증의 다양성을 높이는 수단으로 채용될 때 비로소 높은 가치를 가지는 불가결한 요소로 인정받을 수 있는 것입니다. 우리의 영적 전투에서 힘을 발휘하는 정교하고 효과적인 무기로 쓰일 수만 있다면 말입니다.

그러나 매우 안타까운 사실은, 문학이나 과학이나 철학과 같은 학식의 취향에 몰두한 나머지 그러한 것들 자체를 목적으로 추구하는 유혹에 빠져 그리스도 예수님 안에 있는 거룩한 단순성에서 벗어나 길을 잃고 헤매고 있는 자들이 결코 적지 않다는 것입니다. 그런 이들의 시선은 마치 사시(斜視)처럼 한 곳을 응시하지 못하며, 그들의 마음과 육신은 어두움에 처해 있습니다.

사람들로부터 존망을 받을 뿐 아니라, 목회자로서 가진 사명과 그 소임의 목적을 가장 효과적으로 수행하는 사람들을 보십시오. 그들은 언제나 자신이 보유한 학문적 지식을 거룩한 신적 예술을 표현하고 전달하는 도구나 재료로 활용하는 이들입니다. 그들은 자기가 가진 학문적 지식과 성취를 복음의 진리의 샘에 담그었다 빼내어 생명의 물로 흠뻑 젖은 그것들을 그리스도의 십자가 밑에 내려놓는 사람들입니다. 그들에게 있어서 모든 학식은 오직 그리스도의 십자가를 더 풍성하게 밝히고 힘있고 돋보이게 비추는 유용한 도구일 뿐입니다.

그러한 보조적 수단으로서의 학식에 세련된 표현 기법이 더해진다면 그 효과는 더욱 강력해집니다. 회중을 견책하고 인도하는 일에 있어서 많은 설교자가 효과적이지 못한 표현 방식으로 회중들의 마음을 얼어붙게 하는 경우가 있습니다. 강단에 선 설교자는 효과적인 웅변의 표준을 따라 정제되고 세련된 수사(修辭) 기법으로 뜨겁고 거룩하게 하나님과 영혼들을 사랑하는 그 불붙는 마음의 빛을 증거해야 합니다. 바울과 베드로와 요한의 정신에 털리(Tully)나 데모스테네스(Demosthenes)의 재능의 옷을 덧입은 그리스도의 강권하는 사랑에 사로잡힌 설교자로서, 직간접적 표현과 변증법적 방식이나 은유 등, 동원할 수 있는 모든 수사의 기법을 동원하여 회중들에게 하나님과 화해할 것을 설득하는 것, 그 모든 것이 강단에 선 설교자가 마땅히 가져야 할 '간절한 열심'의 정체입니다. 그러한 설교자는 하나님의 손에 들려 있는 화살 속의 날카로운 화살과 같습니다. 우리는 그러한 설교를 들을 때 사람들뿐만 아니라 천사들마저도 기쁨으로 그 설교를 들을 것 같은 생각을 가지곤 합니다. 지난 날 하나님께서 우리에게 그러한 설교자들을 주신 것은 실로 큰 복이자 선물이 아닐 수 없습니다. 주여, 다시 그런 설교자들을 허락해 주시옵소서! 그로 인해 하나님의 제단에서 타는 숯불로 우리의 혀를 정화시켜 주옵소서!

설교를 전달하는 문제에 있어서 우리는 조금 다른 관점에서 바우간 박사(Dr. Vaughan)의 다음과 같은 논평을 주목할 필요가 있습니다.

"학식 있고 고상한 학자의 정신을 강조하는 경향성이 현대의 강단으로 하여금 설교의 본질에 속한 감동을 산출하지 못하게 하자, 많은 설교자들은 자기들이 사용하는 어휘나 표현, 문장을 구성하는 양식이나 기법 등에 많은 관심을 가져야만 했다. 그들은 자신의 설교를 들으려고 모인 사람들의 사상과 열정에 감동을 주지 못했고, 높은 교육 수준을 가진 계층의 사람들을 제외한 일반 대중들에게 자신의 설교에 귀를 기울일만한 열심이나 동기를 유발해 내지 못했다. 그들은 마치 자기 자신의 학식을 과시함으로 자기 자신이 품위 있고 우아하고 세련된 격조를 가진 설교자로 보이게 하기 위한 목표를 가진 사람처럼 보였다. 그러한 경향으로 장악되고 관습화된 강단이 얻을 수 있는 것은 지켜보기조차 민망한 해로운 열매들 뿐이다. 교회의 강단에서 외쳐지는 교훈이 특별한 학자들의 언어로만 포장된다면, 그러한 학문적 경지에 오르지 못한 대다수의 신실한 대중들은 설교자가 말하고자 하는 설교의 의미를 전혀 이해하지 못할 것이다. 그들은 이해할 수 없는 방언을 듣느니, 차라리 그곳을 떠나 자기들이 알아들을 수 있는 설교자를 찾아 헤매는 편이 낫다고 생각할 것이다."

## V
## '간절한 열심'과 개인의 경건

거룩한 직분을 효과적으로 수행하는 설교자가 되기 위해 구비되어야 할 사역자의 또 다른 자질은 '사역자 자신의 신앙'입니다.

이는 '간절한 열심'을 가진 목회자가 자신의 전 생애에 걸쳐 수고함으로 개발해야 할 자질입니다. 저는 이 요점을 다루는데 있어 기도하는 심정으로 간절한 마음과 두려워 떠는 손을 가지려 합니다.

'간절한 열심'을 가지는 목회자는 자기 자신의 개인적 신앙에 있어서 매우 올바른 자세를 견지해야 합니다. 우리가 강단에서 연약한 모습을 보이곤 하는 것은, 우리가 골방에 들어가는 일이 너무 적기 때문이 아닙니까? 간절한 열심을 가지는 사람은 설정된 목표를 성취하기 위해 자신의 지성을 연마하거나 이에 필요한 모든 자원들을 동원할 뿐만 아니라, 자신의 마음을 신앙으로 '연단' 하는 사람입니다. 사람의 마음은 모든 힘의 원천입니다. 심장의 고동이 미약하면 몸 전체의 순환이 느려지고 몸의 체질이 원기를 잃는 것처럼, 영적으로 유약한 설교자의 설교는 유약하기 마련입니다. 목회자가 가지는 개인적인 신앙은 강단에 서는 설교자로서 발산하는 능력의 주요한 샘이기 때문입니다. 모든 부족함 가운데 반드시 채워져야 할 것은 우리 마음속에 있어야 할 것들에 대한 부족입니다. 사도 바울은 "우리도 믿었으므로 또한 말하노라"(고후 4:13)라고 말하였습니다. 우리는 그저 아는 것을 말하는 사람들이 아닙니다. 우리는 우리가 믿는 것을 말하는 사람들입니다. 만약 우리의 믿음이 약해진다면, 강단에서의 우리의 설교 역시 약해질 수밖에 없습니다. 영감으로 성경을 기록한 사도 바울은 "우리는 주의 두려우심을 앎으로 사람들을 권면하거니와"(고후 5:11)라고 말하였습니다. 사도는 마치 자신이 엄숙한 최후의 심판대 앞에 서 있는 것과 같은 확신으로 하나님과의 화해를 권면하였습니다. 그리스도의 막중한 직무를 감당함에 있어 그들을 미쳐 있는 사람처럼 강렬하게 고양시켰던 화염(火焰)같은 열심의 원인에 대해 사도는 이렇게 진술합니다.

"그리스도의 사랑이 우리를 강권 하시는도다"(고후 5:14).

우리는 설교의 웅변적 힘의 원천이 마음속에 있다는 사실을 너무 자주 망각하고 있습니다. 우리 마음이 우리 말과 사상에 힘을 주는 근원이라는 것을 말입니다. 미온적인 경건함을 가진 사람, 심지어 거듭나지 않은 사람이라 할지라도 기독교의 정통교리에 대해 얼마든지 논리적 웅변을 펼칠 수 있습니다. 그러나 그러한 논리적 웅변이 온 마음을 다해 십자가를 자랑하는 설교자의 설교를 능가할 수 있겠습니까? 따스한 온기와 생명을 소생케 하는 작렬하는 태양의 빛을, 아무런 능력도 없이 그저 어른거리는 찬연만 보여주는 오로라의 섬광과 비교할 수 있겠습니까?

기독교 사역자는 언제나 이중적 관계를 견지해야만 합니다. 우리에게는 반드시 이루어야 할 이중적인 의무가 존재합니다. 세상에 대해 우리는 설교자이며, 교회에 대하여 우리는 목회자입니다. 개인적인 신앙의 분량이 크지 않고서 그러한 막중한 책무들을 모두 수행하는 것이 어찌 가능하겠습니까? 교회를 맡기신 성령께서는 영적 감독자로서의 직무를 우리에게 주셨습니다. 성도들의 지식을 증대시킬 뿐만 아니라, 그들의 거룩과 사랑과 영성을 모두를 증진시켜 그들로 하여금 여러 분야의 의무를 수행하도록 돕고, 그들이 거룩을 위한 모든 은혜들을 향해 나아가도록 인도해야 할 책임이 우리에게 있는 것입니다. 오늘날 기독교 신앙을 고백하는 대부분의 사람들의 영적 상태를 보십시오. 희망 있는 영적 가능성을 보여주는 경우가 전혀 없지는 않지만, 여전히 경건한 눈을 가진 이들의 눈에 한탄스럽게 보이는 모습들을 얼마나 자주 보여주고 있습니까? 우리는 그들에게서 '신실한 열심과 세상적 사고방식의 기괴한 조합'을 목격하곤 합니다. 그들은 기독교 신앙을 확장시키려는 대단한 활동들을 전개하면서, 정작 자신의 영혼 속에 존재하는 자신의 신앙에 대해서는 무관심합니다. 열심과 무관심의 어우러짐이야말로 가장 서글픈 공존이 아닙니까? 극단에 치우칠 것만 같은 열심으로 대단한 생명력을 보이는 것 같지만, 그들의 마음은 갈수록 둔해지기만 합니다. 사람들은 경건한 일에 대한 열심으로 자기 자신을 죽이는 일을 대체하려 합니다. 자기 자신의 개인적인 신앙의 성장을 사회적인 관계의 차원에서 발현되는 신앙의 외적 활동으로 대체하고 있는 것입니다. 신약 성경을 주의 깊게 읽고, 면밀한 눈으로 현재의 교회들을 바라보는 사람이라면 누구나 압니다. 오늘날 가장 부족한 것이 개개인의 격조 높은 영성이라는 사실을 말입니다. 그것은 매우 마땅한 견해입니다. 개인적인 경건의 국면으로 오늘날의 기독교 신앙을 보십시오. 그들의 신앙고백은 교회와 세상을 구분짓지 못할 만큼

가라앉아 있습니다. 이러한 현상은 세상의 상승보다는, 교회의 침체로 더 급속하게 일어납니다. 강단의 설교와 경건한 책을 통해 전해지는 참된 기독교 신앙의 정체성이 믿음을 고백하는 사람들의 삶과 심령 속에서 드러나는 일은 이제 매우 희귀한 일이 되어버렸습니다.

그렇다면 우리는 무엇을 해야 합니까? 사람들의 영적침체를 어떻게 치료할 것이며, 어떠한 방법으로 오늘날 경건의 정신을 다시 고양시킬 수 있겠습니까? 아니 조금 다른 관점에서 질문을 던져 보겠습니다. 오늘날 교회를 잠들게 한 무기력한 정신은 대체 어디서 온 것입니까? 그러한 무기력함이 강단으로부터 오지 않았다고 말할 수 있습니까? 그러하다면 심령의 부흥은 다시 강단으로부터 시작되어야 합니다.

여러분은 자신의 '간절한 열심'을 드러낼 수 있을 만한 설교를 하기 위한 경건을 소유하고 있습니까? 여러분에게 맡겨진 양떼들의 미온적인 심령을 깨워 일으켜 세우기에 충분한 그런 경건을 소유하고 있습니까? 저는 현재의 독립교도들이나 감리교도들이나 영국 국교회의 복음적 성직자들이 한결같이 부도덕할 뿐만 아니라, 본질적으로 거룩이 부족하다고 말하는 것이 아닙니다. 또 그들이 자신의 경건에 대해서 아무런 힘도 쓰지 않는다는 식으로 말하고 있는 것도 아닙니다.

그러나 오늘날 우리 앞에 주어진 시대의 환경을 생각해보십시오. 이 특별한 시대에 우리와 같은 사역자들에게 요구되는 것이 무엇인지에 대한 관점을 기준으로 사역자들의 부족이 무엇인지 살펴보십시오. 오늘날 더 큰 부를 축적하기 위한 열심들, 자신의 외적 모습을 더 우아하고 품위있게 꾸미려는 열심들, 높은 지성을 소유하려는 열심들, 권력을 차지하기 위한 정치가들의 각축이 보여주는 열심들, 이러한 환경으로부터 여러분은 교회를 지키기 위해 필요한 무엇인가를 갖추는데 부족함이 없느냐는 것입니다. 그렇다면 우리가 그러한 세상의 조류로부터 교회와 신도들을 지키는 막강한 장치로 활용할 수 있는 방편이 무엇입니까? 의심할 여지 없이 그것은 교회의 강단입니다. 영성의 성장을 돕는데 있어서 목회 사역보다 더 우월한 방편이 있을 거라는 기대는 매우 온당치 못한 발상입니다. 목회 사역의 중요성을 간과한 채 교회의 영성의 성장을 기대한다는 것은 전혀 이치에 합당치 못한 일입니다. 영적인 바른 안내자 없이 영적 진보를 시도하는 것만큼이나 주제넘은 신앙적 야심의 겉치레는 없습니다. 그러니 목회 사역의 효능이 감소하는 것에 대한 이유가 우리 목회자들의 경건의 부족에 기인한다는 것을 어찌 인정하지 않을 수 있겠습니까?

저는 여기서 「부흥하는 목회 사역, 부흥하는 교회의 오직 유일한 희망」(A Revived Ministry our only Hope for a Revived Church)이라는 아름다운 제목을 가진 책의 세 대목을 인용하고 싶은 마음을 떨쳐내지 못하겠습니다. 영혼을 소생케 하기에 충분할 이 작품이 아직 제 2쇄 밖에 출판되지 않았다는 사실은, 오늘날 우리에게 경건에 이르고자 하는 간절한 소원이 얼마나 부족한지를 보여주는 증거일 것입니다.

"목회가 그 생명력을 되찾기 위해서는 먼저 가장 소망에 찬 마음의 준비가 필요하다. 그것은 구속 받은 존재로서 자신을 온전히 헌신할 만큼의 열정을 가지고 사명자로서 자신에게 주어진 소임이 가지는 목표를 다시금 바라보는 일이다. 마음의 열정은 그러한 목표가 요구하는 위대하고 긴급한 요점에 자신의 모든 것을 굴복시킬 용의를 의미한다. 어떠한 것도 섞이지 않은 순전하고 정결한 의도를 가지고서 말이다. 순전한 의도는 목표를 성취하는데 쓰일 가장 훌륭한 방식들에 이르는 최선의 길을 분별하는 능력을 가져다주기 마련이다. 여기서 능력이란 무엇인가? 목표에 대한 불분명한 관점이나 나약한 목적의식의 연합으로 야기되는 모든 장애 요소들을 버리고, 그리스도의 사역자로서 정해진 목표를 향해 나아가는 굳건하고 흔들림 없는 자세를 견지하도록 하는 능력을 말한다. 목회자는 순전한 마음과 경건을 통해 교회와 세상을 복음의 진리 가운데 있게 하고 말겠다는 일념을 목회의 오직 유일하고 고상한 목적으로 삼아야 한다. 그러한 정서의 흐름 전체가 오직 그 목적을 향해서만 흘러가도록 해야 하며, 부수적이고 부차적인 대상에 자신의 힘이 분산되지 않도록 주의를 기울여야 한다. 그렇게 분명한 목회의 목표가 사역자의 힘을 장악하고, 그 목표를 위해서 목숨을 걸겠다는 일념이 그의 마음을 온전히 사로잡는데 성공하는 순간, 거룩한 번영의 새벽은 시작된다."

"뜨겁고 거룩한 열심은 그가 하는 모든 활동에 생기를 더할 것이다. 물론 그것은 하나님의 진리를 공적으로 전파하고 관리하는 방식인 설교의 규례를 통해 나타날 것이다. 그는 영적 생명이 고동치는 건강하고 활력 있는 설교를 할 것이며, 그로 말미암아 큰 분량의 결과를 산출하게 될 것이다. 설교자는 이러한 새로운 역할을 감당하기 위해 준비되어야 한다. 구원 받은 자로서 하나님의 영감으로 기록된 성경이 담고 있는 거룩한 지식의 보고 전체를 소유하고 있을 뿐 아니라, 그 진리를 통해 자기 자신에 대한 성화는 물론, 회심하지 않은 모든 사람들을 일깨울 도구로 사용해야 할 막중한 역할을 위해서 말이다. 영적인 일에 대해 정통하고 익숙한 목회자는 회중들의 성화를 촉진할 뿐만 아니라 교회를 효과적으로 관리할 수 있는 지혜와 힘을 가지기 마련이다. 그는 죄의 문제를 해결하지 못한 채 부패한 심령의 상태 그대로 영원한 심판의 보좌로 달려나가고 있는 가련한 영혼들의 비참함을 발견하고, 그러한 내리막길로 내 닫는 영혼을 붙잡는다. 또한 그 영혼들에게 하나님의 거룩하신 형상과 영광의 은총과 그리스도의 중보 안에서 그들에게 제공될 풍부한 방편들을 제시한다. 그리고 영원한 내세를 향해 빠른 속도로 지나가고 있는 시간 가운데 긍휼의 가능성을 스스로 상실해 버리는 위험성을 경고한다. 그런 일들은 스스로 그러한 체험에 대한 강한 확신과 멸망하는 영혼들에 대한 동정심을 가진 목회자들만이 할 수 있다. 그들을 심판의 가공할 두려움에서 그리스도로 말미암은 복된 소망의 길로 인도하려는 간절한 결심을 가진 목회자만이 그런 일을 해 낼 수 있다는 말이다. 이러한 사역자에게 있어서 호기심어린 세상의 사변(思辨)거리는 관심을 기울일만한 아무런 주제도 될 수 없다. 그에게 있어 최상의 주제는 듣는 모든 이들의 즉각적인 믿음과 순종을 요구하는 엄숙한 진리이다. 영원한 생명과 죽음을 결정할 이 주제야말로 가장 중요한 진리가 아닌가! 이 진리에 대한 중요성을 인식하고 있는 목회자가 자신의 지각과 지성과 사고의 모든 원천을 동원해 죄 안에 있는 영혼들로 하여금 하나님 앞에 나아가게 하고 하나님께 순종하게 하도록 깨우치려는 소원에 사로잡혀 있다. 그러면 어떠한 수사학자의 기교도 진리를 논증하는 그 목회자의 빈틈없는 통일성과 철저함과 주밀함, 빛나는 유창함, 인상 깊은 호소력을 능가할 수 없을 것이다. 거기에 모든 힘과 지혜와 열정이 오직 하나님의 성령의 감동으로 말미암는 것임을 인정하고, 진리에 대한 설득력이 자기 자신의 신앙과 정직과 자비와 영성의 실천적 모습으로 말미암아 더 큰 효력을 얻음을 인식한다 하자. 그러면 그런 목회자가 발휘할 수 있는 진리의 논증이 가지는 힘은 상상을 초월한다. 그러한 믿음과 정직성과 자비와 영성은 하나님을 우러러 보는 마음의 중심을 가지면서 하나님의 복주심이 아니면 그 자체로는 아무 것도 할 수 없다는 연약함을 스스로 인정하는데서 비롯된다. 이러한 목회자가 수많은 영혼들의 회심을 이끌고, 교회를 더 높은 성화의 수준으로 올리는 복된 열매들을 맺지 못하겠는가? '주의 말씀이 너희 가운데서와 같이 퍼져나가 영광스럽게 되고'(살후 3:1)"

"소생함을 입은 사역자는 양떼에 속한 지체들과의 개인적인 교제에서 매우 특별한 힘을 발휘한다. 그는 양떼들의 믿음과 거룩에 대한 진보를 이루려는 유일한 일념으로 매우 뜨거운 관심과 자애로움을 가지면서 그들을 대할 것이다. 그는 회중의 믿음과 거룩의 진보를 촉진시키는 기회를 포착하는데 매우 기민할 것이며, 그러한 태도는 그가 하는 모든 말에 신빙성과 무게를 더해줄 것이다. 이는 열심 없는 냉담한 경건의 수준으로는 결코 흉내내지 못할 일이다. 회중은 목회자가 보여주는 말의 요점과 실천적 행실로부터 그가 가장 우려하고 근심하는 것이 무엇인지, 그가 궁극적으로 추구하는 목적과 목표가 무엇인지를 알아차리곤 한다. 실천적 행실은 목회자가 가진 진지함을 정도가 어떠한지를 보여주는 가장 직접적인 증거이다. 이를 통해 교회의 회중이 목회자가 드러내는 순전하고 위풍당당한 감화력에 끌리기 시작하면, 회중은 목회자의 걷는 경건의 발자취를 따라가며, 교회의 지경을 넓히려는 목회자의 거룩한 목적에 자신을 복종시켜 그 목적이 풍성한 열매를 맺도록 힘을 모으기 마련이다. 충성된 사역자라면, 자신이 걸어온 길을 돌아보며 뜨거운 사랑과 열심을 가지고 영원한 일에 촉각을 곤두세웠던 시기에 그 어느 때보다 더욱 풍성한 열매를 거두었다는 사실을 기억하고 있을 것이다. 그러한 때에 그의 설교는 회중들의 주목을 받을 것이며, 듣는 이들의 영혼을 다른 어느 때보다 감동시킬 것이다. 또한 강단에서뿐만 아니라, 양떼들과의 개인적인 교제에 있어서도 상승된 영성과 대화의 진지함에 배어 있는 기름부음과 엄숙성이 그들에게 분명한 인상을 전달할 것이다. 또한 그것이 기존과 전혀 다른 개선된 결의감(決意感)으로 그들을 고양시킬 것이다. 정서는 매우 강한 전염성을 가지고 있어 다른 사람의 마음에 쉽게 전이되곤 한다. 그렇다면 '간절한 열심을 가진 목회자'가 선한 목적을 분명하게 견지함으로 모든 것을 동원해 가장 높은 분량의 선을 추출해내려는 열망과 창의력은 양떼들로 하여금 얼마나 더 강력한 영향력을 행사하겠는가? 그로부터 나오는 설교를 듣는 양떼들은 그의 설교로부터 매우 큰 매력과 친근함을 느끼기 마련이다. 그러한 느낌은 설교를 듣는 이들에게 높은 이해력과 마음의 복된 효력을 이끌어낸다. 더 특별한 사랑과 열심을 가진 기간 중 사역자의 목회 사역은 의심할 여지없이 새로운 역사를 기록하고, 보배로운 열매는 더욱 풍성하게 열린다."

이 책을 읽는 독자 중 누구라도 위에서 인용된 저작의 대목을 통해 보배로운 은사를 추구하도록 자극을 받기를 원합니다. 그 저작을 쓴 사람은 자신의 이름을 밝히지 않고 대신 '형제들 중에서 가장 작은 자…'라고 기록하였습니다.

여러분이 목회자로서의 탁월하고 간절한 열심을 가진 경건의 본과 양식을 원한다면, 저는 우리 교단의 역사를 거슬러 올라갈 수밖에 없습니다. 이미 지나간 그 시대는 본이 될 만한 경건의 양식(樣式)의 수(數)나 질(質)에 있어서 정말 풍성한 시대였습니다. 하지만 오늘날 그러한 우리 선조들의 깊고 열의에 찬 체험 신앙은 어디에 있습니까? 프로테스탄트 비국교도를 세운 선조들의 그 열정적이고 깊은 신앙은 대체 어디로 간 것입니까? 「히브리서 강해」(Exposition of the Hebrews)를 썼을 때의 존 오웬(John Owen)은 얼마나 놀라운 신학자였으며, 「비들과의 논쟁」(Controversy with Biddle)을 썼을 때의 오웬은 얼마나 놀라운 수준높은 변증가였으며, 「교회 정치에 관한 소논문」(Treatise on Church Government)을 기술했을 때 보여주었던 그의 놀랍고 탁월한 교회론적 시각은 얼마나 놀라운 것이었습니까! 「그리스도의 영광」(Meditations on the Glory of Christ)에 몰입하고 있을 때의 그는 얼마나 놀라운 그리스도인의 모습을 보여주었습니까! 「영의 생각」(On Spiritual Mindedness)과 「죄 죽이기」(The Mortification of Sin)에 관한 저작들을[2] 저술했을 때 그리스도인으로서의 그의 모습은 놀라울 뿐입니다. 「살아있는 성전」(Living Temple)을 저술한 존 하웨(John Howe)의 놀라운 신학적 논리와 필치 역시 그러합니다. 그는 자신이 입은 거룩한 재능과 열정을 모두 쏟아냄으로 「하나님을 즐거워함」(Delighting in God), 「의인의 복락」(Blessedness of the Righteous) 등의 저작을 펴냈습니다. 저 거룩한 리처드 백스터(Richard Baxter)는 또 어떠합니까? 그는 변증적 쟁론의 수고로부터 물러서 안식을 취하면서 「성도의 안식」(The Saint's Rest)을 믿음으로 바라보는 글을 기록했습니다.

만약 그들이 취할 수 있었던 경건이 그들 스스로가 이룰 수 있었던 것이라면, 저는 그들과 똑같은 경건의 열매를 얻기 위해 어떠한 고난이라도 달게 받을 용의가 있습니다. 그리고 그들에게 이렇게 말하겠습니다. "당신들이 아침의 계명성이 떠오를 때까지 불을 밝히고 밤을 지새우며 천사와 씨름하였던 곳이 어딥니까? 저를 그 현장으로 인도해 주십시오. 존 오웬과 리처드 백스터와 존 하웨와 토마스 맨튼(Thomas Manton), 헨리(John Henry)와 베이츠(William Bates), 그리고 구드윈(Thomas Goodwin)이여, 그 뛰어나고 거룩한 당신들이 전능하신 이의 그늘 아래서 남긴 불후의 저작들로 말미암아 우리가 물려받은 풍성한 보배들로 인하여 감사하나이다. 그러나 당신들의

---

[2] 이상의 존 오웬의 세 저작들, '그리스도의 영광' (지평서원), '영의 생각, 육신의 생각' (청교도신앙사), '죄 죽이기' (sfc)는 본서의 역자에 의해서 한국어로 번역되어 여러 독자들의 사랑을 받고 있다. -역자 주

경건한 외투는 어디에 떨어진 것입니까? 우리 조상들의 하나님이시어! 오, 그 조상들의 뒤를 잇는 이들의 하나님이 되시옵소서!"

그러한 영적인 조건에 있던 그들의 마음의 상태는 기독교 전체의 공동체에 매우 상당한 영향력을 끼쳤습니다. 그렇다면 그런 이들의 경건이란 무엇입니까? 그들은 어떠한 사람들입니까? 지극히 인간적인 관점으로 사물들을 본다 해도, 자신이 추구하는 목표에 스스로 강력한 감동을 받지 않은 사람이 자신의 목적을 다른 이들에게 고취시키거나, 다른 이들도 함께 자기들의 목표에 열정을 내게 고양시키는 경우를 본 적이 있습니까? 누군가가 다른 이의 마음에 불이 붙게 하려면, 그 불똥이 그들에게 튀어 붙게 할 만큼의 열심의 불꽃이 먼저 그 마음에서 타고 있어야 하지 않겠습니까! 미지근한 온기를 가진 마음으로는 어느 누구의 마음도 움직일만한 뜨거운 불꽃도 일으킬 수 없습니다. 아니 그러한 정도의 온기로는 오히려 사람들의 지각을 더욱 둔하게 만들 수 있습니다. 만일 우리가 가장 성공적인 그리스도 사역자들의 에너지의 원천이나 그 활동의 근원이 무엇인가를 탐문하길 원한다면, 그 해답은 그들이 가진 헌신의 뜨거운 열기 속에 있습니다.

그들은 기도와 믿음의 사람들이었습니다. 그들은 산에서 내려와 그 눈부신 영광의 얼굴을 보여주었던 모세와 같이 하나님과 교통하는 산 위에 거하였던 사람들이었습니다. 눈에 보이지 않는 영원한 것들을 볼 수 있는 곳에 스스로를 거하게 하였던 사람들이었습니다. 엄청난 광경을 목격하고 체험한 그들이 설교할 때, 회중들은 마치 그들이 방금 전 본 것을 말하고 있는 것과 같은 인상을 받았을 것입니다. 자신의 지식과 책을 통해 정리한 설교가 아닌, 골방에서 얻을 수 있었던 생명과 능력을 드러내는 설교를 뿜어냈던 것입니다.

횟필드나 웨슬리의 생애를 탐문해 보십시오. 그러면 그들이 강단과 골방 사이에 난 길을 얼마나 자주 밟았는지를 발견할 수 있을 것입니다. 그들이 오갔던 그 길에는 잡풀이 자랄 엄두도 내지 못할 정도였습니다. 그들이 보였던 능력의 비밀은 그 속에 있습니다. 그들은 공중들 앞에서 큰 능력을 보였던 사람들이었습니다. 왜냐하면 그들은 전능하신 하나님의 능력을 입고 있었기 때문입니다. 그들은 하나님께서 자신들에게 비추신 광채를 영혼들에게 온전하게 반사시켰습니다. 사람들이 그 광채가 뿜어내는 매력을 어떠한 눈으로 바라보았겠습니까?

성공적인 복음 설교자로 명성을 얻었던 그 밖에 모든 이들이 그러하였습니다. 강단의 능력이 부흥되길 원한다면, 경건한 선조들의 부흥을 보십시오. 그들과 같이 될 수만 있다면 다음과 같은 일이 일어날 것입니다.

"그중에 약한 자가 그 날에는 다윗 같겠고 다윗의 족속은 하나님 같고 무리 앞에 있는 여호와의 사자 같을 것이라"(슥 12:8).

*chapter 3*

# '간절한 열심'과 목회 사역

'간절한 열심'은 목표를 성취하기 위해 필요한 방편들을 사용함에 있어서 지칠 줄 모르는 왕성한 모습을 드러냅니다.

깊고 진지한 묵상은 그 자체로 매우 유익한 가치를 가지는 것이 사실입니다. 하지만 '간절한 열심을 가진 사람'은 그러한 묵상에만 안주하는 것으로 만족하지 않습니다. 빈틈없고 주밀한 계획과 그것을 이루려는 소원과 기대감이 실로 대단하다 할지라도 거기에만 머무르지 않습니다. 그는 자신의 온 힘과 적응력을 발휘하여 그 계획을 실행하여 나갑니다.

그래서 '간절한 열심'을 가진 사람은 필연적으로 활동적인 사람일 수밖에 없습니다. 그는 마치 항상 꿈을 꾸는 듯한 모호한 태도를 가지는 게으른 사람들과 매우 대조적인 모습을 보입니다. '간절한 열심'을 가진 사람의 마음은 언제나 다음과 같은 말을 합니다.

"나는 나의 목적에서 눈을 떼지 않는다. 생생하고 분명한 목표를 눈앞에 두고도 어찌 그 목표를 이루기 위한 실천적 노력을 기울이지 않을 수 있겠는가? 나는 목표를 정하였을 뿐 아니라 그 목표를 위해 모든 수고를 부단히 아끼지 않을 것을 결심했다. 설령 내가 정한 목표가 성취되지 않는다고 해도, 적어도 그 실패의 원인이 나의 결심과 부단한 노력의 부족이 되게 하지는 말아야 하지 않겠는가?"

그는 자신의 결심을 실천하는 사람이며, 언제나 일을 하고 있는 사람입니다. 그를 아는 모든 사람들은 그를 만나기 위해서 어디를 가야하는지, 거기에서 그가 어떠한 일에 몰두하고 있는지를 다 알 정도입니다. 그는 부지런함의 모형 그 자체입니다. 그에게 있어 노동이라는 것은 즐거운 일입니다. 그 어떠한 절망적인 어려움도 목표를 향해 돌진하고 있는 그를 막거나 좌절시키지 못합니다. 그가 목적한 바의 가치를 알거나 이해하지 못하는 사람들은 그러한 모습을 보이는 그를 그저 불쌍한 사람으로 여깁니다. 그러나 그가 무엇을 위해 그러한 열심을 보이는지를 이해하는 사람들은 그를 보며 감탄하지 않을 수 없을 것입니다. 그러한 이들에게 그의 열심은 자신들의 마음을 고취시키는 매력적인 도전으로 다가옵니다. 그가 정한 목표가 가지는 가치의 깊이를 알면 알수록 더욱 그러합니다.

저는 이러한 요점을 목회 사역의 목적을 성취하는 두 방편인 '설교' (preaching)와 '목양사역'(pastorate)에 적용해 보려고 합니다.

목회직이 가지는 여러 임무들 중에서 '설교하는 일'은 가장 우선적으로 내세울만한 부분입니다. 왜냐하면 '설교'는 목회자로서의 우리가 추구하고 반드시 성취해야 할 위대한 목적에 가장 직접적인 영향을 끼치는 방편이라는 것을 부인할 수 없기 때문입니다. '간절한 열심'은 사람으로 하여금 언제나 목표에 이르는 가장 가까운 직선거리를 취하려는 성향을 갖기 마련입니다. 열심을 가진 사람에게 목표에 이르는 길목 좌우에 펼쳐진 아름다운 정경이나 그 길을 오가는 사람들의 떠들어대는 소리는 어떠한 관심거리도 되지 못합니다.

"하나의 목표를 향해 나가고 있는 나는, 다른 이들을 흥미롭게 자극하는 것들을 돌아보는 것과 같은 관심을 가질 여유가 없다. 그러한 일들은 내가 이루고자 하는 목표를 달성하는 일을 더디게 만들 뿐이다."

이것은 정해진 특별한 목표와 계획을 가지고 그것을 이루고자 온 마음을 기울이는 사람만이 할 수 있는 독특한 언어입니다.

우리는 목회자로서 우리가 이루고자 하는 목적이 무엇이며, 그것이 과연 어느 정도의 가치를 가지고 있는 것인지를 재확인할 필요가 있습니다. 우리가 가지는 '목회직의 목적'은 죄인들과 하나님을 화해시키며, 그들로 하여금 궁극적이며 완전한 구원에 이르도록 하는 것입니다. 우리가 회심하지 않은 죄인들을 설득하고 가르치는 일은 곧 하나님과의 '화해'를 이루는 사역인 것입니다. 따라서 목회 사역은 하나님의 뜻 전체를 선포하는 임무를 띠고 있습니다.

"모든 성경은 하나님의 감동으로 된 것으로 교훈과 책망과 바르게 함과 의로 교육하기에 유익하니 이는 하나님의 사람으로 온전하게 하며 모든 선한 일을 행할 능력을 갖추게 하려함이라"(딤후 3:16,17).

성경을 강해하는 설교자가 성경 전체를 숙지하고 있어야 하는 것은 물론이며, 이를 매우 공정하고 정직한 방식으로 설명하는 능력을 겸비해야 합니다. 성경 전체의 계시는 직,간접적으로 그리스도를 가리키고 있습니다. 따라서 설교자는 성경을 강해하고 예증하는데 있어서 그리스도께서 받으신 사명과 그 행하신 일을 중심으로 삼아야 합니다. 결국 설교란 궁극적으로 그리스도의 복음 전도적인 성격을 띠어야만 하는 것입니다. 우리가 수행해야 할 목회 직무와 가르침은 성육신(成肉身)과 죽으심으로 죄인들을 구속하신 그리스도의 사역, 부활하시고 승천하시어 하나님 우편에서 당신의 백성들을 위한 대언의 간구를 해 주시는 중보적 왕으로서의 그리스도와 그분의 신성(神性), 그리스도의 재림, 인간의 영혼에 빛을 비추시고 거듭나게 하시며 거룩하게 하시는 성령님의 직무들과 사역, 믿음으로 말미암아 의롭다 하심을 받는 것과 신생(新生)의 교리, 여러 은사들을 나누어주시는 하나님의 주권 등의 항목에 대하여 어떠한 흔들림도 없어야 합니다. 사도는 다음과 같이 이와 동일한 의도를 진술하고 있습니다.

"내가 너희 중에서 예수 그리스도와 그의 십자가에 못 박히신 것 외에는 아무것도 알지 아니하기로 작정하였음이라"(고전 2:2).

"유대인은 표적을 구하고 헬라인은 지혜를 찾으나 우리는 십자가에 못 박힌 그리스도를 전하니 유대인에게는 거리끼는 것이요, 이방인에게는 미련한 것이로되 오직 부르심을 받은 자들에게는 유대인이나 헬라인이나 그리스도는 하나님의 능력이요, 하나님의 지혜니라. 하나님의 어리석음이 사람보다 지혜롭고 하나님의 약하심이 사람보다 강하니라"(고전 1:22-25).

사도는 목회 사역을 감당함에 있어서도 언제나 그리스도를 최상의 자리에 올려놓았습니다. 사도의 모든 서신들은 한결 같이 그리스도에 대한 위대한 주제로 가득 차 있습니다. 그 서신들 가운데 그리스도의 이름이 몇 번이나 언급되었는지 그 수를 헤아려보려는 시도 자체를 의미 있는 경건의 행위라고 말하기는 어렵습니다만, 사도의 서신에 예수님의 이름이 400회 이상 언급되었다는 것을 안다면 우리는 그 사실에서 결코 간과할 수 없는 부분이 있다는 것을 알아차릴 수 있을 것입니다. 사도 바울의 마음의 생각은 철저하게 그리스도 중심이었습니다. 그는 전적으로 복음 전도에 몰입되어 있었던 것입니다. 그의 도덕적 행실마저도 복음 전도적이었습니다. 사도는 모든 사회적 의무의 관계들을 십자가에서 끌어낸 여러 동기(動機)들로 강화시켰습니다. 그의 윤리 전체는 사실상 그리스도의 복음의 세례로 푹 적시어진 셈입니다. 사도의 서신들을 읽고 그의 정신에 동화(同化)된 신자들은 의롭다 하심을 받기 위해 그리스도의 십자가만을 주목했던 것처럼, 성화(聖化)의 모든 과정에서도 십자가에 못 박히신 분으로부터 눈을 떼지 않았습니다. 이것이 바울 사도의 열심입니다. 그는 끊임없이 '예수 그리스도 안에 있는 진리'로 말미암아 사람들의 영혼을 구원하려고 부단한 노력을 기울였습니다.

여기서 여러분은 이러한 의문을 던질지 모릅니다. '오늘날 현대의 설교자들이 그들과 동일한 가르침을 채용해야만 하는가?'라고 말입니다. 사도들은 영감을 받은 기독교 교사였습니다. 그들은 서신을 통해 진정한 기독교가 무엇인지를 분명하게 드러내 주었습니다. 만약 그들의 서신서들을 해설하고 강화시키는 것이 오늘날 우리 사역자들이 감당해야 할 주요한 임무라는 것에 동의한다면, 우리가 강론하고 가르치는 내용은 당연히 그들의 가르침과 동일해야 한다는 결론을 내릴 수밖에 없습니다. 우리의 강론과 가르침이 철저하게 복음적이길 원한다면 더 더욱 그래야만 합니다. 물론 오늘날 우리가 사는 사회적 환경이 사도 시대와 다른 것은 사실입니다. 하지만 본질적 요소의 차원에서 인간의 본성을 생각해보십시오. 도덕적인 국면에서만 보더라도 인간의 본성이 가지는 무기력함과 궁핍함은 여전하지 않습니까? 지금도 세상은 그때와 동일한 복음적 체계를 필요로 합니다. 그리스도로 말미암은 속죄가 아니고 비참한 영적 죽음 가운데 처해 있는 이 시대의 영혼들이 가질 수 있는 다른 소망이 있습니까? 우리의 의(義)되신 그리스도를 믿지 않고 그들이 가공할 율법의 정죄로부터 의롭다 하심을 얻을 수 있습니까? 성령의 감동하심 없이 그들 스스로가 자신들의 마음을 새롭게 하고 거룩하게 할 수 있습니까? 사도들의 시대나 지금이나, 세상은 한결같이 그리스도 복음 없이는 그 어떠한 소망도 가질 수 없는 사람들로 넘쳐나고 있지 않습니까? 멸망할 수밖에 없는 그 가련한 영혼들을 구원하시기 위한 방편으로 하나님께서는 그리스도의 십자가를 주셨습니다. 우리의 강론의 내용이 오늘의 변화된 사회의 환경에 맞춰야한다는 것은 결코 용납될 수 없는 일입니다.

인간의 본성이 가지는 고질적인 병폐의 독성이 시대에 따라 다른 분량으로 드러날지는 몰라도 그 악한 본성은 시대를 초월하여 동일한 본질을 갖고 있습니다. 그렇다면 그 고질병에는 하나님께서 처방해 주시는 동일한 치료의 원리가 적용되어야 합니다. 그 병은 그리스도가 아닌 다른 의사들을 통해 고칠 수 있는 병이 아닙니다. 그리스도가 아닌 그 어떠한 방편도 그 비참한 환자들을 개선시키지 못합니다. 십자가에서 흘리신 그리스도의 피가 아니고서는 그들이 생명을 얻을 어떤 방법도 존재하지 않습니다. 그리스도 밖에서 그들을 도울 수 있는 것은 없습니다. 그리스도께 나아가지 않는 영혼이 얻을 수 있는 것이란 아무런 소망도 없는 비참한 절망 뿐입니다.

저는 복음과 철학을 융합하려고 시도했던 기만적이고 치명적인 오류를 가진 중세의 시도를 혐오합니다. 기독교의 교리가 교회에 의하여 점진적으로 발전해 나간다고 주장하는 퓨지이즘(Puseyism)[1]의 허망한 개념 역시 마찬가지입니다. 복음의 체계를 철학에 맞추려 하다니요!

"철학과 헛된 속임수로 너희를 사로잡을까 주의하라. 이것은 사람의 전통과 세상의 초등학문을 따름이며 그리스도를 따름이 아니니라"(골 2:8).

저는 또한 옥스퍼드 운동에 향수를 가지고 있는 사람들에게 이렇게 말하고 싶습니다.

"예수 그리스도는 어제나 오늘이나 영원토록 동일하시니라"(히 13:8).

사람들은 늘 그리스도의 복음에 미신과 철학적인 군더더기를 붙이려는 시도를 자행해 왔습니다. 초대교회의 시대나 오늘날이나 말입니다. 세상의 사상으로 그리스도의 복음을 변질시키고 부패시키는 이러한 시도들은 오

---

1) 이 운동은 일명 Oxford movement로도 불리우는데, Oxford 대학의 퓨지(Pusey, 1800~1882) 교수가 제창한 종교운동이다. 영국 국교회를 17세기의 국교회 신학자들이 내건 고교회(高敎會, High-Church)의 이상에 따라서 개혁 재건하려는 운동이 일어났다. 이 운동의 중심적 지도자는 J. H. Newman, Edward B. Pusey로, 『시대를 위한 소책자(Tracts for the Times)』 문서활동에 의해서 추진되었다. 따라서 옥스퍼드 운동을 〈트랙트운동(Tractarian Movement)〉이라고도 하였다. 이 운동의 목적은 가톨릭교회와 비국교적 프로테스탄트 여러 교파와의 중간의 길(via media)을 가는 영국 국교회를 옹호해서 국교회가 신적 기초를 지녔다는 점, 국교회의 주교제가 사도전승을 가지는 점, 국교회 제정의 기도서를 신앙의 기준으로서 받아들여야 하는 점을 주장했다. 이 운동의 주도적인 지도자 J. H. Newman이 로마 캐토릭으로 개종하여 분열이 생겼지만, 이 운동이 19세기 영국의 교회 및 지적 세계에 미친 영향은 크다. 영국 국교회를 로마 캐토릭적인 교회관으로 재건하려는 운동이었다. 그래서 국교회의 주교제가 사도적 계승을 가졌다고 주장하고, 국교회의 공기도서를 신앙의 기준으로 받아들여야 한다고 주장한 것이다. - 역자 주

늘날 우리에게 닥친 가장 큰 위험이 아닐 수 없습니다.

우리는 사도들이 사역을 감당하던 때가 고대 로마 황제 아우구스투스(Augustus) 시대 직후였음을 기억해야 합니다. 그 시대는 버질(Virgil)과 호레이스(Horace)가 학문의 세계에 시작(詩作)들을 선사한 직후였습니다. 철학의 광채와 찬란한 예술 작품들은 헬라 전역에 그 빛을 발하고 있었습니다. 그리스도의 복음은 그러한 시대상 속에서 그 위대한 진로(進路)를 연 것입니다. 사도들의 목소리는 지성으로 넘치던 아테네의 태양 아래 일광욕을 즐기던 현자(賢者)들의 귓전과 키케로(Cicero)와 데모스테네스(Demosthenes)가 기리던 신전들과 조각상들을 때렸습니다. 사도들은 세상이 발하는 지성과 예술의 요청에 응하지 않았습니다. 그들은 오직 그리스도의 십자가만을 유일한 목적과 수단으로 채용하였습니다. 사도들은 단 한 번도 그 시대가 소유한 철학이나 취향이나 사회적 환경에 맞춰야한다는 저급한 생각을 가지지 않았습니다. 아레오바고 언덕에 있던 철학자들이나, 밀레도 섬의 야만인들에게나, 유대인들에게나, 헬라인들에게나, 사도들이 말하는 주제는 오직 한 가지, '십자가에서 못 박히신 그리스도'였습니다.

우리가 이 절대적인 주제로부터 이탈해야 할 당위성이나 이유가 있습니까? 과거보다 더 높은 지성과 과학의 시대에 살고 있다는 것이 그에 대한 이유가 될 수는 없습니다. 오늘날을 살아가는 이 세대 역시 영원한 멸망으로부터의 구원을 위해 그리스도의 복음이 필요하지 않습니까? 그리스도 외에 그들을 구원할 다른 방도가 무엇입니까? 강단의 사역을 감당함에 있어 순전한 복음 진리에 세상적 사상의 옷을 덧입히려는 시도만큼이나 위험천만한 것은 없습니다. 그러한 시도는 복음 진리 자체에 철저하게 배치되는 것이며, 하나님의 지혜를 넘어서려는 엉뚱한 발상이 아닐 수 없습니다. 그것이야 말로 불신앙의 배아(胚芽)인 것입니다. 복음은 그 자체로서 순전하고 단순하게 드러내야 할 증거의 본질을 가지고 있습니다. 그 증거의 본질과 특성을 변질시킬 수 있는 어떠한 시도나 기대도 가져서는 안 됩니다. 설령 그러한 시도가 사람들에게 복음을 좀 더 가까이 접근시킬 수 있는 방편처럼 보일지 몰라도, 그것은 높으신 그리스도의 복음을 부패한 인간의 수준에 맞추려는 어리석은 시도에 불과합니다. 인간의 취향이나 정서가 학문을 통한 계몽이나 철학적 논리의 연단에 영향을 받는다 해도, 그것이 여전히 기만적이고 악하며 죄책에 시달리는 양심으로 하나님과 원수된 상태에 있는 인간 본성의 본질을 변화시킬 수는 없습니다. 그리스도의 복음이 아니고서는 치명적인 질병에 걸려 있는 인간의 도덕적 체질에 구원하시는 하나님의 처방은 적용될 수 없습니다. 이 땅에 살고있는 모든 인생들은 복음을 통한 영적 회복이 필요합니다. 복음이 아닌 다른 것으로는 영혼의 본질이 가지는 질병은 치료될 수 없습니다.

우리가 영혼 구원의 위대한 목적을 이루기 원한다면, 위와 같은 사실들에 대한 분명한 확신과 깊은 인상을 가져야 합니다. 아울러 세상의 철학이 영원한 생명의 유일한 특효약을 희석시키거나 형이상학의 구름 속으로 증발시켜 버리는 일을 허용해서는 안 됩니다.

복음의 사역을 감당하는 우리가 경계해야 할 또 다른 위험은 복음의 진리들을 지적으로 선양(宣揚)하려는 자세입니다. 우리는 복음의 진리를 너무 높은 지성적 수준에 맞추려고 애를 쓰곤 합니다. 오늘날 '누구는 매우 지적인 설교자'라고 말하는 것은 일종의 유행어처럼 번져가고 있습니다. 그것이 저급한 유행어는 아닐지라도 경계해야 합니다. 복음 진리의 위대한 요점들을 설명하고 강화시키기 위해서 좋은 자격과 잘 훈련된 이해력을 갖춘 설교자가 되는 것은 도리어 권장할 일입니다. 그러한 지성을 가지고 추적하여 얻어낸 많은 정보를 기독교 목회의 위대한 목적에 아주 매력적인 형태로 적용하는 설교자, 건실한 논리와 천부적 웅변력을 발휘하여 사람의 마음과 양심에 회심을 불을 일으키고 구원에 이르는 길을 밝히 인도하는데 커다란 효과를 불러일으키는 설교자면 높은 지성을 갖추었다 해서 전혀 문제가 되지 않습니다. 위대하고 영광스러운 하나님의 계시의 진리를 전하기 위해 그러한 고상한 지성을 효과적으로 활용할 수만 있다면 그것은 오히려 크게 장려할 일입니다. 그러나 문제는 오늘날 많은 설교자들이 복음 진리가 아닌 형이상학적 주제들에 대해 차갑고 메마른 논쟁적 토론을 하기 위해 지성을 사용하고 있습니다. 복음 진리를 추상적인 논리로 전개하기 위하여 지성을 활용하고 있습니다.

그러한 경우, 그 설교에 마음은 없고 지성만 작용할 따름입니다. 그런 설교는 그저 설교를 듣고 있는 사람들의 지적 이해만을 도울 뿐입니다. 회중의 정서를 일깨워 각성케 하는 수준으로까지는 나아가지 못합니다. 그러한 메마른 지성이 장악하고 있는 예배당에서 나오는 결과들이 무엇입니까? 그러한 설교자는 예배당을 찾는 사람들을 내쫓고 있는 셈입니다. 그는 뜨거운 신앙 없이 차가운 머리의 추상력을 뽐내려고 머물러 있는 사람들로만 구성된 회중을 이끄는 정도밖에는 산출하지 못하는 것입니다. 그가 들려주는 설교란 죄인에게 전파되는 구원의 기쁜 소식이 아닌 영적인 주제들에 관한 형이상학적 강좌에 불과할 것이니 말입니다.

그러하다고 강단에서 이루어지는 모든 설교가 엄격하게 복음 전도적 주제만을 다루어야 한다는 것은 아닙니다. 다만 '간절한 열심'을 가진 목회자의 설교의 주된 주제가 언제나 복음적 기초 위에 서 있어야 한다는 말입니다. 그렇다고 단 한 번도 설교라는 것을 들어보지 못한 사람들을 대하듯 구원의 방식만을 주지시키려는 일념을 가진 설교만 하면 듣는 회중으로부터 복음의 감동과 인상의 힘을 박탈해버리는 조심성 없는 설교가 되기도 합니다.

영혼 구원에 깊은 영적 진지함을 가진 목회자는 모든 주제들을 복음과 연관된 쓸모 있는 소재들로 활용합니다. '간절한 열심'과 '뜨거운 열정'의 설교자는 무미건조하고 흥미 없을 만한 주제라도 자기 영혼 속에서 불타고 있는 작렬하는 불꽃을 옷 입혀 뜨거운 복음적 열기를 품게 합니다. 그저 이성적이기만 한 설교자들이 다루었더라면 차갑고 활기 없을 주제라도 힘 있게 박동하는 뜨거운 복음의 생명력을 불어 넣는 것입니다. 그러한 설교자는 매우 보편적인 진리 체계의 아주 미세한 부분에까지도 복음 생명의 원리가 미치도록 합니다. 강단에서 그가 무슨 주제들을 다루든지, 그의 설교는 언제나 사도와 같이 온전히 '그리스도의 십자가만을 자랑하는' 설교를 합니다. 선명하게 제시된 복음을 소홀히 다루면서 사변적이고 허망한 것들에 괜한 호기심을 부리려는 무익한 시도 따위는 하지 않습니다. 현란한 시적 어투로 자신의 상상력을 펼치거나, 심오해 보이는 듯한 철학적 호기심을 만족시키거나, 보다 새롭고 신선해 보이는 허망한 것들을 좇으려는 목표를 세우지 않습니다. 그는 오직 그리스도의 복음 진리 안에서 사람들의 양심에 호소하는 것입니다. 이것이야말로 바른 자세가 아닙니까? 복음을 설교해야 할 사람이 그것 외에 다른 목표를 추구하려 하다니요! 풍성하고 장엄하며 숭고한 복음의 주제 외에 다른 어떠한 웅변의 주제들을 원하는 것입니까? 그리스도의 십자가 외에 영혼의 심금을 울릴 수 있는 더 큰 감동을 뿜어내는 다른 원천이라도 있는 것입니까? 결코 마르지 않는 생명의 샘에서 끌어 올릴 수 있는 주제보다 더 비범(非凡)한 것이 무엇입니까?

"십자가를 자랑하라"는 주제로 강론한 맥로린(McLaurin)의 설교와, 구성이 탄탄하고 수사술적 정교함으로 아름답게 장식된 마실론(Massillon)이나 보셋(Bossuet)이나 보다로우(Bourdaloue)의 웅변적인 설교들을 비교해 보십시오. 프랑스의 강단이 자랑하는 세련된 그들의 설교는 주제의 숭고함이나 복음적인 장엄함에서 맥로린의 설교에 미치지 못하였습니다. 블레어(Blair) 또한 어떠하였습니까? 물론 그의 동료였던 워커(Walker)가 발산했던 강렬한 빛에 비하면 달빛 정도였지만, 그의 영혼이 십자가의 매력에 빠졌을 때 그의 설교는 경건의 열기를 뿜어냈습니다. 그의 차갑고 점잖은 말투임에도 불구하고 "그리스도의 죽으심"에 대한 그의 설교에는 생기가 넘쳤습니다. 그는 그 설교에서 에픽테투스(Epictetus, 기원전 1세기경 헬라 철학자)의 이교도적 도덕률이 사도 바울의 기독교 교리에 비하면 메마른 웅변의 샘에 불과하다는 견실한 증거를 제시하였습니다.

저는 여기서 미국인 저자인 그리핀 박사(Griffin)가 '설교의 예술'(the Art of Preaching)이라는 제목의 설교를 인용하고자 합니다. 저는 이미 그 대목을 제 「학생들을 향한 강설」(Address to Students)이라는 저작 속에서 인용한 바 있습니다.

"나의 사랑하는 형제들이여, 어째서 우리가 사람들에게 더 깊은 인상을 끼치지 않아야 합니까? 신학은 예민하고 엄숙하고 고상한 웅변을 산출하기에 가장 훌륭한 밭을 제공합니다. 신학은 가장 당당하고 엄숙한 주제들을 제시하기 때문입니다. 하나님과 천사들, 사탄의 반역, 세상 창조와 파멸과 회복, 하나님의 아들의 성육신과 죽으심과 부활하심과 왕 노릇하심, 심판 날, 온 우주가 불에 타는 일, 영원함, 하늘과 지옥 등 신학이 담고 있는 이 엄중한 주제를 보십시오. 사소한 것들로 논쟁하는 헬라의 왕국들과, 그 헬라를 자기 수하에 두려고 했던 필립 공의 야심 따위가 신학이 가진 그 가공할 주제들에 비하면 대체 무엇입니까? 그러한 주제와 비교해 로마의 음모와 승리, 캐터라인(Catiline, 옛 로마 귀족 - 역자 주)의 반역 등의 이야기 따위가 무엇입니까? 지상에 있는 모든 목회자들이 성령의 감동으로 충분한 자격을 갖추었다면, 목사들은 지상에서 가장 웅변적인 사람들이 되었어야 합니다. 그리스도의 사역자로서의 직임을 수행하는데 있어서 데모스테네스나 키케로가 자신들의 주장을 펼쳤을 때의 열정을 가진 목회자가 있다면, 그는 지상에서 가장 호소력 있는 설교자가 되었을 것입니다. 같은 본질의 사고방식을 가진 사람들 사이에서 그는 가장 높게 평가 받는 목회자가 되었을 것입니다."

교회사는 순전한 복음 전도가 사라지고 그 자리에 형식과 의식의 종교가 자리 잡았을 때, 언제나 참된 경건의 힘과 생명력이 있어야 할 자리에 엄청난 부패의 덩어리가 자라났다는 것을 분명하게 말해주고 있습니다. 그러한 어두운 그늘 속에서 죄로 물든 사람이 왕좌를 차지했고, 교황권은 피의 통치를 펼쳤습니다. 암흑 가운데 있었던 중세(中世)의 긴 밤을 지나는 동안 충실한 설교자와 시온의 파수꾼의 음성은 들리지 않았습니다. 아주 구석진 은둔처에서 그 소리를 들을 수 있었을 뿐이었습니다. 하지만 충실한 설교자들의 음성이 들려지는 곳에서는 분명한 효과가 일어났습니다. 온 세계가 그 암흑의 짐승을 쫓아 방황하고 있던 9세기에도 튜린의 클라우드(Claude of Turin)는 참 복음의 주제로 피드먼트(Piedmont)의 거민들을 일깨웠습니다. 그 영광스러운 역사는 높은 산골짜기의 은둔처 속에서 수세기에 걸쳐 지속되었습니다. 집요한 교황권의 세력도 그 역사를 완전히 전복시키지 못했습니다. 14세기 잉글랜드에서 행해졌던 존 위클리프(John Wycliffe, 1330-1384년)

의 복음 설교는 재 속에 묻혀 연기만 내던 숯에 불을 일으킨 계기가 되었습니다. 훗날 그 설교는 다른 개혁자들에게 뜨거운 불통으로 작용하여 거대한 화염을 치솟게 하였습니다.

바티칸의 세력들로부터 불멸의 승리를 거두었던 루터가 무엇을 승리의 방편으로 삼았습니까? 양심의 노예로 살고 있던 사람들의 족쇄를 무엇이 끊어버릴 수 있었습니까? 허망한 지성의 기진함 속에 허덕이던 인류에게 던진 소망이 빛이 가진 본질이 무엇이었습니까? 어둠에 갇힌 기독교국 전체에 치명적 일격을 가하기 위해 그가 사용한 도구가 무엇이었냐는 말입니다. 그것은 '믿음으로 말미암아 의롭다 하심을 받는다.'는 위대한 복음 진리였습니다. 잠들어 있는 영국의 경건을 일깨워 오늘날까지 그 힘을 존속하게 한 휫필드나 웨슬리가 사용한 도구 역시 복음 진리였습니다.

오늘날 무엇이 선교사업을 일으켜 세웠으며, 무엇이 세계의 회심을 이끌어 냈습니까? 하와이 제도(諸島)와 폴리네시아와 뉴질랜드의 거민들, 남아프리카의 호텐토트 사람들, 에스키모인들로 하여금 방탕한 관습들과 피에 젖은 의식들을 버리게 한 진리가 무엇입니까? 우리의 선교사들이 무엇으로 인도와 중국을 사로잡은 것입니까?[2] 이러한 질문에 대한 한결같은 답은 '십자가의 교리'입니다.

역사를 거슬러 신약 시대 이후 일어났던 도덕적 혁명이 일던 시대들을 살펴 보십시오. 거기에는 언제나 단 한 가지의 방편, 단 한 가지의 체계, 단 하나의 장엄한 진리가 있었습니다. 이는 역사를 아는 사람이라면 결코 부인할 수 없는 사실입니다. 그곳에는 하나님의 구속(救贖)의 은혜이신 그리스도의

---

2) 필자가 이 글을 쓴 1847년 당시, 영국의 교회는 많은 수의 선교사들을 인도와 중국에 파송했음- 역자 주

복음을 전하는 '간절한 열심'을 가진 사람들의 설교가 있었습니다. 이를 위해 하나님께서는 높은 산들을 평평하게 하시고 골짜기들을 메우시는 섭리로 십자가를 증거하는 전령(傳令)의 길을 예비하셨습니다. 그 길 위에 하나님의 전령들은 힘 있는 소리로 외쳤습니다. "볼지어다. 세상 죄를 지고 가는 하나님의 어린 양이로다."라고 말입니다. 하나님의 성령의 권능에 힘입어 그들의 외침은 어둡고 황량하기 이를 데 없는 세계의 도덕적 국면을 바꾸어 놓았습니다. 세상의 학문이나 철학, 과학이 이러한 일을 해냈습니까? 그것이 도덕적 이론에 대한 심오한 사변이나, 잘 정제된 논리의 귀추나, 탁월하고 청조적인 시적 재능에 대한 찬란한 고양, 형이상학적 토론의 정교한 기술의 열매입니까? 그렇지 않습니다. 그것은 오직 복음의 결과일 뿐입니다.

철학자가 골방에서 자신이 주장하는 도덕적 개념을 정형화 시키고, 자선사업가가 연구실에서 통계학적 확률을 의지하여 자신의 계획에 들어갈 비용을 계산하고 있는 동안 설교자들은 무엇을 했습니까? 그들은 무지하고 악하고 곤고한 사람들 가운데로 나아갔습니다. 그리고 영혼을 사랑하시는 하나님의 위대한 진리, 곧 십자가에서 죽으신 구주를 높이 선양하였습니다. 사회의 도덕적 국면이 변화되는 대 변혁은 외치는 자들의 소리를 통해 거듭나게 하시는 성령의 역사하심의 열매입니다.

이러한 사실들을 알고 동의하면서도 여전히 그 영광스러운 진리 대신 다른 것을 채용하려는 설교자들이 있다는 것은 정말 기이한 일이 아닐 수 없습니다. 놀라운 열매와 위력을 입증해 보였던 참된 진리의 무기를 사용함에 있어 그 힘을 의심하고 쓰기를 주저하여, 마치 덜덜 떠는 손으로 간신히 그 무기를 들고 있는 듯한 설교자들의 행태를 저는 도무지 이해할 수가 없습니다. 아직도 분명한 확신이 없다면, 사람들이 어떻게 회심하는지를 살펴보십시오. 이를 위해 먼 과거로 돌아가거나 다른 나라에 있는 교회에 가

볼 필요는 없이 지금 영국에서 가장 큰 회중이 모이는 교회들을 둘러보십시오. 그리고 거기에서 어떠한 설교가 행해졌는지를 알아보십시오. 어떠한 교리가 어떠한 방식으로 취급되었는지, 그로 인한 결과가 무엇인지를 눈으로 직접 확인해 보십시오. 어떠한 자력(磁力)이 그들을 끌어 모았겠습니까? 비밀은 어렵지 않게 밝혀질 것입니다. 이 비밀은 우리 주 예수 그리스도께서 하신 말씀으로도 이미 나타났었습니다.

"내가 땅에서 들리면 모든 사람을 내게로 이끌겠노라"(요 12:32).

이와는 반대로 영원한 생명을 위한 복음 진리의 자리에 차가운 지성을 대신 앉힌 곳으로도 가 보십시오. 그곳에는 철학적 추상과 이론들로 넘쳐나고 있을 것입니다. 여러분은 그곳에서 누구나 알아 들을 수 있고 회중들의 마음을 휘젓는 설교로 증거되어야 할 위대한 교리들 대신, 차갑고 논리적으로 낭독되는 수필을 들을 수 있을 것입니다. 세력이 약화되고 있는 교회들은 그 강단에 선 사람이 하나님께서 주신 직무에 적합하지 못하다는 것을 선포하고 있는 것과 다를 바가 없습니다. 그는 스스로 사람들에게 그리스도의 십자가를 대체할 그 어느 것도 없음을 끊임없이 확인시켜주고 있는 셈입니다.

왕이나 농부, 지혜 있는 자나 무지한 자라도 인간은 본성적으로 자신이 바라고 원하는 것을 추구하는데 있어서 하나같이 논리적 접근 방식으로 이해하는 것 보다 가슴 깊은 곳의 정서로 전달되는 온기 있는 감성의 만족을 원합니다. 장사를 하는 사람이든 전문직에 종사하는 사람이든, 안식일 아침에 교회 회중석에 앉아 난해한 이론만을 접해야 한다면 그들의 머리와 마음은 이내 긴장으로 지치기 마련입니다. 회중들은 머리뿐 아니라 마음에도 무엇인가를 느끼길 원합니다. 마음의 정서에 아무런 감화도 주지 못하는 설교는 설령 가장 논리적이고 지적이라 할지라도 회중들의 만족을 이끌어 내는데 실패하고 맙니다. 회중석에 앉아 있는 사람들에게 그들이 단 한 번도 의심해보지 않았던 요점을 딱딱한 논리적 입증 방식으로 메마른 수필을 낭독하듯 반복해 보십시오. 아니면 반대로 그들이 단 한 번도 생각해보지 않았던 난해한 이론들을 메마른 어조로 늘어놓아 보십시오. 그것은 마치 떡을 원하는 사람에게 돌을 주는 것과 같습니다. 회중들은 이 세상의 것들 보다 더 높고 더 선한 것을 마음으로 느끼고 인식하길 원합니다. 세상의 일로 피로한 몸과 마음에 안식을 누리고, 세상의 시끄러운 소음으로부터 영원히 자유로워질 소망의 세계를 바라보며, 거룩함을 입은 정서의 유쾌함과 믿음으로 느껴지는 기쁨과 평안을 느끼고자 하는 간절함이 회중들에게 있는 것입니다. 6일 동안 염려와 근심과 수고로 지치고 쇠약해진 그들은 딱딱한 추상적 사변의 바위가 아닌, 복음진리가 안내하는 푸른 초장에 누워 안식을 취하기를 원합니다.

하지만 이것이 강단에서 모든 지성적 요소들을 완전히 배제해야 한다는 것으로 이해하지 마시기 바랍니다. 높은 교육 수준을 가진 사람의 마음을 움직이기 위해 지성의 통로가 필요한 것은 사실이기 때문입니다. 지성의 결핍으로 인해 복음 진리의 본질적 떡이 결코 시시한 것으로 여겨지게 하는 것은 옳지 않습니다. 이를 위해 그 생명의 떡은 솜씨 있는 손으로 잘 반죽하여 만들어져야 합니다.

사람들은 흔히 이렇게 말하곤 합니다. "사회의 조건과 환경이 다양하다 할지라도 전파되는 복음의 본질은 동일해야 하며 설교의 내용은 일관성 있게 유지 되어야만 한다. 그러나 복음을 전달하는 방식은 그 시대의 환경에 맞출 필요가 있다. 방편에 있어서만큼은 진보된 지식을 가진 세대의 환경에 맞추어 세련되고 개발되어야 한다." 만일 이러한 견해가 이런 개념, 곧 더욱 왕성한 사고와 더 심오하고 예리한 분석과 비평으로 진보한 세대의 여러 학문 분야로부터 더 다양한 예화를 수집함으로 세상의 학문이나 철학이 신학을 위한 건전한 보조수단으로 사용되는 개념에서 나왔다면, 이는 인정할 수 있을 뿐 아니라 인정해야 합니다.

그러나 이러한 견해를 인정할 때도 항상 간과해서는 안 될 것이 있습니다. '하나님의 놀라운 은혜인 복음의 진수가 가진 본질의 가치는 결코 훼손시키지 말아야 한다'는 것입니다. 어떠한 경우라도 복음의 본질은 그 자체의 증거와 권위로 말미암아 받아들여져야 합니다. 복음은 그 자체로 이미 완전하고 마땅한 진리입니다. 그 마땅한 도리를 인간의 불완전한 철학 체계의 원리와 융합시키거나, 인간의 불완전한 이성이 이해하는 수준으로 도리를 변형하거나 전이하려고 시도한다면 그것은 결단코 용납될 수 없는 일입니다. 시대의 환경에 걸맞아야 한다는 구실로 복음의 진리가 가진 빛을 희미하게 하거나 그 단순성을 훼손할 정도의 논리나 비평, 또는 예증의 방식을 채용하는 것은 오히려 진리로부터 정반대의 길로 나아가는 것입니다. 마음을 감동시키고 양심을 일깨우는 활력이 넘치는 설교의 방식 대신, 메마르고 추상적이며 철학적인 방식이 들어선다면, 요동하는 세상의 지성적 광기(狂氣)는 복음의 진리를 오히려 더 먼 곳으로 몰아내고 말 것입니다. 세상의 일로 바쁘고 활동적인 사람들의 달아오를 대로 달아오른 지성의 열기를 보십시오. 그들의 정서는 지성적 추상력의 영향을 받고 있습니다. 그들의 지성만을 변화시킴으로써 그들의 정서에 복음적 변화를 꾀하려 하는 시도는 어떠한 성공도 거두지 못할 것입니다. 시대의 환경과 시대를 살아가는 사람들의 이성적 수준이 받아들일 수 있을 만큼의 진리의 분량만을 전달해 보십시오. 아니면 반대로 복음의 진리 위에 사변적인 논리와 형이상학적 철학을 덧 입혀 보십시오. 그러한 시도는 아무런 열매도 얻어내지 못할 것입니다. 색슨(Saxon)이 했던 말처럼, '복음은 그 고전적 단순성과 문체의 명료함을 유지한 채 왕성한 사고력과 강한 남성적 어조로 증거 되어야' 합니다.

우리의 설교의 방식을 시대의 취향과 환경에 맞추어야 한다는 개념에 대해 저는 어딘가 꺼림칙한 느낌을 지울 수 없습니다. 우리는 그러한 표현이 무엇을 의미하는 것인지 철저하게 검증하고 정확하게 규정해야 합니다. 만약 우리가 큰 주의를 기울이지 않은 상태로 편의성의 관점에서 그러한 사상을 받아들이려 한다면, 자칫 방식의 범주를 넘어 복음의 주제에까지 영향을 미칠 수 있기 때문입니다. 신학과 철학 사이의 조화를 구축하기 위해 우리의 복음적 신조(信條)마저 변개시키고 바꾸는 실수를 범할 수 있는 것입니다. 아니 그러한 작업이 이미 시작되었습니다. 독일의 신(新) 학설은 산 위의 봉화(烽火)처럼, 선박의 좌초를 암시하는 검은 암초처럼 그 무서운 위협을 알려주고 있습니다.[3]

설교의 방식에 대한 시대 상황적 접근의 주제를 바르게 이해하는 가장 최선의 방법은 교회사 속에 등장하는 서로 다른 시기의 설교들을 비교해보는 것입니다. 예를 들어 그 표현법이 기이할 뿐만 아니라 매우 다양한 영적 미각을 보여주었던 존 오웬이나 토머스 맨튼(Thomas Manton) 같은 이들의 설교와, 촤머스(Chalmers)나 브래들리(Bradley)나 워드로우(Wardlaw)의 설교를

---

3) 당시 독일에서 태동하여 일어나기 시작하던 합리주의적인 자유주의적 신학을 이름 - 역자 주

비교해보십시오. 현대에 가까울수록 그 시대에 적응하는 적응력이 더 증가되고 있음을 발견할 수 있습니다. 물론 두 시대의 설교들 모두가 한결같이 동일한 영광의 진리를 나타내고 있습니다. 그러나 설교의 진행에서 나타나는 운치(韻致)나 내용의 정렬(整列)은 많은 진보를 드러내고 있습니다.

'복음을 설교하기'(Preaching the Gospel)라는 표현보다 더 많은 오해와 실수가 일어나는 경우가 없습니다. 대다수의 사람들은 그 표현을 자신들이 강단에서 주님의 죽으심을 제시하는 것 외에 다른 모든 항목을 배제해야 한다는 의미로 이해하고 있습니다. '복음을 설교한다'는 것은 곧 그리스도의 죽으심만을 증거하는 것으로 여기는 것입니다.

하지만 이런 방식의 설교자들이 간과하고 있는 사실이 있습니다. 하나님께서 불변하는 당위성을 지닌 엄위한 율법을 주셨다는 사실과, 하나님께서 세우신 위대한 구원의 계획은 율법의 권위를 전복시키지 않으시고 도리어 더욱 굳게 세우신 역사라는 사실입니다. 영혼의 구원은 마땅히 하나님의 율법의 정결함의 범주 안에서 설명되고 강화되어야 합니다. 그래서 사도는 주 예수 그리스도를 믿는 믿음 안에서 그리스도로 말미암은 율법의 완성을 통한 하나님과의 화해를 역설하고 있는 것입니다. 율법을 알지 못하는 죄인은 자신이 하나님의 율법을 범한 죄인이라는 사실 조차 인식하지 못합니다. 스스로 죄인임을 알지 못하는 자는 하나님께 회개할 수 없습니다. '죄는 불법'이며(죄는 율법을 범한 것, 요일 3:4), '율법으로 죄를 깨닫는' 것입니다(롬 3:20). 율법을 알지 못하고서는 어느 누구도 자신의 죄를 알 수 없습니다. 현대의 강단이 부족한 부분이 바로 이것입니다. 많은 설교자들이 죄를 깨닫게 하는 이 완벽한 거울을 높이 들어 세우는 일에 게으르다는 것입니다. 그 거울에 비추어 보지 않는 한 죄인은 자신의 도덕적 형상의 실상을 깨닫지 못합니다. 그리스도께서 십자가에서 죽으신 사랑을 통해 자기 자신이 악한 죄인이라는 사실을 대번에 의식하고 즉시 회개함으로 그리스도를 믿는 믿음의 행사로 나아가는 경우가 있기는 합니다만, 그것이 율법의 찌르는 각성의 과정을 전제로 하는 회심의 통상적인 방식은 아닙니다.

이와 관련하여 드와이트(Dwight)박사는 이렇게 말했습니다.

"복음의 격려와 약속으로 말미암아 각성을 받고 죄를 깨달아 죄를 미워하는 수준으로 나아가는 경우는 매우 드물다. 죄에 대한 각성(conviction of sin)과 자신이 죄인이라는 인식은 거의 모두가 율법의 견책을 통해 이루어진다. 회심하지 않은 자들에게 불멸하는 하늘의 복락과 영광에 대한 설교는 큰 효력을 발휘하지 못한다. 신적 주제와 관련해 세련된 웅변술과 인상 깊은 세세한 묘사로 이루어진 설교를 듣고 있는 회중들이 졸고 있는 모습을 보고 나는 놀라지 않을 수 없었다."

약간의 과장은 있어 보이는 증언임에도 불구하고 저는 그의 진술에 매우 강력한 진리가 있음을 확신합니다. 죄를 깨닫지 못한 사람들이 자기들의 죄를 하나님께서 용서하여 주시는 일에 큰 관심을 기울이지 않는 것은 당연할 테니 말입니다. 율법으로 말미암아 죄를 깨닫는다는 진리는 사도가 분명하게 역설한 바입니다.

이러한 관점에 본다면, 저는 영국의 강단에서보다 오히려 미국의 강단에서 죄를 깨닫게 하는 역사가 더 용이하게 일어날 수 있겠다는 생각을 합니다. 미국 교회의 강단의 설교가 율법을 더 많이 강해하고, 죄인의 양심에 그 율법을 더 잘 적용시키고 있으니 말입니다. 미국의 목회자들은 피조물로서의 인간의 마땅한 책무와 그것을 이행하지 않은 죄책을 느끼도록 하는 설교를 합니다. 죄인들의 마음에서 일어나는 핑계나 구실을 잠잠케 하고, 죄인들의 마음의 속임수를 드러내게 하고, 자신의 의를 버리게 함으로 오직 그리스도만을 의지하도록 하게 하는 것입니다. 하나님 앞에서 사도들이 사람들에게 행했던 양심에 대한 호소만큼은 미국의 교회 강단에서 훨씬 더 많이 이루어지고 있다고 말할 수 있을 것입니다. 그에 반해 그들은 복음의 충만함과 자애로움이 부족한 면이 있기는 합니다. 그럼에도 죄에 대한 신랄한 묘사와 죄의 귀추를 드러냄으로 회중을 각성케 할 수 있는 것은 사실입니다. 거기에 죄에 대한 격렬한 비판과 죄에 대한 논리적 인과성을 덧붙인다면 그 효과는 더 커질 수 있을 것입니다.

물론 회중들을 절망에 이르게 하는 음울한 방식만이 사람을 회심케 하는 것은 아닙니다. 죄인으로 하여금 자신을 혐오하고 하나님을 사랑하게 만드는 것은 복음과 율법을 적절하게 연합시키는 것입니다. 복음 없이 율법만을 말한다면 회중들의 마음은 굳어지고, 율법 없이 복음만을 말한다면 회중들은 과감하게 경솔해지고 주제넘음으로 나아갈 수 있습니다. 이 시대에 우리가 처한 위험은 복음을 소홀히 하는데 있다기보다는, 복음에 하나님의 율법을 연합시켜 설교하는 일을 생략하는데 있습니다. 물론 성육신하신 하나님의 사랑 자체이신 예수 그리스도께서 살아있는 복음이요 길과 진리요 생명이십니다. 그분이 이 세상에 있었던 설교자 중에 가장 견고한 설교자이셨음을 지적하는 것은 가치 있는 일입니다. 하지만 죄인들이 그러한 충실한 사랑을 자신들의 야비함을 정당화하는 구실로 오인하도록 내버려 두지 않는 것 또한 우리가 짊어져야 할 의무입니다.

그렇다고 그러한 의무가 또 다른 극단을 만들어내지는 말아야 합니다. 엄위하신 하나님의 말씀이 발하시는 진노의 위협만을 거칠게 강조하는 것이 '간절한 열심'의 모양은 아닙니다.

홀(Hall)은 이 점을 지적하고 있습니다.

"하나님의 말씀 속에 들어 있는 엄위하신 경고와 위협들을 아무렇지도 않게 거칠고 무감각한 태도로 남발하는 것은 야만적이고 매몰찬 일일 뿐만 아니라 듣는 이들로 말씀에 대한 혐오감을 갖게 합니다. 그러한 태도는 말씀이 가진 엄중함과 효력을 박탈하려는 계산이 깔린 행위라고 밖에는 말할 수 없다. 만일 우리에게 들려지는 주님의 말씀이 정론대로 가공(可恐)할 무게로 전해지고 있다면, 그것을 증거하고 있는 사람의 손과 입술은 두려움으로 떨고 있어야 할 것이다."

이는 매우 합당한 진술입니다. 장엄하고 엄숙한 사랑의 주제를 증거하고 있는 사람의 표정이나 어조나 몸짓은 그 주제와 합당하게 일치해야 합니다. 목회 사역의 직임을 받은 우리가 가지는 '간절한 열심'의 본질이 무엇입니까? 그것은 무엇보다 죄 가운데 멸망해가는 영혼에 대한 연민에 찬 동정심의 정서가 아닙니까? 그 정서는 폭풍과 같은 발설이나 우레같은 비난의 모습으로 나타날 본성이 아닙니다. 영혼 구원에 대한 '간절한 열심'을 가진 정서는 엄숙하게 연단된 권고와 호소의 모습으로 드러나는 것이 마땅합니다.

chapter 4

# 설교 방식에서 나타나는 '간절한 열심'

저는 설교의 내용 문제에서 '설교의 방식'(manner of preaching) 문제로 넘어갑니다.

제가 '설교의 방식'이라 할 때는 음성과 제스처를 통해서 진리를 전달하는 태도만이 아닙니다. 선포하는 진리와 연관된 생각의 전개와 설교의 문체(文體)를 다 포함한 것임을 알려 드립니다.

강단을 위해서 요청되는 것은 '딱딱한 형식'이나 '무미건조한 방식'과는 정반대인 '생동감'(生動感)입니다. 물론 그 설교 양식은 다루는 주제와 걸맞게 상당하게 변화를 주어야 하며, 그 주제에 따라 그 양식이 결정되어야 합니다. 주해적인 설교를 해 나아갈 때, 단순하게 본문의 해석에 해당하는 부분에서는 침착한 명료함과 깨끗하고 명석하고 조용한 사상의 흐름이 요청됩니다. 그래야 이해를 도울 수 있죠. 그것을 이해함으로 마음을 신사답게 따라가도록 해야 합니다. 그런 대목에서는 마음의 열정을 일으키려고 의도하거나 그런 반응이 나오리라 기대할 필요도 없습니다.

워드로우(Wardlaw)박사의 품격 높은 강론은 이에 대한 아름다운 견본입니다. 그의 방식을 따라가 보면, 아는 체 하려는 모습도 드러내지 않으면서 비평적인 논평을 가하고 있습니다. 학자적인 모습을 취하려하지 않으면서도 주해적일 수 있습니다. 그리하여 우리 모든 회중을 끌어당기는 아름다운 매력을 주는 것으로 그 강해(講解)를 옷 입힐 수도 있습니다.

그러나 설교 본문을 주의 깊게 분석하는 일이 우리의 모든 설교의 기본을 형성해야함에도 불구하고, 우리 설교는 단순한 성경 주해 이상의 무엇이어야 합니다. 그 주해가 아무리 분명하고 바르고 교훈적이라 할지라도 그러합니다. 우리는 지성적으로 어두운 사람을 가르칠 필요도 있습니다. 그러나 딱딱하게 굳은 마음에 인상을 남겨야하고, 무딘 양심을 일깨우기도 해야 합니다. 우리 설교를 듣는 자들로 하여금 믿음의 이 큰 과업을 수행하여 나감에 있어서 '알아야할 것이 많다.' 는 것도 인지시켜야 합니다. 그러면서도 여전히 '행할 것도 많다.' 는 느낌을 가지게 만들어야 합니다. 설교자들은 마땅히 지식을 나누어 주어야 합니다. 왜냐하면 영적인 세계에 있어서 빛은 경건이 자라게 하는데 본질적인 요소이기 때문입니다. 마치 자연 세계에서 식물이 자라는데 햇빛이 진수가 되듯이 말입니다. 그 유추(類推)는 다른 요점에 있어서도 좋은 빛을 던져줍니다. 우리가 밭을 경작하기 위해서는 그것이 무엇인가 이해도 해야 하지만 그 일에 필요한 크고 힘 있는 노력도 더해야 합니다. 그러므로 우리가 설교할 때 본문 주해를 마치면 권고와 경고와 충고로 나아가야 합니다. 사도의 방식이 옳은 것입니다.

"우리가 그를 전파하여 각 사람을 권면하고 모든 지혜로 각 사람을 가르침은 각 사람을 그리스도 안에서 완전한 자로 세우려함이니"(골 1:28).

우리 설교를 듣는 자들에게 방향을 가리켜줄 뿐 아니라 그리로 나아가도록 다그쳐야 합니다. 우리 설교를 듣는 자들은 모두 성경을 아는 것만큼 실천하지 못하고 있습니다. 일반적으로 머리가 마음보다 훨씬 앞질러 가 있습니다. 설교자들의 위대한 임무는 설교 듣는 자들을 설득하고 부탁하고 간청하는 것입니다. 무겁고 생기를 잃어 죽을 것 같은 지성을 다루어야합니다. 그러나 더 나아가서 완강한 저항을 이겨내고 내키지 않으려는 마음을 움직여야 합니다.

우리의 목회 사역의 목적들을 완수하기 위해서 필요한 것이 오직 '진리를 그 지성 앞에 놓는 것'이라고 가정해봅시다. 또 마음이 우리가 설교하는 주제에 기울어져 있다고 생각해봅시다. 그래서 그 회중의 마음이 양심에 관해 강의하는 사람을 좋아한다고 해봅시다. 그럴 경우에는 권고의 방식으로 진리를 분배하면 됩니다. 그리고 오직 설명만 해주면 되는 셈이죠. 그런 경우 수사술(修辭術)을 동반하지 않더라도 논리(論理)만 있으면 다 되는 것입니다.

그러나 우리의 설교를 듣는 각 죄인마다 자기 분별력이 지시하는 것과는 정반대로 행동하고, 성경의 증거 뿐 아니라 자기 양심의 경고에도 등을 돌립니다. 세상의 헛된 것을 위해서 자기 불멸의 영혼의 진정한 유익을 희생시키며, 자기 마음의 부패에 빠져 있습니다. 그래서 자기가 망할 줄도 모르고 미치게 벼랑을 향해 달려가고 있습니다. 그 벼랑에서 한 발짝만 더 내딛으면 파멸의 구렁으로 떨어질 판입니다. 그럴 경우 우리가 계시된 진리의 말씀을 아무리 분명하고 확실하게 증명하여 결론을 내려주는 식으로 설명한다 해도 그것으로 다 되었다 만족할 수 있겠습니까? 자신을 금방이라도 파멸시키려고 피스톨이나 독약을 손에 들고 서 있는 사람 앞에 그 자살의 죄악됨을 차가운 표정으로 밝혀주고, 그 악이 범죄임을 여러 증거들을 논리적으로 나열해 준다고 충분할까요? 이런 경우에 그것이 아무리 분명하고 정확하다 할지라도 죄를 규정하여 주는 것만으로 충분하겠습니까? 우리가 마땅히 간절히 충고하고 제발 그러지 말라고 간청해야 하지 않을까요? 자기를 파멸시키기 위해서 피스톨을 자기 머리에 대고 있는 그 팔을 부여잡아 내리거나, 아니면 입술에 대려고 하는 그 독이 든 잔을 낚아채야 되지 않을까요? 우리의 설교를 듣는 사람들이 완고하게 회개치 아니하는 죄인들이 아닙니까? 자신을 파멸시키는 데로 기울어지며, 자기 몸이 아니라 자기 영혼을 파멸시키고 있는 사람들이 아니냔 말입니다. 그들은 우리 눈앞에서 자기들의 죄로 달려가고 있으며, 멸망의 구덩이 아래 직각으로 내리 꽂혀 있는 그 벼랑을 향하여 회개하지 않고 달려가고 있습니다. 그런데 그런 사람들에게 설교하는 우리가 훌륭하고 우아하고 논리적이고, 문장이나 명쾌하고 복음적인 진술을 한다고 해서 사도의 간청과 탄원에 속한 권고의 힘이나 감동하는 성향을 전혀 갖고 있지 않아도 그저 만족할 일입니까? 이미 빛의 홍수로 흘러 넘쳐 이런 것들에 대해서는 아무런 관심을 두지 않는 사람들에게 신학에 대해 단순한 강론이나 종교적 양심을 다루어 주는 것으로 만족해야할까요?

설교를 작성하는데 있어서 일반 세속의 웅변 법칙들과 방식들을 어느 정도까지 적용할 수 있는지의 문제는 결코 간단치 않습니다. 사도는 자기 설교와 관련하여 정교하게 꾸미는 것을 아예 고려조차 하지 않았습니다.

"내가 너희 중에서 예수 그리스도와 그의 십자가에 못 박히신 것 외에는 아무것도 알지 아니하기로 작정하였음이라"(고전 2:2).

사도가 처한 처지와 우리가 처한 환경을 바르게 이해하면 차이가 있습니다. 그 사도의 감상을 문자 그대로 엄격하게 우리 자신에게 적용시키지 못하게 하는 환경 상의 여러 차이들이 있다는 사실입니다. 당시 사도는 우리에게는 없는 이적(異蹟)들로 인해서 그 설교의 힘을 얻었습니다. 그밖에 여기 사도가 고린도전서 2장에서 금하는 지혜는 '가장 좋은 말을 선별하는 지혜나, 하나님의 진리를 진술하기 위해서 그 단어들을 가장 훌륭하게 배치하는 지혜'가 아닙니다. 오히려 거짓된 철학이나 헬라 철학의 통상적인 실제였던 '간교한 수사술에 따라서 설교를 구성하려는 간사'를 가리켜 말한 것입니다. 사도가 금한 것은 복음적인 교리를 그런 헬라 철학의 통상적인 방식과 일치하도록 제시하는 방식입니다. 곧 그 설교의 내용이나 방식에 있어서 당시 유행하던 철학적인 체계와 맞게 하려는 시도를 가리켜 말한 것입니다.

만일 설교를 잘 다듬은 효과로 그 설교를 대변에 가치 있고 인상 깊게 만들었거나, 듣는 회중의 시선을 장악하는 힘을 주었거나, 아울러 회중의 분별력을 길러주고 정서를 일으키고 양심을 깨우쳤다 합시다. 그리고 그 설교하는 주제를 분명하게 이해하게 만들었고 아울러 깊이 느끼게 하였다 합시다. 그런 경우라면 그 정교하게 꾸민 것이 아무리 완전해도 지나칠 수 없습니다. 그 설교가 듣는 자로 하여금 설교자도 잊게 만들고 문학적 예술의 산물로서의 설교 구성 자체도 잊게 만들어 오직 그 '설교 되는 주제'에 비추어 자신을 생각하게 하였다 합시다. 그래서 회중의 시선을 다른 데로 돌리지 못하게 하였다 합시다. 그리고 자기가 사람 앞에 뿐 아니라 하나님 앞에서도 서 있다는 느낌을 가지게 만든다 합시다. 그리고 그 설교가 구원의 방식을 어찌나 분명하게 선언하던지 아무리 무딘 이해력을 가진 사람도 그 구원의 방식을 이해할 수 있게 합니다. 아울러 그 설교가 권세 있고 감동적으로 역사하여 가장 둔한 마음도 그 설교를 느끼지 않으면 안 되게 만듭니다. 그런 식으로 설교가 준비되었다면, 그런 준비는 결코 그릇될 수 없습니다. 데모스테네스의 웅변력을 가진 설교자가 있다면, 그 설교자는 그 웅변력을 강단으로 가져가야합니다. 또 마땅히 그래야합니다.

그러나 반면에 그 설교를 진지하게 들으며 예리하게 주목하는 모든 사람의 눈에 거슬리게 설교가 정교화 된 것이 보인다면, 그 설교자의 목표는 영혼을 회심 시키는데 있는 것이 아니라 유행을 타려고 애를 쓰고 있는 것입니다. 경솔하고 하찮은 것에 휘둘리는 사람들의 갈채를 받아내려는데 그의 목적이 있는 것이 분명합니다. 그런 설교는 꽃다운 말씨나 번지르르한 은유로 가득 차 있을 것이며, 우아한 열변이나 깜짝 놀라게 하는 수사법으로 의인화(擬人化) 하거나, 공상어린 묘사나 아름다운 정경을 제시하는 것으로 가득 찼을 것입니다. 비록 그 설교가 십자가를 제목으로 삼고 있다 할지라도 금방 그 제목을 떠나 시(詩)의 분야로 뛰어 들어가거나 형이상학의 미로(迷路)로 달려 들어갑니다. 간교한 논증이나 재기가 넘쳐흐르거나 근사한 예화들을 위해서 그런 분야로 달려 들어갈 것입니다. 그 모든 것을 요약하여 말한다면, 그 설교가 분별력을 행사하거나 상상력을 동원한다 할지라도 결단코 마음을 감동시키지는 못합니다. 또 양심으로 하여금 그 냉철하게 그 우수한 기능을 감당하도록 촉구하지 못합니다.

그런 설교는 그 목사를 인기 있게 만들 수는 있고, 회중의 규모를 크게 만들 수도 있습니다. 또 많은 무리의 박수갈채를 받게 할 수도 있습니다. 그러나 죄인으로 잘못된 길에서 돌아서게 하고, 영혼의 죽음에서 구원 받게 하는 일은 어디에서 일어나는 것입니까? 진실로 그런 설교자가 상급을 받는다 해도, 그 설교자가 목표하는 것만큼 낮은 차원에 머물러 있는 허다한 무리의 갈채 이외의 다른 상급은 없습니다. 그가 추구하는 것은 전부 그것입니다. 그가 그것밖에 다른 것을 전혀 얻지 못한다 하더라도 결코 불만을 나타내지 말아야 합니다. 오, 전능하신 하나님께서 우리 교회를 그런 설교자들에게 넘어가지 않게 지켜 주옵시고, 강단에서 자기들이 해야 할 일을 더 잘 알고 행하는 사람을 우리에게 보내주소서!

그러니 '간절한 열심'의 진수가 되는 것은 인위적이고 수사술적인 문체와는 반대가 되는 '단순성'입니다. 자기 연구실에서 오직 자기 설교를 빛나게 하는 상상력과 대단하게 들리는 말투로 훌륭한 설교문을 작성하는 데 온 힘을 기울이는 것같이 보이는 설교자를 상정해봅시다. 그 사람이 영혼을 구원하려는 목적을 가지고 있다고 누가 믿을 수 있겠습니까? 전염병이 돌아서 정말 많은 사람들이 죽어 넘어지고 있는 판에 자기 환자들에게 꽃이나 향수를 뿌려대거나 아름다운 특성과 고전적 라틴어체로 된 처방전을 멋지게 쓰는 일에만 시간을 보내는 의사를 본다 합시다. 그런 사람이 동료들을 죽음에서 구원하려는 목적을 가지고 있다고 누가 믿을 수 있겠습니까?

강단에서 설교하는 설교문의 문체에 관한 분별력 있는 논평을 소개해드립니다. 두 편의 논평문인데 그 중에 한 편은 Edinburgh Review 지(誌)에 난 것이고, 다른 한 편은 Quarterly Review 지(誌)에 난 것입니다. 둘 다 헤어(Augustus William Hare) 목사가 '시골 마을의 교회에서 행한 설교의 설교문들'에 관한 논평입니다. 그 설교들이 가진 주목할 만한 단순성의 모델들을 평한 논평문입니다. Quarterly Review 지에 논평문을 게재한 사람의 목적은 단순성의 본질을 예증하고, 그 필요성을 입증하고 그 단순성 계발을 촉구하는데 있습니다. 특히 대부분 가난한 사람들로 이루어진 회중을 상대하여 설교하는 경우에 그 단순성을 어떻게 적용해야 하는지를 밝히려 하였습니다. 논평자는 헤어(Hare) 목사가 '밀수입자와 침입자', '차와 밀로 만든 빵'을 언급한 내용에서 한 두 대목을 인용한 다음에 이렇게 논평을 하였습니다.

"우리 시대에 자연스럽고 솔직하게 표현하는 것을 꺼려하는 설교자들이 있다. 그런 이들은 틀림없이 자기들의 가난한 사람들에게 밤에 간선도로나 장원(莊園)에서 약탈을 일삼는 이들과 어떤 상종도 하지 말라고 경고하고 싶었을 것이다. 향기로운 술과 밀가루로 된 양식을 가진 것으로 감사한 마음을 가져야 할 것을 촉구하고도 싶었을 것이다. 만일 하레 목사가 분변력이 좀 모자라고 선을 행하는 데 열심이 적었다면 분명 그리했을 수도 있다. 진실을 숨기고 무언가 꾸미는 것은 어느 곳에나 아주 나쁘다. 더구나 강단에서는 정말 용납될 수 없는 일이다."

그 논평자는 예화에 대해서 말하면서 과도하게 멋을 부리는 것으로 시선을 돌립니다. 그 멋부림은 이전 설교들의 여러 악들 가운데 하나였습니다. 그리고 그 글쓴이는 종교 개혁의 시대에 대해서 말해나갑니다.

"종교 개혁 이후 한 세기 안에 토마스 풀러(Thomas Fuller)를 만나게 된다. 그 사람은 천성적 기품으로 볼 때 누구나 '저 사람은 그런 주제에 대하여 경고를 발하기에 아주 적합한 사람이라.'고 생각할 만한 사람이다. 그 사람이 신실한 어떤 목사에 대하여 언급하면서 이렇게 말한다. '그의 직유법이나 예증은 항상 누구에게나 잘 알려져 있어 그를 따라갈 자가 없다. 실로 그의 한 편의 설교는 여러 논증들의 기둥들이 촘촘하게 박혀 연결되어 있다. 그러나 그가 쓰는 직유법들은 가장 훌륭한 빛을 들어오게 하는 창문과 같다. 그는 무거운 적용을 위하여 가벼운 비교법을 쓰지 않을 사람이다. 그것은 자기의 비교법으로 촉발된 독(毒)이 자기가 중화시킬 범위를 벗어나서 회중에게 해를 끼칠까 두려워하였기 때문이다.' 그러므로 그의 설교(preaching)는 정반대의 진로(進路)를 취하였다. 이전에는 아주 흥미진진한 방식이었지만 그 방식을 쓰지 않았다. 그 방식은 요한 웨슬리 시대에는 물론 무미한 것이 되어 버린 방식이다. 바로 이 한 가지 이유 때문에 토마스 풀러와 그의 추종자들이 받아드리는 새로운 스타일의 설교 형식이 그처럼 매력을 끌게 되었던 것이다. 오늘날 현대 강단[1]의 비유적 표현법(imagery)과 말씨를 규제하는 표준이 앤 여왕(Queen Ann, 1702-1714 재위) 시대의 성직자들 이전에는 아직 확정되지 않았었다."

"사무엘 존슨[2]에 따르면 존 드라이든[3] 시대 이전에는 시적(詩的) 운문(韻文)을 표기하는 어휘법이 많았다. 두 경우 모두 규제를 가한 것은 해로웠다. 드라이든 이전 시대의 시들에서는 '숲에서 마음대로 지저귀는 새들의 노랫가락(wood-notes wild)' 투의 시골 사투리식의 단순함이 먹혀들었다. 그런데 그 단순성에 손을 대어 더 크게 고친다 하는 것이 그만 가련한 치환(置換)이 된 셈이다. 찰스 1세와 찰스 2세 시대의 강단에서 쓰는 소감문이나 어법에는 친근한 생기가 있었다. 그러나 그 후 시대에 그러한 거친 것을 단정하게 바로 잡는다 하다가 그만 그 생기를 놓쳐버리게 된 것이다. '불쑥 튀어나와 보기 싫으니 깔끔하게 잘 마무리한다.'고 하여 그 비유적 표현법을 써서 고친다는 것이 그만 입맛 떨어지게 만들어 버렸다. 그러하지 말았어

---

1) 이 책이 1847년에 간행된 사실을 염두에 둘 일이다. - 역자 주
2) Samuel Johnson, 1709-84. 영국의 문학가, 사전 편찬가 - 역자주
3) John Dryden, 1631-1700. 영국의 시인 비평가요 극작가 - 역자주

야 했다. 그런데도 헤어 목사의 설교들 속에는 현대의 설교자가 볼 때, 아니 시골에서 목회하는 설교자가 볼지라도 저속하고 단조로워 싫다 할 부분들이 많이 눈에 띤다. 그런데도 그의 설교는 이해력이 부족한 사람도 그 주제가 무엇인가 금방 알아보게 한다. 그리고 사람들로 하여금 흥미를 갖게 하여 살펴보고 있는 주제에 집중하게 하는 그의 친숙한 예증을 쓴다. 그 예증은 가볍게 내버릴만한 표현법이 아니다. 그 예증이 남용될 소지가 있고 회중을 거짓된 방식으로 크게 높이는 풍조가 있을 수 있음을 감안해도, 그의 방식은 그렇게 내쳐버릴 것이 아니다. 거짓된 정교함은 경계하여야 한다. 그러나 구약의 선지서들이나 신약의 복음서들에는 다 비유들이 나와 있다. 그런 식의 거짓된 정교함을 경계하여 말하는 사람들은 그 복음서나 선지서에 나오는 비유들도 동일하게 경계해야 할 판이다."

Edinburgh Review 지에 한 저명한 작가가[4] 게재한 논평문을 들어 보십시오. 유사한 긴장감을 촉발하면서도 같은 의도로 그런 사상을 더 확장시켜 말하고 있습니다.

"일반적인 특성의 차원에서 볼 때 교회 강단의 웅변이 마땅한 정도로 회중들에게 받아드려진 적이 없었다고 우리는 오랫동안 느껴왔다. 다른 곳에서 그런 식의 웅변을 하였더라면 가장 큰 효력을 산출하였겠고, 바른 웅변에 속한 것으로 치부되었을 것이다. 그런 웅변을 다른 곳에서 했더라면 많은 사람들이 몰려 들었을 것이다. 그 내용을 돋보이게 하는 분석들로 말미암아 많은 사람들에게 호응도 얻었을 것이다. 만일 우리더러 '가장 진실한

---

4) Cambridge의 신학대학 교수를 역임한 J. J. Blunt 목사

스타일의 웅변체'(the truest style of eloquence)를 간단하게 정의해달라고 요청한다면, 마땅히 강한 정서의 활력을 불어넣은 '실천적 논거'(practical reasoning)라고 해야 할 것이다. 정의(定義) 형식 말고 묘사 형식으로 말해 달라 하면, '듣는 사람들의 공통된 흥미를 자아내게 계산된 화제들에 대한 논증을 내용으로 하는 것이라.'고 말해야 할 것이다. 말하고자 하는 그 내용을 일상생활의 언어로 표현하고, 자연스러운 정서로 받아 드릴만한 간단명료하고 친숙한 문체로 표현한 것이 웅변이라는 말이다. 이 묘사의 전반부, 곧 '일상적인 생활의 언어'라는 어구가 '설교문'(sermon)을 작성하는 것을 조금도 비난하지 않는다. 그리고 '정서가 항상 자연스럽게 받아들일만한 간단하고 명료하고 친숙한 문체'라는 표현이 그 설교문 작성하는 것을 전혀 반대하지 않음을 유념하라."

"우리가 하는 말을 조금도 오해하지 말라. 학식과 정확한 논거와 심오한 사색(思索)과 강력한 논쟁(論爭)의 어마어마한 보화를 얕잡아 보고 말하고자 함이 절대 아니다. 그럴 수가 없다. 도리어 영국 교회 강단이 산출한 문헌들은 바로 그와 같은 보화의 좋은 본보기이다. 그런 방면에서 그 강단이 산출한 문헌의 탁월성을 뛰어 넘을 것이 없을 정도이다. 생각의 독창성이나 생명력, 논거의 힘, 광대하고 다양한 박식함의 방면에서 강단 문헌은 기독교의 다른 모든 문헌을 훨씬 능가한다. 그러면서도 그 강단 문헌들이 대중들의 마음에 인상을 산출하기에 합당한 자질들에 있어서는 부족하다. 우리가 역설하고자 하는 것은 단지 단순히 '설교문들' 중 더 많은 부분이 사실 그런 이름에 전혀 걸맞지 않다는 점이다. 설교가 특히 평범한 마음의 사람들을 가르치고, 그들로 확신을 갖게 하거나 설득하려는 목적으로 주어진 강론이라면 그러하다는 말이다."

기고자는 일반 청중 전체 속에 공통적 관심을 불러일으킬 것을 계산에 두고 제시되었을 설교 주제(topic)들에 대하여 놀라운 몇 가지의 분별력 있는 논평을 하였습니다. 그런 다음에 그 설교 주제들을 논하는 방식으로 말해 나가면서 이렇게 소견을 진술합니다.

"대다수의 설교자들, 특히 젊은 설교자들이 설교 주제로 내놓는 것이 공정하게 일반의 비평 앞에서도 떳떳하지 못하고, 그 설교의 주제들을 학문이나 철학의 전문적 술어로 탐사하는 심각한 잘못을 저지르고 있다. 그 설교자들이 그렇게 하는 것은 자기들의 설교문이 보다 더 철학적인 분위기를 띨 것이라는 어리석은 상상을 하기 때문이다. 또 친근하고 대중적 표현은 저속하다고 여기기 때문이다. 이런 계층에 속한 한 가치 있는 사람의 설교를 들은 기억이 난다. 그 사람은 청중에게 부자이든 가난한 자이든 '복음은 하나'라는 단순한 진리를 말할 기회를 가진 사람이었다. 그 사람은 청중들에게 '부자이든 가난한 자든 한 보편적인 원리들에 의해서 구원받을 수 없다면 부자든 가난한 자든 구원받을 자가 하나도 없다!'라고 일러주었다. 만일 철학적인 분위기로 설교하기를 좋아하는 젊은 목사들은 '가난한 자든 부자이든…그러저러한 것이 있어야한다.'라는 식으로 말하는 것만으로는 충분치 못하다. 오히려 항상 '그런 것을 위하여 필요한 도덕적, 또는 육체적 필요성이 하나이다'고 말해주고 싶어 한다. '의지'(will)라는 어휘는 너무 오래 유행을 탄 것이라 진부하니 '자원함'(volition)이라고 바꾸어야 한다는 식이다. '의무'(duty)도 '도덕적 당위성'(moral obligation)이란 말로 표현을 확장하여야 직성이 풀린다. '사람은 마땅히 이것 저것을 행해야 한다.'고 하면 될 것도 '그 행하는 일이 항상 도덕적 본질을 가진 어떤 원리를 따르는 것이어야 한다.'는 식으로 말하고 싶어진다. '이 사람들은 이러저러한 일을 하고 싶어 한다.' 하면 될 것을 가지고 '어떤 본성적 성향의 강권함을 받아 일하고 싶어한다.' 고 표현하고 싶다. 그러면서 '사람들은 생각하고 행할 때 자신들의 지성적 과정과 능동적 힘을 과시하지 않는 일이 없다'는 식으로 말한다. 그런 강론들은 '도덕적 아름다움'으로 충만하고, '필연적 관계들'과 '철학적 논증'으로 가득하다. 그리고 '자연의 법칙들'과 '선험적 논증'(Priori Arguments)과 '비교법을 써서 더 유력하게 논증하는 논법'(Fortiori Arguments)들로 가득하다. 만일 그런 강론들에서 물리적 과학의 단순한 사실을 논증이나 예증의 방식으로 언급하고자 하면, 일상의 언어 방식으로는 표현될 수 없는 것 같이 여긴다. 오히려 정교하게 검증된 과학적 전문 학술용어로 그런 사실을 나타낼 수 있어야 직성이 풀린다. 동일한 사물을 가리키는 명사 둘이 있는데, 하나는 일반적인 것이고 다른 하나는 전문적인 술어(述語)이다. 그러면 십중팔구 그런 강론들에서는 전문적인 술어를 택한다. 그런 경우 열(熱)은 '열을 내는 요소'(caloric)라고 바꾸고, 번개는 대번에 '전기적 흐름'(電流, electric fluid)라는 명사로 바꾸어 말해야 직성이 풀린다. 우리는 '동식물들'에 둘러싸인 것이 아니고, '유기적으로 조직화 된 실체들'에 둘러 싸여있다고 표현한다. 생명은 '생명적 원리'로 표현하여야 한다는 식이다. 그러한 어법을 쓴다면 이해가 모호해질 뿐만 아니라 전혀 이해하지 못할 수도 있다. 뿐만 아니라 그것을 완전히 이해했다 할지라도 단순한 일상생활의 차원에서 효력을 발생할 정도가 되기에는 턱없이 모자라다. 그러한 어법은 일상생활의 단순한 차원을 밀어낸 것일 수 있다. 아우구스투스 윌리엄 헤어(Augustus William Hare)의 설교들을 참조하면, 추상적인 철학적 용어를 단순하고 꾸밈없는 영어로 어떻게 유익하게 바꿀 수 있는지를 아는데 도움을 얻을 수 있다."

가장 훌륭한 설교 스타일에 대한 두 기고자의 판단은 어찌나 잘 조화를 이루는지요. 물론 그 두 사람은 문학이나 종교에 있어서 각각 다른 파에 속합니다. 그 두 사람의 예리한 풍자적 비평이 학자적인 모습을 내세우는 설교자들의 자세를 교정해 주기를 바랄 뿐입니다. 또한 그들의 풍자가, 무슨 방도로든 천박하고 무지한 사람들의 갈채를 받아 내야겠다는 야심 어린 목사 후보생들을 깨우쳐 주었으면 좋겠습니다. 단순성이야말로 그 설교가 쓸모 있게 만드는 오직 유일한 길이요, 진지하고 지혜롭고 선한 사람들의 인증을 확보하기에 안전한 오직 유일한 길임을 알게 하는데 그들의 비평이 작용하기를 바랍니다. 강단에서 학식과 학문의 높은 경지에 있음을 뽐내는 것처럼 하는 설교자는 선한 지각을 망치는 죄를 짓고 있을 뿐만 아니라, 불멸하는 영혼을 돌볼 절대적 필요성을 배반하고 있는 것입니다. 불멸하는 영혼을 파수하는 것이야말로 설교자의 부단하고 지속적인 목표가 되어야 합니다. 두리틀(Doolittle) 목사의 설교 투의 말은 거칠어 보이나 힘있는 말입니다.

"영원을 내다보며 주시하는 눈을 가지게 되면 우리 목사들은 서재에서 그처럼 무거운 비중을 가진 메시지를 전할 준비를 위해 수고하고 근면하지 않을 수 없게 됩니다. 영원한 문제들에 관하여 사람들에게 설교하다니 엄청난 일이죠. 바로 그 때문에 우리의 말을 평이하게 하여 회중 가운데 가녀리고 연약한 자라도 알아들을 수 있게 평이한 말로 해야 합니다. 그 사람도 영원히 불멸하는 영혼을 가지고 있으니 구원에 필요한 일들을 이해할 수 있게 평이한 말로 해야 그가 감동을 받습니다. 그 영혼이 저주를 받느냐 구원을 받느냐가 얼마나 중요한 문제입니까? 그것이야말로 우리가 뜻하고 목표하고 겨냥해야하는 바입니다. 바로 그 영원한 문제를 다루는 설교의 성격에 비추어 볼 때, 어떤 자들이 학식이 있는 자들만이 알아들을 수 있게 하고 그렇지 못한 자들은 알아듣지 못한 채 내 버려두는 식으로 고고한 척 하며 설교한다는 것을 들으면 참 두렵습니다. 자기들의 설교 내용의 말을 꾸미고 문체를 나름으로 다듬었습니다. 그러나 회중이 설교자를 똑바로 쳐다보고는 있지만 그가 무얼 말하는지 알지 못한 채 있습니다. 그런 설교자가 사람들을 먹이는 체 하지만 사실은 굶기고 있는 것입니다. 왕이 어떤 정죄 받은 사람에게 동정심 있는 어떤 이를 보내어 '네가 용서 받으려면 이러저러하면 된다.'라고 일러 주라 명을 내렸습니다. 그런데 그 보냄 받은 사람이 그 죄수에게 왕의 사면(赦免)을 받아 낼 조건을 알아듣지 못하는 방식으로 말해 주었습니다. 그 바람에 그 불쌍한 죄수는 왕이 제시하였던 사면의 조건을 이행하지 못하여 목숨을 잃게 되었습니다. 그런 경우 거만하고 콧대 높은 그 메신저가 군왕의 메시지를 전하기는 하였는데, 그 정죄 받은 사람이 도저히 이해할 수 없는 '멋진 영어'로 자기의 숙련된 기술을 뽐내는 방식으로 전하였습니다. 우리가 그런 경우라면 어떻게 되겠습니까?"

저는 여기서 고상한 웅변의 대가인 로버트 홀(Robert Hall) 목사가 말한 것을 인용하여 소개해 드릴 것입니다. 어떤 주제에 관한 그의 견해, 특별히 설교의 기술의 주제에 관한 그의 견해를 들어 보십시오. 그 자신이 그 설교의 기술에 있어서 아주 특이한 숙련성을 보여주었던 사람이었습니다. 그래서 그의 견해는 특별하게 존중할 가치가 있습니다.

"응당 복음적인 성직자들 사이에서 대단히 다양한 재능이 발견되리라고 기대할만하다. 그러나 선한 사람이 어떤 이를 가리키며 '그 사람의 수고라면 무조건 경멸하고 볼 일이라.'는 식의 혹평을 듣는 일이 흔한 일이 아니었다. 복음적인 성직자들은 거의 대부분 사회의 중류나 하류층 사람들에게서 설교해 달라는 요청을 받으면, 그들의 언어는 평이하고 단순하다. 또한 하나님 앞에서 말하는 것이니 그들의 연설이 엄숙하다. '그리스도의 사신이 되어' 양심에 호소하는 그들의 설교는 친근하고 설득력이 있다. 그런 자들 중에 완성된 웅변가의 경지에 올랐다고 칭찬을 받는 사람이 거의 드물다. 그리스도인 교사들 중에 높은 완성도를 함께 보이는 것을 발견하려는 기대를 우리는 접어둔다. 복음의 종은 하나님의 증거를 선포하라고 부르심을 받았는데, 그의 하나님의 증거가 세속 웅변의 여러 장식들을 풍부하게 달면 항상 약해지기 마련이다. 숙련된 프랑스 설교자들의 설교가 그처럼 현란한 색조를 띠고 멋진 기술을 부려 흥미진진하게 하고 일종의 주의력을 자극하여 특별한 즐거움을 산출한다. 그러나 그것이 경건한 느낌과 완벽한 조화를 이루지는 못한다. 상상력을 너무 지나치게 자극하는 셈이 된다. 그렇다고 양심의 더 큰 기능들을 간섭할 정도는 아니었지만 말이다. 듣는 사람이 감동하며 열중한다. 죄를 깨닫게 하기 위한 도가 되어야 할 행사가 자칫 맛을 내게 하는 향연이 된다. 마실론(Massillon)의 손에서는 사망의 주제 자체도 정교한 종류의 많은 장식품으로 말미암아 본성적 마음의 섬세한 감상을 아주 크게 불러일으킨다. 그리하여 종교적 감성보다는 연극장에서 느끼는 재미의 원천이 될 정도이다. 웅변의 우아함에 대한 지각이 별로 없는 우리라도 확실한 판단이 선다. 곧 마실론의 설교보다는 기스본(Gisborne) 목사의 설교가 죄인을 그 그릇된 길에서 돌아서게 하기 위해 더 잘 계산된 설교라는 점이다. 강단에서 웅변을 토하여 내려고 예의 주시하며 연구하는데 대하여서 강력한 반발이 나오는 것은 다음과 같은 이유 때문이다. 그것이 통상적으로 진정한 기독교의 고유한 교리들을 소홀히 여기는 데로 사람들의 마음을 이끌어 간다는 점이다. 진정한 기독교의 고유한 교리들 속에서 설교자는 자신이 삼가는 마음을 갖게 되고, 그 본문을 설명할 필연성 아래 있음을 느끼게 된다. 그리고 그런 교리들을 설교하는 강단에 선 설교자는 여러 반론들을 미연에 대처하게 되고, 여러 난제들을 해명할 필요가 있음을 인식하게 된다. 이런 점이 너무 지나치게 상상력을 발휘하여 주제를 벗어나게 하는 일을 억제하고, 그 상상력을 좁은 범주 안에 국한 시키게 한다. 그러므로 설교자는 흔히 이러한 족쇄를 벗어던지고 싶은 열망을 가지게 되어, 성경으로 논증하는 대신 '열변(熱辯)의 꽃이 핀 들판'에서 어슬렁거리고 싶어진다."

오늘 현대의 강단에 가장 크게 부족한 요소들 중에 하나는 강력하고 웅변적인, 그러면서도 단순하고 꾸밈없는 진솔한 권면입니다. 어느 누구든지 위대한 비국교도 선진들, 클락슨(Clarkson), 두리틀(Doolittle), 토머스 맨튼(Thomas Manton), 존 하웨(John Howe), 존 오웬(John Owen), 베이츠(William Bates), 플라벨(John Flavel) 같은 이들의 설교문들을 읽어 보십시오. 특히 리처드 백스터(Richard Baxter)의 설교를 읽어 보십시오. 그리고 그들의 강론 속에서 적용 부분에 나오는 압도적이고 설득력 있는 모든 권면을 주목하십시오. 이러한 위대한 사람들이 자기가 말한 모든 것을 판단해 보도록 있는 힘을 다해서 강조하고, 그래서 듣는 사람의 마음에 통회하는 양심의 각성을 위해서 얼마나 애를 썼는지 보십시오. 그러나 그 선진들 뒤에 일어난, 다시 말하면 우리 사는 시대와 더 가까운 시대로 내려와 보십시오. 휫필드(George Whitefield), 조나단 에드워즈(Jonathan Edwards), 뉴저지의 데이비즈(Davies of New Jersey) 같은 이들의 설교를 읽어보십시오. 그리고 조금 더 현대와 가까운 시대에 나왔던 설교들로 나아가보십시오. 파슨스(Parsons) 목사나, 촤머스 박사(Dr. Chalmers)의 설교들을 추적해 보십시오. 그리고 저 대서양 건너편에서 설교하던 스프링(Spring), 반즈(Barnes), 스키너(Skinner), 비쳐(Beecher), 그리핀(Griffin), 클라크(Clarke), 윌리암 스프레이그(William Sprague) 같은 최고 설교자들의 설교를 잘 살펴보십시오. 또 '하나님을 사랑하는 표지들'(Marks of Love to God)이라는 로버트 홀(Robert Hall)의 설교, '우리 등불이 꺼졌도다'(Our Lamps are Gone Out)라는 제목의 브래들리(Bradley)의 설교를 주목해 보십시오.

그런 설교들에 나오는 이 권면 형식의 정제된 견본들을 추적해 보십시오. 이는 듣는 자의 마음과 양심에 진리의 총체적 힘을 부과하였습니다. 그들은 하나님께 화해하라고 사람들을 종용하였습니다. 이런 방식에 속한 어떤 견본들은 다음 5장에서 다루어 볼 것입니다.

이것이 바로 설교를 할 때의 '간절한 열심' 입니다. 설교자가 자신이 강론하고 있는 진리를 느끼고 있다는 것이 듣는 회중에게 명백하게 드러나고, 자기가 말하는 것을 믿고 있음이 모든 사람들에게 명백하게 드러난다 합시다. 곧 자기 회중들이 멸망으로 가라앉고 있다고 확언하고, 그들을 설득시켜 그 악한 길에서 돌이키라고 간청하느라 애를 쓰고 있음을 확언하는 것을 통해서 그것이 드러난다 합시다. 그래서 그 설교가 친밀하고 요점이 있고 사람의 개인, 개인에게 향하는 성질을 가지고 있음이 드러난다 합시다. 그러면 강론 전체를 통해서 설교자가 이해를 통해서 점점 더 회중의 마음에 가까이 친밀하게 접근하여 결론에 이르고 있다고 회중들이 느끼게 됩니다. 그 때 결국 그 듣는 회중은 신비롭고 항거할 수 없는 권세로 자기를 붙들고 있는 설교자의 손을 의식하게 됩니다. 그리스도와 구원과 천국에 대한 뜻을 가질 것인지 아닐지 계속 다그치고 있는 그들의 힘을 느끼게 됩니다. 선한 설교의 궁극적인 목표는 분별력을 가지고 뉘우치게 하자는 것이 아닙니다. 어떤 설교자들의 설교 방식을 우리가 판단해 보면, 어떤 설교자들의 절대적인 이유가 분별력을 가지고 죄를 뉘우치게 하는 것을 목표로 삼는다면 그것도 대단히 중요한 것이죠.

그러나 그런 뉘우침이 있으면 당연히 마음도 설득되리라는 생각은 하지 말아야합니다. 그 뉘우침이 계속 효력을 발하고 있어야합니다. 어떤 설교자들은 그 뉘우침을 독특한 목적으로 삼고 수행해 나아가야합니다. 그래서 어떤 특이한 기술을 가지고 그 뉘우침에 이르기 위해 나아가야합니다. 그들이 주요하게 일하면서 쓰는 방편과는 다른 도구를 써서 그 목표에 이르러야 합니다. 그래서 사람들로 하여금 그 뉘우침대로 주님 안에 들어오도록 강청해야 합니다. 그것이 바로 큰 잔치를 벌여 놓고 불쌍한 자든 궁핍한 자든 누구든지 오라고 초청장을 보냈던 주님의 종들에게 지시된 방식이었습니다. 바로 이 강청함에 있어서 우리가 모자란 것입니다. 간절한 탄원, 죄인을 끈덕지게 붙들고 그 사람의 구원이 우리에게 있어서 간절하게 열심히 바라는 소원의 목표라고 느끼게 만들어야합니다. 그래서 그 사람의 구원이 이루어지지 못하면 정말 우리가 비통하게 절망할 것이라고 느끼도록 만들어야합니다.

우리에게 모자란 것이 바로 그 강청함입니다. - 간절한 탄원이 모자란 것입니다. 죄인을 부여잡고 '당신의 구원이 우리의 간절하게 열망하는 우리의 목표라'고 느끼게 만들고, 만일 그 목적이 이루어지지 못하면 정말 비통하게 낙담할 것이라고 느끼게 만드는 이 강권함이 정말 우리에게 긴급하게 요청되는 것입니다.

chapter 5

# 여러 설교자들이 보여준 '간절한 열심'의 본보기들

설교의 방식(manner of preaching)에서 '간절한 열심'의 본보기가 될 실례들이 이 책을 읽는 독자 거의 대부분에게 친숙해 있을 것입니다. 그러나 여러 다른 저자들로부터 기려 뽑은 본보기들을 보면 설교의 방식에서 나타나는 간절한 열심의 본질을 예증하고 강화시키는데 도움을 받을 것입니다. 그래서 이 책에서 강조되고 있는 그 방식의 견본을 제시하는 여러 저자들의 글들을 이 장(章)에서 모아보았습니다. 그러하다고 이 장에 제시된 그 글들은 매우 특이한 어떤 것을 담고 있어서 선정되었다거나, 어떤 저자의 최선의 내용을 담았기에 선정된 것은 아닙니다. 그런다 할지라도 여기에 제시된 인용문들은 제가 의도하는 바를 보여주기에 충분합니다. 물론 여기에 뽑힌 글들이 현대 설교 작성의 모델로 쓰기에 합당하다고 소개하는 것도 아닙니다. 다만 필자가 이 책을 통해서 강조하고 싶은 그 '간절한 열심 목회'의 한 특질이 그 글들 속에 배어 있어 소개하는 것뿐입니다.

첫 번째 인용문은 두리틀(Doolittle) 목사의 설교에서 뽑은 것입니다. 잉글랜드 안에서 그리스도의 탁월한 사역자들이 1662년 통일령(Act of Uniformity)에 의해서 추방되었는데, 그들 중에 끼여 있던 두리틀 목사는 런던 월(London Wall)가의 성 알페이지(St. Alphage) 교회의 목회자였습니다.

그는 대단히 용기 있는 사람이었습니다. 설교에 있어서도 능력이 있었고 열매도 성공적이었습니다. 목회직에서 추방당한 후에 목회를 희망하는 젊은이들을 교육하였습니다. 다음에 소개하는 글은 '아침 경건의 실천'(The Morning Exercises)이라는 존귀한 연속 강론집에 들어 있던 것입니다. 그 설교 강론의 제목은 '우리가 행하는 모든 것에 영향력을 미칠 수 방식으로 영원을 보려면 어떻게 해야 하나?'(How we should eye Eternity, so that it may have its influence on all we do)였습니다. 그 설교야말로 영어로나 다른 어떤 언어로 된 설교 중에서 정말 가장 엄숙하고 외경스러운 설교 중 하나임에 틀림없습니다. 서글프게도 그 설교가 그 속에 나오는 술어 때문에 부당한 대우를 받고 있습니다. 사실 그런 술어는 삼가서 써야할 것이기는 합니다. 그렇다고 해서 꼼꼼하게 따지는 이 시대 속에서마저 그 술어는 강단에서 완전히 배제되어서도 안됩니다. '귀에 거슬리지 않게 지옥을 전혀 언급하지 않을' 병든 감상주의는 마땅히 배격되어야 합니다. 정말 엄숙한 실체를 막돼먹은 거친 어투로 말하는 것만큼 그 병든 감상주의도 가증스러운 것입니다. 거친 어투를 쓴 것이 두리틀 목사의 허물이었으나, 병든 감상주의도 그 시대의 악함이었습니다. 이런 점을 감안하고 그 설교에 나타난 불붙은 '압도적인 간절한 열심'을 살펴봅시다.

"영원한 상태가 있습니까? 눈에 보이지 않는 영원한 기쁨이나 고통이 있느냐는 말입니다. 그러면 누가 이 미친 듯이 날뛰는 세상의 맹목과 광분과 어리석음을 충분히 슬퍼할 수 있으며, 이성과 영원히 존재할 영혼을 소유한 자들이 시간 세계에 속한 일들에 너무 바쁘게 몰입되어 있는 그 불합리성을 누가 충분히 슬퍼할 수 있습니까? 그런 현세의 일들은 시간 속에서만 존재하며 현세의 명예와 즐거움과 유익만을 위한 것입니다. 그런데도 사람들은 영원한 것들을 소홀히 하면서도 그런 시간 세계에 속한 일들에는 몰입하고 있습니다. 영원한 생명과 영원한 죽음이 그들 앞에 있습니다. 영원한 기쁨을 소유하느냐 영원한 고통을 당하느냐는 일이 바로 각 사람 앞에 당도해 있습니다. 그럼에도 불쌍한 죄인들은 어떻게 하면 그 영원한 고통을 피하고 영원한 기쁨을 얻을 방안에는 전혀 관심을 갖지 않습니다. 참으로 수많은 사람들이 자기들의 이해력을 진지하게 사용하는 것에서 완전하게 떠나 있습니다. 그것을 보는 것이 정말 서글픈 일이 아닙니까? 그들은 자기들의 이성을 가지고 이 세상의 부요를 얻으려고 애를 쓰면서도 하늘의 기쁨을 얻기 위해서는 이성 있는 사람답게 행동하지 않고 있습니다. 이 세상에서의 참화는 피하려 하면서도 영원한 비참은 피하려 들지 않습니다. 그들이 현세에서 고통이 떨어지게 되면 어떻게 해서든지 거기서 빠져 나오려고 애를 씁니다. 병이 들면 그들의 이성은 말합니다. '건강해지기 위해서 최선을 강구해야한다.' 또 그들이 고통에 처하게 되면 그 본성은 그 고통을 가라앉게 할 처방을 찾으라고 자신들을 다그칩니다. 바로 그렇게 하는 사람들이 영원한 문제에 대해 마땅한 것이 무엇인지는 소홀히 하며 그 문제들에 대한 관심을 꺼버립니다. 그들은 보이는 즐거움을 위해서 존재합니다. 또 보이는 즐거움을 누리면서 갖는 유익을 목적하고 살아가고 있습니다. 그러나 눈에 보이지 않는 하늘의 영광을 위해서는 기도하지 않습니다. 생각하지도 않습니다. 그런 사람들을 심판하시는 하나님이 불의하십니까?

베개를 베고 누워 어떤 생각을 하는지 양심에게 물어보십시오. 그들이 낮에 깨어 있거나 고요한 밤에 잠을 자다가 벌떡 일어나 있더라도, 항상 세상 염려와 불안으로 그 영혼으로 잠들게 하지 않습니다! 아침에 일어나면서 무슨 생각을 합니까? 하나님입니까, 세상입니까? 시간에 속한 일들입니까, 영원에 속한 일들입니까? 그들의 생각이 하늘로 미치기 전에 먼저 그들의 가게에 가 있습니다. 눈에 보이지 않는 영원하신 하나님과 하늘에 있는 보화를 추구하려는 열심을 갖기보다는 눈에 보이는 잠시 주어지는 이익에 생각이 가 있습니다. 온종일 그들이 무엇을 합니까? 그들이 그렇게 수고하고 돌아다니면서 힘써 얻는 것이 무엇입니까? 그들의 가장 수고로운 산업과 지칠 줄 모르는 부지런함은 무엇 때문입니까? 안타깝습니다! 그들의 양심이 그들 자신에게 말할 것이고, 거래를 할 때 그들의 행실이 다른 사람들에게 말할 것입니다. 그러나 기도하는 일은 전혀 없습니다. 그저 사고 팔고 있을 뿐입니다. 신앙적 도리를 수행하는 일은 전혀 없습니다. 전문적인 서적을 자주 열어봅니다. 그러나 하나님의 거룩한 말씀의 책은 한 주 간 내내 들여다보지 않습니다."

"오, 주여! 제 마음의 강퍅함을 용서하소서. 이성 있는 사람들 중에 만연한 참을 수 없는 그 어리석음을 보고 더 이상 슬퍼하지만 말게 하옵소서. 선하신 주님이시여, 제 속에 긍휼이 없음을 용서하옵소서. 거의 모든 사람들이 지혜를 버리고 정신나가 있는 이 세상의 뒤틀린 모습을 보면서도 영원 세계 속에서 당할 그 눈에 보이지 않는 비참으로 나아가고 있습니다. 그 불멸의 영혼들을 바라보고 더 이상 탄식하는 마음을 가질 수 없는 제 마음을 용서하옵소서. 아무 짝에도 쓸모없게 될 일들에 온통 바빠 움직이는 그 정신 나간 사람들의 모습을 보면서 애타하지 않는 저를 용서하옵소서. 저들은 세상을 위해서 눈을 부릅뜨고 이성을 사용하되 하나님과 그리스도와 자기들의 영원한 선을 위해서는 사용하지 않고 있다니 정말 놀랄 일입니다. 거름 무더기 같은 현세를 사랑하고 그것을 감싸 안으며, 장차 올 내생(來生)에 대해서는 진지하고 효력 있는 생각들을 하는 일을 다 버리고 있습니다. 하늘의 하나님을 대적하려 광분하고 있으며, 성결(聖潔)을 어리석은 무가치함으로 내어 던지며 모독하고 있으며, 진지한 경건을 우울과 미치광이 짓으로 매도하고 있습니다."

"우리는 하나님의 피조물 전체를 불러 탄식하라 요청합시다. 하나님의 눈에 보이는 작품들 중에서 가장 고상하게 지음을 받았으나 모든 피조물보다 더 사악하게 된 인간의 어리석음을 슬퍼하고 탄식하라 요청합시다. 하나님께서 인간으로 하여금 영원한 상태에 이르게 지으셨음에도 불구하고 그 지으신 본질적인 목적을 전혀 생각지를 않고 있는 인간의 실상을 보게 합시다."

"오, 태양이여! 영원한 어두움에 이르게 하는 소행과 그 길로 행하는 사람들에게 빛을 비추느라 얼마나 고생이 심하뇨! 오, 땅이여! 금과 은을 캐기 위해서는 네 가슴을 깊이 후벼 파면서도 영원한 세계 속에 묻혀 있는 그 영원한 보화는 소홀히 하는 그 인간의 어리석음들을 참으며 탄식하는 네 고생이 참으로 심하구나! 오, 양들과 황소들이여, 물고기와 새들이여, 자기들의 현재의 생명을 보존하기 위해서 애를 쓰며 그저 현세에만 마음을 두는 인간들의 어리석음을 보거라. 너희를 다스리고 너희를 먹고 사는 영장권(靈長權)을 주신 영원하신 하나님을 잊고 있는 그들의 어리석음을 향해 어째서 소리치지 않느냐? 저희는 영원한 것들을 생각할 시간을 가졌건만 전혀 그런 일을 하고 있지 않는구나! 오, 하늘의 천사들과 하늘에 있는 복 된 성도들이여, 그대는 슬픔과 탄식을 할 수 있느냐? 땅에 있는 불쌍하고 죽을 인생들의 죄와 어리석음을 비통하게 슬퍼하지 않을 것인가? 그대들이 그 복된 하늘에서 거하면서 우리가 보지 못하는 그 기쁨과 영광을 보고 있는데, 사람들의 영혼이 그 하늘의 영광을 비천한 것으로 경시하고 있으니, 그대들이 그 하늘에서 슬픔과 애통을 벗어나 있다고 하지만 지상에 있는 인생들의 모습을 보면서 비통한 슬픔을 가지지 못하겠는가?"

"오, 땅에 있는 성도들이여, 그대들의 눈이 열려 눈멀어 속임 받고 있는 세상이 보지 못하는 것을 보고 있으니, 그대들은 정말 비통한 심정으로 사람들의 모습을 보면서 그대들의 머리로 물 샘이 되게 하고, 그대들의 눈이 눈물의 강이 되게 할지어다. 그 영원한 기쁨과 하늘의 행복을 만홀히 여기는 이들의 모습을 보면서 그리할지어다. 그대들은 사람들이 회개하지 않고 그냥 죄 가운데 있다가 시간 세계를 떠나 비참한 영원세계로 들어가는 것을 보면서 마음이 동하지 않는 일이 어떻게 가능한가? 그대들의 심령이 연민으로 괴로워하지 않는가? 그대들이 자신들의 죄를 슬퍼하면서 눈물을 다 쏟아버렸는가? 그처럼 많은 사람들이 참으로 기괴한 미치광이 짓을 하고 비할 수 없는 어리석음에 처한 것을 보면서도 눈물을 한 방울도 흘리지 않을 수 있다니 어찌된 것인가? 그대들이 항상 매일처럼 만나 대화하는 그 많은 사람들의 모습을 보면서 어찌 그럴 수 있다는 말인가? 거룩함을 입은 부모들이여, 경건치 않은 그대들의 자녀들이 불쌍하지 않은가? 거룩함을 입은 자녀들이여, 경건치 않은 부모들을 보면 불쌍하지 않은가?"

다음에 소개할 글은 거룩한 저 리처드 백스터(Richard Baxter) 목사의 것입니다. 그 목사의 목회 사역 아래서 앞의 설교문의 주인된 두리틀(Doolittle) 목사가 회심하였습니다. 두리틀 목사의 설교를 연구하여 보면 백스터 목사에게서 그 방식을 배웠음이 드러납니다.

"오, 선생들이여, 복음이 말하는 것은 하찮은 것들이나 사소한 농담거리가 아닙니다. 제가 솔직하게 고백할 필요가 있습니다. 이런 문제들을 정말 심각하게 생각하는데도 그런 기이한 문제들이 사람들의 영혼을 압도하지 못하고 있다는 것을 보면, 저는 정말 놀라지 않을 수 없습니다. 그 주제의 거대함이 우리의 이해력이나 정서를 훨씬 뛰어넘어 정신을 잃게 할 정도입니다. 그러나 하나님께서는 항상 그 주제의 거대함을 멀리 떨어져 보게 하셨습니다. 그런데도 더욱 기이한 것은 사람들이 그러한 것들을 아주 가볍게 취급할 정도로 우둔해졌다는 것입니다. 오, 주님, 사람들은 영원한 영광과 영원한 고통이 무엇인지를 알지 못하나이다! 그들이 그러고 있으니 어찌 우리의 말을 듣겠나이까? 그들이 이러한 것들을 있는 그대로 읽고 생각할까요? 솔직히 저는 놀랄 채비를 하며 이 말씀을 드립니다. 곧 그처럼 중대한 것들을 전하는 설교를 들을 때 제 회중 속에서 소리를 지르는 사람이 나오면 내가 어떻게 참아낼까 하고 말입니다. 또 그들이 자기들이 어떻게 구원을 받는가를 알기 위해서 안달이 나서 목사를 찾아 가지 않으면 안될 터인데 어떻게 그렇게 그냥 가만히 있는지 이해가 가지 않습니다. 이런 위대한 문제에 대하여 어떻게 의구심을 가질 수 있는지 이해가 되지 않습니다. 하늘과 지옥이 사람들의 마음에 아무런 작용을 하지 않아야 된다니요! 영원한 문제가 사람들의 마음속에서 더 이상 아무 힘도 쓰지 못하고 배척을 당하다니요! 오, 여러분 자신이 혼자 곰곰이 생각해 보세요. 자신이 기쁨 속에서 영원을 보낼 것인지 고통 속에서 영원을 보낼 것인지, 또 그것이 무엇인지 스스로 생각해 보세요. 그러면서 어떻게 가만히 있을 수 있는지요! 그런 생각들이 마음에 떠오를 때 어떻게 그냥 잠을 계속 잘 수 있는지요! 이해가 되지 않습니다. 여러분이 수고하고 있을 때 그런 생각들이 여러분의 마음속에 몰려들어오지 않는다는 것도 이상합니다! 어떻게 그런 큰일을 두고 다른 것을 할 수 있는지요! 그런데도 마음이 평안하다니 정말 기이하지 않습니까? 어떻게 영원한 위로의 근거를 얻지 못한 상태에서 먹고 마시고 쉴 수 있는지요! 이 중차대한 문제들에 대해서 아무런 감흥이 없는 그 사람이 사람입니까, 아니면 시체입니까? 하나님의 심판대 앞에 서야한다는 것을 들으면서도 두려워 떨기 보다는 잠을 청할 준비를 어떻게 더 할 수 있는가요? 이 영원한 자기 상태에 대하여 깊이 마음을 쓰지 않고도 어떻게 일어나고 눕고 할 수 있는지요? 그런 존재가 사람인가요, 아니면 진흙더미인가요? 세상일을 좇으면서도 구원이냐 저주냐의 그 큰 문제에 대해서는 아무것도 하지 않습니다. 그 문제가 바로 임박해 있음을 알면서도 말입니다. 선생들이여, 땅에 있는 성도들이 그와 같은 비중 있는 문제를 위해서 더 정진하거나 더 많이 수고하지 않는다는 것이 정말 기이한 일입니다. 세상은 지상에 있는 성도들을 필요 이상으로 거룩하려 애쓰는 자들로 여기고 있습니다. 또 그렇게 법석을 떨고 있다고 조소하고 있습니다. 그런데 그런 성도들이 그리스도를 잊고 사람들의 영혼에 대해서는 그렇게 적게 밖에 관심을 기울이지 못하다니 정말 기이한 노릇입니다. 매일의 기도에서 자기들의 영혼을 쏟아놓지 않으며, 하나님께 더 사로잡히려고 하지 않습니다. 그들의 생각은 하나님 앞에서 마지막으로 계산할 날을 준비하는 일에 보다 진지해 있지 않습니다. 그들의 삶을 보면 천 번도 더 주밀하지 못합니다. 현세의 영예보다 영광의 면류관을 얻으려고 더 수고하고 진력하지 않습니다. 또 제 자신도 둔하고 부주의한 마음을 가지고 있어 부끄럽습니다. 느슨하고 무익한 삶의 경로를 따라가는 제 자신이 부끄럽습니다. 그러니 제가 하는 설교 모두가 주님 앞에 부끄럽습니다. 제가 어떠한 사람인지 생각합니다. 저를 보내신 이가 누구시며, 제 설교에 얼마나 많은 사람들의 구원과 저주가 달려 있습니까! 그런 생각을 하면 진리를 하찮게 여기고 사람들의 영혼도 그렇게 하찮게 여긴 내 행실을 하나님께서 판단하시면 어쩔까 하고 두려워 떨 뿐입니다. 제가 아무리 훌륭한 설교를 했더라도 그들의 피에 대하여 책임을 지지 않을까하여 두려워 떨 뿐입니다. 정말이지 그렇게 엄숙한 귀추가 달린 문제들을 사람들에게 말할 때에는 한 마디 말이라도 반드시 눈물을 흘려야 마땅하며, 할 수 있는 한 최대의 '간절함'으로 해야 마땅하지요. 우리가 책망하는 그 죄를 자신이 짓지 않을 수만 있다면 얼마나 좋겠습니까. 우리가 혼자 있거나 여러 사람과 함께 있거나 우리의 종말이 어떠할지 항상 유념하고 있어야 합니다. 어느 것이든지, 아니 모든 일 속에서 종말을 생각하고 그 일에 비추어 생각하고 행해야 마땅합니다."

세 번째 인용문은 위대하고 고요한 심정을 가졌던 존 하웨(John Howe)의 저작에서 뽑은 것입니다. 그 사상과 표현의 탁월한 장엄함에서 다른 모든 동료들보다 뛰어났습니다.

그의 설교 '우리가 참으로 하나님을 사랑하는지의 여부를 자문해보자'(Inquiry whether or not we truly love God)라는 설교는, 엄숙하게 마음을 탐사하는 가장 훌륭한 '간청의 본'을 보여줍니다. 그 점은 영국신학계 전체에서 빼어나 보일 수 있습니다. 저는 그 설교문에서 다음의 내용을 뽑아 소개합니다. 그 내용 속에 나타나 있는 그 정신이 이 설교 문을 읽는 모든 사역자나 목회 지망생의 영혼 속에 침투하기를 바랍니다.

"더 나아가 이 경우에 '거짓된 판단'을 내리면 진리와 어긋나게 된다는 점을 유념하고 살펴봅시다."
"첫째로, 그 거짓된 판단은 아무런 유익한 요점에 이르지 못하게 합니다.

그것은 여러분에게 아무 소용도 없을 것입니다. 그걸 통해서 얻는 유익이 있을 수 없습니다. 왜냐하면 여러분이 내린 그 거짓된 판단이 최상의 판단은 아니기 때문입니다. 여러분의 판단 보다 더 위에 있는 '다른 판단'이 있을 것입니다. 그래서 그 판단이 여러분의 거짓된 판단을 뒤집어엎어 아무 것도 아님을 드러낼 것입니다. 그러니 거짓된 판단을 내려 보아도 얻은 것이 전혀 없습니다."

"둘째로, 그렇게 거짓된 판단을 내리는 것은 무리하기 짝이 없는 일입니다. 왜냐하면 여러분의 판단을 확실하고 권위 있는 하나님의 판단과 대적하여 놓는 것이기 때문입니다. 이것이 여러분의 논리라면 그분은 이미 그 여러분의 논리를 판단하셨고 이렇게 말씀하십니다. '네 속에 하나님을 사랑하는 것이 없는 줄 내가 안다.' 판단하는 일이 직무상 주님께 속해 있는 것입니다. '아버지께서 아무도 심판하지 아니하시고 심판을 다 아들에게 맡기셨으니'(요 5:22). 여러분이 그리스도의 판단권을 해임시킬 것입니까? 그리스도를 왕좌에서 끌어내리겠습니까? 그리스도의 판단을 무효화 시키겠습니까? 그리스도를 정죄하겠습니까? 그래서 여러분이 의인으로 설 수 있겠습니까?"(욥 40:8)

"셋째로, 사람들로부터 높은 경지에 이르렀다는 평을 듣는 이들이 이런 경우를 그렇게 판단한 것에 비추어 보니 '나는 하나님을 사랑하는 자'고 안심할 수도 있습니다. 그러나 그런 식으로 자신을 판단하는 것은 정말 무모한 일입니다. 사람들의 증거를 의지하여 그릇된 판단을 내린다면, 그거야말로 생각할 수 있는 한도 내에서 가장 비합리적이고 무모한 짓입니다. 그러니 여러분이 내린 판단이 앞에서 언급한 그런 인물들과 어떤 연관을 가지고 있는지를 생각해 보십시오. 여러분이 판단을 내리는데 참고한 이들이 어떤 이들일지 제가 지적해 보겠습니다. 하나님을 향한 사랑의 행위를 한 번도 해보지 않은 사람의 견해를 참고한 것이 아닙니까? 그런 이가 '사랑의 원리가 내 속에 있다.'고 말할 수 있겠어요? 또 다른 사람들에게 선을 행하고 싶은 마음이 들지 않는 사람의 말을 들은 것이 아닙니까? 그런 이가 하나님을 위해서 사랑한다고 어떻게 말할 수 있겠습니까?(요일 3:17) 이 세상을 향한 과도한 사랑에 자신을 몰입시킨 사람(요일 2:15), 계시된 하나님의 율법에 순종하지 않는 삶을 사는 사람(요 14:14 ; 요일 5:3)을 참조한 것은 아닙니까? 그런 사람들의 증거를 참조하여 자신의 경우를 판단하였다면, 여러분 자신의 의식을 분명한 말로 나타내 보십시오. 그러면 아마 이런 말이 되겠죠. '나는 하나님을 사랑하는 자다. 아니면 내 속에 하나님을 사랑하는 것이 있다. 모든 삶 속에서 하나님을 향한 사랑의 한 가지 행동이라도 했는지 말할 수는 없지만 말이다. 내 속에 하나님을 사랑하는 것이 있다. 비록 하나님을 위해서 어떤 사람에게 선을 행하는 것이 무엇인지 안 적이 없지만 말이다.' 그런 표현은 성경의 분명한 말씀과 배치되는 것입니다. 그런 사람에게 어떻게 하나님을 사랑하는 것이 있다고 할 수 있겠습니까? '내가 하나님의 말씀과 상반되게 자신을 부단히 세상에 몰입시켰지만 나는 하나님을 사랑한다.'고 주장하는 것이 가당치가 않습니다. '이 세상이나 세상에 있는 것들을 사랑하지 말라. 누구든지 세상을 사랑하면 아버지의 사랑이 그 안에 있지 아니하니'(요일 2:15)라는 말씀을 기억하세요. '하나님께서 나를 통제하도록 나를 맡긴 적이 없음에도 불구하고 내 속에 하나님의 사랑이 있다. 그리고 하나님을 기쁘시게 할 양으로 계명을 지키고 그 하나님의 뜻에 순응한 적이 한 번도 없었다. 그래도 내 속에 하나님의 사랑이 있다. 하나님의 사랑을 가치 있게 여긴 적이 없지만 내 속에 하나님의 사랑이 있다. 하나님의 형상이나 하나님의 임재나 하나님의 영광이나 그 존귀함에 대해서 한 번도 관심을 기울인 적이 없음에도 불구하고 내 속에 하나님의 사랑이 있다.' -

말이 안되는 소리입니다. 여러분, 그런 식의 논리가 여러분에게 어떻게 들리는지 생각해보라고 저는 강청하는 바입니다. 그보다 더 무모한 논리가 있을 수 있습니까?

"그런 앞뒤가 맞지 않고 얼토당토 않는 것을 가지고, 거기에 자기 영혼을 걸기에 합당하다고 생각할 사람이 누구이겠습니까? '나는 그 일에 내 영혼을 저당 잡히겠다. 그 일 때문에 내 영혼이 망가지는 것도 감수하겠다. 이런 모든 일로 인해서 나는 하나님을 사랑하는 자다!' 라고 말할 수 있겠습니까? 영혼 말고 다른 어떤 것을 걸고 모험을 감행하겠습니까? 손가락이나 눈을 위해서 모험을 걸겠습니까? 그것은 아무것도 없는 데 물건이 있는 것 같이 이름표를 적어 놓는 일이나 같습니다. 아니면 물건을 합당한 이름을 표시하지 않고 다른 이름표를 물건에다 붙여 놓는 격이나 마찬가지입니다. 사람의 영혼은 하나님을 향하여 무관하여 중립상태에 있을 수 없습니다. 하나님을 사랑하거나 그렇게 사랑할 성향이 없다면 그 정반대의 하나님을 향한 미움이 존재하는 것입니다. 뭐라고요! '미움'을 '사랑'이라 부를 수 있다는 말입니까? 만일 여러분의 영혼이 하나님을 향하여 습관적으로 생각을 기울이고 있다고 하면서 하루 종일 하나님을 향하여 친밀한 성향을 전혀 보이지 않거나, 하나님을 기쁘시게 할 의향이 없거나 하나님을 섬겨 영화롭게 해드릴 의향이 없다고 합시다. 습관적인 기질과 평상의 삶의 모습이 그러하다면, 그것이 사랑이라 할 수 있겠습니까? 하나님을 사랑하는 것과 정반대로 행하면서 그걸 하나님을 사랑하는 것이라 부를 수 있겠습니까? 그런 식으로 한다면 '물'을 '불'이라, '불'을 '물'이라 부르는 것이죠. 물질의 이름을 아무렇게나 잘못 붙인 것이나 마찬가지입니다. 그러므로 다시 이것을 생각해봅시다.

"우리가 이제는 분명하고 적극적으로 바른 판단의 문제를 생각해봅시다. 여러분이 들었던 다른 이들의 여러 성품들과 소행을 가지고 그 문제를 종합해보고 결국 자신의 경우에 대해서 바른 판단을 내리었다 합시다. 그런 판단이 서글프기는 하지요. 그래서 자신의 영혼을 향하여 이렇게 말한다합시다. '오, 내 영혼아! 내가 서글프게도 그 판단을 말하지 않을 수 없지만 반드시 그것을 말해야 되겠다. 모든 것들을 종합한 결과 너에 대하여 좋지 않은 판단을 내려야겠다. 곧 하나님을 사랑하는 것이 네 속에 없도다.' 자신의 법정에 자신을 세우고 자신의 양심의 선고를 듣게 한다는 것, 마치 하나님의 심판 보좌 앞에서 판단 받는 것처럼 한다는 것이야말로 어찌 좋지 않은 것이 있겠습니까? 진리를 따라서 판단을 내리시는 권위 있는 재판장이신 그리스도의 판단과 일치가 되는 것이 좋지 않습니까? 자, 바로 그러한 일이 이루어져야합니다. 경우에 합당한 일이죠.

하나님의 말씀이 바로 그런 경우를 가리킵니다. "우리가 우리를 살폈으면 판단을 받지 아니하려니와"(고전 11:31). 다른 이전의 예비적인 의무도 그 점을 분명히 지시하였고, 귀추로도 그것이 옳다는 것을 보여주었습니다. 고린도후서 13:5의 말씀처럼 해야 한다는 것입니다. "너희가 믿음 안에 있는가 너희 자신을 시험하고 너희 자신을 확증하라. 예수 그리스도께서 너희 안에 계신 줄을 너희가 스스로 알지 못하느냐 그렇지 않으면 너희는 버림받은 자니라"(고후 13:5).

그러나 판단을 내리기 위해서 점검해야 될 사항이 무엇입니까? 바른 판단은 내려야겠는데, 어떻게 해야 바른 판단을 내릴까요? 그 점에 대해 몇 가지 방안을 제시해보겠습니다."

"첫째로, 여러분은 자신을 검증하는 일을 엄숙하게 해야 합니다. 어떤 한 기간을 정하여 여러분 자신의 영혼을 검증해보십시오. 자신의 삶을 되돌아보고 재평가해보십시오. 자신의 품격이 늘 어떠한지, 자신의 일상적인 삶의 경로가 어떤 줄기와 맞닿아 있는지 재고해 보십시오. 이제까지 말한 여러 행실들로 자신을 발견하려 할 때 자신의 경우가 있는 그대로 드러날 것입니다. 그런 다음에는 신중한 판단을 내리십시오. '오, 내 영혼아! 그대는 그대 속에 하나님을 사랑하는 것이 없도다. 이제까지 외모가 어떠하였다 할지라도, 내 마음의 평강과 고요가 어떠하다 할지라도 네 속에 하나님을 사랑하는 것이 없도다.' 그 일은 엄숙하게 치러져야 합니다."

"둘째로, 그 일을 하나님 앞에서, 그리스도의 눈이 감찰하시는 데서 행하는 것처럼 해야 합니다. 그 눈은 불꽃같은 눈이며 마음을 살피고 폐부를 감찰하는 눈이요, 하나님 앞에 여러분 자신을 심문하는 눈입니다. '주여, 저는 주님 앞에 죄 있는 영혼, 도리를 태만히 한 영혼, 곤고하고 가공스러운 죄를 범한 영혼을 제출하나이다. 주께서 제게 그 영혼을 불어 넣으셨고, 그 영혼은 지상적이고 이해력을 가진 영혼이요, 본래의 본성 속에 사랑을 가진 영혼이었으나 주님을 결코 사랑한 적이 없는 영혼이 되었나이다.'"

"바로 그 사실과 그 허물에 관하여 하나님 앞에서 자신을 판단하십시오. 사실에 관하여는 '오, 하나님, 제가 하나님을 사랑한 적이 없음을 솔직히 고백하나이다. 주여, 주님 앞에 이 잘못을 가진 제 영혼을 고발하나이다. 이것은 사실입니다. 제 속에 하나님을 사랑하는 것이 없습니다.' 그리고 자신의 허물에 대하여 자신을 하나님 앞에 고발하십시오. '오, 제가 얼마나 가공스러운 존재 인가요! 주님께 지음을 받았지만 주님을 사랑하지 못하다니요. 제게 이 불멸의 이성 있는 정신을 불어 넣으셨지만 주님을 사랑하지 못하였습니다. 그 정신이 주님의 소생임에도 불구하고 주님을 사랑하지 못하였습니다. 주님 말고는 제 심령이 복을 받을 수가 결코 없습니다. 제 심령은 주님을 사랑하지 않고 있네요!'"

"넷째로, 자신을 판단하고 자신을 혐오하는 일로 들어가십시오. 우리 자신을 판단해야하는 것은 율법제정자이신 지존하신 분이 우리에게 부과하신 법입니다. 그 율법을 주신 분은 구원도 하시고 파괴도 하실 권능을 갖고 계십니다. 그 일에 대해서 마땅히 우리가 어떻게 하는지를 분명히 말하고 있는 그 말씀을 유념하십시오. 자신을 판단하는 일을 할 때 자기 자신을 혐오하는 일이 반드시 수반되어야 합니다. "너희 중에서 살아남은 자가 사로잡혀 이방인들 중에 있어서 나를 기억하되 그들이 음란한 마음으로 나를 떠나고 음란한 눈으로 우상을 섬겨 나를 근심하게 한 것을 기억하고 스스로 한탄하리니 이는 그 모든 가증한 일로 악을 행하였음이라"(겔 6:9). "거기에서 너희의 길과 스스로 더럽힌 모든 행위를 기억하고 이미 행한 모든 악으로 말미암아 스스로 미워하리라"(겔 20:43). "그 때에 너희가 너희 악한 길과 너희 좋지 못한 행위를 기억하고 너희 모든 죄악과 가증한 일로 말미암아 스스로 밉게 보리라"(겔 36:31).

자신에 대해서 그렇게 바르게 판단하므로 하나님께 이렇게 아뢸 수 있게 하십시오. '복되신 하나님이시여! 저는 제 자신을 미워하나이다. 제 자신이 하나님을 사랑하는 것이 없음을 발견하였기 때문입니다. 저는 제 자신을 미워할 수밖에 없나이다. 제가 하나님과 화목 되었음을 발견하기 까지는 제 자신에 대하여 결단코 용서할 수 없을 것입니다.' 이것이 바로 공의를 시행하는 것입니다. 하나님께로 향하는 영혼의 위대한 돌이킴을 성경이 너무나 익숙하고 통상적으로 그런 식으로 표현하지 않습니까? 불쌍한 죄인들이 회개하고 돌아와 자기 자신을 미워하고 자신들을 혐오스럽게 생각할 때 그런 일이 있지 않습니까? 반면에 하나님을 사랑하지 않거나 하나님께 대한 사랑이 결핍되는 것 보다 영혼을 더 혐오스럽게 보이게 만드는 것이 있을 수 있겠습니까?"

"다섯째로, 그러고 나서 자신을 불쌍히 여기십시오. 자신의 영혼을 말입니다. 자신의 영혼을 미워하고 혐오할 만한 이유가 있습니다. 그러나 그 영혼을 불쌍히 여기고 그 영혼을 위하여 슬퍼할 이유가 전혀 없습니까? 그 일이 슬픈 애가(哀歌)처럼 보이지 않습니까? '오! 그의 영혼이 다른 어떤 것, 곧 하찮고 불순한 것과 죄를 사랑하면서도 하나님과 그리스도를 사랑할 수 없다니 이게 어찌된 일인가! 하나님과 그리스도를 사랑하는 것이 영혼의 가장 바람직한 선이 아닌가? 내가 어떤 영혼을 가지고 있단 말인가! 내 영혼이 하나님의 피조물 가운데서 정말 기괴한 모습이 되다니!' 그 어느 누구라도 자신의 영혼을 위하여 바로 경지까지 나아가야 합니다. 어떤 이는 이렇게 말하고 싶은 충동을 느낄 수 있습니다. '오! 내 영혼이여! 네 속에 다른 가치 있는 것들이 있구나. 너는 속에 이해심과 판별력도 가지고 있고 또 기질도 갖고 있도다. 아마 학식도 있구나. 네 속에 상당한 재능을 확보하여 구비하였구나. 그러나 네 속에 하나님을 사랑하는 것은 없구나. 추천할 만하고 유익한 것들을 많이 행할 수 있고, 그럴듯하게 말도 할 수 있고, 교활하게 논증도 할 수 있고, 일들을 능란하게 경영할 수도 있다. 그러나 너는 하나님을 사랑할 수 없다. 오, 내 영혼이여, 네게는 모든 종교와 의무와 행복 전체를 아우르는 위대한 진수가 없구나! 꼭 한 가지 필요한 것이 빠져 있구나. 다른 것은 모두 가지고 있으나 정작 모든 것보다도 더 필요한 그것은 갖고 있지 못하구나. 오, 내 영혼이여, 이런 처지로 있다면 영원 세계에서 어떤 상태로 들어가게 될 것인가? 영원한 거처를 어디서 얻을 것인가? 그대는 지금 얼마나 공포스럽고 가공스러운 지옥으로 나아가고 있는지 아는가! 그대가 어울릴 상대는 누구일까? 하나님을 사랑하지 않는 자여, 하나님을 전혀 사랑하지 않는 자여! 하나님으로부터 멀리 떠나 저주 받은 영혼들이 들어가는 지옥 밖에는 거할 곳이 어디란 말인가? 거기 있는 심령들에는 생명을 주는 거룩한 광선이 영원히 차단되어 있도다! 오, 내 영혼아, 자신을 영원한 흑암의 세계에 내던져 버릴 셈인가? 오호라! 너의 운명은 네 가슴 속에 있도다. 네가 하나님을 사랑하지 않는 그 가슴이야말로 네 운명이고 영원한 운명이로다. 하나님을 사랑하지 않는 네 마음이 현재의 지옥을 그대에게 만들어주고 있으며, 그대가 거기 속해 있음을 보여주고 있도다.'"

"여섯째로, 모든 불순종과 패역함이 '하나님을 전혀 사랑하지 않았다.'는 그 한 마디 말 속에 다 포함되어 있습니다. 그런 것을 생각하게 되면 어느 사람의 마음도 가공스러운 두려움에 처하게 될 것입니다. 그 날 심판대 앞에서 하나님을 대적하여 거짓된 송사를 하고 싶은 생각이 들겠습니까? 그날 모든 사람의 마음의 은밀한 것이 하나님 앞에 온전하게 드러날 판인데 말입니다. 모든 행한 일이 다 판단을 받게 될 것이고, 선악 간에 모든 은밀한 것이 밝혀질 것입니다. "**하나님은 모든 행위와 모든 은밀한 일을 선악 간에 심판하시리라**"(전 12:14).

그런 생각을 하면 많은 사람들은 혼란에 빠질 것입니다. 하나님을 전혀 사랑하지 않은 것이 지금까지는 마음에 감춰진 비밀이었습니다. 하나님을 향한 사랑이 전혀 없는 마음을 지금까지 감추고 비밀로 지켜 왔습니다. 이마에 그 비밀을 기록하려고 애쓰지 않았습니다. 사람들과 그럴듯하게 교제하니, 아무도 여러분이 하나님을 전혀 사랑하지 않아 냉담한 마음을 갖고 있음을 눈치채지 못하였습니다. 그러나 평생 큰 비밀로 간직해왔던 그 비밀이 드러나고 밝혀집니다. 그러한 비밀이 천사들과 사람들이 한꺼번에 모여 있는 그 광대한 총회 앞에 드러날 것입니다. 그 수많은 세월 동안 하나님의 선하심과 인자하심을 옷 입고 살아온 그 지성을 가진 피조물이 그 영혼을 그럴듯한 외모를 꾸미고 하나님께 대단한 헌신을 하는 양 외적인 신앙 고백을 하여 왔습니다. 그래서 그 마음에 하나님을 향한 충성된 마음이 없는 거짓됨을 숨겨 왔습니다. 이 세상에 사는 날 동안 항상 그래왔습니다.

오, 그러나 그 은밀한 것이 온전히 드러나게 되다니 그 얼마나 두려운 일일까요! 모든 왕적인 존재들이 그 큰 날에 그 정경을 구경하고, 거기서 들리는 말들을 청종할 것입니다. 그 날에 하나님을 사랑하지 않는 자로 판명난 자를 향하여 공의로운 왕적인 진노를 퍼부으실 것입니다. 그것이 어떠한 정황일지 모든 피조물들이 꿈도 꾸지 못할 것입니다. 자기에게 호흡을 주신 하나님의 이름을 달고 다니며 '나는 그에게 속해 있다.' 자랑했었는데, 막상 그 날 하나님을 사랑하지 않은 자로 판명나서 그 진노를 받게 되면 어찌할 것입니까? 바로 그와 같은 시점에 정죄 받은 자로 서게 된다는 것은 얼마나 끔찍한 일입니까! 분명 계속 두려워 할 큰 이유가 있습니다. 사람의 마음이 당할 두려움을 계속 묵상해야 할 이유가 있다는 말입니다. 모든 피조물이 매순간 무장을 하고 하나님을 대적하여 계속 있을 수 있다고 생각하는 이가 여기 있습니까? 누구나 부는 바람마다 나를 파멸시키는 무서운 돌풍이 되어야 마땅하다고 생각하면서 두려워해야겠죠. 태양이 나를 비출 때 그 모든 광선이 나를 향하여 하나님의 의로운 복수를 실행하도록 징벌의 화염을 일으켜야 마땅하도다! 거리에 있는 모든 돌들이 나를 향하여 날아와야 마땅하고, 나를 만나는 모든 것들이 내 죽음을 선고해야 마땅하도다! 두렵도다! 무엇 때문입니까? 내 속에 하나님을 사랑하는 것이 없기 때문입니다! 하나님을 사랑하는 마음 없이 매일 같이 이 거리 저 거리를 돌아다녔으니 말입니다!"

다음의 인용문은 조나단 에드워즈(Jonathan Edwards) 목사가 '하나님의 나라로 침노하여 들어감'(Pressing into the Kingdom of God)이라는 제목으로 설교한데서 뽑은 것입니다. 그는 사람이 가장 논리적이고 가장 섬세하고 형이상학적이면서도 가장 '간절한 열심'을 가진 설교자도 될 수 있음을 결정적으로 증거하고 예증해 주었습니다.

  조나단 에드워즈 목사의 설교들은 우리가 알고 있는 설교 중에서 가장 인상적이고 경각심을 주는 설교들입니다. 그러나 구원의 복음이 가지는 그 자애로움과 마음을 녹이는 정념이 조금도 모자람이 없는 설교들임에 틀림없습니다. 그 설교들을 읽으면 놀라운 감동을 받아서, 인간 본성의 실상을 파헤치고 도덕법의 의무들을 강화시켜 회심하지 않은 죄인의 잠자는 영혼을 깨울 방도를 배우게 합니다. 그가 얼마나 놀라울 정도로 하나님께 쓰임 받았던지요! 그 사실은 우리가 살고 있는 시대와 사회상에 그 설교가 오히려 들어맞음을 보여줍니다. 그러나 이 방식이 가진 그 '간절한 열심'을 빼놓고는 현대 사회에서 엄격하게 따라 잡을 수 없는 방식입니다.[1]

  "1. 저는 아직도 각성 받지 못한 상태에 있는 분들에게 말씀드리고 싶습니다. 이와 같은 시대에 아직도 안연한 마음을 가지고 있는 이가 우리 중에 있다니, 정말 섬뜩한 일입니다. 그러나 이런 부류의 사람들이 있다는 현실을 인하여 두려워해야 합니다. 저는 그러한 사람들에게 몇 가지 요점을 간절한 마음으로 충고하고자 합니다. '지금보다 각성을 받고 행하기가 더 쉬울 때가 오리라고 기대하십니까? 지금 여러분은 그리스도를 모시고 있지 않으면서도 의심할 여지없이 하늘에 가겠다는 의향을 가지고 있습니다. 그래서 죽기 전에 어느 때에 회심할 의향도 갖고 있습니다. 그러나 각성을 받고 자신의 영혼의 복락에 관하여 깊은 관심을 가지게 하시고 회심케 하시

---

[1] Jonathan Edwards 가 이 설교를 할 당시에 미국에 강력한 영적각성과 부흥의 역사(특히 1734년부터 1744년 사이)가 있었다. 하나님께서는 바로 그 영적 각성과 부흥의 중심에 그를 세워 두셨다. 이 책의 저자가 이 설교의 연대를 정확하게 밝히지는 않았지만, 인용된 설교 내용 속에 '아직도 각성 받지 못한 상태에 있는 분들'이란 표현은 당시의 거대한 '영적인 각성의 물결'의 분위기를 짐작하게 한다. 설교 전반에 그런 분위기가 드리워져 있다. - 역자 주

는 하나님의 은혜를 간절하게 구해야 합니다. 그런 데로 인도함 받기 까지는 그런 일을 기대하지 말아야합니다. 여러분이 그러한 마음이 생길 때가 언제이겠습니까? 일어나는 일들을 여러분 자신의 마음먹는 대로 어떻게 조정하겠으며, 아니면 이 문제에 관해서 여러분이 무슨 방안을 가지고 있습니까? 이와 같은 시대에 사람이 각성을 받는 일이 그렇게 용이합니까? 전에 안일하게 있다가 이제 그 잠에서 깨어나 '내가 어떻게 하여야 구원을 얻으리이까?' 라고 울부짖는 많은 사람들을 보지 못합니까? 그런데도 여러분은 아직도 여전히 안일한 상태에 있습니다! 둔하고 죽어 있는 이 시대 속에서 각성 받기가 더 쉬울 것이라고 자신을 달래고 있습니까? 문제들을 여러분 자신의 마음의 의지대로 조정할 수 있습니까? 다른 사람들이 보편적으로 각성을 받고 있는 이때에 여러분 자신은 지각이 없는 상태에 그냥 있습니다. 그러더라도 그 일들을 자기 맘먹은 대로 할 수 있다고 여기고 있습니다. 다른 사람들이 보편적으로 지각없이 지내고 있는 분위기 속에서 자기가 각성 받게 될 것이라고 생각합니까? 아니면 하나님의 성령께서 물 붓듯이 부어주시는 때가 올 것이라고 희망합니까? 그때가 되면 지금보다 일을 더 잘 해낼 것이라고 생각하십니까? 어째서 여러분은 그렇게 생각합니까? 그때가 되면 지금보다 더 나이가 많이 들게 되거나, 아니면 그때가 되면 나이가 많이 들어 그 마음을 진지하고 보다 더 부드럽게 쓰게 되리라고 생각해서입니까? 아니면 그 때가 되면 복음의 요청과 은혜의 모든 방편들을 대적하던 일을 더 이상은 못하게 되리라고 생각해서입니까? 여러분은 지금보다 하나님께서 하나님의 성령의 필요한 감화를 더 주실 것이라고 생각하십니까? 그때가 되면 하나님의 노를 더 격발할 범죄를 짓고 지금보다 훨씬 더 죄책이 많아질 것이기 때문에 성령의 감화의 필요성을 의식하는 마음을 하나님께서 주시리라 여기십니까? 은혜 받을 만한 때를 활용하지 않고 뒤로 미루는 것이 어떤 유익이 있다고 생각해서입니까? 현재 은혜를 베풀어주시는 중에 있는데, 그 은혜의 시절을 버티어 나가는 것이 지금 있는 특별한 각성의 방편을 기대하고 있음을 보여주는 증거로서 유익하다고 여기기 때문에 그냥 그대로 있는 것입니까? 그렇게 하는 것이 훗날 성령님의 구원하시는 역사를 위한 좋은 준비가 될 것이라고 생각하는 것입니까?"

"2. 여러분은 무슨 방도로 각성 받기를 기대합니까? 각성케 하시는 하나님의 엄위로운 말씀에 관하여 생각해봅시다. 여러분은 수도 헤아릴 수 없이 여러 번 그 은혜의 방편 앞에 섰습니다. 가장 감동적인 방식의 말씀 전파를 통해서 말입니다. 여러분의 처지에 있는 자들을 향한 엄숙한 경고에 관하여 자주 들었고, 지금도 때때로 듣고 있습니다. 무서운 섭리로 말미암아 각성 받기를 기대하고 있습니까? 여러분은 최근에도 그런 섭리의 경험을 하였습니다. 각성을 주기 가장 좋은 성질의 섭리가 계속 연달아 있었습니다. 여러분은 다른 사람들이 죽는 것을 보고 감동 받기를 기대합니까? 우리는 최근에 그러한 경우들을 여러 차례 반복하였습니다. 노인도 죽었고 젊은이도 죽었습니다. 한창 인생을 꽃 피울 나이의 젊은 이들의 죽음은 매우 충격적이었습니다. 그들 중 어떤 이들은 매우 갑작스럽게 죽음을 당하였습니다. 다른 사람들이 회심하는 것을 보고 감동받으려 합니까? 그와 같은 종류의 사람들이 자신들의 마음을 그런 방식으로 휘저어 놓을 정도로 대단히 큰 성향을 가지는 일이란 거의 없습니다. 최근의 여러 경우들을 통하여 그 점을 시험하여 보았습니다. 그러나 그러한 것들을 통하여도 여러분이 전혀 변화가 없음을 스스로 증거하고 있습니다. 성령님을 보편적으로 부어 주시는 일이나 모든 종류의 사람들이 구원에 관심에 가지는 것을 보게 될 때에 감동을 받겠습니까? 그런 식의 기대는 그런 경우를 만난다 할지라도 여러분에게 아무 효과도 없을 것을 뜻하는 것입니다. 그렇습니다. 이 모든 것들을 다 종합해 보십시오. 여러분은 여러차례 하나님의 말씀의 엄숙한 경고를 들었고, 무서운 죽음의 사례들이나 다른 사람들의 회심에 관한 것도 알고 있으며, 구원에 관해 사람들이 보편적으로 관심을 가지고 있음도 목격하고 있습니다. 그러나 그런 것들이 여러분으로 하여금 자신의 보배롭고 불멸하고 비참한 영혼에 대한 위대한 관심을 격발하지 못하였습니다. 그러므로 여러분이 어떤 방도로 각성받기를 기대하고 있는지 자신을 돌아보고 숙고해 보십시오."

"지금 각성 받은 자들 중에도 구원 얻지 못할 자들도 있을 것이라는 말을 들었을 것입니다. 그런데 하물며 여전히 어리석게 각성 받지 못한 상태에 머물러 있는 여러분에게는 그 흑암이 얼마나 더하겠습니까! 이와 같은 시대 속에서 감동 받지 못하는 사람들은 나중에 어른이 되어서도 법정의 엄격한 판단을 받기 위하여 자신이 출두할 수도 있다는 두려움을 가질 이유가 있습니다. 하나님께서 오셔서 그 수많은 사람들의 문을 두드리는데 여러분은 빼놓고 지나가신다면 그 일이 여러분에게 얼마나 비참하겠습니까! 하나님께서 사람들 중에 보편적으로 분발케 하시는 성령님의 은혜를 주고 계신데도 불구하고 여전히 지각없는 상태에 머물러 있는 여러분의 비참이여!"

"3. 구원을 추구하지 않고도 구원을 얻을 것이라고 기대하고 있습니까? 구원을 얻기 위해서 구원을 구할 필요성이 있음을 지각하고, 그 구원을 받고 싶은 의향을 가지고 있다면 이와 같은 때에 그 구원을 받지 않을 수 없을 거라고 누구나 생각할 것입니다. 그러므로 여러분이 정말 하늘에 가고 싶은 의향을 가지고 있는지 탐문해 보십시오. 그렇게 평생 안일하고 게으르고 방종한 생활을 하고 있는데도 하늘에 갈 의향이 있다고 할 수 있는지

자문해 보시란 말입니다."

"지옥의 저주를 참아낼 수 있다고 생각합니까? 항상 꺼지지 않고 모든 것을 삼킬 듯이 거세게 타오르는 그 영구한 그 불꽃을 용케도 견뎌낼 수 있으리라고 생각하십니까? 하나님께서 힘으로 띠 띠시고 진노로 옷 입고 나오실 때 그 전능하신 하나님의 진노하시는 보응(報應)을 맞잡아 싸울 수 있다고 생각합니까? 하나님을 대적하여 힘을 내고, 하나님과 겨룰 수 있다고 생각합니까? "우리가 주를 노여워하시게 하겠느냐? 우리가 주보다 강한 자냐?"(고전 10:22) 자신이 안전하게 지켜줄 보장의 길을 찾을 것이라 출싹거리고 있습니까? 마귀와 그의 천사들을 위하여 하나님께서 예비하신 그 영원히 타는 불꽃 속에 여러분의 영혼을 온전히 보존할 수 있을 거라고 생각하면서 자신을 달래고 있습니까? "내가 네게 보응하는 날에 네 마음이 견디겠느냐 네 손이 힘이 있겠느냐 나 여호와가 말하였으니 이룰지라"(겔 22:14). 그리스도가 없어 이와 같은 때에도 무관심에 빠진 이들이 무엇을 생각하고 있는지 상상해 내는 일은 어려운 일입니다."

다음 글은 모든 설교자들 중에 제일가는 조지 휫필드(George Whitefield)의 설교문에서 뽑아온 것입니다. 어떤 환경에서 그러한 화염이 이글거리는 설교시대가 열렸는지, 그리고 그 설교들을 전할 때에 그 설교자가 어떤 느낌과 행동을 견지하였는지 생각하여 보십시오. 그렇게 숙고해 본 사람 중에서 누가 그런 설교들이 산출한 효과들이 이상하다 할 수 있겠습니까?

"오, 죄인들에게 간청하는 바입니다. 오, 나의 형제들이여, 내 마음이 여러분을 향하여 넓어졌습니다. 여러분에게 설교하고 있는 지금 감추어져 있으나 강력한 그리스도의 임재에 속한 무엇을 지금 느끼고 있다고 저는 믿습니다. 진실로 그 임재는 달콤하여 지극한 위로를 주는 것입니다. 제가 아무리 해를 본다 할지라도, 저는 까닭 없이 저를 대적하는 사람들 모두 저와 같이 느꼈으면 하고 바랍니다. 제 말을 믿으십시오. 제가 다시 믿지 아니하는 본성적인 상태로 되돌아가는 것은 제 영혼의 지옥일 것입니다. 다만 저는 기꺼운 마음을 가지고 여러분의 상태를 변화시키고 싶습니다. 그래서 여러분이 믿음으로 마음에 그리스도를 모시는 것이 무엇인가를 알았으면 합니다. 등을 돌리지 마십시오. 여러분의 마음에서 그리스도를 쫓아 보내지 못하게 하십시오. 마음이 죄에 대한 뉘우침으로 회의심을 가지는 것을 두려워하지 마십시오. 교회당 밖에서 설교한다는 것 때문에 교리를 나쁘게 생각하지 마십시오.[2] 우리 주님께서 지상에 육신을 입고 계실 때 산 위에와 배 안과 빈들에서 설교하셨습니다. 많은 사람들이 여기 이 노천에서 주님께서 은혜롭게 함께 하심을 느꼈을 것이라고 저는 확신합니다. 실로 우리는 아는 것을 말합니다. 하나님의 나라에 들어가는 것을 반대하지 마십시오. 우리의 증거를 지혜롭게 받아드리십시오. 저는 여러분으로 하여금 그냥 가게 할 수 없습니다. 아니, 가게 하지 않겠습니다. 잠시 머물러 함께 변론합시다. 여러분 자신의 영혼을 아무리 하찮게 여긴다 할지라도, 우리 주님께서 여러분의 영혼을 말로 할 수 없이 귀하게 여기심을 저는 알고 있습니다. 우리 주님께서는 여러분의 영혼이야말로 당신 자신의 가장 보배로운 피로서 살만한 가치가 있다고 생각하십시오."

"그러므로 오, 죄인들이여, 제가 간청하노니 하나님과 화해하십시오. 하나님의 사랑하시는 자 안에서 영접함 받는 것을 두려워하지 마십시오. 자, 그분이 여러분을 부르시고 계심을 주목하십시오. 주님께서 여러분을 긍휼

---

[2] 휫필드 목사는 노천(露天) 설교로 유명하였다. - 역자 주

히 여기시니 가지 못하게 하시는 것이고, 당신의 종들을 보내시어 여러분을 따라 가며 증거하게 하시는 것입니다. 큰길가와 산울로 가서 사람들을 강권하여 데려오라 하셨습니다. 그러니 기억하십시오. 이와 같은 해에, 이런 대낮에 예수 그리스도에 관해서 마땅히 생각할 바를 여러분은 듣고 있는 것입니다. 만일 여러분이 지금 죽는다 할지라도 하나님을 아는 것이 모자라 궁핍한 채 죽지 않게 될 것입니다."

"자, 저는 여러분 모두의 피에 대하여 저는 책임이 없습니다. 제가 마치 율법적인 설교자인양 지푸라기 없이 벽돌을 구우라고 여러분에게 요청하였다고 저를 고소하며 둘러씌울 수 없습니다. 저는 여러분 스스로가 성자(聖者)가 된 다음에 하나님께 나오라고 종용한 적도 없습니다. 오직 저는 여러분의 구원을 여러분이 소원할 수 있을 정도의 값없는 차원에서 제시하였습니다. 그리스도의 완전한 지혜, 그리스도의 완전한 의, 그리스도의 완전한 성화, 그리고 영원한 구속을 제시하였습니다. 여러분이 그를 믿기만 하면 그 모든 것이 여러분의 것이 된다고 말씀드렸습니다. '여러분이 나는 믿을 수 없다' 는 식으로 말하는 것은 옳은 일이죠. 왜냐하면 믿음은 다른 모든 복락처럼 하나님이 주시는 선물이기 때문입니다. 그러니 오직 하나님만 바라보십시오. 누가 하나님께서 긍휼이 여기실 분임을 모르시겠습니까? 그리스도에 대하여 더 사랑스러운 생각들을 마음속에서 즐겁게 일으키지 못하는 이유가 어디 있습니까? 하나님께서 다른 사람들을 불쌍히 여기나 여러분 자신에게는 그와 같은 긍휼을 베풀지 않으실 것이라고 생각합니까? 그러나 여러분이 죄인이 아닙니까? 그리스도께서 죄인을 구원하시러 세상에 오시지 않았습니까? 만일 여러분 자신이 '나야말로 죄인의 괴수다' 고 말한다면, 저는 '그것이 여러분의 구원에 전혀 방해가 되지 않을 것이라'고 응대하여 말하겠습니다. 믿음으로 그리스도를 부여 잡기만하면 그런 것은 전혀 방해가 되지 않습니다. 복음서들을 읽어보십시오. 주님께서 제자들에게 얼마나 자애롭게 대하셨는지를 보십시오. 그들은 그리스도로부터 도망쳤고 부인하기도 했었습니다. 그리스도께서는 '가서 내 형제들에게 이르라'고 말씀하십니다. '저 배반자들에게 가거라'라고 말씀하시지 않았습니다. 오히려 '내 형제들과 베드로에게 가서 이르라'고 하셨습니다. 마치 주님께서 이렇게 말씀하신 것 같았습니다. '보편적으로 내 형제들에게 가서 이르라. 특히 불쌍한 베드로에게 가서 내가 다시 살아났다 하려무나.' '주눅이 들어 있는 가련한 베드로의 마음을 위로 하거라. 내가 그와 화해하였노라고 일러주어라. 더 이상 비통하게 울지 말라고 하거라. 맹세와 저주로 세 번이나 나를 부인하였어도 그의 죄를 위해서 내가 죽었었노라. 그로 의롭다 하시는 하나님의 선고를 듣도록 하기 위해서 내가 다시 살아났노라. 나는 그가 지은 모든 잘못을 대가 없이 은혜로 용서하노라.' 그처럼 모든 긍휼에 풍성하신 대제사장이신 우리 주님께서는 노하기를 더디 하시고 위대한 인자하심을 지니신 분이십니다. 또한 여러분이 생각하기에, 그분이 그의 성품을 바꾸시고 불쌍한 죄인들을 까맣게 잊으시고, 이제는 하나님 우편에 그저 높이 계시기만 하다고 생각하죠? 결코 그렇지 않습니다. 그리스도께서는 어제나 오늘이나 영원토록 동일하시며, 우리를 위해서 중보의 기도를 하시기 위해서만 거기 앉아 계시는 것입니다. 그러니 창기들도 오시고, 세리들도 오시고, 정말 사람들로부터 온전하게 버림받고 포기 당한 죄인들도 오십시오. 와서 주 예수 그리스도를 믿으십시오. 온 세상이 여러분을 비웃고 여러분을 밖으로 내 쫓는다 할지라도, 결단코 주님께서는 여러분을 일으켜 세울 가치가 없다는 식으로 생각하지 않으실 것입니다."

"오, 기이하고 무한히 자신을 낮추신 사랑이여! 그리스도께서는 여러분을 당신 자신의 형제로 부르시기를 결코 부끄러워하지 않으실 것입니다.

만일 그처럼 영광스러운 구원의 복음이 제시되었는데도 그것을 유념하지 않는다면 어떻게 피하겠습니까? 대가 없이 은혜로 그리스도를 믿기만 하면 된다는 제안을 받았으나 듣지 않았다가 지금 지옥에 있는 저주받은 영혼들이 무어라 하고 싶겠습니까! 어찌해서 우리는 고통 중에서 우리의 눈을 들지 않습니까? 이 큰 무리 중에 어떤 사람도 '나는 저주 받기에 합당치 않다' 라고 감히 말할 자가 누구이겠습니까? 그렇다면 우리는 어째서 지금 현재 이 세상에 남아 있고 다른 자들은 죽어 취함을 당하여 가는 것입니까? 이것이 우리를 향하여 하나님께서 은혜를 값없이 베푸시고 또 우리를 향하여서 선한 뜻을 가지고 계시다는 것을 보여주는 표증이 아니면 무엇입니까? 하나님의 선하심이 우리를 인도하여 회개케 하기를 바랍니다! 여러분 중에 회개하는 자가 있어 하늘에서 기뻐하시는 일이 있기를 바랍니다. 비록 우리가 이 들판에 있지만 복된 천사들이 우리 위에 지금 날개를 펴며 날고 있다고 확신합니다. 그 천사들이 여러분이 회개하면 찬송을 부르려고 '사슴이 시냇물을 갈급함처럼' 갈급하고 있습니다. 오, 하나님을 찬미하리로다. 거기 하늘의 기쁨이 이루어지기를 희망하나이다. 우리 중에 외경스러운 침묵이 나타납니다. 주님께서 저로 하여금 여러분의 귀에 오늘 이 시간 들려주시는 말씀이 그냥 땅에 떨어지지 않게 하셨다는 선한 희망을 갖고 있습니다. 여러분이 눈물을 흘리면서 제 설교에 깊이 청종하는 것은 주 하나님께서 우리 중에 진리로 함께 계신다는 증거입니다."

"너희 바리새인들이여, 와서 너희의 공상적인 흉포함과 과격함에도 불구하고 주 예수께서 친히 승리를 쟁취하고 계심을 볼지어다. 형제들이여, 저는 그리스도 안에 있는 진리를 말씀드립니다. 저는 거짓말을 하지 않습니다. 하나님의 복 주심으로 여러분의 영혼이 바로 오늘 예수 그리스도를 믿을 마음을 가져 흠 없기에 합당한 생각으로 인도한다면, 어떤 대적이 나를 감옥에 쳐 넣도록 하나님이 허락하신다 할지라도 저는 염려하지 않겠습니다. 이 설교를 전한 후에 곧장 내 발에 족쇄가 채워진다 해도 그러합니다. 형제들이여, 내 마음의 소원과 하나님께 드리는 기도는 여러분이 구원 길을 원하는 것입니다. 바로 이 일 때문에 구주의 본을 따라서 노천(露天)으로 나오는 것입니다. 이 분들 중에 얼마가 그릇된 길에서 돌이킬 수만 있다면, 이렇게 노천에서 설교하는 제 모습을 보고 주님께서 거룩하신 질책을 하시리란 염려가 전혀 없습니다. 저는 오히려 기뻐하고 기뻐할 것입니다. 너희 사람들과 마귀들아, 네 악한 일을 할테면 해보라. 나를 보내신 주님께서 나를 붙잡아 주실 것이다. 우리의 생명이시고 내가 지금 설교로 증거 하는 바로 그 그리스도께서 나타나실 때에 멸시받았던 주님의 작은 사람들과 함께 영광중에 저도 나타날 것입니다. 그러니 여러분이 그리스도께 대하여 무엇을 생각할 것입니까? 여러분이 그리스도께 대해서 무얼 생각할지 저는 압니다. 그리스도께서 많은 사람 가운데 가장 훌륭하신 분이라고 생각할 것입니다. 그 때에 그리스도께서야말로 공의롭고 죄를 포용하시기에 합당한 재판장이라는 느낌을 가지게 될 것입니다. 그 때에 그분의 분노를 사지 않기 위해서 그분에게 입 맞추어야겠다는 확신이 들 것입니다. 그러나 그 때에 여러분은 주님 면전에서 영원토록 쫓겨날 것입니다. 천사가 롯에게 찾아왔던 것처럼 저도 여러분에게 찾아왔습니다. 그러니 여러분이 살기 위해서는 도망치십시오. 서둘러 도망치십시오. 영적인 소돔에 더 이상 머무르지 마십시오. 그렇지 않고는 영원히 멸망당할 것이기 때문입니다. 의심할 여지없이 여러분들 중에 여러 사람이 롯의 말을 농담으로 여겼던 것처럼 제 말을 존중하지 아니할 사람이 있을 것입니다. 여러분 중에 어떤 사람이 저를 조롱할 줄도 확실히 알고 있습니다. 그러나 저는 그리스도 안에 있는 진리를 말합니다. 저는 거짓말을 하지 않습니다. 유황 불비가 주님의 명하심으로 하늘로부터 비처럼 내려와 소돔과 고모라를 살랐습니다. 그 큰 날에도 분명하게 여러분을 향한 하나님의 진노의 대접이 쏟아질 것입니다. 주 예수 그리스도의 복음을 진지하게 생각하거나 그에 합당하게 행동하지 않는다면 말입니다. 보십시오. 제가 여러분에게 이전에 말씀드린 바입니다. 하나님을 잊고 있는 여러분 모두가 여러분에게 말씀드린 것을 유리하게 생각할 수 있는 은혜를 주십사고 하나님께 기도하는 바입니다. 하나님께서 여러분을 떨쳐 내시어 여러분에게 복음을 전할 사람이 하나도 없게 만드시기 전에 그와 같은 은혜를 주시기를 바랍니다."

저는 인용문들을 불필요하게 확대시키지 않기 위하여 한 설교자만 더 소개해 드립니다. 제가 소개해 드리려는 목사는 '간절한 열심'을 가지고 사역하는 문제와 그 방식에 있어서 정말 인상 깊게 살아있는 표본임에 틀림없는 사람입니다. 그 사람은 바로 요크의 파슨스(Parsons)목사입니다.

"여러분 자신을 속이지 마십시오! 저는 있는 힘을 다하여 여러분을 가리고 있는 그 가림 막을 떨쳐 내고 싶습니다. '아침 구름 같고 쉬 사라지는 이슬 같은' 선함을 자랑하는 자들이여, 변화하지 않고 그대로 죽거나 변화하지 않은 채 하나님의 모든 섭리와 모든 일에 책임을 묻고 모든 감정도 다 직고해야 하는 그 무시무시한 하나님의 법정 앞에 선다면, 여러분의 선(善)은 턱없이 모자랄 것이고, 영원한 절망의 영역에 여러분을 가둬 놓을 무서운 정죄의 선고를 듣게 될 것입니다. 여호와 하나님께서 살아계신 것이 사실인 만큼, 하나님의 그 가공스러운 맹렬한 분노를 시행하실 것입니다. 슬픔의 거처가 여러분을 기다립니다. 거기에 들어간 사람들은 모든 과거의 은택이 고문(拷問) 도구로 변하게 될 것입니다. 지난날에 대한 기억과 그에 대한 양심의 가책이 거울이 되어, 지나가버린 특권과 그 전망과 쓸모없어진 궁휼과 아무런 실행을 하지 않았던 그 거짓된 맹세들을 비춰낼 것입니다. 그래서 그것들이 영혼을 말할 수 없는 가책으로 두들겨 패어 찌르는 독침보다도 더 무섭게 고통을 줄 것이고, 거기에서는 은혜와 소망은 허락되지 않을 것입니다. 영원한 바깥 어두운 그 구덩이에 빛이 들어가 그 고통을 경감시킬 것이라는 희망을 조금도 가질 수 없을 것입니다! 그리되면 여러분이 처할 그 영원한 운명을 비켜가기 위해서 여러분에게 주어지고, 그래서 소유하였던 그 방편들과 표적들에 비례하여 여러분의 운명의 고통은 더 막대하게 부과될 것입니다. 여러분이 만날 그 운명보다 더 불행한 운명이 어디 있을 수 있겠습니까? 이러한 '주의 두려우심'을 설명하는 설교자의 말을 들을 때, 삼가 하나님의 음성을 지금 들어야 할 이유를 제시하는 강력한 논증이 없는지 말해보십시오. 정말 조심해야만 죄의 속임수로 마음이 굳어지지 않으며, '너희는 결단코 내 안식에 들어오지 못하리라' 고 진노하심으로 맹세하시는 하나님의 선고를 듣지 않게 되는 것입니다."

"그러나 다시 한 번 이 말씀을 꼭 들어야하는 분들에게 호소합니다. 그런 분들이 여기에 있는 줄 저도 알고 있습니다. 제가 여기저기 둘러보아 제 눈을 고정시키고 가리켜야 할 사람이 있습니다. 그런 이들이 그렇게 심한 질책을 받는다면 본문의 고발을 부인하거나 회피해 나갈 수가 없습니다. 여러분의 마음에 인상을 끼치기 위해서 하나님께서 쓰시는 사람을 통해서 거듭 여러분이 촉구를 받았습니다. 그러니 그 마음의 인상을 물리치지 마십시오. 그 인상을 부족한 것으로 여기거나 물리치지 마십시오. 그런 일은 세상의 난봉꾼들에게나 해당되는 일입니다. 그런 인상을 물리치면 그 인상은 여러분의 마음의 상태로 이전보다 더 나쁘게 만듭니다. 아니, 그 마음의 인상을 주신 하나님께 전적으로 영혼을 복종시키고 그리스도를 위하여 살고 그리스도의 십자가만을 자랑할 마음의 결심을 가지는 것 외에는 아무것도 유익하지 않습니다. 위대하신 하나님의 이름으로 말씀드립니다. 하나님께서는 어느 사람도 멸망하기를 원치 아니하시고 누구나 다 회개하기에 이르기를 원하십니다. 그분의 위대한 이름으로 저는 지금 여러분에게 간청하고 있습니다. 이제는 더 이상 한순간도 허비하거나 지체하지 마십시오. 한순간도 더 이상 여유를 부리지 마십시오. '주 하나님께 돌아올지어다.' 지금 이 시간을 숙고의 시간으로 삼으십시오. 아니, 회개의 시간으로 삼으십시오. 기도의 계절로 삼으십시오. 이 계절을 여러분의 하나님께 자신을 바쳐 드리는 시간으로 삼으십시오. 바로 지금, 바로 지금 말입니다!"

"목사들이 사람들에게 권고하는 일이 항상 있을 것이라고 생각하지 말아야 합니다. 그런 일이 중단될 때가 오고 맙니다. 이 책 성경도 강론되지 못하고 닫혀질 때가 오기 마련입니다. 설교자의 목소리가 다시 들리지 않고, 회중도 떠나게 될 때가 오고 맙니다. '오, 하나님의 성령이시여, 당신의 일을 이루소서!' '생기야 사방에서부터 와서 이 사망을 당한 자에게 불어서 살게 하라'(겔 37:9). 저기 하늘에서 불이 내려와 이 땅이 살라질 때 주님 앞에 자기의 선을 의지하고 설 자가 하나도 없게 하옵소서. 그런 자들이 있다면 그들의 선(善)은 '아침 구름 같으며 쉬 사라지는 이슬 같을 것입니다.' (호 13:3)"

이상에서 예로 든 인용문들은 제가 '간절한 열심'(earnest)이라는 말로 표현하고 싶은 것을, 제가 최선을 다하여 선별하여 골라낸 어휘들을 동원하여 묘사한 것 보다 더 잘 예증해줄 것입니다. 제가 볼 때 그 인용문들은 사람들을 간청하던 사도적 방식에 아주 잘 부합한 것으로 보입니다. 물론 저는 우리가 '설교에 나타나는 권고의 방식(hortatory method)'으로 지칭하는 이른 바 설교의 특수한 다양성에 강단이 달려 있다고 주장하는 것은 아닙니다. 위에서 인용한 설교들을 그런 특수한 권고방식의 다양성의 측면에서 살펴 볼 일입니다.

설교에는 '성경 주해'가 있어야 합니다. 아울러 적용도 있어야 합니다. 성경을 해석하여 강해하는 것도 있어야 하며, 강해를 하되 그 강해한 것을 권면과 충고 형태로 적용하는 일도 있어야 합니다. 듣는 자들의 마음이 인상을 받고 양심이 각성을 받게 하기 위해서 어떻게 할지에 대한 판단도 서야 합니다. 아직 믿지 아니하는 죄인들로 하여금 회개하도록 해야 할 뿐 아니라, 이미 믿는 사람들의 믿음의 덕을 세워주기도 해야 합니다. 이를 위해서 설교의 감동적인 긴장이 조금 덜하더라도 충분할 수 있고, 또 어떤 경우에는 교육을 위해서 그런 방식이 더 적절할 수도 있습니다. 그러나 우리의 공적인 목회 사역 가운데서 죄인들을 회심케 하는 부분은 적지 않은 비중을 차지합니다.

그런 부분에서 우리의 설교를 작성할 방안을 보여주는 아주 좋은 모델들을 발견할 수도 있습니다. 우리가 지금까지 살펴본 두리틀(Doolittle) 목사와 같은 부류에 드는 이들, 하웨(John Howe)와 같은 부류, 또는 리처드 백스터(Richard Baxter)나 조지 휫필드의 경우 외에 더 좋은 모델들을 발견할 수 있을 것입니다. 적어도 그 '강렬한 간절한 열심'(intense earnestness)의 정도에 관한 한 그러하다는 말씀입니다. 현대인들이 사람들의 취향을 잘 알아서 다루는 문제들에서 이 사람들보다 더 나은 것이 사실입니다. 우리가 인용한 그 사람들만을 우리가 모방해야 한다는 것도 아닙니다.

깊은 강이 도도하게 흐르기 위해서는 여러 수원지(水源池)들과 수많은 실개천들이 있어야 합니다. 그와 같이 설교라는 통로를 통해서 설교자들의 사상이 굽이쳐 흘러가게 하기 위해서는 그 생각들을 쏟아낼 여러 복잡하고 수많은 세목(細目)들이 있기 마련입니다. 설교자들이 자기들의 생각을 여러 표현을 통해서 나타냅니다. 어떤 경우에는 재치 있는 말솜씨로, 또 어떤 때는 환상적인 상상력과 거친 말씨로, 또 다른 때에는 세련되지 않은 야만스런 어투로 자기들의 사상을 표현합니다. 그것들 중에 어떤 것들은 너무나 지나쳐 보이는 것들도 있습니다. 그래서 그런 경우는 잘못된 것으로 지적받기도 합니다. 그런데도 위에서 본보기로 든 설교자들에 대해서 관하여 확증하여 말할 수 있는 것이 있습니다. 회중들의 주의를 끌려고 분별없이 모든 양식(樣式)을 자유자재로 차용한 나머지 설교의 맛을 크게 훼손시키는 쪽으로 나가기도 하지만, 바로 그 비범한 담대함이 흔히 적절한 상상력과 어법(語法)을 산출하기도 하였다는 것입니다. 그 설교들이 가져온 효과들은, 흠잡을 데 없는 상식과 적확하나 무미건조한 평범성을 지닌 현대의 많은 강론들이 도저히 흉내 내지 못할 것들입니다.

풍성한 생각, 하나님의 말씀을 아는 지식, 문체의 발랄함과 복음적인 정서, 인간의 마음을 해부하는 지혜, 적용을 구체화 시키는 일, 특별히 사람의 느낌을 강화시키는 면에서 그들을 따라갈 자들을 어디서 만납니까? 그들은 자기들의 회중들에게 설교할 때, 그저 단순하게 설교한 것이 아닙니다. 자기들의 말을 듣고 있는 그 사람들이 멸망의 포구를 향하여 가고 있는 불멸의 영혼들이라는 사실을 느꼈습니다. 그래서 강단에서 그들이 해야 할 일은 그 영혼들을 그 파멸에서 건져내는 것임을 알았습니다. 그들은 설교하는 그 즉석에서 회심의 큰 역사가 일어날 것을 기대하며, 또 그 큰 회심의 일을 이룰 것 같은 기세로 설교하였습니다. 마치 그 설교를 듣는 이들의 영원한 운명이 자기들의 그 일에 달려 있다는 의식으로 설교하였습니다. 마치 그들은 자기들의 설교를 마치고 나면, 즉시로 하나님의 법정에 소환

당하여 자기들이 한 설교를 직고(直告)하게 되어 있다고 느끼듯이 설교하였습니다. 제가 위에서 소개한 그 인용문들이(물론 그들의 저작들 전체에서 백미(白眉)만 뽑은 것도 아닌데도) 그런 것을 역설(力說)하고 있지 않습니까? 그들의 설교에는 능력이 있었고, 마음을 탐사하는 호소가 넘쳐났습니다. 바로 그 점이 오늘 이 시대의 설교자들에게 부족합니다.

옛 설교자들의 저작들을 보면, 고전적인 우아함의 문체로 교정할 부분이 발견되고, 논리적으로 그 보다는 더 잘 정리할 수 있겠다는 대목도 발견됩니다. 철학적인 논리의 정확성이나 명료한 논증력으로 더 힘 있게 표현할 수 있는 면에서 아쉬움도 발견될 수 있습니다. 그러나 여전히 우리의 설교에 이전 설교자들이 보여주었던 꼬집어 증언하는 형식의 호소, 신랄한 호소, 담대한 생략법, 용솟음치는 감정, 강력한 충고, 부드러운 초청이 부족합니다. 지금 설교들이 우아하고 깊고 엄숙하고 조용하게 흐르는 강과 같습니다. 그러나 그들의 설교에는 현대 설교자들에는 없는, 이른바 열정적인 정서의 소용돌이치는 급류(急流)가 천 가지가 있습니다. 이성과 상상력과 정서가 아름답게 조화를 이루어야지요. 이 모든 것이 복음을 전파하는 목적을 이루는데 채용되어집니다. 아니, 영혼들을 그리스도께 인도하기 위하여 채용되어야 합니다.

특별히 제가 소개하는 그 모든 인용 글들을 특징짓는 것은 그 설교들이 '회중의 개인 하나 하나에게' 하는 소리로 들렸다는 점입니다. 우리의 설교를 듣는 사람들이 하나의 주제에 대한 논의를 듣고 있을 뿐만 아니라, 각자 자기 자신들에게 호소하는 말씀을 듣고 있다는 느낌을 갖게 만들어야합니다. 그들의 주의력을 계속 집중시키고, 설교자와 그 회중들 간에 긴밀한 관계가 계속 유지되어야 합니다. 자주 '여러분' 이라는 인칭 대명사를 사용함으로서 각자가 그 설교자의 강론이 바로 자기를 향한 것이라는 생각을 가지고 있어야합니다. 많은 설교자들은 자기의 설교를 듣는 회중들과 충분하게 가까이 가 있지 못합니다.

홀(Hall) 목사의 전성기에 그 정말 인기 있고 권능 있는 강론 몇 편을 듣는 특권을 가졌던 사람들이 있었습니다. 그들은 알 것입니다. 홀 목사가 우리가 앞에서 '집중적이고 간절한 열심'의 본보기로 인용한 대목들에서 본 것과, 최상의 저술가들의 정숙하고 우아한 표현들을 얼마나 놀랍게 조합시켰는지요! 그래서 그는 자기 설교의 복음적인 긴장을 항상 견지하면서도 수정 같이 맑은 생명수 강물을 얼마나 급하게 쏟아 냈던지요! 그에 대해서 이런 말이 들리는데 정말 그런 말을 들을 만합니다. '그는 죄인들이 구원받는 일에 얼마나 큰 열망을 가지고 있던지, 마치 그가 쓰는 언어가 그 목적을 위해 사용되기에는 너무 미약하다는 느낌을 가지게 하였다.' 물론 자신의 주관을 가지고 설교의 용어를 섬세하게 선택하기는 했습니다. 그러나 그는 미처 자기의 표현이 자기의 마음에 있는 것을 전달하는 데 한계에 도달하였다 생각되면, 그 한계선을 박차고 밀어내려고 애를 썼습니다. 그렇게 하여 자기 설교를 듣는 사람들의 영혼을 보다 손쉽게 접근하고 포착하는 일에 자유로워지려 했습니다.

그러나 어쨌든 우리 시대에 신학적 저술을 낸 노(老) 신학자들의 저작이 아주 잊혀지거나 태만이 여겨지지 않으리라는 희망은 있습니다. 로터람 대학(Rotherham College)의 스토웰(Stowell)교수와 같은 사람들이 토마스 아담스(Thomas Adams)의 저작들을 새롭게 출판하기 위해서 서문을 쓸 때 자기들의 재능을 채용하였고, 거룩하게 성화된 그 사람들의 놀라운 획기적 저작물들을 읽도록 독자들을 납득시키려고 그들의 권위를 빌어쓰기도 하였습니다. 그는 정말 아름답고도 매우 정확하게 말하였습니다.

"조나단 에드워즈(Jonathan Edwards)는 사상의 주밀함에 자신을 드렸고, 존 하웨(John Howe)는 숭고한 감성을 불어넣었으며, 윌리암 베이츠(William Bates)는 흠 없고 은빛 같은 영감으로 영혼을 밝혀주었으며, 존 오웬(John Owen)은 영구한 지식을 수확(收穫)하여 사람들의 사고(mind)를 채워주었으며, 제레마이아 테일러는(Jeremiah Taylor)는 탐스런 포도송이처럼 상상력을 북돋아 주었으며, 리처드 백스터(Richard Baxter)는 구원을 위한 열망으로 영혼에 불을 질렀다. 먼저는 우리 자신의 구원을 위한 열망, 그 다음에는 타인의 구원을 위한 열망에 불어넣었다. 토머스 아담스(Thomas Adams)는 심지어 그림을 그리듯 하는 표현력의 샘, 극적인 장엄함과 사람을 제압하는 정념(情念, pathos)의 샘 근원으로 사람들을 유도하였다. 많은 이들이 그러한 샘들이 지금은 말라 있다고 두려워하고 있다. 그러나 우리는 그렇게 믿지 않는다. 아직도 기독교 목회 사역의 그 외경스러운 엄숙함에 대해서 활짝 열려 있는 사고방식을 가진 자들이 있다. 그러한 사람들에게 이 실제적 표본은 자극을 줄 것이다. 그들로 하여금 자기들의 눈으로 직접 그러한 것들을 살펴보게 하고, 조용하게 혼자 생각해 보도록 하라. 그리고 그러한 묵상들의 열매들을 위해서 기도하게 하라. 그리하여 그러한 것들이 사랑의 실상으로 그들에게 나타나게 하라 그리고 그들이 발견해 낼 수 있는 가장 좋은 말로 그들의 감동을 표현하게 하라 그러면 영국 강단에 능력과 독창성이 모자라다는 불평은 더 이상 존재하지 않을 것이다."

오늘날 사람들이 모든 이점을 가지고 현대 교육의 안내서들을 연구하고, 영국 국교회나 비국교도 교회에 속하는 17세기의 성직자들을 연구해 보면 그런 점에서 행복하게 될 것입니다. 앞으로 오는 모든 세대를 위해서도 유익할 것입니다. 그 성직자들의 문체나 논리의 양식을 본 받으려하기 보다는 그들이 마음속에 가졌던 그 '강렬한 간절한 열심'(intense earnestness)을 본받게 하십시오. 모든 일에 있어서 어떻게 생각하느냐가 아니라 어떻게 느껴야 하느냐를 가르치는 저작자로서 알고 그들을 참조하십시오. 저는 현대인의 사고구조가 아니라 현대인의 마음의 상태를 이 위대한 마음을 가졌던 그들, 곧 설교한 것을 책으로 낸 그들 설교자들의 틀 속에 집어넣고 싶습니다. 물론 그들의 신학을 엄격하게 그대로 답습하지 않더라도, 오 그들의 기름부음만은 답습하고 싶습니다. 그들은 자기들이 증거하는 진리를 구체화시키는 능한 권능을 가지고 있었고, 하나님과 친밀하였으며, 영혼을 보는 그들의 관점은 너무나도 강렬하고 선명하고 막힘이 없었습니다. 그들은 자기들의 사역에 참된 목적이 무엇인가에 대해 원활한 이해를 가지고 있었습니다. 그 사역의 목적의 여러 외경스러운 역할에 자기 자신을 온전히 헌신하였습니다. 우리가 이러한 모든 것들을 복습하여 우리 자신의 것으로 삼을 수만 있다면 얼마나 좋겠습니까.

chapter 6

# 설교 전달에서 나타난 '간절한 열심'의 본보기들

**어떤 이가** 탁월한 웅변가인 데모스테네스(Demosthenes)에게 "웅변가를 가장 탁월하게 만드는 첫 번째 요점이 무언인가?"라고 질문하였습니다. 그 질문에 대해서 그는 '전달'(Delivery)이라고 대답하였습니다. 두 번째 요점은 무엇이냐고 다그쳐 물었습니다. 그랬더니 '전달'이라고 하였습니다. 세 번째 요점도 역시 '전달'이라고 하였습니다. 그처럼 웅변의 권위를 가진 자로부터 나온 그 말을 가지고 모든 설교자에게 인상 깊은 권면을 하려 합니다. 이 점은 우리가 지금 생각하고 있는 '간절한 열심 목회'(earnest ministry)라는 주제에 있어서 대단히 중요한 요점입니다.

저 성스러운 사람 로버트 머레이 맥체인(Robert Murray McCheyne) 목사가 죽은 후에 그의 책상 위에서 접혀져 있는 한 메모지가 발견되었습니다. 그 메모지에는 그 목사의 마지막 설교를 들었던 어떤 성도가 준 것인데 그 내용은 이러하였습니다. "목사님께 몇 줄 적어드리는 무례함을 용서하세요. 지난 주일 저녁 목사님의 설교를 들었는데, 그 설교로 하나님께서는 제 영혼에 복을 주셨어요. 제게 충격적으로 다가왔던 것은 목사님의 말씀의 내용이 아니라 그 말씀을 하시는 목사님의 태도였어요. 목사님 속에서 '거룩'의 아름다움이 보였는데 이전에는 한 번도 경험한 적이 없는 것이었어요."

이는 한 설교자의 설교 태도에서 나타난 그 '간절한 열심'이 설교자의 말을 듣도록 회중의 관심을 끌었던 일만 설교들 중에 한 경우입니다. 설교자로서의 그의 태도가 그렇지 않았다면, 그 설교하는 내용에 대하여 주목하지 않았을 것입니다. 웅변의 힘은 우리 본성의 여러 원리들 속에 그 기초를 두고 있습니다. 웅변이란 적확한 언어 구사로 전달하려는 개념을 귀를 통하여 생각 속으로 들어가게 하는 것만이 아닙니다. 호감을 주는 어조(語調, tone)와 조절된 음성으로 정서를 일깨우는 것도 들어 있다 할 수 있습니다. 음악의 힘이 바로 거기에 있지 않습니까? 사람의 연설이 음악적 요소를 가지고 있지 않다면 무엇이겠습니까? 아무리 잘 제작된 악기라도 인간의 음성처럼 절묘한 감동을 일으키는 소리를 발하지 못합니다. 이런 방면에서 본다면 예술도 인간의 음성이 연출해 낼 수 있는 것보다 아래에 속한 것입니다. 우리는 사람의 음성이 가진 이 탁월성 때문에 최선의 목소리를 내기 위해 힘써야합니다. 최선의 목소리가 아니라면 여러 음성의 영역을 통해서 그 어떠한 악기도 흉내 낼 수 없는 여러 다양한 정서를 표현합니다. 그러므로 문명화된 족속이나 그렇지 못한 야만적인 모든 족속들도 웅변의 힘을 고백하였습니다. 단순한 교육을 하는 도구로써가 아니라 마음에 인상을 남기는 방편으로써의 웅변의 힘을 말입니다.

말하는 내용이 문제가 되는 것이지 말하는 태도는 전혀 아무런 의미도 없다 하는 것은 허망한 생각입니다. 진리란 그것을 전달하는 자의 훌륭한 웅변술이나 아름다운 몸짓의 동반여부와 관계없이 제 길을 가기 마련이라고 해도 틀린 말은 아닙니다. 진리는 마땅히 그러합니다. 그러나 많은 경우에서 그 진리에 주목하게하고, 그 진리를 그 진리답게 생각하도록 사람들의 마음을 움직이기 위해서는 그러한 훌륭한 웅변이나 그 진리에 부합해 보이는 품격있는 몸짓이 필요합니다. 그런 것이 없이 진리가 사람의 마음에 아무런 인상을 남기지 않을 수 있습니다. 말하자면 진리를 전하는 자의 태도는 그 진리의 내용의 선구자요 전령입니다. 그리하여 영혼의 모든 기능들을 환기시켜 전달되는 진리에 귀를 기울이게 만들며, 그 밖에 다른 주제들로부터 마음의 생각을 떼어내어 생각을 분산시키고 마음의 인상을 막아버리는 일을 하지 못하게 합니다. 좋은 웅변의 영향을 받는 사람은 덜 배우고 생각을 깊게 하지 못하는 사람들이나 논리보다는 감정에 이끌림을 더 잘 받는 허다한 무리들만이 아닙니다. 깊은 학식을 가지고 정말 매우 철학적인 사고구조를 가지고 있는 사람들도 마찬가지입니다. 슬기로운 사람뿐 아니라 미개한 상태에 있는 사람의 영혼도 음악의 힘과 영향에 민감한 반응을 보입니다. 그러므로 현자이든 어리석은 사람이든 간에 그 영혼은 웅변의 권능과 영향에 민감한 반응을 보입니다.

그러니 말하는 사람의 태도가 중요합니다. 그 점은 가르치는 선생들과 설교자들이 인정하고 싶은 정도보다 그 중요성이 훨씬 더 큰 것입니다. 듣기 좋게 말하기 위해서 좋은 음성이 필요하다는 것은 사실입니다. 그러나 '간절한 열심'을 가지고 말하는 데는 반드시 좋은 음성이 필요한 것은 아닙니다. 그 사람의 천성이 우아하고 완성된 웅변가를 만드는데 많은 기여를 한다는 것이 틀림없는 이야기입니다. 그러나 이런 것이 없더라도 불멸의 영혼을 구원하려는 불타는 열심의 간절한 사고를 가진 사람이 있다 합시다. 그런 이는 그런 태도로 간절한 인상 깊은 열심을 통해서 천성적으로는 정말 훌륭한 목소리를 소유하고 있으나 그런 생명력과 감정이 모자란 사람보다 더 강렬하고 효과적인 설교자가 될 수 있습니다. 천성적으로 말하는 입의 구조가 인상 깊지 못하고 유약하더라도 영혼 구원을 향한 '열심을 가진 사람'은 목소리는 좋으나 그 열심이 없는 사람의 경우보다 훨씬 더 강렬하고 효과적인 설교자가 될 수 있습니다. 마치 능란한 연주자는 악기가 나빠도 좋은 악기를 가진 미숙한 연주자보다 더 훌륭한 음악을 연출해 낼 수 있는 것과 같습니다.

데모스테네스는 가르쳐 줍니다. 만일 우리가 이 목표를 성취할 마음의 결연한 자세만 있다면, 웅변을 통해서 부족을 채워주고 여러 흠결들을 바로 잡기 위해서 어떤 일을 할 수 있는지를 우리에게 가르쳐주고 있습니다. 능력 있고 효과적인 강단 방식을 얻기 위해서 이 웅변의 황태자가 쏟아 부었던 수고의 십분의 일만이라도 들인 적이 있습니까? 그는 효과적인 연사가 되기 위해서 온 힘을 쏟았습니다. 또 우리 앞에 있는 모든 장애를 극복하려는 결심을 데모스테네스와 같은 분량으로 행사하였다면 우리도 훌륭한 웅변가가 되었을 것입니다. 우리가 그 사람 보다 훨씬 더 높은 대의(大義)를 가지고 있습니다. 만일 헬라나 로마의 웅변가들이 그들의 야심이나 애국주의의 자극을 받아 그처럼 많은 연구를 하였고, 자기 발전을 위해서 그렇게 많은 노력을 기울였다면 우리는 어떠해야겠습니까? 우리는 영혼들을 사랑하고 하나님을 위하는 열심의 자극을 받은 우리가 마땅하게 그와 유사한 노력을 기울였어야 했지요? 그 웅변가들은 헬라 제국을 불의하게 집어 삼키려하던 필립공의 계획을 무산시키거나, 로마 제국의 전복의 음모를 꾸몄던 카틸리나(Lucius Sergius Catilina, 108 BC-62 BC)를 파멸시킬 열심에서 그러한 웅변을 계발하였습니다. 그렇다면 우리는 마귀의 일을 무산시키고 우리 구속주의 나라를 진전시키기 위해서 그런 웅변을 사용하지 말아야 할까요?

대중들의 관심을 촉발하는 그 일이 설교자들의 태도에 얼마나 많이 달렸는지 그 비율을 측정하기는 불가능합니다. 그 대중적 인기를 얻고 있었던 설교자들이 다소간 다른 사람이 말하는 것보다 더 두드러진 어떤 것을 말하지 않았습니다. 그들은 다만 더 낫고 더 두드러진 태도로 그 내용들을 말합니다. 그들의 어조에 열정이 있었고, 그들의 모습에 힘이 있었고, 그들의 제스쳐가 우아하였습니다. 다른 이들은 그런 것들을 전혀 공부한 적이 없었으니 그런 경지에 들어갈 엄두도 내지 못하였습니다.

설교자들 가운데 가장 위대한 설교자라 할 수 있는 조지 휫필드(George Whitefield)의 경우가 바로 그 점을 탁월하게 보여주었습니다. 그 특이한 사람의 그 놀라운 능력 중 많은 부분이 설교하는 '그의 음성과 몸짓에' 달려 있었습니다. 저는 이미 그의 설교문을 여러분에게 제시함으로써 그 설교 문체에 관한 그의 방식을 예증한 바 있습니다. 그러나 그의 설교를 한 번도 듣지 못했거나 또 설령 들었다 해도 누가 그의 그 전달 방식을 예증할 수 있었겠습니까? 앞에서 인용했던 그의 설교문들을 생각해보십시오. 그 설교문이 가진 본질에 합당한 '발성'(發聲)으로 그 내용을 전달하였으며, 눈에는 눈물이 가득 고였고, 그 음성은 정서(情緖)로 떨렸으며, 강렬하면서도 충만하다가는 벽력같은 소리를 질렀습니다. 그런 다음에는 부드러운 속삭임으로 다시 잦아들곤 하였습니다. 한 순간에는 하나님을 향하여 애소(哀訴)하고, 이내 다음 순간에는 사람의 양심을 전능자의 날카로운 화산처럼 호소로 찔러대었습니다. 한 번은 죄인을 향한 격한 동정심에 눈물을 쏟아내고 그러다가는 곧장 그 죄인의 죄를 대적하는 불타는 의분(義憤)의 격정(激情)을 토해냈습니다. 그의 손짓이나 몸짓 모두가 그의 비할 수 없는 웅변을 보조하고 그의 수고하는 영혼을 돕는 것처럼 보였습니다. 그것도 갈채를 받기 위해서 인위적인 수사술(修辭術)을 발휘한 것이 아니라, 설교를 듣는 사람들의 마음속에 죄를 깨닫는 각성이 일기를 바라는 불타는 간절함의 표시로서 그런 것이 나온 것입니다. 인기를 얻기 위해 안달하는 사람으로서의 행동이 아니라 불멸의 영혼을 구원하기 위해서 고뇌하는 마음의 즉각적인 분출이었습니다! 그의 설교는 회의적(懷疑的)이고 따지기 좋아하는 흄(David Hume)[1] 같은 사람에게는 신앙고백을 간청하는 웅변이었으며, 그 웅변은 정말 20마일을 걸어가서라도 들을 만한 것이었습니다. 불신앙자 볼링부로크(Bolingbroke)[2] 마저 관심을 가졌고, 차갑고 믿으려 하지 않던 플랭클린(Flanklin)으로 열광하게 만든 그의 웅변이 어떠한 것이었겠습니까? 잠자는 족속을 무감각하고 미지근한 상태에서 일깨워 새 생명을 불어넣었고, 죽어가는 경건을 다시 살리는 그러한 강론들 속에서는 어떤 사변적(思辨的) 철학이나 공교한 논증이나 형이상학적 논거(論據)따위는 발견하지 못할 것입니다. 진정한 강단 웅변의 산품들은 그런 형식을 띤 적도 없고 그런 형식을 띨 수도 없습니다. 거기서는 '사상(思想)들이 내뿜어지고 불타는 낱말들(words)이 쏟아져 나옴'을 볼 것입니다. 죄로 죽었던 수 천의 사람들이 하나님의 복주심으로 그 기이한 음성의 마술을 통해 살아났습니다. 그런 일이 그 놀라운 강단 웅변을 통해 일어나게 됨을 보게 될 것입니다.

로버트 필립(Robert Philip)목사가 휫필드의 생애에 대한 전기를 썼는데, 그 중에 다음 장면을 살펴보면 그의 웅변이 가진 제압하는 권능의 한 증거를 만나게 될 것입니다.

---

[1] 그는 1711~1776의 사람으로서 영국의 유명한 철학자로 인식론의 대가 - 역자 주
[2] 그는 1678~1751의 사람으로서 영국의 정치가 겸 문인 - 역자 주

"매년 2월이면 휫필드가 런던으로 돌아왔다. 거기서 '생명과 권능이 다시 그를 감싸 돌았다. 구속주께서는 그를 통해서 매일 많은 사람들의 마음 속에서 승리를 쟁취하셨다.' 이 당시 런던에서 복음이 새로운 진보를 보였는데, 그는 그것을 강조적으로 '구속주의 위엄 당당한 거보'(Redeemer's stately steps)라고 불렀다. 그는 잘도 해냈다. 부활절 휴가 기간 동안 무어필즈(Moorfields)에 있는 '사탄의 전초기지'에서 쏟아져 나오는 수천의 사람들이 그의 설교를 들으러 몰려들었다. 그로 인해 그는 부활절 이후 제 7월요일, 그러니까 성령 강림 기념주일(Whit-Sunday) 바로 다음 월요일(Whit-Monday)의 모든 장애들의 위험을 무릅 쓸 결심을 굳혔다. 본래 그 월요일은 허영과 사악(邪惡)의 대 축제일(gala-day)이었다. 이 일을 설명한 길리스(Gillies)의 말이 틀린 것도 아니고 흥미가 없는 이야기도 아니지만 매우 불완전하다. 그러함에도 그 때에 휫필드가 이룬 위업(偉業)과 명성이 어떠하였는지에 대해서는 잘 이야기 해주고 있다.

다음은 휫필드 자신이 그 때 일을 친필로 기록하여 보고한 내용이다.

"여러 해 동안 무어필즈의 이 끝에서 저 끝까지, 협잡꾼들과 놀이꾼들이나 꼭두각시 놀음꾼을 위해 온갖 종류의 임시막사가 세워졌다. 성령강림절 그 다음 월요일 오전 여섯 시에 사단에게 포로가 되어 그 수하에 종노릇 하며 끌려 다니던 수천의 사람들을 불쌍히 여기는 마음이 내게 밀려와 주체할 길이 없었다. 그래서 기도하는 큰 무리의 사람들을 대동하고 그 임시막사들 사이에 나는 감히 나사렛 예수의 이름으로 깃발을 꽂았다. 거기에는 나를 위해서가 아니라 사탄의 도구가 되어 자신들을 즐겁게 하려고 기다리는 1만 여명의 사람들이 있었다. 말하자면 나는 한 번에 마귀의 기선을 제압했음을 못내 기뻐하였다. 나는 노천강단(露天講壇)을 세우고 그 위에 올라갔다. 즉시로 그 강단 주위에 모든 이들이 몰려들었다. 나는 요한복음

3:14,15의 말씀, '모세가 광야에서 뱀을 든 것같이 인자도 들려야 하리니 이는 그를 믿는 자마다 영생을 얻게 하려 하심이니라.'의 말씀으로 설교했다. 그들이 나를 뚫어지게 바라보면서 말씀을 청종하며 울었다. 나는 많은 이들이 자기들의 지나간 과거의 죄 때문에 깊이 뉘우치며 죄를 깨닫고 그 죄를 미워하는 회오감으로 마음에 찔림을 받았다고 믿는다. 모든 이들이 엄숙하고 근엄하였다. 나는 그렇게 용기를 얻어 정오에 다시 그 모험을 감행하였다. 그러나 놀라운 장면이 벌어졌다! 그들 전체가 말씀과는 정반대로 구속주의 추수가 아니라 바알세불의 추수를 위해 덮혀 있는 듯 보였다. 바알세불의 모든 수종자들이 총동원하여 드럼을 두드려대며 나팔을 불고 익살을 부렸다. 꼭두각시 인형패들이 짐승의 모습을 흉내 내며 놀이를 벌이고 있었다. 각자의 귀를 즐겁게 하려고 모두 분주하게 움직이고 있었다. 내 짐작으로 2,3만 명은 족히 될 듯 싶었다. 내 강단은 그들이 장난을 벌이는 그 정반대 편에 세워졌다. 그런데 즉시 그들을 참으로 크게 부끄럽게 하는 일이 일어났다. 그런 놀이에 관심을 보이고 참여하던 자의 숫자가 급격히 줄어들었다. 나는 그 장면을 보면서 사도 바울처럼 내가 에베소에서 짐승들과 싸우도록 부르심을 받았다는 생각을 하였다. 나는 사도행전 19:28 '크도다 에베소 사람의 아덴이여'라는 대목을 가지고 설교했다. 누구든지 그런 설교를 하면 그 교활한 사람들 중에서 큰 소요(騷擾)가 일어나리라는 것을 쉽게 예단할 만하였다. 그리고 내가 돌에 얻어맞거나 썩은 계란 세례를 받거나 오물을 둘러쓰거나, 아니면 사람들이 던지는 죽은 짐승의 고깃덩어리에 얻어맞을 것이라 쉽게 상상이 될 만한 상황이었다. 그런 와중에 그들이 재미있어 하는 그 거짓된 허영에서 벗어나라고 촉구하고 있는 내 자신의 모습을 쉽게 연상해 볼 수 있을 것이다. 내 영혼은 마치 으르렁거리는 사자들 가운데 있는 것 같았다. 그런데 웬일인가? 그렇게 크고 많은 무리들 대다수가 잠시

동안 어린양들로 변한 것 같았다. 이에 용기를 얻은 나는 저녁 여섯 시에도 다시 설교하겠다고 공지하였다. 나는 그 시간에 나갔고 보았다. 그러나 무엇을 보았는가? 이전보다 더 많은 수의 사람들이 아직 가능하다면 자기들의 그 불행한 유희(遊戲)에 더 깊이 관여하고 있었다. 그러나 그들 가운데 적지 않은 사람들이 복음을 듣기 위해 간절한 열심을 가지고 기다리고 있었다. 사탄은 이를 참아낼 수 없었다. 사탄에게 가장 충직한 종들 가운데 어떤 자가 큰 무대에서 트럼펫을 불어대고 있었다. 그러나 그 모든 이들이 검은 성직자의 복장을 하고 강단에 서 있는 내 모습을 보자마자 자기들이 하던 일을 멈추고 나에게 달려 왔다고 나는 생각한다. 잠시 나도 내 목소리를 나팔 소리 같이 높일 수 있었다. 많은 사람들이 내 기쁨에 찬 목소리를 들었다. 하나님의 백성들이 계속 기도를 하고 있었고, 원수의 수종자들은 우리 진영에서 얼마 떨어진 데서 일종의 고함을 치고 있었다. 결국 그들이 더 가까이 접근하였고, 어릿광대들(내 설교 때문에 그날의 수익에 많은 손해를 입었다고 불평하는 다른 사람들도 합세하여)의 앞잡이가 다른 사람의 어깨위에 기마 자세로 타고 강단 가까이 접근하여 길고 무거운 채찍으로 여러 차례 나를 치려고 시도하였다. 그러나 번번이 헛손질을 하였고, 그때마다 제풀에 나가떨어지곤 하였다. 그들은 그러고 나서 곧장 드럼을 가진 사람 몰이꾼을 채용하여 회중 사이를 지나가며 북을 두드려댔다. 나는 명령을 내려 '그 왕의 행차를 위해 길을 내주라'고 지시했다. 그래서 그 회중이 사이에 길을 내주느라 갈라졌고 그 사이에 그들이 조용히 지나갔고 지나가는 즉시 회중은 합해졌다. 이러한 시도가 실패로 돌아가는 것을 본 큰 집단이 반대편에서 사람들을 끌어 모았고, 자기들의 깃발을 높이 쳐들고 얕잡아 볼 수 없는 매우 거대한 세력으로 우리를 향하여 접근해왔다. 그리하여 '말씀을 들으며 기도하여 거의 기가 꺾이지 않고 있는 회중들' 주변 가까이까지 당도하였다. 나는 그것을 보고 경고하였고, 우리의 구원의 대장이신 주님께 기도하여 '지금 우리를 지원해주시고 구원해 주십사'고 간구하였다. 주님께서는 그 기도를 들으시고 응답하셨다. 그들이 분함이 가득한 표정으로 우리를 향해 접근했을 당시 나는 어떤 일이 벌어질지 몰랐다. 그런데 그러던 그들 속에서 자중지란(自中之亂)이 일었고, 자기들의 지팡이를 내려놓고 뿔뿔이 흩어졌다. 그러나 그들 중에 많은 이들이 흩어지지 않고 내 설교를 들으려고 뒤에 남았다. 그들은 자기들에게 우리가 어떻게 하기 전에 포위당하여 포로로 넘겨지게 된 셈이다. 나는 그렇게 믿는다. 내가 생각하기에 계속 기도하고 설교하고 찬송을 불렀다(정말 설교하기가 너무 어려울 정도로 시끄러웠다). 그러기를 세 시간 동안이나 계속 했다."

"그런 일을 치른 후에 우리는 우리 장막(Tabernacle)으로 되돌아왔다. 내 호주머니들은 구원에 열망을 가진 사람들이 준 쪽지로 가득 차 불룩하였다. 그 쪽지를 읽어 내려가니 수 천의 사람들이 찬미와 영적인 갈채를 보냈다. 그 수천의 사람들은 그렇게나 많은 죄인들이 전혀 예기치 못한 방식으로 마귀의 아가리에서 낚아채어 건짐받았음을 즐거워하며 거룩한 천사들과 함께 찬미를 불렀던 것이다. 이것이 바로 '터버내클 공회'(Tabernacle Society)의 시작이었다. 하루에 영적 각성을 받은 350명의 영혼들이 영접을 받았다. 내게 쪽지를 준 사람들의 수는 일천 명에 육박했다고 나는 믿는다. 그러나 나는 이것으로 그 때 일에 대한 보고를 끝내야 한다. 여러분 모두가 피차 하나님과 어린양께 찬미와 감사를 드리기 위하여 합세하기를 원한다고 믿기 때문이다."

저는 바로 이 일이야말로 세계 교회사에 '웅변이 산출해 낸 가장 위대한 업적'으로 감히 선언하고 싶습니다. 사도 베드로가 오순절 날에 그리스도를 죽인 살인자들을 설교로 회심케 하는 그 찬란한 승리를 거둔 이후에 가장 위대한 일이란 말입니다. 휫필드가 서있던 그 장소를 생각하십시오. 그리고 그가 어떠한 환경에 둘러싸여 있었는지 그 장면을 생각해보십시오. 잡다하게 섞인 사람들이 왁자지껄 떠들어 대어 서로 간에 말하는 소리도 들리지 않는 상황이었습니다. 간단히 말해 런던의 유흥가의 그 야비한 소리침들과 소동이 어떠한 것인가를 떠올려 보십시오. 그 사람 휫필드는 그러한 와중에 노천 강단을 만들고, 거기 그런 장면에서 설교를 할 수 있었습니다. 그 사람의 용기에 여러분도 대번에 놀라지 않을 수 없을 것입니다. 그런 상황에서 딱 한 번의 설교로 수 백 명의 영혼의 회심을 이끌어 낼 정도로 그의 수고의 열매가 기이하게 나타난 것을 보고 더욱 더 놀라지 않겠습니까?

데모스테네스가 웅변적인 연설을 통해 아덴 사람들을 일으켜 마케도니아의 필립을 대적하도록 한 것과, 이 휫필드가 사람들로 회심케 한 그 설교 사이의 효과를 비교하면 어떠하겠습니까? 그 저명한 헬라 웅변가는 자기편에 있는 많은 이점을 활용하였습니다. 그의 웅변적인 연설은 당시의 역사적 상황과 서로 맞물려 있었습니다. 그의 연설을 들을 마음에 준비를 하는 회중들이 거기 있었습니다. 그것이 그의 대단한 논증과 연설에 유리한 고지를 제공해 주었습니다. 그러나 저 기독교 웅변가인 휫필드는 유리한 고지가 전혀 없었습니다. 오히려 그 정반대였습니다. 상황이 그 설교의 주제와 조화와 걸맞지도 않았고, 그 설교자의 목적 성취를 대적하려고 원수들이 도사리고 있었습니다. 그런 모든 것들을 극복하고 싸워 승리를 거두어야 했습니다. 자, 그렇게 청중의 눈을 감기고 그 귀를 둔하게 하여 그들 가까이 있는 장면에서 들려오는 시끄러운 소리가 전혀 들리지 않게 하고 대신 그처럼 놀라운 웅변에 주목하게 한 그 마력적인 권능이 무엇이었겠습니까! 그 청중으로 하여금 설교하는 그의 생각의 흐름을 정신없이 따라가게 하여 결국 수 백 명을 하나님께 돌아오게 한 그 추리력의 힘이 무엇이었겠습니까!3)

　그런 일이 일어나는 데 쓰인 방편의 차원에서 생각하면, 이 놀라운 효과가 휫필드의 대단한 '웅변력' 이었다고 말할 수밖에 없지 않습니까? 그 웅변력이 단순성과 그가 강조한 진리의 힘과 결합하여 그런 효과를 내지 않았을까요? 그 사실이 그 때부터 지금까지 1세기 동안 기록으로 보존되어 사람들에게 알려졌습니다. 그럼에도 불구하고 우리는 거기서 취해 배울만한 교훈을 얻는데 더디었습니다. 그 교훈들 중에서, 추천할만한 연설 방식을 통해서 산출된 효과에 대해서 관심을 두었어야 했습니다. 정말 그러한 결과를 가져오기에는 너무나 격에 어울리지 않는 것처럼 보이는 상황에서 그런 열매가 맺혀졌습니다. 저는 지금 제 형제들에게 사탄의 요새를 직접 공격하는 모험을 감행하던 휫필드의 방식을 그대로 답습하라고 요청하고 있는 것이 아닙니다. 제가 믿기로 휫필드도 다시는 그런 식으로 하지 않았습니다. 또 다시 그렇게 하려는 시도도 하지 않았던 것으로 보입니다. 그러나 제가 의도하는 바는 그 목회자가 가진 사역자로서의 '간절한 열심의 본질' 과 그의 '음성과 몸짓의 힘' 을 주목하라는 것입니다.

---

3) 이 책의 필자인 본인은 이 책이 처음 출간된 이후 지금까지 Aberdeen의 Marishcal College 학장 Dr. Dewar가 휫필드의 웅변력에 대해 다음과 같은 증언에 많은 혜택을 입었다. "고 Dugald Stewart 가 이렇게 말한 바 있다. '내 나이 18세 경에 Calton Hill에서 설교하는 휫필드의 설교를 들을 기회가 있었다. 그의 설교는 놀라웠다. 내가 전에 들어보지 못하던 환상적인 매력이 그의 설교에는 있었다. 그 때 이후로 완전한 웅변(perfect orator)이란 무엇인가에 대한 개념이 확실하게 정립된 셈이다. 그러나 그 이상(理想)이 휫필드를 통하지 않고는 실현된 적이 없었다. 그는 흠없는 완전한 웅변에 대한 내 이상을 완전하게 채운 사람이다.' Dubald Stewart 교수가 휫필드의 견줄 이 없는 완전한 능력에 대한 이 견해를 내게 전달해 주었을 때 그 분의 나이가 60대 중반이었다. 그렇게 빼어난 철학자의 그 증언은 기록될 가치가 있다."

우리는 웅변의 힘을 보여주는 또 다른 경우를 숙고하려 합니다. 그 경우가 그 자체로 보면 앞의 경우에 비해 장엄성이 부족하고 대단해 보이지는 않습니다. 그러더라도 이 책을 읽는 독자들에게는 더 쓸모 있어 보이는 경우입니다. 왜냐하면 제가 지금 소개하려는 경우는 이 책을 읽는 독자들의 시대와 더 가깝고, 현재 이 독자들이 처한 상황의 수준과 더 걸맞기 때문입니다. 저는 지금 리버풀의 스펜서(Spencer)목사를 뜻하고 있습니다. 홀(Hall) 목사는 바로 이 비범한 젊은 설교자를 가리키며 이렇게 논평합니다.

"이 글을 쓰는 필자는 스펜서 목사가 자기가 가진 특이한 권능들을 간증할 기회를 가진 적이 없다는 것이 못내 아쉽다. 그러나 가장 훌륭한 지각을 가진 분별 있는 사람들로부터 그 목사가 들은 모든 평을 다 종합해보건데 의심할 여지없이 강단에서의 그의 재능은 견줄만한 사람이 없을 정도였다고 생각한다. 그의 생명이 더 연장되었었더라면, 모든 가망성을 종합해 보아 적어도 이 나라에서 그가 이룩했던 수준보다도 더 완벽한 수준의 설교 예술을 드러내 보여 주었을 것이라고 생각한다. 그의 웅변은 그냥 과시하는 듯한 모습이 아니라 가장 선명한 효과를 내는 것임이 드러난다. 그의 웅변은 공적인 연사가 되기 위해서 필수적으로 요구되는 어떤 한 자질에서 뛰어났다기 보다는, 모든 자질들이 절묘하게 조합을 이루었다고 해야 할 것이다. 거기서 특이한 인상을 남기게 되었고, 그런 웅변력은 자연스럽고 위엄에 찬 발성법으로 큰 힘을 더 얻게 되었다."

바로 바로 마지막 표현에서 홀 목사는, 스펜서 목사의 대중적 인기와 유용성(有用性)에 자기 비밀의 많은 부분을 노출시켰습니다. '자연스럽고 위엄에 찬 웅변,' 단순하면서도 때 묻지 않은 '간절한 열심의 방식' 으로 복음 진리의 장엄한 교리들을 선포하였습니다. 정말 열중하는 표정과 모습으로 증거하여 현대에 가장 마음을 사로잡는 설교자로 회중을 이끄는 매력을 산출하였습니다. 이 시대의 젊은 목회자들은 「스펜서 목사의 생애와 남긴 유산들」(Spencer's Life and Remains)이라는 책을 읽어야 합니다. 이 책은 그의 후임자 저 재능 많은 래플스(Raffles) 박사가 출간한 것입니다. 그리고 스펜서 목사가 죽은 후에 출판된 책들을 읽어보십시오. 그러면 그러한 설교들 속에서 특이한 재능이 번득이는 어떤 것도 발견하지 못할 것입니다. 그 용어를 통상적으로 쓰는 방식에 있어서도 어떤 고상한 웅변이나 심오한 사변이 보이지 않을 것입니다. 또한 대단한 상상력이나 그 문체의 아름다움을 발견하지도 못할 것입니다. 그럼에도 불구하고 그 책을 읽는 젊은 목사들은 설교의 매 단계마다 십자가에 못 박히신 그리스도의 교리를 만나게 될 것입니다. 남자다운 열정과 분명하고 명료한 언어로 그 교리들을 선포하는 것을 보게 될 것입니다. 구원의 방식이 잘 교육받은 사람의 사고와 이웃의 진정한 유익을 위해 자애심이 흘러넘치는 마음을 통하여 쏟아져 나오는 것을 듣게 될 것입니다.

하나님의 은혜 주심 속에서 그가 얻은 그 성공을 무엇에 돌려야겠습니까? 그가 사는 큰 도성만이 아니라 나라 전체에 그의 명성을 떨치게 하였습니다. 더 나아가 (그 자체로 무한히 더 중요하고 그 자신이 훨씬 더 열심히 추구하였던 바대로) 그처럼 수많은 영혼을 그리스도께 인도하게 된 그 성공을 무엇에 돌려야겠습니까? 이 질문에 대하여 주어져야 하는 한 대답이 있습니다. 그것은 바로 설교하는 그 사람의 태도에 매력이 있었다는 것입니다. 그는 정말 '간절한 열심' 속에 있었습니다. 결단코 심오한 사상은 아닌데도 불구하고 그의 단순하면서도 우아한 말의 흐름이 항거할 수 없는 도도함을 드러내어 설교 듣는 자들을 몰아갔습니다. 이 젊은 목회자의 짧은 생애로부터 끌어내어 배워야 할 가장 중요한 교훈, 또는 가장 중요한 추론은 복음을 설교하는 그의 활력 넘치는 방식의 광대한 귀추에 관한 것이었습니다.

저는 여기서 이제 또 다른 설교자에게 눈을 돌릴 수 있습니다. 그 사람은 특별한 방식으로 자기 시대에 가장 인상 깊은 설교자 중 한 사람으로 간주된 사람입니다. 그는 캐터링의 톨러(Toller of Kettering) 목사였습니다. 그 사람의 경우 역시, 설교를 통해 산출된 효과의 많은 부분의 원인을 그의 강설 양식에서 찾아야 할 것입니다. 그 설교가 가져온 효과는, 격렬하게 큰 고함을 치는 것이 '간절함'과 '깊은 인상'의 본질적 요소가 아님을 증거합니다. 강단에서 설교하는 그의 전체의 표정은 그처럼 조용하고 차분할 수가 없었기 때문입니다. 물론 그처럼 엄숙하게 위풍당당한 모습을 보이는 경우가 없을 정도였습니다. 출간된 그의 설교집들을 보면 그의 사상이 그 대단한 문장력을 통해서 표현되어 힘을 가진 특성을 드러내고 있음을 발견합니다. 그렇다고 해서 그의 명석한 재능의 번쩍임으로 화려한 것은 아닐지라도 말입니다. 상당 기간 그와 매우 친밀한 우정 관계를 가지고 지냈던 홀(Hall) 목사가 그를 회고하면서 말하는 것을 들어보십시오. "고상한 단순성과 다른 것을 개의치 않는 위풍당당함이 그의 웅변의 뛰어난 특징들이었다." 그의 태도에는 그의 청중들을 사로잡는 항거할수없는 매력이 있었습니다. 배운 사람이든 그렇지 않든 관계없이 매료시키는 매력이 그에게 있었습니다. 배우지 못한 사람들에게는 이해하도록 하였고, 배운 사람들에게는 느낌을 주었습니다.

저는 그의 설교를 한 번 밖에 듣지 못했습니다. 그러나 그의 설교는 기억할만한 것이었습니다. 스트레톤의 로벗슨(Robertson of Stretton) 목사와 함께 장립식 예배 때에 행한 설교였습니다. 그 장립 때 홀 목사가 감탄할만한 도

전적 설교를 하였습니다. 후에 그것이 「기독교 목사의 난제들과 격려」(The Difficulties and Encouragements of the Christian Minister)라는 제하로 출판되었습니다. 그러한 때에 그 두 설교자가 산출한 효과를 망각한다는 것은 불가능한 일입니다. 그래서 그것을 묘사할 수 있습니다. 그 두 사람의 설교를 그때 처음 들었습니다. 톨러(Toller) 목사의 설교를 그때 듣고 난 후 다시는 들을 기회가 없었습니다. 나는 그 설교를 들으면서 내가 전에 그런 설교를 한 번도 들어본 적이 없는 것 같다는 느낌을 가졌습니다. 의심할 여지없이 둘 다 흥분하여 자기들의 최선을 다하였습니다. 그 장립식의 분위기 뿐만 아니라 두 설교자가 함께 있음으로 최선을 다하려고 자극을 받고 있었습니다. 톨러 목사의 생애를 전기로 쓴 사람이 채용한 용어는 그의 문체와 설교 태도를 묘사하기 위해 고를 수 있는 가장 적절한 것이었습니다. "단순성과 다른 것에 개의치 않는 위풍당당." 회중이 그가 설교하는 동안에 눈과 귀를 다른 데로 돌려 그 설교를 청종하지 않는다는 것은 불가능한 일이었습니다. 그의 설교 전달 양식이 그와 구별되는 동료 설교자의 입에서 후에 터져 나오는 그 감동적인 웅변의 격랑(激浪)은 아니었습니다. 오히려 위엄에 차고 조용하고 깊고 고상한 강물과 같았습니다.

홀(Hall) 목사는 톨러 목사의 전기에서 이렇게 말합니다.

"감동적인 정서를 불러일으키는 능력이 있어서 내가 들어본 설교자들 중에서 가장 탁월하였다. 그의 설교를 듣는 전체 회중이 설교단 아래 회중석에서 촛밀처럼 녹아 있는 모습을 자주 보았다. 내 자신의 감정도 여러 차례 격한 상태로 감동되었다. 겉으로 보기에 그러한 설교의 효과가 아주 쉽게 일어나는 것처럼 보였다. 설교문을 위해서 정교하게 준비된 것도 없었고, 어떤 특이한 열정이나 강력한 어조도 없었고, 애처로운 상상력을 일으키도록 공교하게 꾸며 말하는 것도 없었다. 그런데도 어떻게 그 설교를 듣는 사람의 마음이 사로잡히게 되고 제압당하는지 알기란 참으로 어려운 일이었다. 대중적인 웅변으로 이러한 일이 늘상 있을 수 있는 것이라고 상상하기도 어렵겠지만, 톨러의 설교의 대부분이 이러한 능력을 보여주는 여러 표증을 지니고 있다고 확언하는데는 무리가 없다."

다음 인용문은 바로 이 탁월한 사람의 설교 두 편이 일으킨 효과를 묘사하는 홀(Hall) 목사의 글입니다.

"내가 처음 그 사람과 알게 된 것은 그때 1796년 즈음이었다. 전에도 그를 알고 있었고 때로 그의 설교를 듣곤 하였다. 그러나 그때에는 그의 재능을 바르게 평가할만한 입장에 처하지 못했었다. 그런데 1796년경에 캐터링으로부터 9마일 떨어진 드레스턴에서 두 번의 강좌를 서로 나누어 맡게 되었다. 베드로전서 2:1,3의 본문을 가지고 강해하는 그의 설교를 듣고 얼마나 놀라고 얼마나 유쾌했는지 아직도 잊지 못한다. 그의 설교 진행 전체에 배어들어 있는 그 풍성함과 기름부음과 단순한 위엄은 내가 전에 한 번도 느끼지 못한 감동을 경험하게 하였다. 그래서 그 설교가 기독교 목회사역에 대한 새로운 관점을 내게 제공한 셈이다. 그러나 그 설교 효과가 아무리 강력하였다 할지라도, 베드포드에서 1년에 두 차례 열리는 그 연합집회에서 그가 행하는 설교를 들으며 경험했던 것에 비하면 비할 바가 아니었다. 그 때 그가 선택한 본문은 매우 엄숙하고 인상 깊었다. 베드로후서 1:13~15의 말씀을 기초로 한 설교였다. '내가 이 장막에 있을 동안에 너희를 일깨워 생각나게 함이 옳은 줄로 여기노니 이는 우리 주 예수 그리스도께서 내게 지시하신 것 같이 나도 나의 장막을 벗어날 것이 임박한 줄을 앎이라 내가 힘써 너희로 하여금 내가 떠난 후에라도 어느 때나 이런 것을 생각나게 하려 하노라.' 이 강론이 그 설교를 들은 청중들에게 미친 효과는 그전에 한 번에 목격한 적이 없는 것이었다. 물론 그 효과는 그 설교자의 특별한 처지에 매우 큰 도움을 받았다는 것을 의심할 수는 없다. 건강이 극도로 쇠약해 있어서 아마 그 형제들에게 설교하기로는 마지막인 것처럼 보였다. 설교자의 얼굴은 파리하고 너무 여위어 있었다. 이제 세상을 하직하고 영원한 세계로 들어갈 아주 가까운 지점에 서있는 것처럼 보였다. 그의 진술의 단순성과 위엄성, 사망의 음침한 골짜기에서 간신히 소리를 내는 것 같은 그 설교자의 음성의 유언적(遺言的) 엄숙함이 그 주제가 본래적으로 가진 위엄과 조합이 되어 설교를 듣는 설교의 회중의 마음에 두려움과 유순함을 끼쳐 완전하게 회중을 진정시켰고, 아마 그 이후에는 전혀 목격하지 못했을 일이 벌어졌다. 곧 설교를 듣는 회중이 흐느껴 울었기 때문이다. 다른 모든 감정들이 그 경건한 느낌 속에 흡수되어 있었다. 작은 공간 틈이 우리에게 허락된 것처럼 느껴졌으며, '장차 올 세상의 능력' 앞에서 모든 지상의 사물이 사라진 것처럼 느꼈다. 그럼에도 불구하고 그런 효과를 산출하기 위해 노력을 기울이는 흔적도 없었고, 열렬하게 외치는 것도 없었고, 대단한 상상력을 드러내보이지도 않았고, 어떠한 격조 높은 묘사도 없었다. 그저 진리를 단순하게 선언한 것뿐이었다. 실로 무한한 진리를 그저 선언하였는데 그것이 그 진리의 실상과 장엄함에 깊이 깨어있는 이지를 통해서 마음에 꽂혀 들어온 것이다. 비평을 하려드는 사람들의 생각이 무장해제된 셈이다. 그 설교를 듣던 사람은 마치 자신이 비평주의가 뚫고 들어올 수 없는 높은 대기층에 올라온 느낌이었다. 다른 모든 것은 바로 그 장면을 장악하고 있는 정신에 힘없이 복종하였다. 아마 그 장면을 목격한 사람들은 기억할 것이다. 마치 그 경우가 회중을 제압하는 설교자의 권능과 세계 교회사에서 신기원을 이룩할 상례적 일들에 대해 쉽게 생각될 수 있는 높은 견본을 제공하는 바로 그 설교에 나타난 효과가 보여주는 것으로 기억할 것이다."

물론 홀 목사가 자기 친구 톨러 목사의 웅변을 더 높이 평가해주고자 하는 심정도 글 속에 묻어남을 인정해야 할 것입니다. 그런다 할지라도 이 묘사는 우리 젊은 목사들에게 줄 충분한 교훈을 담고 있습니다. 젊은 목사들은 설교를 전하는 방식의 광대한 중요성을 배울 수 있습니다. 물론 그 설교의 내용 구성에 대해서도 배워야 합니다. 이 짧으나 고귀한 목회자 전기(傳記)로부터 배울 교훈이 그것만 있는 것은 아니고, 또 그것만이 가장 가치 있는 것도 아닐 것입니다. 왜냐하면 홀 목사와 같이 가장 높은 수준의 지성을 가진 사람들은 강단 웅변의 완벽한 경지에 가장 접근해 있는 것을 어떤 기준으로 보고 있는 지를 그의 책에서 미루어 짐작해 볼 수 있기 때문입니다. 그처럼 대단한 지성을 가진 사람들마저 기꺼운 자세로 순응하여 감동을 받을 그 강단의 웅변이 어떤 종류의 것인지를 우리는 그 전기를 통해서 유추할 수 있습니다.

대단한 설교를 산출하려는 의도를 가지고 인위적으로 꾸며내는 설교도 아니고, 큰 소리로 호언장담하는 식의 어투나 대단한 상상력을 동원하여 사람들에게 야심어린 갈망을 갖게 하려는 것도 아닙니다. 차갑고 추상적이고 이지적인 논증으로 형이상학적 변증을 시도함으로 큰 효과를 내려고 한 것도 아닙니다. 오직 사람을 가르쳐 분별력을 가지게 하고, 양심을 각성시키고 마음에 영향을 미칠 목적에서 단순하고 '간절한 열심'을 가지고 증거하려 한 것 뿐입니다. 모든 위대한 지성은 단순성을 사랑하고 짐짓 꾸미는 모습을 혐오합니다. 홀 목사 같은 이의 경우는 특별히 그러하였습니다. 정신적 자질을 평가하는 그의 예리한 분별력은 쓸데없이 웅변적으로 큰 소리치면서 말하는 열심을 아주 싫어하고, 익살을 부리는 것도 혐오하였습니다. 그의 풍자들은 인정머리 없이 신랄하게 비평하는 분위기를 띄는 경우도 적지 않았습니다. 단순성을 크게 높이는 그의 칭찬도 때로는 약간 과장되기도 하였습니다. 쓸모 있는 목표를 세운 설교자의 참된 야심은 홀 목사의 평을 들으면 더 진하게 느껴질 것입니다. "오늘밤 이 설교로 한 백 명의 영혼이 회심하지 않았나 하는데요. 그렇지 않습니까?"[4]

효과적인 설교전달의 광대한 중요성을 입증하기 위해서 예로 들 수 있는 수많은 경우들 중에 몇 가지만 위에서 살펴보았습니다. 우리 설교자들 중에 이 점에서 부족하여 실패한 경우가 다른 원인들로 실패한 경우 보다 더 많을 것입니다. 그 사실은 상식적으로 관찰하더라도 증거가 전혀 모자라지 않을 정도로 잘 알려져 있습니다. 목회자를 양성하는 모든 대학의 교수들 뿐 아니라 이사진들도 유념할 정도로 두드러진 사실입니다. 학교에서 공부를 시작하여 마칠 때까지 '우리 학생들의 말하는 능력 계발의 부재 현상'이 너무나 일반적 현실이 되었습니다. 어떤 내용으로 설교할지에 대해서는 대단히 큰 배려를 하고들 있습니다. 그러나 그 내용을 '인상 깊은 방식으로 전달하는 방식'을 가르치는 데는 너무나도 인색합니다.

그 목회 지망생들을 학자나 철학자들이나 신학자들로 만들기 위한 도움이 필요합니다. 그러나 제가 두려워하는 것은, 좋은 내용을 '바르게 잘 전달하는 사람'이 되는 문제에 대해서는 무관심한 채 있다는 사실입니다. 목회 지망생들 스스로 해결할 문제라는 식으로 내버려 두고 있습니다. 그들

---

[4] 필자가 설교를 마치고 나니 Hall 목사가 필자에게 한 논평이다. 그런 평을 들었던 설교자가 대체 누구인지 알고 기뻐할 이들 중에도 이 책의 본문에서는 그 점을 유추하여 낼 수 없었을 것이다. - 편집자 주

스스로 그러한 방식을 개발하기 위해서 애를 써야함을 그들에게 권고조차 하지 않고 있습니다. 마땅히 강조해야 하는데도 말입니다. 목회 지망생들을 바르게 교육하는 시스템이 되려면 자연히 설교의 웅변력에 대해서도 관심을 기울여야 합니다. 이런 일은 목회자 대학에 들어가자마자 시작되어야 합니다. 그래서 그가 설교 연습자 명단 위에 이름이 올라갈 때쯤이면 자기의 음성을 조절하기 위해서 어느 정도 훈련이 되어 있어야 합니다. 그래서 내용이나 목적으로부터 시선을 돌려 그의 설교 태도에 신경을 쓰는 일이 있어서는 안 됩니다. 그때쯤 되면 말하는 습관을 익혀, 그 말을 유창하게 해 낼 수 있고, 신경을 쓰지 않아도 해낼 수 있는 정도가 되어야 합니다.

'설교 웅변술'에 관한 강좌를 열지 말아야 한다고 반기를 드는 사람들도 있습니다. '그런 강좌는 과장되고 경직되고 꾸미는 방식을 산출하는 경향이 있다'는 식으로 말입니다. 그러나 그런 식으로 반론을 제기하는 일은 예술을 모독하는 일입니다. 말의 예술의 목적은 말이 서툰 자의 여러 난점을 치료하고 부족한 발성을 보충하고, 쉽고 자연스럽고 인상 깊은 언어로 말하고자 하는 바를 전달할 수 있게 하는 데 있습니다. 설교자들이 설교한다는 것은 '더 큰 어조로 말하는 것이며 설교 태도를 좀 더 강조해야 함'을 언제 배우겠습니까? 어째서 설교하거나 기도하는 어조가 '강단에 서면 말하는 어투'에 영향을 미쳐 서툴러집니까? 우리가 원하는 것은 회화적인 방식입니다. 때로 감동어린 대목이나 느낌을 확보할 수 있는 생기와 힘을 얻어 고양될 수 있는 그런 회화방식 말입니다. 강단 밖에서는 아주 말을 잘하는 사람들도 강단 안에서는 매우 서툴게 말합니다. 자기들이 쉽고 자연스러운 회화 방식을 거룩한 강단으로 가져갈 수만 있다면 얼마나 더 수용력 있는 설교가 되겠습니까!

그러므로 바우간 박사(Dr. Vaughan)가 중요하고 인상깊은 논평을 한 것이 생생하게 떠오릅니다.

"목회 사역을 위하여 공부하는 우리 학생들이 훌륭하게 웅변하는 일에는 실패하도록 내버려 두어 보라. 그런 상태로 프로테스탄트 비국교도 교회에서 목회한다 하자. 그들이 다른 일에 어떤 성공을 거둔다 할지라도 별 의미가 없을 것이다."

정서에 있어서도 건전한 정통을 지키고 있으며, 학문과 철학에 있어서도 상당한 진보를 이룩하였고, 의심할 여지없이 좋은 경건을 유지하고 선을 행하는 일에 열심을 내라고 합시다. 그럼에도 불구하고 그 어려운 일을 처리해 나가지 못하는 이들이 매우 많다는 사실입니다. 그런 이들은 아마 굉장히 놀라게 될 것입니다. 천성적인 재능이나 문학적인 성취도에 있어서 자기들보다 훨씬 열등한 사람들이 어느 곳에 가든지 많은 추종자들을 만나게 되는데 자기들은 어느 곳에서나 주목을 받지 못하기 때문입니다. 그 난제는 쉽게 풀릴 수 있습니다. 그 비밀도 금방 풀려집니다. 우리 열등한 사람들은 '간절하고 생기 있는 방식'으로 자기들의 빈약한 능력들을 동원하여 대중들의 생각과 마음의 양심을 향하여 말합니다. 그런 것이 마음이 빠진 논문이나, 학자들의 지루한 에세이나, 쌀쌀한 분위기가 도는 철학자들의 정교한 수필을 서툰 투로 말하는 사람보다 훨씬 더 영향력 있게 사람들에게 다가갑니다. 그런 이들은 쓸데없는 지식의 창고를 많이 가지고 있음에도 불구하고 많은 효과를 얻지 못합니다.

그러나 주목할 것이 있습니다. 강단에서 생기를 가지게 하는 일에서 보다 실수하기가 쉬운 일이 없음을 주목해야 합니다. 많은 젊은 목사들이 은혜롭고 효과적인 웅변의 중요성을 알아차리고도 그 예술의 가장 잘 입증된 원칙들을 연구하거나 실천하는 수고를 전혀 하지 않습니다. 그러나 우리가 바로 그 문제만을 위하여 싸우는 것은 아닙니다. 싸워서 목표로 해야 할 것은 바로 그 예술성이 아닙니다. 춤에 능한 춤꾼의 가르침들이 경직되고 형식적 몸짓만을 산출합니다. 그런 경우 자연스러운 편안함이나 우아함은 전혀 보이지 않습니다. 웅변을 가르치는 선생은 '간절한 열심'을 가지고 온 힘을 다해 말하는 설교자를 형성하는 일에는 거의 아무 일도 할 수 없습니다. 그런 경우 영혼 안에 살게 하는 생기의 자원이 전혀 없는 것입니다. 연사를 탁월하게 만드는 것은 거만하거나 과장하거나 대단한척 하는 말의 문체가 아닙니다. '극장의 연극배우처럼 깜작 놀라며 빤히 쳐다보는' 그런 것도 아닙니다. 자기 앞에 있는 한 교사의 손짓을 따라서 어조나 목소리의 운율을 조절하고 있는 것처럼 목소리를 내는 것도 아닙니다.

오히려 자기가 전하는 '주제'(subject)를 강하게 느끼고 '강력한 정서의 감화 아래서 생생하고 인상 깊게' 말하여 다른 사람들도 자기와 똑같이 느끼게 하려는 결연한 자세를 보여야 합니다. 강단에서의 생기의 비밀과 간절한 열심의 원천은 앞에서 말씀드린 바와 같이 강론하는 주제에 대한 심오한 느낌 속에 있습니다. 또한 논의하는 테마(theme)에 그의 이지가 강한 인상을 받고 마음이 뜨거워지는데 그 비밀이 숨어 있는 것입니다. 누구나 느끼면 간절해집니다.

어떤 변호인의 일화가 그것을 말해줍니다. 소송 의뢰인이 자기의 사정을 느낌도 없이 어찌나 초연하게 말하던지 변호인은 그 점에 넌더리가 나서 말했습니다. "난 당신의 꾸며낸 이야기를 신용하지 않습니다." 소송 의뢰인이 그 변호인이 불쑥 내뱉는 말을 듣고 분개하였습니다. 자기가 지금 진실을 말하는데도 자기의 말하는 진의와 억울함을 믿어주지 못하는 변호인을 보니 화가 난 것입니다. 그리고 자기가 이야기하는 것이 다 진실임을 아주 강한 어조로 확언하였습니다. 그러자 그 변호인이 말합니다. "이제는 제가 당신의 말을 믿겠습니다."

옛 시인의 진부하나마 가치 있는 교훈이 언제나 진리로 남아있습니다. "네가 나를 울리고 싶으면 네 자신이 울라." 공감(共感)이야말로 연사의 가장 강력한 보조수단입니다. 강력한 정서처럼 전염성이 강한 것이 없습니다. 설교자가 애수(哀愁)에 가득찬 떨리는 어조로 말하고 그 입술은 뒤틀어지며 눈에 눈물이 가득 고인 가운데서 회중에게 말하면 회중도 대번에 함께 눈물을 흘립니다. 우리는 거의 그런 장면을 목격하였습니다. 그러면 회중이 진지해지기 마련이며, 감정의 격발을 받는 데서 멈추는 것이 아니라 전하는 주제의 가치에 흥분하게 됩니다. 그래서 그 진리를 전하는 설교자에게 공감할 생각의 준비가 된 셈입니다. "고상한 것과 괴이한 것 사이의 차이는 일 보 밖에 되지 않는다."는 말이 옳습니다. 같은 요점이 감동받는 일에도 적용될 수 있습니다.

그 감동 받는 일이 그만 구역질나는 일로 하락될 수도 있습니다. 참된 정서는 도덕적인 주제이든 종교적인 주제이든 간에 말하는 사람의 말을 매력적으로 보이게 만듭니다. 순전한 정서가 없으면 가장 잘 균형 잡힌 장중한 웅변적 진술도 마음에 감동을 주는 데는 미력할 것입니다. 그것이 귀에는 아무리 아름답게 들려도 말입니다. 우리는 때로 고상하고 잘 작곡된 음악을 흔히 청종하였습니다. 예를 들어서 교향곡 서곡을 들으면 정말 감탄하지 않을 수 없습니다. 그러나 그것이 여전히 별 감동을 주지 못하는 경우도 있습니다. 왜냐하면 서곡 전체가 처음부터 끝까지 열정적 음조(音調)를 가지고 있지 않기 때문입니다. 그러나 열정적 음조를 가진 서곡이 끝나고 단순한 멜로디가 흐르면 문제는 다릅니다. 그 서곡의 음조나 여러 단락의 힘들이 합세하여 그 정념(情念, pathos)이 모든 음조에 깃들이게 하면, 우리 마음속에서 정서의 동요가 일어나게 됩니다.

여러 다른 타입의 설교자들의 경우도 그러합니다. 우리가 어떤 설교자의 설교를 듣습니다. 그 설교의 구성이 탁월하고, 음성이 낭랑하여 마치 음악적인 목소리를 가지고 있어 우리의 감탄을 자아냅니다. 그러나 마음의 열정이 보이지 않고 그저 차갑고 조용하다 합시다. 그렇게 정서가 빠지면 아무리 좋은 말도 사람을 움직이지 못합니다. 그러나 어떤 설교자는 재능도 부족하고 어떤 의미에서 덜 웅변적인 사람이나 그의 어조나 표정이나 방식에 '간절한 열심의 느낌'이 충만합니다. 그래서 그 말 한 마디 한 마디가 그 설교자의 마음에서 나와 우리 마음을 일깨워 같은 느낌을 갖도록 합니다. 영원한 진리의 정말 엄숙한 실체, 그 실체를 인정하지 않고 회개하지 않는 죄인의 위험과 운명, 그리고 하늘의 영광과 지옥의 고통의 문제를 말하면서 너무나 차갑고 아무 정서도 없이 말하는 설교자가 있다고 합시다. 마치 과학을 강의하는 한 사람이 자연사(自然史)의 여러 사실들을 강론할 때에 드러내는 것과 같은 방식으로 그러한 주제들을 말한다 해 보세요. 그런 사람의 강론을 듣고 감동받기 쉬울 사람이 누구이겠습니까?

어떤 목사가 연극배우에게 이렇게 말했습니다. "상상력으로 그려낸 내용을 가지고 연기하는 당신의 그 일이, 정말 사실을 가지고 말하는 우리의 설교보다 훨씬 더 많은 효과를 산출하는 이유가 어디에 있습니까?" 그 질문을 받은 배우가 말했습니다. "우리는 꾸며진 일을 마치 사실처럼 연출합니다. 그런데 목사님들은 정말 사실인 것들을 가지고 마치 꾸며낸 것처럼 설교들을 하십니다." 둔하고 차가운 석상(石像)처럼 말하는 설교자가 열정 없이 그저 천편일률적으로 단조로운 어조로 말함으로 듣는 청중들을 정신적으로 졸게 만들고 있습니다. 그런 설교자 자신이 전하는 메시지를 스스로 신용하고 있다고 믿기가 정말 어려운 것입니다. 음성을 높이거나 내리지도 않고 똑같은 일률적 음조로 졸리게 하는 설교자의 설교를 들으면, 그의 어조가 조금도 변함이 없고, 그의 눈은 그저 똑같은 모습입니다. 그의 손도 움직임이 없습니다. 마치 자기가 '꾸벅꾸벅 졸게 하려고 딸랑딸랑 종을 울려 잠들게 한 사람'을 그 잠에서 깨게 하는 것을 무서워하듯이 말합니다. 그런 설교자가 영혼의 가치를 어떻게 느끼겠습니까? 그가 영혼에 대해 '간절한 열심'을 가지고 있다고 보십니까? 그 사람이 그 영혼들을 부지깽이가 불타는 곳에서 재빨리 끄집어내듯이 그 영혼들을 건져내려고 애를 쓰고 있는 것처럼 보이겠습니까? 누가 그런 이의 말을 신용하겠습니까?

물론 그런 설교자들 중에 목소리의 폭이 크지 않을 수도 있고, 천성적으로 차분한 성격의 소유자일 수도 있습니다. 또 천성적으로 웅변력이 모자랄 수도 있습니다. 그러나 그 사람을 강가로 데려가 어떤 사람이 물에 빠져 죽을 위기에 처하여 애쓰고 있는 광경을 보게 하십시오. 그리고 그더러 그 물에 빠진 사람을 구출하기 위해 로프나 널판지를 던져보게 하십시오. 그가 구해내려는 그 사람에게 구원의 방편을 붙들라고 알려줄 때, 힘 있는 어조와 확신에 찬 '간절한 열심'의 목소리를 높이지 않겠습니까? 그런 경우에는 그의 단조롭고 천편일률적인 어조에서 분연히 일어서지 않을까요? 자기가 크게 고함치는 목소리가 그 물에 빠져 죽어가는 사람에게 들리게 하려고 간절하고 애를 태우지 않겠습니까?

그러니 '간절한 열심의 방식'이라는 말은 전하는 메시지의 중요성을 깊이 인식하고 그에 합당하게 그것을 전달하는 방식을 말하는 것입니다. 우리는 우리의 설교를 듣는 청중들을 설득하고 간청하고 탄원해야 합니다. 이러한 양식의 연설은 그 나름의 어법을 가지고 있습니다. 바울 사도가 벨릭스로 하여금 두려워 떨게 만들고, 베스도로 하여금 "네가 미쳤도다 네 학문이 너를 미치게 하였도다!"라고 소리치게 만들었습니다. 그 때 바울의 방식은 얼마나 인상 깊고 감동적이었겠습니까! 그러나 고상하고 엄숙한 계시의 진리라도 설교자의 마음에 감동을 주어 그 마음을 주장하여 사로잡지 못한다면, 그 진리를 논의할 때 차가운 자세를 보이거나 확신 없는 흐리멍덩한 모습을 띨 수밖에 없습니다. 그리스도의 사랑이 우리를 강권하여 강력한 급류처럼 우리를 쓸어갈 때에만, 우리가 다루는 그 큰 주제에 합당한 태도로 말할 것입니다. 우리가 다루는 주제의 위대함을 실감 있게 느낄 정도가 되지 못하면 냉담한 설교자가 될 수밖에 없습니다.

이 점은 우리가 설교하는 진리에 강력한 인상을 받는 삶을 영위하는 것이 얼마나 광대한 중요성을 지니고 있는지를 보여줍니다. 우리는 배우가 취하는 방식을 취할 수 없습니다. 배우는 무대 의상을 입고 무대에서 연기하나 커튼이 내려지면 그 의상을 벗어 버립니다. 우리 자신의 목소리를 통해서 우리 심령에 '간절한 열심'이 있다는 식으로 인위적으로 꾸밀 수도 있습니다. 또 공적 예배의 엄숙성을 통해서 그러한 꾸민 모습을 연출할 수 있습니다. 그러나 이런 일은 통상적으로 탁월한 경건의 결과로 드러나는 그 장렬한 열기에서 나온 것과는 매우 다릅니다. 그런 경우는 일관성이 없이 변덕스럽거나 미약하거나 임시적일 것입니다. 탁월한 경건의 결과로 그 정서가 깊은 데까지 감동을 받을 때, 설교자의 말과 어조가 그 열기를 전달하게 되는 것입니다. 데모스테데스의 그 마음에 있는 애국심의 불을 그의 웅변으로 전달하였습니다. 그는 정말 자기 나라를 사랑하였고, 필립이 헬라의 자유를 무너뜨리려는 간악한 음모를 두려워하였습니다. 그 사실을 백성들에게 알리기 위하여 웅변적으로 연설하였습니다. 그 때 그 어조 속에 번개와 뇌성이 쏟아진 셈입니다. 마케도니아의 필립을 대항하여 비난한 데모스테네스의 12개의 연설들은 가장 강력한 급류를 쏟아낸 것이지요. 그 급류는 그의 마음에서 터져 나와 정돈된 웅변의 법칙을 통해서 흘러갔습니다. 정말 그는 그 마케도니아 왕자의 음모와 헬라의 위태로운 상황을 보고 그 영혼의 고뇌와 비통을 마음에 가지고 있지 않았다면, 그와 같은 식으로 말할 수는 결코 없었을 것입니다.

우리의 경우도 마찬가지입니다. 우리 속에 살아있는 활기가 넘치면 그것이 수사학의 열심으로써가 아니라 믿음의 열심으로 나타나야 합니다. 기술로써가 아니라 '새롭게 된 성품의 열심'으로 나타나야 합니다. 깜짝 놀라게 하려고 의도된 열심이 아니라, 듣는 사람으로 하여금 죄를 깨닫고 감동을 받게 하려는 열심이 있어야 합니다. 일부러 짐짓 군중을 모으고 박수갈채를 받아내려고 궁리하다가 나온 태도가 아니라, 사람들의 영혼을 사망에서 구원하려는 간절한 태도여야 합니다. 바로 이 목적을 위해서는 우리가 어떠한 방편이든지 채용하고, 우리가 어떠한 방책을 써서라도 서툰 연설의 여러 난점을 해소하고, 우아한 웅변의 이점들을 확보해야 합니다(그러한 일들은 매우 합법적입니다). 그러니 항상 강력하고 효과적인 강단연설의 기초는 깊고 열렬한 경건임을 기억해야 합니다. 그것이 빠진다면 공중 앞에 나타나서 대단한 연설을 할 수 있는 재능을 가지고 있다 해도, 그것은 "소리 나는 구리나 울리는 꽹과리"에 불과할 것입니다.

코튼 마더 박사(Dr. Cotton Mather)는 말로 할 수 없이 큰 가치의 저작,「목회 지망생과 설교자」(The Student and Preacher)를 남겼습니다. 지금은 그 저작을 기억하는 이들이 거의 없는 실정입니다. 그 책에서 그는 이렇게 논평하였습니다.

"잘 준비된 설교를 그렇게 좋지 않은 발음 때문에 효과가 절하되는 것을 보면 애석하기 그지없다. 그러므로 모든 공허하고 무의미한 소리를 피하고, 모양 좋지 않은 모습은 전혀 보이지 말고, 우스꽝스러운 것은 다 피해야 한다. 그러니 강단에서 신중하게 생각하여 말하도록 하라. 문장 안에 있는 어휘의 강약 발음을 잘 지키라. 그 단어마다 고유한 강세가 있으니 그것을 잘 살리도록 하라. 이런 점과 아무런 연관이 없는 어조는 매우 분별없는 행동이고, 구름 속에서 너무 많은 말을 하는 것처럼 들릴 것이다. 그러니 시작할 때 어조를 너무 높이 하지 말라. 항상 힘 있게 결론을 맺으라. 설교할 때 노트를 가지고 올라가야 한다면 그것도 필요한 셈이다. 유명한 웅변가들 중 몇은 그렇게 작성된 문서를 가지고 올라가기도 하였다. 그러나 거기에 문서로 작성된 것을 적절하게 사용하는 것과, 그 작성된 것을 그대로 낭독하는 것은 전혀 다르다는 사실을 알아야 할 것이다. 항상 말하는 분위기와 활기를 견지하도록 해야 한다. 그 적어간 것을 지루하게 읽음으로 듣는 회중의 주목을 상실하여서는 안 된다. 강단으로 기록하여 가지고 간 것도 다 기억하지 못하는데 회중은 여러분이 읽는 것을 죄다 기억해 주기를 바라는가? 어떻게 그럴 수 있겠는가? 그 밖에 여러분이 말할 내용을 다 읽어 말할 내용을 둔하게 하거나 방해하여 결국 당당하게 말할 기회를 전혀 얻지 못할 것이다. 그러므로 내가 충고하고 싶은 것은 이것이다. 써가지고 올라가는 것을 가이드 정도로만 삼으라. 그래서 이번에는 어떤 화살을 날려야 할 것인지 그 경로를 보기 위한 가이드로만 활용하라. 그래서 시선은 여러분의 말을 듣고 사람들에게 더 많이 머물게 하라. '간절한 열심'을 가진 자답게 부릎 뜬 눈의 활기로 다음 날릴 화살을 쏘아 붙이라. 그리하여 듣는 회중이 진리를 잘 즐기도록 하라. 그래서 궁극적으로 여러분이 토하는 열변이 듣는 자의 양심에 생생한 충고로 들리게 하라. 그리고 여러분이 호소하는 것이나 질문을 던지는 것이 양심에 꽂히게 하고, 그리고 불타는 설교자의 손에 넘겨진 그 위탁물이 듣는 회중의 가슴속에 있게 하라. 그러한 화염 속에서 일을 놀랍게 행할 수 있다."

마더 박사가 이보다 조금 더 나아가 목회를 시작하는 젊은 형제들에게 강단에 올라갈 때는 어떠한 노트도 가지고 올라가지 못하는 습관을 처음부터 들이라고 간곡하게 충고하지는 않았습니다. 그러나 오늘날은 바로 그러한 충고가 더 필요해 보입니다. 갈수록 설교문을 줄줄 읽어 내려가는 실제가 더 두드러지는 것 같기 때문입니다. 이러한 방식이 보편화 되는 것 보다, '간절한 열심의 열기'를 억누르고 우리 설교자들의 유용성(有用性)을 더 방해하기 쉬운 것을 찾기가 어렵습니다. 이러한 실제에도 불구하고 몇 몇 살아있는 표본들이 될 만한 탁월하고 존귀한 쓰임새를 가진 설교자들이 일어날 수 있음도 사실입니다.

어떤 교단에서나 그런 일을 목회자들의 몫으로 맡겨놓은 경우가 드물게나마 있습니다. 그러나 이 경우가 대다수의 사람들에게 해당되지는 않습니다. 대다수의 사람은 써가지고 간 것을 읽어 내리는 이 습관의 불리한 요점에도 불구하고 자기들을 높이 들어 세우는 탁월한 지성을 소유하지 못했습니다. 그래서 표현되는 진술의 정확성을 위해서 써가지고 간 것을 그대로 읽어 내리는 것을 달가워하는 교회들이 적다는 것을 알게 될 것입니다. 설교원고를 가지지 않은 채 강단에서 자기가 전할 설교를 하였다면, 우리에게 있어서 가장 뛰어난 사람들이 훨씬 더 뛰어나게 되었을지 모릅니다. 예를 들어 휫필드(George Whitefied)나 홀(Hall)이나 파슨스(Parsons)가 자기 설교문들을 읽었다고 생각해보십시오. 그렇다면 그들의 고상한 지성이 얼마나 제약을 받았겠으며, 그들의 용솟음치는 마음의 열기가 얼마나 방해를 받았겠습니까! 설교 강단 말고 어디에서 그 써온 것을 용납하겠습니까? 무대나 법정에서나 상원에서나 그렇게는 하지 않습니다. 회화체(會話體)로 설교 내용을 말하면, 미리 작성하여 온 설교문 보다 그 표현의 정확성이나 면밀함에서 약간 뒤져 손실이 있을 수 있음도 인정합니다. 그러나 그 손실은 편안하게 인상 깊게 들음으로 얻는 이득에 비하여 더 크다 하겠습니까? 써온 것을 노예적으로 읽는 사람은 용모와 우아한 몸짓으로 표현하여 얻어내는 도움을 벌지 못합니다. 그 설교자의 영혼과 그 설교를 듣는 회중의 영혼 사이의 공명(共鳴)의 끈이 약화됩니다. 그의 웅변의 번개 빛과 같은 섬광의 섬세함이 약화되며, 이런 장애를 받아 뇌성(雷聲)이 심각하게 약화됩니다. 아마 설교문을 읽는 습관이 가진 불리한 요점을 그 설교문을 읽는 습관을 들인 사람도 알아차릴 것입니다. 그래서 아직 그 습관이 형성되지 않은 젊은 형제들에게는 할 수만 있다면 그런 습관을 피하라고 말하고 싶을 것입니다. 그러나 설교 주제의 본질과 범위 때문에 형편에 따라서 설교원고를 들고 가게 할 수도 있고, 그럴 필요가 있을 수도 있습니다.

그러나 어쨌든 그 설교하는 것의 주제와 관련하여 기도의 내용과 태도에 대하여 적당하게 숙고할 수 있습니다. 그 두 사이에는 긴밀하고 명백한 연관이 있습니다. 간절한 열심을 가지고 증거되는 설교들이 간절한 열심의 기도와 연관되어야 마땅합니다. 경건하고 신실하고 헌신적인 목사가 덜 쓸모 있기가 거의 어렵다는 것은 의심할 여지가 없습니다. 어쨌든 그 신실한 목사는 설교보다는 기도를 통해서 그 회중들 속에서 경건의 정신을 유지하고 있습니다. 그의 연단된 성품의 열기가 하늘로부터 불어오는 미풍처럼 미지근한 회중의 영혼에 불어와 그들 마음속에서 경건의 불꽃을 일으킵니다. 반면에 공적인 기도가 둔하고 냉담하면, 거기 모인 사람들 속에 아직 남아있을 수 있는 적은 경건의 열기도 꺼버리기에 충분합니다. 우리는 이 점에 대해서 너무 작게 생각해 왔으며, 간구의 은사를 계발하고 그 은혜를 구하는 일에 너무 게을렀습니다. 하나님을 위해서 죄인들을 다룰 때 간청하고 탄원하는 끈질긴 자세를 지키고 있기만 하면, 죄인을 위해서 하나님과 교통하는 일에 있어서 덜 끈질김을 보여도 좋은가요?

우리의 양떼들은 이러한 두 방향의 행동에 대한 증인들로서, 우리가 그들에게 어떻게 말하는 것 뿐 아니라 그들을 위해서 어떻게 간청하는지도 보고 있습니다. 그들은 자기들을 위해서 고뇌하면서 탄원하는 간구를 듣습니다. 그래서 우리가 그들을 우리 마음에 두고 있다는 선언이 얼마나 진실한가를 확신하게 됩니다. 깊은 애성과 깊은 영혼을 위한 염려로 가득 찬 간구가 회중들의 마음을 부드럽게 하여 그 다음에 행해질 설교를 들을 준비를 하도록 얼마나 많은 기여를 하겠습니까? 누가 하나님과 경건한 씨름을 하는 설교자의 경건이 회중에게 엄숙하고 압도적인 효과를 거두는 것을 보지 못하겠습니까? 회중은 설교자가 기도하는 동안 능력과 영광으로 하나님께서 자기들 가운데 임하시어 자기편에서 어떤 은혜의 역사를 준비하고 계신 것처럼 느끼게 되었습니다. 가장 무례하고 가장 안정치 못한 심령들이 때로는 경외심을 가진 심령들로 변하고, 쓸데없는 일에 관심을 가지고 시시한 일에 마음을 쓰던 사람이 이 거룩한 행사를 통해서 진지하게 되었습니다. 이는 즉석 기도를 하는 우리가 이런 방면에서 이점을 가집니다. 그러니 우리는 그 이점을 활용하는데 게으르지 말아야 합니다. 우리 자신의 자원하는 마음으로 기도해야 합니다. 그렇게 될 때 예배의 각 분야와 조화를 이룰 수 있고, 우리가 읽은 성경 말씀과 우리가 부르는 찬송들과 우리가 드리는 기도들이 다 합하여 설교의 주제에 좋은 영향을 미칩니다. 그리고 그것이 일관성 있는 통일성을 갖추게 하고, 그 교회의 성소에 엄숙한 효과를 집중시키게 만드는 것입니다. 모든 목사는 이러한 목표를 잃지 말아야 합니다. 그래서 사람들의 생각이 분산되지 않고 한 통로로 함께 모아져 한 요점을 향하여 집중하게 해야 합니다. 구조적인 효과뿐 아니라 기도도 작아 보이는 많은 요인들이 서로 결합하여 열매를 맺는 일에 달려 있습니다.

그러나 더 특별하게 기도는 설교와 조화를 이루어야 합니다. 그리고 설교자마다 그 설교가 어떠해야 하는지를 알고 있죠. 만일 회개치 않고 믿지 않는 사람들에게 끈질기게 간청하려는 내용을 설교하려 한다면, 그 호소를 위해서 마땅히 준비시키는 쪽으로 기도해야 합니다. 그래서 회중들이 그 설교를 들으면서 설교자의 마음이 자기들을 위해서 하나님께 열심히 간청하고 있다는 것을 알게 한다면 설교자의 호소를 듣도록 준비시키는 셈입니다. 그렇게 될 때 회중들은 경외심을 가지고 앞으로 증거 될 설교가 하나님의 복 주심으로 말미암아 자기들의 회심을 위해 효력을 내게 하는데 합당한 마음의 상태로 들어가게 되는 것입니다. 그러한 기도는 설교자가 그 설교하려는 내용을 가장 적절하게 미리 알리는 것이 될 것입니다.

그러나 특별하게 신경을 써야하는 부분이 있습니다. 찬송이나, 기도와 설교 사이에 끼어있는 음악곡조가 그 생각의 흐름을 방해하지 않도록 조심해야 합니다. 그런 식으로 내버려 두면 이미 산출된 엄숙한 인상이 방해를 받으며, 전달하려는 설교의 효과를 훼방하는 쪽으로 나아가게 됩니다. 제가 어느 설교자의 설교를 들었던 기억이 납니다. 그는 꽤 엄숙한 설교를 하려고, 정말 가장 인상 깊은 긴장감을 가지고 회개치 않는 사람을 위하여 기도를 토해냈습니다. 제가 들었던 기도 중에서 가장 인상 깊은 기도 중 하나였습니다. 그의 기도를 통해서 촉발된 회심에 대한 관심이 그 설교로 계속 이어져 끝막음하려는 희망을 그 설교자는 갖고 있었습니다. 엄숙하게 사람들이 다시 자리에 앉았습니다.[5] 그때 사람들의 마음에서 말씀의 씨앗을 물어가려는 악한 자의 자극을 받아서인지 그 성직자는 가장 격에 어울리지 않는 찬송을 불러대었고, 여러 악기를 동원한 성가대가 서서 노래를 불렀습니다.[6] 그런데 그 노래는 그 분위기에 가장 맞지 않는 곡조였습니다. 이 책을 읽는 독자가 이쯤에서 쉽게 상상을 갖겠지만, 설교자가 산출한 그 진지함이 순간적으로 빠져나가버리고 설교를 위한 회중들의 마음의 준비가 전적으로 무너져버렸습니다. 성가대석이 강단의 유용성을 대적하는 경우가 흔하고, 성가대의 합창이 설교자의 노력을 무산시키는 경우가 얼마나 허다한지요! 찰스 피니(Charles Finney)는 부흥에 대한 그의 책에서 아주 소상한 부분까지 미리 점검을 하라고 당부하였습니다. 심지어 그의 책을 읽는 독자들이 조롱할 정도로 그리하였습니다. 그렇다고 제가 찰스 피니의 태도를 옹호하거나, 그의 책을 추천하려고 하는 것은 아닙니다. 다만 그가 권고하는 정신 속에 진정한 철학이 하나 있다는 말입니다. 곧 모든 공적인 연설과 마찬가지로 설교의 효과도 아주 사소한 것에 따라 좌우된다는 확신이 있었다는 말입니다. 사소한 것들은 생각의 흐름을 다른 데로 돌리고 감

---

5) 설교자가 기도할 때 회중들도 함께 섰던 것 같음 - 역자 주
6) 오르간이나 성가대의 합창을 통하여 회중의 찬송을 상승시키려는 여러 가지 모든 시도를 해 보았지만, 그래도 철저하게 훈련된 선한 선창자에 따라서 찬송을 따라 부르게 하는 것 보다 더 경건하고 더 좋은 효과를 내는 것이 없어 보인다. 특히 회중들을 잘 가르쳐 예배의 숭고한 대목에서 선창자에 따라서 따라 부르게 한 경우에 그러하다. 이렇게 해야 성가대가 있는 곳에서 불시에 일어날 수도 있는 폐해를 막을 수 있을 것이다.

상의 사슬을 끊어버리거나, 정서의 과정을 어지럽히는 대단한 힘을 가지고 있습니다. 공적인 예배와 관련된 모든 것마다 하나님 앞에서 드려지는 예배에 합당하도록 질서정연하고 엄숙하게 조절되어 있어야 합니다.

이제 기도의 주제로 다시 돌아와서, 모든 목회자는 하나님께 아뢰는 이 기도가 그 본질과 의도에 따라서 적당해야 합니다. 하나님의 손에 있는 복을 얻어내는 매개체로서의 바른 구실을 하기에 합당한 기도가 되게 하는데 특별한 관심을 기울이는 것이 마땅합니다. 그러나 더 중요하게 그 기도가 사람들에게 미치는 도덕적 효과 때문에 신경을 써야합니다. 우리는 기도의 어떤 형식을 고착시키는 것은 반대합니다(우리가 충분한 근거를 가지고 그렇게 생각합니다). 왜냐하면 그렇게 하면 항상 변하는 회중의 환경이나 일어나는 여러 사건들이나 목회자의 섬김에 적응하는 부분에서 부족하기 때문입니다. 또한 그런 식으로 하면 형식주의에 빠지기 쉽습니다. 그러나 이러한 모든 이점들을 우리의 자발적인 기도로 보호해야 한다는 것입니다. 모든 방면에서 덕을 세우도록 조절하기 위해 신경을 써야합니다. 그러나 목회자의 공적인 헌신의 실제에 있어서 개선할 여지가 많지 않습니까? 어떤 경우들에서는 너무 지나치게 정교화 시키거나, 기도문을 너무 많이 고심하였다는 흔적이 드러나기도 합니다. 물론 그런 기도를 통해 받는 감동이나 풍성함이나 충만함이 모자란 경우가 훨씬 더 많지만 말입니다. 기도가 자주 본질을 벗어나 초점이 희미해지고, 간구의 내용들이 서로 연관성이 없이 그저 나열되거나, 기도 제목의 통일성도 없고 기도하는 목적의 명확성도 없습니다.

설교자로서 홀(Hall) 목사의 인물됨을 평가하는 포스터(Foster)의 묘사를 들어 보십시오. 거기서 즉석 기도의 주제에 관한 몇 가지 놀랄만한 논평이 발견됩니다. 그것은 어떤 특별한 기도 제목들에 생각이 더 집중되어 있으면 좋다는 것입니다. 설교하기 전에 기도할 때 산만해지기 쉽습니다. 그러나 특별한 어떤 기도 제목들에 생각을 집중하면 더 큰 효과를 산출할 수 있다는 것입니다. 우리는 한 기도 제목에서 다른 기도 제목으로 너무 성급하게 옮겨가 우리 기도를 함께 따라오는 회중들을 놀라게 합니다. 앞선 기도 제목을 마음에 미처 음미하기도 전에 새로운 제목으로 성급하게 나아가서 생기는 놀람입니다. 짧은 몇 순간만이라도 기도하는 일에 대해서 생각을 머물게 하지 못하고 빠르게 진행됩니다. 그런 기도에 마음을 합하여 따라가는 일은 매우 어렵다고 말해도 틀리지 않습니다. 포스터는 말합니다.

"너무나도 빠르게 나열하는 것들은 집중적인 주목을 허용하지 않는다. 아니면 마치 그러한 집중적인 주목이 필요하지 않다고 말하는 것같이 보인다."

우리가 제재 받지 않는 다양성의 자유로움을 가지고 있는데도 어째서 항상 같은 지반(地盤)을 지나가야 합니까? 정확히 같은 기도 제목들을 정확히 같은 순서와 같은 길이, 거의 같은 단어들로 나열하여 쏟아낼 필요가 어디 있습니까? 하나의 계속되는 목표를 염두에 두고 다른 모든 것은 빠트려 놓고 하나의 계속적인 긴장 속으로 파고 들어갈 수 없는 이유가 무엇입니까? 하나의 정해진 목적을 염두에 둔다면, 그 목적에 속해 있다고 우리가 느끼는 그 중요성을 청중이 얼마나 깊게 확신하게 될 것이며, 그러한 방식이 그들로 하여금 우리와 깊은 공감을 가지도록 해주기가 얼마나 쉽겠습니까!

우리가 세심하게 주의해야 하는 것이 있습니다. 호기심을 자극하거나 경건한 마음을 산란하게 만드는 모든 개성들을 피해야 합니다. 특히 찬미같이 거룩한 분위기를 풍기는 온갖 형용사들을 구사하다가 갑자기 비난받을 만한 범죄적인 요소들을 지적하는 식으로 나가서는 안된다는 것입니다. 자유를 사용하되 남용하지 않도록 조심하고, 우리가 설교하는 목적과 의도를 위해서 우리의 기도하는 방식이 도움은커녕 방해가 되지 않도록 아주 조심해야 합니다. 미리 작성한 기도문은 여러 가지 불리한 요점들을 가지고 있습니다. 마찬가지로 자유롭게 하는 즉흥기도도 여러 가지 불리한 요점들을 드러낼 수 있습니다. 자유롭게 기도하는 편에서 그 이점의 균형을 넓게 생각하면, 국교회 형제들이 가지고 있는 공(公) 기도서에 대해서도 같은 말을 할 수 있음을 우리는 상기해야 합니다. 그러므로 우리가 서로 인애어린 마음으로 참아내면서 각자 애호하는 방식이 가장 훌륭한 용도를 내도록 애를 쓰는 것이 합당합니다.

기도의 내용뿐만 아니라 기도의 태도에 대해서도 진지한 생각을 가져야 합니다. 기도하는 실제의 성질 자체가 허식을 부리거나 너무 정교하게 독창성을 드러내려고 하는 일을 금기시해야 합니다. 색다르거나 친숙하거나 불경건한 모든 것들이 그 기도의 본질 자체와 맞지 않습니다. 그 기도의 성질상 단순성과 영성을 요구합니다. 경박하거나 부주의하거나 거만하게 과장된 언사를 쓰는 모든 일을 적잖게 금기시하는 것은 기도의 숙제입니다. 가장 진지하고 경외어리고 경건한 기도의 방식은 우리 설교자들을 위해서뿐만 아니라 설교를 듣는 청중을 위해서도 요청됩니다. 어떤 사람들의 음성의 어조는 대번에 모든 경건한 느낌을 무효화시키기에 충분하여 다음과 같은 확신을 하게 하는 것을 거의 불가능하도록 만듭니다. 곧 우리가 기도할 때 거룩하시고 거룩하신 주 하나님께 죽을 인생이 겸허하게 아뢰는 소리를 듣고 있다는 생각을 못하게 하는 일도 일어난다는 것입니다.

그 거룩하신 하나님 앞에서는 하늘의 스랍들도 자기 얼굴을 가리고 있습니다. 반대로 어떤 사람들의 어조는 깊은 경건의 분위기를 띠고 차분합니다. 경외심에 사로잡힌 태도를 금방 드러냅니다. 그래서 그런 이들의 기도를 들으면 정말 전능하신 하나님께 말씀을 아뢰고 있음을 생각하게 만듭니다. '간절한 열심' 이 거친 표현을 요구한다고 떠올릴 필요가 없습니다. 많은 이들은 자기들의 마음을 부추겨 크게 소리를 지르고 얼굴을 이상하게 일그러지게 하는 실수를 많이 저지릅니다. 거친 광풍과 같은 그러한 격렬함은 경건의 불꽃을 꺼버립니다. 더 연약한 미풍을 부쳐댔더라면 그 활기 없는 상태를 더 강화시켰을텐데 말입니다. 그러니 공적인 기도를 인도하는 사람들의 태도 속에서 너무 자주 접하는 그 노래를 부르는 듯한 어조의 발성을 피하는 것이 좋습니다. 그러나 무엇보다도 반드시 '간절한 열심' 이 있어야 합니다. 깊은 느낌의 열심, 살아있는 경건, 자신의 구원을 깊이 생각하는 마음의 열심, 하나님의 말씀을 듣기 위해 기다리는 자들의 구원을 생각하는 마음의 열심이 있어야 합니다.

우리의 탄원이 가장 높은 수준의 경건에 이르렀다 할지라도 산자와 죽은 자 사이에 서있는 사람들의 태도를 보이는 것이야 합니다. 곧 차분하고 세련되어 있으면서도 끈질긴 간구가 있어야 합니다. 그래서 우리가 지상의 임금께 아뢸 때 쓰는 바, 그 간절한 어조와 같은 것이라고 생각될 정도가 되어야 합니다. 곧 사형 선고를 받은 사람의 목숨을 위하여 왕 앞에 나아가 사면(赦免)을 위해 중재할 때 탄원하면서 보이는 그 어떤 이의 간절한 태도와 같은 분위기가 기도에 있어야 한다는 것입니다.

*chapter 7*

# 목회적 돌봄에서 나타나는 '간절한 열심'

목회적 돌봄(pastorate)의 요점을 결단코 간과하지 말아야 합니다. 강단(講壇)이 제일 중요합니다. 그러나 목회적 위로나 행동의 영역에 강단만이 존재하는 것이 아닙니다. 설교하는 것이 영혼들을 구원하시는 하나님의 첫 번째 방편이기는 하나 그것만이 절대적인 오직 유일한 것은 아닌 것과 같습니다. 많은 목사들이 이 두 정반대의 극단적 실수를 저질렀습니다. 어떤 설교자는 강단에서 모든 것을 행하겠다고 생각했습니다. 그래서 목회자의 여러 의무들을 소홀히 하였습니다. 또 어떤 이들은 목회자로서 해야 할 모든 일을 하겠다고 덤비고는 설교를 태만히 여기고 설교를 부지런히 준비하지 못하였습니다. 이 두 오류 중 설교준비를 태만히 하는 경우가 더 잘못되었습니다. 목회적 돌봄의 헌신이 아무리 강화된다 할지라도 그것만 가지고는 프로테스탄트 비국교도에 속한 회중을 오래 견지하지 못할 것이기 때문입니다. 설교가 매력이 없고 그렇고 그런 정도의 것이라면 회중을 끌어 모으기란 더욱 어렵습니다. 반면에 목회적 의무를 감당하는 일에 집중하는 일이 없어도 좋은 설교를 하면 그 설교 자체가 양떼들이 흩어지지 못하게 붙잡아 매는데 큰 기여를 할 것입니다.

그러나 어째서 두 극단을 피해야 합니까? 훌륭한 설교와 훌륭한 목회적 돌봄은 서로 모순되지 않고 잘 조화를 이룹니다. '간절한 열심'을 가진 목회자는 이 둘을 함께 결합시킬 것입니다. 그는 어느 곳에서나 영혼들을 지키는 파수꾼이 될 것이고, 가능하다면 어떤 방도를 통해서라도 몇 사람을 구원하려고 애쓸 것입니다. 그는 자기직무와 관련하여 목적들을 항상 유념하는 일에서 전적으로 벗어날 수 없습니다. 그래서 모든 합당한 기회가 주어지게 되면 그 간절함을 나타낼 준비가 되어 있습니다.

그의 설교는 바로 이 목적을 위해서 작성되고 전달됩니다. 그리고 그 설교가 산출하는 효과가 어떠한 것인가를 항상 살피고, 그 결과를 위해서 주목하며 기도합니다. 그가 간절하게 열망하고 있는 목표를 바라보는 눈은 항상 회중들을 살핍니다. 설교하는 동안에도 누가 즐거워하는지가 아니라, 누가 진지한 인상을 받고 있는지 살핍니다. 그의 설교가 성공적인지 아닌지 확인하지 않은 채 계속 진행해 나가는 것에 결코 만족하지 않고, 그럴 수도 없습니다. 마치 좋은 의사는 환자 개인에게 투여한 그 처방의 약효가 어떠한지 늘 살피는 것과 같습니다. 환자 개인마다 가지는 독특한 다양성에 따라서 늘 살펴보는 의사와 같이 자기 설교가 각자에게 어떤 인상을 끼치고 있는지 확인하려고 애를 쓸 것입니다. 또한 그 '간절한 열심'을 가진 사역자는 구원에 대해 간절한 관심을 보이고 염려하며 물어오는 사람들이 일어나기를 진실로 목표합니다. 바로 이 목적을 위해서 그들을 위해서 특별한 집회를 열기도 하며, 그들을 참석하도록 독려하고, 그들로 자기들이 크게 환영 받고 있다는 느낌을 주기 위해서 애를 씁니다. 그것도 친절하고 신실하고 적절하게 그들의 경우에 합당하게 인격적 대응을 함으로써 그 목회자가 자기들에게 대한 깊은 관심을 가지고 있다는 것을 느끼게 만들 것입니다. 마치 어린양들이 선한 목자의 깊은 관심의 대상이듯이 자기들도 그렇다는 것을 느끼게 할 것입니다.

물론 그들이 자기를 만나기 위해서 시간을 약속하는 경우가 잦아서 본인의 개인적인 연구에 너무 자주 방해를 받기를 원치 아니할 것은 매우 자연스러운 일입니다. 그럼에도 불구하고 짐지고 두려워하면서 고통스러워하는 불쌍한 회심자가 있는데도 연구에 너무 깊이 빠져 그런 이를 돌보지 못하는 일은 하지 않을 것입니다. 오히려 그의 상한 심령을 고치고 상처를 싸매 주려고 할 것입니다. 어떤 목회자들이 스스로 좋아하는 일들을 하느라고 영혼 구원에 관하여 깊이 염려하는 사람의 근심을 덜어 주기 위해 아주 적은 시간만을 할애하고 있음을 보면 정말 안된 일입니다. 그런 목회자들은 너무 책을 많이 읽고, 그 결과로 잘 작성된 설교를 합니다. 물론 각성을 줄 수 있는 설교는 아니라고 할지라도 좋은 설교문을 가지고 설교합니다. 그러나 죄를 깨닫고 회개하는 죄인들을 다루거나 상처받은 사람이나 혼돈된 마음을 가진 사람들을 대하는 기술에 있어서는 매우 결핍되어 있습니다. 마치 그런 문제들은 그들이 감당할 의무에 전혀 속하지 않는 것처럼 말입니다. 그들은 실무에 종사하는 의사라기보다는 의학의 강좌를 담당하는 교수들과 닮아 있습니다. 아니면 한 방에 자기들의 환자들을 모아놓고 건강과 질병에 대한 보편적인 지침을 내리는 의사와 같습니다. 그런 의사들은 여러 가지 병에 고생하고 있는 사람들을 찾아보거나 그들의 거처를 방문하거나 그들의 개개인의 질병에 맞게 처방하는 일은 하고 싶어 하지 않습니다.

어떤 이들은 자기들의 기지(機智)가 모자라고, 다른 사람들보다 바로 이 목회적 활동 분야에 있어서 훨씬 부족함을 인정해야 합니다. 그러나 그런 일에 어느 정도 수완이 있어야 하고, 그런 일에 관심을 가지는 일이야말로 모든 목회 사역자의 의무입니다. 아니 모든 목회 사역자에게 요구되는 사항일 수도 있습니다. 그것 없이는 어느 목회자도 '간절한 열심 목회'를 하는 목회자라고 할 수 없습니다. 강단에서만 보편적인 교훈을 하고 강단 밖에서 개개인의 문제를 다루는 능력이 전혀 없는 그 사람은 어느 정도라도 신앙의 다양하고 복잡한 문제들을 대처할 수 없습니다. 또한 각성 받아 염려하는 사람들의 다양한 형태들에 대응할 수 없습니다. 그래서 갈수록 죄인이 각성 받아 자기의 첫 번째 순례의 길에서 만나는 여러 복잡한 미로에서 어쩔 줄 몰라 고통당하는 양심을 안내할 능력이 없음을 드러냅니다. 그런 사람이 인기 있는 설교자가 될 수는 있지만, 그리스도 교회의 목회자로서는 거의 합당치 못합니다. 30분의 대화를 통해서도 죄를 깨닫게 하고, 고통당하거나 영적인 진로로 고민하는 사람들의 실수를 교정하고 가르치고, 또 그들의 염려를 완화시켜주며, 흔들리는 사람을 믿음과 평안 안에서 견고하게 세워주는 일을 잘 한다면, 열 번의 설교보다도 더 잘 해낼 수 있습니다.

 영생의 문제를 심각하게 생각하고 그 영생의 문제로 고민하면서 물어오는 사람에게 30분을 할애하는 데는 그 만큼 영혼을 많이 사랑하고 그들의 구원을 위해 대단한 열심을 가지고 있어야 합니다. 또 자기 목회사역의 참된 성공을 위해 '간절한 마음'을 가지고 있어야 합니다. 그러나 진정으로 '간절한 열심'으로 목회하지 않는 목사는 구원 문제로 고통당하는 단 한 사람을 위하여도 시간을 내지 않습니다. 사람을 건져내어 평안의 길로 인도하느라고 자기의 시간을 쓸 생각을 전혀 하지 않을 것입니다.

이렇게 목회자가 한 개인에게 관심을 가지고 수고하는 일은 다른 일들보다는 용이하게 해낼 수 있습니다. 그리고 어떤 상황에서는 목회 사역의 성공에도 다른 요소들보다 더 중요한 요소이기도 합니다. 예를 들어 작은 회중의 교회가 작은 마을에 있다고 생각해봅시다. 그런 경우 그보다 큰 소읍들의 큰 회중을 가진 교회에서보다 그 지체들이 목회자의 특별한 주목을 더 받을 수 있습니다. 또 그런 작은 회중의 교회 지체들에게 더 많은 시간을 할애할 수도 있습니다. 이 소규모의 교회들을 이루고 있는 각 지체들을 떼어놓고 보면 사람들 보기에 그 중요성이나 가치에 있어서 덜 중요하게 여겨질 수 있습니다. 그러나 사실은 개인 영혼의 가치와 그 영혼의 구원의 가치가 동일합니다. 그래서 소규모 교회의 지체들이 목회자의 위로를 회중이 큰 교회의 지체들보다 더 많이 받을 수 있어 자기들 영혼의 대의를 위하여 풍성한 덕을 보는 셈입니다.

규모가 큰 교회들의 목회자들은 그들 자신의 양떼들을 돌아보는 일 뿐 아니라 여러 공적인 일의 부담이 지워집니다. 그래서 보다 후미진 지역에서 사역하는 목회자들보다 훨씬 더 바쁘게 활동합니다. 너무 할 일이 많아 허둥대다 보니 지금 필자가 장려하고 있는 각 개인 성도에 대한 관심을 기울일 여유가 더 적어지게 됩니다. 다시 말하면 그런 큰 교회의 목회자들은 큰 회중들을 상대하다보니 그 회중을 이루고 있는 소(小) 단위에 대해서는 너무 적게 생각하는 경향이 드러난다는 것입니다. 소규모 교회의 목회자들은 감히 상상하지도 못할 구실을 그 대규모 교회의 목회자들은 제시할 수도 있습니다. 소규모 교회에 가끔 단 한 사람의 영혼이 접근해 와도 대규모 교회의 여러 사람이 들어오는 경우보다도 훨씬 더 중요하게 느껴지고, 다른 지체들에게 격려를 주고 생기를 주는 효과를 더 많이 산출합니다.

우리가 예수님 시대의 서기관들과 바리새인들로부터 배울 게 하나 있습니다. 그들은 바다와 육지를 건너질러 다니면서 하나의 개종자를 만들려고 애를 썼습니다. 현대의 교황주의자들도 같은 모습을 보입니다. 아니면 그 예를 바꾸어 본다면, 천사들이 가지고 있는 그 자애로운 마음의 정의(情誼)가 우리에게 훨씬 더 부족합니다. 그 천사들은 죄인 하나가 회개하면 그로 인하여 기뻐합니다. 회중 가운데서 가장 소망스러운 몇 명을 선택하여 특별하게 분별력있는 관심을 기울여 양육하는 수고를 기울이는 것보다 더 성공적인 것은 없습니다. 또 그런 노력을 기울이는 사람들에게처럼 더 풍성한 상급이 주어지는 경우가 없습니다.

그러나 그런 일의 사역에 수고하는 것이 강단(講壇)의 흡입력을 대신하는 것은 결코 아닙니다. 그러한 일 때문에 강단 설교 준비를 가장 우선에 두고 애써야 할 일을 다 못하였다 핑계대는 일은 합당하지 못합니다. 그렇지만 그 일에 큰 능력을 갖지 않은 평범한 많은 목회자들이 목회적 돌봄을 잘하면 그것으로 자기 양떼를 강력하게 견지하는 능력을 갖게 될 것입니다. 바로 이러한 모양의 목회적 돌봄이 '간절한 열심목회 활동'에 전념하는 모든 목사가 수행할 부분입니다.

목회적 돌봄의 의무를 기울여야 할 또 다른 대상은 젊은 사람들입니다. 젊은 사람들은 두 부류로 나뉘어져 있습니다. 하나는 바로 교회 회중으로 들어와 있는 이들과, 다른 하나는 주일학교에 소속하여 교육을 받고 있는 젊은이들입니다. 교회 회중에 이미 들어와 있으나 주일 학교에 속하지 아니한 젊은이들을 위하여 성경공부 프로그램이 시행되고 있으며, 또 성공도 거두고 있습니다. 그런 모습들을 보니 정말 대견스럽습니다. 그러나 이런 때에라도 그런 일이 하나의 법칙이라기보다는 예외적인 경우입니다. 어떤 목회자들은 목회를 시작하는 초년부터 목회를 끝마치는 노년 사역에 이르기까지 자기 회중들 가운데 있는 젊은이들에게 아무 관심을 기울이지 않고 있음을 보면 두렵습니다. 이런 목회자들의 목회에는 교리를 가르치는 반도 없고, 성경을 가르치는 반도 없으며, 젊은 사람들을 겨냥한 설교도 아주 드뭅니다. 그런 목회자들이 자기들에게 속해 있던 젊은 사람들이 다른 교단으로 떠난다든지 더 나쁘게는 세상으로 돌아간다고 불만을 늘어놓는데, 그런 일이 정말 이상합니까? 젊은이들이 자신들을 따르도록 하기 위해서 무슨 일을 했으며, 그들이 예배를 위해서 또한 무슨 수고를 하였습니까? 만일 그런 목회자가 자기 양떼 중에 있는 젊은 사람들을 돌아보는 일에 게을리한다면, 회중의 규모가 계속 하향세를 취하고 있는 것을 정말 아무도 이상한 일로 여기지 말아야합니다. 왜냐하면 그런 회중은 죽거나 떠남으로 인해서 감소되기 마련이기 때문입니다. 목자가 어린 양들을 통해서가 아니면 자기가 거느리는 양떼들의 장래를 어디서 보겠습니까? 젊은이들이 아니면 장차 우리의 회중이나 교회들을 구성할 사람들을 어디서 찾겠습니까?

저는 더 어린 사람들에게 요리문답 교육을 시켜야 한다고 주장하는 사람입니다. 신앙 진리를 나누어 주는 이 놀라운 방식이 그처럼 보편적인 무시를 당하고 있다는 것이 정말 안됐습니다. 교회를 구성하고 있는 더 연소한 청소년들의 능력에 맞추더라도, 성경공부 자체가 요리문답 교육을 시키는 것의 대안(代案)은 전혀 아닙니다. 오히려 그 성경공부반이 교리공부에 부속한 것으로 여겨져야 합니다. 여전히 우리 교단이 바로 그럴 필요성이 크게 존재합니다. 정말 그런 일을 보충해줄 사람에게는 참으로 감사할 일이죠. 제가 여기서 말하는 '요리문답'은 잘 작성된 요리문답을 의미합니다. 그래서 모든 가정들에게 배부하여 교회 전체 회중이 일치된 신앙고백을 할 수 있게 하는 그런 요리문답이어야 합니다. 요리문답이 그 정도가 되려면 모든 가정들에게 소개하여 나누어 주어도 손색이 없어야 합니다. 그러하다고 부모와 자녀들이 그 요리문답을 공부할 때 사역자가 개입하여야 한다는 의도는 아닙니다. 젊은이들의 후견인이나 선생들을 통해서 신앙 교육을 받게 하자는 말도 아닙니다. 또 그러한 요리문답을 목회자에게 다 떠넘기자는 의도도 결코 아닙니다.

부모들에게 이런 권고의 말씀이 성경에 주어져 있습니다.

"네 자녀에게 부지런히 가르치며 집에 앉았을 때에든지 길에 행할 때에든지 누웠을 때에든지 일어날 때에든지 이 말씀을 강론할 것이며"(신 6:7).

"주의 교양과 훈계로 양육하라."(엡 6:4).

어떤 목회자의 관심도 부모에게 주어진 이 엄숙한 책무를 대신하거나 간섭하는 일이 되어서는 안 됩니다. 그럴 의도로 목회직을 하나님께서 세우신 것이 아닙니다. 오히려 목회자는 있는 힘을 다해서 자기 회중에 속한 그 부모들이 자기의 의무를 바르게 감당하도록 촉구하고, 그 일을 잘하는가 감독하는 수고를 해야합니다. 강단에서 전해지는 우리의 설교나 공부반에서 주어지는 교육을 통해서 부모들이 그 의무에 대한 강조가 적다는 사실에 대해서 서글퍼하는 경우가 우리 중에 거의 없습니다. 가정 내에서의 교육을 게을리 하거나 부모의 열심이 부족한 것으로 인해서 우리가 기울인 모든 노력의 효력이 비참하게 줄어든다는 사실을 보면 못내 아쉽습니다. 부모의 의무에 대해서 강조한다고 해서 목회자가 해야 할 의무를 게을리 해도 무방하다는 소리는 전혀 아닙니다. 왜냐하면 우리는 그런 의무를 불

성실하게 감당한 나머지 모두 죄를 지었기 때문입니다. 우리 회중들 속에 있는 어린이들에게 시간이나 관심을 더 많이 기울이지 않았다는 차원에서 그러합니다. 그러나 우리가 그들에게 기울이는 시간과 관심이 여전히 있다 할지라도 우리 각 가정에서의 신앙 상태가 낮음으로 인해서 그 관심의 효력이 쉽게 상실됩니다.

그래서 우리는 우리 교회들이 지체의 가정들을 기반으로 해서 견실하게 세워지리라는 기대를 아주 자연스럽게 할 수 있습니다. 물론 교회에 나오는 이들 중에 더 많은 수는 이전에 세상에 속해 있었던 자들이었습니다. 이 주제에 대해서 큰 실수가 존재합니다. 부모들과 목회자들이 다 함께 빠져든 실수입니다. 곧 신앙 고백자들의 자녀들의 회심을 부모의 교육보다는 목회자의 설교로부터 더 많이 찾고 있다는 점입니다. 그러나 사실 하나님이 세우신 일의 진정한 질서는 정반대입니다. 가정 내에서의 경건과 가르침이 온당하게 주어졌다면, 그런 참된 질서가 여전히 존재하는 걸 보았을 것입니다. 잠언의 권고의 말씀 속에 의문에 여지없는 진리가 존재합니다.

"마땅히 행할 길을 아이에게 가르치라 그리하면 늙어도 그것을 떠나지 아니하리라"(잠 22:6).

만일 가정 구성원의 질서를 세우신 하나님의 계획과 그 본질을 철저히 이해하고 자녀가 어릴 때부터 그 신앙적 의무를 감당하여 분별력 있고, 애정어리고 인내하면서 어린이들을 양육하였다면, 우리의 젊은이들 중 더 많은 숫자가 가정에서 하나님께 회심하였을 것입니다. 부모된 모든 신앙 고백자들이 진정으로 탁월한 그리스도인들이고, 그들이 부모가 되었을 때부터 자신들이 자녀의 회심의 도구가 되도록 마음을 온전히 쏟았다고 합시다. 그리고 그들이 그 일을 기도와 가르침과 훈육과 본을 보여서 그들의 후손의 신앙적 성격을 형성하는 일을 위하여 힘썼다고 합시다. 그리고 그 목적을 흐리게 하는 모든 일을 삼가려고 지극히 섬세하게 주의하였다 합시다. 그렇다면 확실히 기대할 수 있을 것입니다. 경건한 사람들의 자녀들이 통상적으로 경건하게 되는 일이 성소인 교회에서가 아니라 그 거룩한 가정의 경내에서 일어날 것을 말입니다.

모든 '간절한 열심'을 가진 목회자마다 자기 교회 안에 있는 부모들이 자기들의 역할에 대하여 바로 이해하고 신실하게 감당하도록 양육하는 것을 하나의 목표로 삼아야 할 것이고 또 그렇게 할 것입니다. 그런 목회자는 교회 내에 있는 부모들을 인식시켜 하나님을 위해서 자기 자녀들로 그 거룩한 의무를 감당하게 훈련시키게 하는 일의 중요성을 알고 힘쓸 것입니다. 그 진지한 목회자는 기도와 열성을 통해서 부모들이 그 의무를 충실하게 감당해 나가도록 자극할 것입니다. 바로 이 목적을 위해서 그 '간절한 열심'을 가진 목회자는 자기 강단 사역이 부모의 의무에 대해서 많을 것을 강조하게 할뿐 아니라, 가정들을 방문하는 것을 자기 교회의 주요한 요점으로 삼고, 그 가정들과 함께 기도하고, 이 거룩한 의무를 감당하기 위해서 부모들이 서로 손을 잡도록 해줄 것입니다. 목회자가 교회에서 요리문답 교육을 할뿐 아니라 부모들을 위한 이런 일들을 감당해야 합니다. 그런데도 이러한 국면이 여러 다른 일로 부산하고 바빠 힘을 다 쏟다가 간과되어 버립니다. 또 현대의 여러 종교적 제도들을 위한 공적인 임무에 신경을 쓰다가 그런 국면의 의무에 대한 인식이 사라져 버렸습니다. 그건 정말 깊이 뉘우칠 일입니다.

그리고 우리 교회 구성원들의 가정들이 목회자와 얼마나 친숙할지에 대하여도 얼마나 조금 밖에는 모르는지요! 우리 목회자들이 구역 내의 가정들에서 사랑스러운 관심과 존경을 받는 자들로 드러나기를 바래야합니다. 우리 목회자들이 진지하고 애정어리고 엄숙한 강론을 힘씀으로써 말입니다. 그리고 진지하고 엄숙하고 애정 어린 기도로 그런 수고를 해야 마땅합니다. 경의어린 존경심을 가지고 우리를 우러러 보는 젊은이들이 우리 목회자들에게 늘 가까이 하기를 좋아해야 합니다. 그런데 언제 그런 모습이 우리 중에 나타날까요? 어째서 우리는 그처럼 중요하고 쓸모 있는 국면을 위한 소망스러운 수고를 게을리 하는 것입니까? 만일 이런 점에서 우리가 바른 수고를 기울인다면 우리의 설교에 얼마나 큰 힘을 얻겠으며, 우리의 목회의 직무들이 얼마나 큰 효과를 나타내겠습니까! 이런 젊은 사람들이 자라나서 우리를 사랑하게 될 것이고, 우리가 그 젊은 사람들에게 붙임성을 갖게 하여 우리 자신에게 개인적 친밀함을 산출하였음에도 불구하고 우리 목회 사역에서 그 젊은이들을 도외시 한다는 것은 가벼운 일이나 결코 작은 일이 아닐 것입니다.

그러나 교회 구성원들의 가정 속에서 부모들이 그 가족을 신앙적으로 교육하는 부모의 노력의 가치와 영향이 크다는 것을 우리 목회자들이 항상 인식시켜 주어야 하며, 그로 인하여 성소인 교회 예배시의 설교 사역의 무게와 영향력이 크게 확대되게 해야 합니다. 그렇게 되게끔 특별한 관심을 기울어야하죠. 사람들이 우리를 하나님의 종들과 그리스도의 사역자와 영혼의 파수꾼으로 보아야합니다. 단순한 식탁의 손님이나 응접실의 농담 꾼이나 재미있는 여담을 들려주는 사람으로나, 쟁론하는 정치가들로나, 논쟁하기 좋아하는 사람들이나, 종파를 조장하는 사람들로 비춰지게 해서는 안 됩니다. 술을 즐겨하는 자로 비춰지면 더욱 안 됩니다. 담배를 피우는 습관을 가진 형제들이 그 일을 끊지 못하겠거든 친구들의 집에서는 피우지 못하게 하고 자기 집에서만 피우게 했으면 좋겠습니다. 또 자기들이 방문하는 가정의 어린 사람들의 눈에 담배 피우는 모습을 보이지 않도록 했으면 좋겠습니다. 만일 그렇게 한다면 어린이들이 담배 파이프를 생활의 필수품으로 알고 보게 하는 셈이 되죠. 자기들이 행하는 그 습관이 가장 친한 친구들의 유감을 사며 그 본이 상당히 나쁜 영향력을 미침을 생각한다면, 아무리 그 일을 통해서 스스로 만족을 얻고 싶어도 자기 집에서는 그 일을 삼가게 될 것입니다. 물론 어떤 이들은 이러한 습관을 가지고 있어도 남들에게 해를 끼치지 않는 이들도 있습니다. 그들은 그 습관의 정당성을 강변하지도 않고, 그런 습관에 중독은 되어 있으면서도 다른 분야에서 매우 진지하고 품위 있는 모습을 보이는 일반적인 품격으로 인해 그 흡연의 습관이 미치는 악한 영향을 해독시키고 있습니다. 그 점을 저도 솔직하게 인정합니다.

그러나 자기 친구 집에 가는 최고의 목적이 즐거운 이야기를 나누고 크게 떠들고 웃고자 하는 것처럼 보이는 익살꾼들의 경박함이나 부질없는 행동이 저질러 놓은 악한 영향을 중화시키는 해독제가 어디 있겠습니까? 그런 익살꾼은 펀치 지(誌, Punch : 1841년에 창간하여 1911년에 폐간된 영국 주간지로 풍자만화를 주로 실었다)를 들고 거기서 읽은 이야기를 장황하게 늘어놓습니다. 다윗이나 이사야나 바울의 글에서 읽은 것보다 그런 내용들이 훨씬 더 자주 거론됩니다. 물론 우리가 이러한 극단적인 경박함과 천박함으로 나아간 사람들이 매우 적습니다. 그러나 모든 교단들의 경우가 그러하고, 우리 교단도 다른 교단에 못지않게 훨씬 많은 사람들이 그 유쾌함을 좋아하는 일로 그리스도의 사역자들로서 가진 자기들의 존엄과 진지함과 쓸모를 대변에 파괴시켜 버렸습니다. 그렇다고 해서 괜하게 새침데기로 있거나 엄숙한 표정을 일부러 짓느라고 찡그린 얼굴로 있으라거나 모든 대화를 설교하듯이 늘 하라는 말은 아닙니다. 목회자가 공식적인 예법을 견지하지 않으면 종교에 대한 어떤 주제도 말할 수 없다거나, 자기의 목회자로서의 존엄을 반드시 내려뜨릴 수밖에 없는 것처럼 하지 말라는 것입니다. 아니면 일상적인 대화에 끼어들어 그 부류 속에 분위기를 장악하고 있는 즐거움을 함께 나타내고 또 그런 분위기를 살리는데 도움을 준다 해도 목회자로서 가지는 존엄성은 모독하지는 말라는 것입니다. 결단코 그래서는 안 되죠.

목회자가 수도원에서 도망쳐 나온 요괴 같은 모습을 하거나, 점포에 자주 출몰하여 모든 이의 얼굴을 창백하게 하거나 말을 못하게 혀를 묶어 놓는 요괴처럼 굴어서는 안 됩니다. 그도 목회자일 뿐만 아니라 한 사람의 시민이요, 친구입니다. 사람의 생각을 크게 사로잡고 있는 여러 문제들에 관심도 가지고 이해관계도 가지죠. 또 사람들과 대화도 합니다. 목회자가 그 목회자로서의 성격에 합당한 것이 무엇임을 잊지 만 않는다면 다른 사람들과 공유하고 있으면서 또 자기에게도 속한 것을 집어 던질 필요는 없습니다. 아니, '간절한 열심 목회'를 하는 목회자의 경우에 그 쾌활함은 한 부분으로 나타나기도 합니다. 그 사람 주위에 있는 모든 사람들의 정서에 호감을 주는 방편으로 그 쾌활함이 쓰임 받기도 합니다. 진지하면서도 유쾌하며 일반 대화에 참여하고 또 자기가 사귀는 사람들의 좋은 취미를 함께 공유하기도 합니다. 사실 목회자는 자기 주위 사람들의 시선을 영적인 데로 돌리게 하려는 목적에서 그렇게 하여야 합니다. 그리하여 그들의 영혼의 구원이라는 위대한 사역을 목표에 두는 그 목회자를 다른 이들이 돕도록 하기 위해서도 그런 모습은 지녀야합니다. 그런 사람은 자기의 그 숭고하고 신성한 목적을 염두에 두고 방편을 남용하지 않도록 충분히 자신을 지킬 것입니다. 이런 태도는 무절제한 방종이나 제어되지 않은 천박함과는 아주 다른 것이지요.

어떤 이들은 그런 천박함에 몰입되어 있습니다. 그런 목회자들이 어떻게 영혼의 가치를 느끼는지, 또 그들의 영혼 구원을 위하여 감당할 책무의 가치가 얼마나 중요한지 알고 있다고 상상하기가 어려울 정도의 천박함에 빠진 자들도 있습니다. 하나님의 구원의 대사자요, 그리스도의 복음의 설교자인 목회자가 어리석고 허영에 들뜬 무리들 속에서 모모스(Momus : 그리스 신화에 나오는 남의 트집잡기 좋아하는 비난의 신)행세를 한다 합시다. 그러면 그 사람은 가면무도회에 얼굴을 가리고 나가서 춤을 추거나 벙거지를 쓰고서 어릿광대 역할을 하는 사람보다 더 격에 어울리지 않는 일을 한 셈입니다. 또 그런 목회자는 전염병이 돌아 정신을 차리지 못하는 그 황폐한 지역에서 금방 나왔다가 다시 그리로 되돌아가던 의사가 재미난 놀이를 하는 남자와 속임수 게임을 하면서 시간을 보내며 즐거워하는 경우보다 더 격에 어울리지 않는 짓을 한 셈입니다.

저는 잠깐 목회자가 주일 학교 어린이들을 간절한 마음으로 열심히 보살펴야 하는 문제로 시선을 돌려봅니다. 정말 치명적인 실수인데요, 우리 목회자들 가운데 너무 많은 이들이 이런 주일 학교 제도를 자기 의무 밖에 있거나 관심을 기울이지 않아도 되는 것으로 여깁니다. 목회자는 자기 관할 아래에 있는 회중 가운데서 신앙적 가르침을 위해서 세운 여러 기관들의 머리와 최고 지도자가 되어야 마땅합니다. 목회자는 모든 양떼들의 선생이요, 감독자요, 그들의 신앙적 지식에 대한 책임이 있는 직책입니다. 주일 학교는 바로 그가 감당할 책임의 일부입니다. 우리 비국교도들에 속한 어떤 이들 속에서 잘못된 상황이 점점 더 증대되고 있습니다. 매 주일마다 삼, 사백 명의 불멸의 영혼들이 우리 주일 학교와 예배 처소를 찾아옵니다. 신앙 교육을 받기 위해서 말입니다. 목회자가 단 한번의 관심을 두지 않아도 그 교육기관의 가르치는 일은 잘 진행이 됩니다. 교사들이나 그 교회의 일반 회중들도 그 교육 기관이 목회자의 바르고 마땅한 지도 아래 있다는 사실을 전혀 생각하지 않고 있습니다. 거의 모든 경우에서 목회자는 일에서 손을 빼며, 신앙 문제를 가르치도록 젊은 교사들의 집단을 양성하였습니다. 또한 그런 젊은 교사들을 양성하는 일에도 목회자가 직접 관여하지 않고 방조자로 행동하여 왔습니다. 젊은 교사들은 목회자들로부터 독립되어 자의대로 행동하고, 어떤 경우들에서는 그 젊은 교사들이 합세하여 목회자를 대적하기도 합니다. 정말 그래서는 안 되죠. 교사들은 마땅히 목회자의 특별 관심 대상이어야 합니다. 그래야 하고 말고요. 그 교사직의 사람들을 세우기 위해 자격을 갖추게 하거나 그 교사직에 의무를 감당하도록 돕는 일이야말로 목회자의 기능들 중에서 하잘 것 없는 부분으로 여겨서는 결코 안되는 일입니다.

목회자는 어린이들을 자기와 아무 상관없는 사람들로 여기지 말아야합니다. 항상 어린이들 중에도 진지한 생각을 가지고 자기 구원을 위해서 염려하며 물어오는 자들이 있기 마련입니다. 목회자는 그들을 특별하게 가르치고 보살피고 믿음과 평안과 성결의 길로 인도하려는 목표를 가져야합니다. 또한 구원에 관해서 그런 염려를 해오며 물어오지 않는 자들이라도 자주 그들에게 엄숙하고 애정 어린 말씀을 증거 하는 일에 소홀히 하지 말아야합니다. 이, 삼백 명이 모인 주일 학교에는 특별한 위기 상황에 처해 있는 불멸의 영혼들이 그만큼 많은 것입니다. 거기에 있는 모든 자들이 다 영원한 복락을 누릴 수 있어야 하고, 매 주마다 목회자의 감독 아래에 인도함을 받아야합니다. 그런데도 우리 중 얼마나 많은 목회자들이 신앙적 열심과 자애로움의 소망스러운 이 대상들을 자기 목회의 관심 영역 밖으로 밀어 붙이고 주일 학교 선생들에게 그 문제를 일임하고 있는지 정말 안 된 일입니다. 마치 목회자가 가련한 한 어린 소년의 영혼을 구원할 가망이 전혀 없거나, 불쌍한 어린 소녀의 영혼을 구원해 보았자 어떤 상급도 없다는 식으로 처신하고 있다니요!

주일 학교 영혼들에게 관심을 기울어야하는 의무가 모든 목사들에게 지워져 있습니다. 그럼에도 불구하고 회중의 규모가 작아 낙담하며 고생하는 목회자들에게는 이 의무가 더 특별하게 중요합니다. 이러한 목사들 중 많은 이들이 계속해서 자기 설교를 듣는 사람들이 적다는 일에 불만을 표시합니다. 자기들의 수고의 열매가 없어서 늘 불만입니다. 그러나 그런 불만을 가진 목회자들의 교회들 중에 많은 경우 매 주일마다 어린 심령들이 이, 삼백 명은 족히 나와서 재잘거리고 있습니다. 그럼에도 불구하고 그들에 대한 관심을 전혀 기울이지 않는 데가 많습니다. 마음과 생각을 주일 학교에 기울인 사람들은 결단코 '내 수고가 헛되거나 힘을 드려도 아무 소용이 없다' 는 식의 불평을 하지 않습니다. 목회적 수고의 그 어떤 부분도 이 주일 학교 교육에 드리는 수고만큼 더 빠르고 더 큰 보상을 받아낼 데가 없습니다. 어떤 사람들은 그 주일 학교 교육에 주안점을 두고 신앙 교육 전 체계를 진행시키고 있습니다. 그리고 그 체계의 강력한 영향력 아래서 회중들이 번성하였습니다. 저는 잘 알려진 어떤 한 경우에서 그 점을 보고 특별한 기쁨이 있었습니다. 그래서 주일 학교 교육의 중요성에 대해서 아주 깊은 인상을 받았습니다. 그래서 저는 제 형제들에게 바로 쓸모가 충만한 이 방편을 소홀히 하지 말라고 탄원하고 있습니다. 아니면 우리나라 영국의 지금 현재 상황이 우리에게 주고 있는 이 황금 같은 기회를 그냥 무익하게 버리지 말라고 탄원하는 바입니다.[1]

---

1) 이 책이 쓰인 19세기 초엽에 영국의 교회 상황은 주일 학교가 가득 넘치게 되고 교회가 번성하는 황금과 같은 기회가 주어졌었다는 것을 짐작하게 됨 - 역자 주

물론 우리의 관심을 주일 학교 교육에만 기울이라는 말은 아닙니다. 매일의 신앙 교육에도 관심을 가져야 됩니다. 이 일에 있어서도 우리는 열심을 내야합니다. 날마다 믿음으로 살도록 교육시키는 것도 매일 우리가 감당해야 할 큰 과제들 중 하나입니다. 그 문제는 성도 각자에게도 해당 되는 문제이지만 우리에게도 해당 됩니다. 우리는 가난한 사람들의 마음이 우리의 영향력 밖으로 온전히 밀려나 있도록 해서는 안 됩니다. 우리의 역량과 기회를 다하여 하나님의 교회와 하나님을 위해서 그들이 서도록 힘써 훈련시켜야합니다. 우리가 그것을 모른다 할지라도 이것의 중요성을 다른 이들은 느끼고 알고 있습니다. 로마 가톨릭의 사제들이 그것을 알아차리고 있습니다. 영국 국교회 성직자들도 그러하고, 감리교 목사들도 그러합니다. 그런데 비국교도 목사들이 교육하는 일에 가장 열심 있고 헌신적인 친구들보다 못해서 되겠습니까? 저는 그렇지 않다고 봅니다.

그러나 목회직에 있어서 열심을 내야하는 여러 다른 부분들도 있습니다. 병자를 심방하는 일, 특별히 만성적인 질병을 가진 자들을 찾아보고, 대화를 통해서 그들의 마음을 자유롭게 해 주는 일도 힘써야합니다. 또한 책망과 경고와 교회적인 권징이라는 어려우나 마땅히 해야 할 그 의무도 있습니다. 헌신된 그리스도의 종은 결단코 자기 교회의 상태를 보고 내버려두지 않을 것입니다. 오히려 교회 질서가 유지되는 일에 큰 관심을 가질 것입니다. 자기가 목회하는 그 교회가 그런 아름다운 질서와 화평을 유지하는 것을 보면 기쁠 것입니다. 목회자는 선한 목자처럼 자기 양떼를 돌보며, 에스겔 선지자를 통해서 발설된 하나님의 위협적인 경고를 두렵게 생각하고 그 악에 빠지지 않기 위해 애를 써야할 것입니다.

"인자야 너는 이스라엘 목자들을 쳐서 예언하라. 그들 곧 목자들에게 예언하여 이르기를 주 여호와의 말씀에 자기만 먹이는 이스라엘 목자들은 화 있을진저 목자들이 양의 무리를 먹이는 것이 마땅치 아니하냐. 너희가 살진 양을 잡아 그 기름을 먹으며 그 털을 입되 양의 무리는 먹이지 아니하는도다"(겔 34:2,3).

우리가 감당할 의무에 대한 인상 깊은 묘사를 담고 있는 말씀입니다! 이 무서운 하나님의 경고가 우리에게 떨어지지 않을 정도로 우리가 목회 적 책무를 잘 감당할 수 있게 하옵소서!

콜린스(Collins)가 리처드 벡스터(Richard Baxter)의 「참 목자상」(Reformed Pastor)을 새롭게 출판하였을 때 그 서론으로 캘카터(Calcutta) 감독이 이슬링턴(Islington) 교구 목사로 있을 때 기고한 글이 있습니다. 그 감동적이고 마음을 탐사하는 글을 여기서 소개하면 좋을 듯합니다.

"우리가 사역자들로서 무엇을 해 왔습니까? 서글프게도 우리 목회 사역직의 그 광대한 중요성에 대한 보편적인 평가와 인식에서 실패했습니다. 그러니 우리 양떼들을 개별적으로 살펴보고 설교하는 일과 관련된 그 목회직의 모든 분야에 있어서 서글프게 실패하였습니다. 우리는 설교나 교회 행정이나 가끔 병자들을 방문하거나 성례를 집행하거나 교구와 연관된 외적인 일들에 우리의 수고를 국한시켰습니다. 그러나 우리는 양떼들 개개인에 대한 지도나 교리 학습반을 애정 어리게 유지시키거나, 가가호호를 방문하고 우리 지역에 있는 모든 가정들과 모든 지역 주민들을 방문하는 일, 또 그 사람들과 친숙해지는 일, 마음의 궁핍과 상태, 공적 예배를 참석하는 그들의 습관, 주일을 성수하는 문제, 자녀들과 그 가정에서 일하는 종들을 교육하는 일, 각 가정의 경건회 등이 제대로 실천 되고 있는지 살피는 일에 있어서 무엇을 하였습니까? 우리는 '간절한 열심'으로 양떼들 각자 각자를 돌아보았습니까? 우리의 평안이나 즐거움이나 우리가 좋아하는 일들을 희생시켜서까지 '악한 세상에 흩어져 있는 그리스도의 양떼들을 돌보아 영원토록 구원받게' 하기 위하여 애썼습니까? 우리 도시의 거리들이나 길들이 우리에 관해서 무엇을 증거 하겠습니까? 우리 고장 교구의 큰 길이나 상가들이 영혼들을 향한 우리의 충성심과 사랑에 관해서 뭐라고 말하겠습니까? 우리 회중 각자가 살고 있는 집들이나 움막이나 병든 사람이 있는 병실이나 우리 이웃집들이 우리에 대해서 뭐라고 말하겠습니까? 우리가 어디에 있었습니까? 우리가 무엇을 하고 있었습니까? 구주 그리스도께서 당신의 자취를 따라서 선을 행하기 위해서 여기저기 돌아다니는 우리의 모습을 보셨습니까? 형제들이여, 우리는 진실로 이 점에 대해서 참으로 큰 허물이 있습니다. 우리는 공중을 모아놓고 강론하는 것으로 만족하게 여겼을 뿐 각 영혼으로 하여금 자기 구원에 관심을 가지도록 촉구하지는 않았습니다. 예수님을 찬미하리로다! 주께서는 이러한 방면에서 당신의 사역자들이 어떤 잘못을 하고 있는가를 다른 어느 누구보다도 잘 아시나이다! 우리가 신학자요, 학자였고, 논쟁가로 살아왔고 늘 배우는 학생이기는 하였습니다. 다른 일에는 다 잘하였습니다. 그러나 거룩하고 자기를 부인하고 수고롭게 당신의 복음을 위한 줄기찬 일관성 있는 사역자들이었는지요?"

오래전부터 제가 느낀바입니다만, 비국교도 목사인 우리가 영국 국교회 성직자들로부터 목회직의 이 부분에 관하여 뭔가 배울 것이 있다는 사실입니다. 아니, 이 부분에 있어서 로마 교회의 사제들로부터도 배울 것이 있습니다. "영혼의 치료"라는 매우 강력한 표현 어구 속에 함축된 의미와 그 역할들에 대해서 우리가 충분히 이해하지 못한 것 같습니다. 그 어구는 주일 마다 설교문을 작성하여 설교를 하는 것보다 훨씬 더 많은 것을 함축하는 표현입니다. 주일에 성소에서 그 의무들을 아무리 잘 감당한다 할지라도 그보다 더 해야 하는 것을 함축하고 있습니다. 이 아름다운 표현 속에 분명하고 노골적인 요점이 있어서 우리가 반드시 깊이 더 파고들어가 보아야합니다.

'목회자'(Pastor)란 단어가 앵글로 색슨족 용어로는 '목자'라는 뜻인데 대단히 많은 것을 함축하고 있음에 분명합니다. '영혼의 치료'라는 묘사만큼 더 독특하고 엄숙한 것이 없습니다. 저는 이 용어가 함축하는 모든 기능들을 우리가 다 감당해야 한다고 생각하지는 않습니다. 그 용어를 사용하는 사람들이 습관적으로 생각하는 한도 내에 있는 그 많은 기능들을 다 감당한다고 생각하지는 않습니다.

목회자 훈련을 하는 대학을 졸업하고 목회 사역의 현장으로 들어가게 되면 우리의 주된 관심이 주로 강단 사역이 됩니다. 그 목회 사역에 수반되는 여러 개별적인 의무들을 충분하게 생각하지 않게 됩니다. 사실 강단 사역이 그 의무들의 한 부분을 넘어 중심적인 사역이기는 합니다. 그러나 국교회 목사도 설교하는 일은 전혀 게을리 하지 않으면서 그들의 직무에 관한 더 광범한 관점을 가지고 교구들 사역에 진입하게 됩니다. 병 든 자를 방문하고 어린이들의 요리문답 공부를 시키고, 개인의 여러 사정들을 돌보는 일을 그 교구 목사 활동 계획 속에 집어넣습니다. 우리의 비국교도 목사들의 경우보다 활동 분야가 더 많습니다. 국교회의 교구 목사들은 자기들이 개별적으로 돌보아야 할 양떼들의 요구에 부합하기 위해 자기들의 시간과 관심을 기울어야 된다는 의식이 우리 비국교도 목사보다 더 나은 것 같습니다. 우리 비국교도의 영역은 강단 안에서 느껴지게 되어 있습니다. 곧 전체로서의 회중과의 관계를 느끼게 되죠. 그래서 설교 준비에 더 많은 수고를 기울이는 일은 바람직한 일입니다. 우리 비국교도 목사의 강론이 영국 국교회의 교구 목사의 강론보다 통상적으로 훨씬 더 길게 진행됩니다. 따라서 그 내용을 작성하는데 있어서도 더 많은 시간을 써야하죠. 영국 국교회의 교구 시스템이 그들의 사역을 제한된 구역 지역에 국한시킨 이점(利点)이 있다고 말할 수도 있겠죠. 우리 비국교도 목사들의 양떼들은 큰 타운 전체에 흩어져 있어서 그런 이점을 누리지 못합니다. 물론 거기에 어떤 주목할 만한 요점이 있습니다. 그러나 언뜻 보기처럼 그렇게 많지는 않습니다.

선호하는 설교자들을 따라서 회중이 모여드는 일은 우리 비국교도에서 뿐만 아니라 국교회에서도 강하게 느껴집니다. 그 교구의 여러 부분들을 뛰어넘어 설교자를 따라가기도 합니다. 또한 국교회는 영적인 문제들을 다루는 자기들의 교구 목사를 강단 밖에서 우러러 보게 하는 시스템이 더 강화 되어 있다 할 수 있습니다. 물론 그 교구 목사의 설교를 통해서도 그럴 일이 있지만 말입니다. 그렇다면 솔직히 그 점에 있어서 탁월하다고 인정해야합니다. 만일 우리 비국교도 목사가 그 탁월성을 갖고 있지 않다면, 그 점을 빨리 개선하면 할수록 좋을 것입니다. 우리 비국교도 시스템에는 그것을 위한 더 많은 여지가 있어 보입니다. 우리가 떠나온 그 국교회 제도보다도 훨씬 더 많은 여지를 갖고 있습니다. 회중들이 직접 자기들의 목회자를 자원하여 선택하는 것이, 회중들의 의사나 찬성 여부를 묻지 않고 교구 목사를 임명하는 권한을 가진 영국 국교회 성직 수여권자가 지명한 목사를 마지못해 받아드리는 것보다 영적인 일들을 돌아보는 감독권을 비국교도 목사의 손에 더 엄숙하게 위임하는 셈입니다.

그러나 사실은 설교자로서의 역할에 너무 많이 우리 자신을 몰입시키고 그것으로 만족하여 목회자로서의 다른 여러 기능들을 소홀히 하였습니다.

그래서 우리 회중들로 하여금 우리를 돌아보는 목회자보다는 설교하는 사람으로서의 역할에 비추어 우리 목사를 이해하도록 가르쳤습니다. 그러므로 이 점을 유념하여 강단뿐 아니라 우리 '목회적 돌봄'에 있어서도 더욱 더 간절한 열심을 기울일 필요가 있습니다. 이 국면에서 우리는 오늘날 교구 목사와 가장 강력한 경쟁을 벌이지 않으면 안 되는 상태까지 왔기 때문입니다. 그러니 우리의 목회적 돌봄의 의무를 묘사하는 그 어구를 그런 식으로 높이 쳐들고, 우리 자신이 하나님의 성령님의 부르심을 받고, 회중들이 선택을 받고, 장로회의 안수로 장립을 받아 "영혼을 치료할" 권한을 위임 받은 자들로 생각해야합니다. 그 치료는 강단에서 설교를 통해서 수행됩니다. 그래서 있는 힘을 다해서 설교로 권하고 간청하여야 합니다. 아울러 한 없이 '부단한 목회적 돌봄'의 수고로 말미암아 그 영혼 치료를 수행하게 되는 것입니다.

그러니 이상에서 한 관점을 우리가 본 셈입니다. 그러나 그것만 가지고는 '간절한 열심 목회 사역'에 대한 불완전한 관점입니다.

저는 할 수만 있으면 그 관점을 보다 포괄적이고 인상 깊게 만들고 싶습니다. 왜냐하면 실상이란 너무 지나치게 그리거나 과장 되어서는 결코 안 되기 때문입니다. 어느 누구라도 하나님께서 영원 전에 어떤 목적을 세우셨는지를 생각해야합니다. 하나님께서 우리 세상을 창조하시고 섭리하시고 은혜로 주장하시는 그 신적 모든 경륜의 목적이 무엇인가? 하나님의 아들이신 예수님께서 십자가에서 죽으신 목적이 무엇인가? 그것이 바로 계시된 진리의 실질을 형성하며, 사도들의 글들이 그 목적에 채용된 것입니다. 순교자들의 피가 그 목적에 인을 쳤습니다. 간단히 말해서 어느 누구라도 기독교 목회 사역의 목적은 우리 주 예수 그리스도의 중보로 말미암아 불멸의 영혼들을 구원하는 것임을 잊지 말아야합니다. 그러니 그 '간절한 열심 목회'에 미치지 못하는 어느 것도 그러한 목적에 부합한지를 자문해야 합니다. 아울러 그 '간절한 열심'이 지금까지 여러 장(章)들에서 제시된 것들을 다 아우르지 못하는 것은 아닌지 자문해 보아야 합니다.

chapter 8

# 목회 사역 속에서 나타난 '간절한 열심'의 본보기들

**본보기는** 격언과 같은 힘을 가지고 있습니다. 우리는 그러한 본보기를 통하여 감동도 받고 또 우리의 나아갈 방향도 알게 됩니다. 우리가 어떻게 행동할지를 가르치기도 하고, 또 행동하도록 강권하기도 합니다. 그런 점에서 성경은 탁월한 본보기의 책입니다. 성경은 격언(格言)의 책도 되고 모델들을 제시하는 책이기도 합니다. 그리스도의 성품은 다른 모든 자들 위에 우뚝 솟아 있으며, 다른 모든 것들에 비하여 힘 있게 빼어나 있습니다. 그리스도께서는 모든 탁월한 것의 본이요, 모든 사람들이 본받아야 할 모범입니다. 복음 사역자들에게 있어서 그리스도의 거룩하고 사랑스러운 모든 것의 완전하고 아름다운 체현(體現)은 고유한 힘으로 다가옵니다. 그리스도께서 다른 이들을 보내신 것 같이 당신 자신도 아버지께 보내심을 받아 오신 분이십니다. 그분이 친히 설교자와 교사로서 설교자와 교사의 신적 원형(元型, archetype)이십니다. 그래서 다른 모든 설교자들과 교사들은 바로 그 분의 본을 따라야 합니다. 설교의 내용만이 아니라 설교하는 자세에 있어서도 그 분을 따라야 합니다. 그 분의 생기와 부드러움과 성실함과 엄숙함에 있어서 부단히 그 분을 친밀하고 부단하게 따라야 합니다. 우리 모두는 다 그 분의 발자취를 밟아서 그 분이 행한 대로 할 엄숙한 당위 아래 있습니다.

저는 그 분의 모든 성품 중에서 '간절한 열심'을 택하여 말씀드리려 합니다. 다른 모든 경우에서와 같이 이 점에 있어서도 그분의 모든 가장 독실한 모든 종들 보다 엄청나게 탁월하십니다. 세상에 오실 때에 "그 때에 내가 말하기를 내가 왔나이다 나를 가리켜 기록한 것이 두루마리 책에 있나이다 나의 하나님이여 내가 주의 뜻 행하기를 즐기오니"(시 40:7,8)라고 말씀하셨습니다. 나사렛에서 조용하게 지내시다가 공적인 생애를 시작하시어 갈수록 더욱 왕성하고 지칠 줄 모르게 활동하셨습니다. 주님의 눈과 마음과 혀는 오직 한 가지의 목적에 매여 있었습니다. 곧 영혼들을 구원하시는 일입니다.

우리는 주님께서 쉬지 않고 항상 활동하시는 모습을 봅니다. 복음서의 어느 장면이든지 찾아가 보십시오. 항상 일하시고 설교하시고 기도하시고 우시는 모습을 발견할 것입니다. 그러나 빈둥거리는 모습을 발견할 수 없습니다. 모든 자투리 시간을 모아 일하셨습니다. 제자들이 동네로 먹을 것을 구하러 갔을 그 짬에도 사마리아 우물가에서 선한 일을 하셨습니다. 그 분은 긍휼이 풍성하신 구주셨습니다. 냉차고 마음이 없는 철학자가 아니었습니다. 그분의 설교는 사랑에 충일한 영혼의 호흡이었습니다. 그분의 강론은 자비가 흘러 넘쳤습니다. 그분은 단순하게 이성의 의인화(擬人化, personification) 정도가 아니고 사랑의 성육신(成肉身, incarnation)이었습니다. 차갑고 이지적인 달빛을 쏘아대는 것이 아니었습니다. 뜨거운 열기를 가지고 열매를 맺게 하는 태양 광선이었습니다. 영혼을 구원하는 일이라면 가기를 주저하는 곳이 없었습니다. 혼인잔치, 명절들, 심지어 장례식에도 가셨습니다. 모친에게 말씀하실 때에도 "내가 내 아버지 집에 있어야 될 줄을 알지 못하셨나이까?"라고 말씀하실 때부터, 주님의 양식은 아버지의 뜻을 행하는 것이었습니다. 주님은 자신을 만족하게 하는 성질을 가진 것을 스스로 삼가셨습니다. 혼자서 경건의 시간을 가지는 것이 오직 주님의 휴식이었습니다. 도성에서 온 종일 수고하시고 나서 기도하기 위하여 산을 찾으시어 밤새 거기 계시기도 하셨습니다.

갈보리 언덕에 오르시기 까지는 더할 수 없었던 간절한 한 장면을 주목해 보세요. 죄악적인 예루살렘 도성을 내려다보시면서 눈물이 범벅이 되시어 다가오는 그 도성의 멸망을 내다보시면서 가슴 저미어 흐느끼시며 말씀하시던 그 장면이라니요! 오, 도덕적인 세계가 다 같이 공감하며 슬퍼하게 만들기에 족한 장면이 아닙니까! 그 때 그 곳에서 당신의 깊은 정서를 눈물로 쏟아내지 않으면 안되었던 마음을 가지신 그 분이 어떠한 분이시겠습니까! 그 가슴을 저미게 하는 그 장면이 정념과 자애로움과 엄숙한 장엄함에 있어서 갈보리의 현장 다음이라는 말이 들립니다. 그러나 이 장면은 다음에 따라올 그 갈보리의 전조(前兆)였습니다. 겟세마네와 골고다의 엄숙하고 신비로운 장면들을 미리 내다 보시면서 외치셨습니다.

"나는 받을 세례가 있으니 그 이루기까지 나의 답답함이 어떠하겠느냐?"(눅 12:50)

사람을 구원하시려는 그 간절하심은 다음에서 너무나도 잘 드러납니다. 주님을 팔려는 악한 마음을 가진 배반자가 그 뜻을 이루려 하지만 주님의 사랑을 생각하니 빨리 진행하지 못하고 지체하고 있었습니다. 그러나 주님께서 보실 때에 그것이 너무나 더디어 보였습니다. 그래서 "네 하는 일을 속히 하라"고 재촉하시어 그 마음의 동기를 자극하셨습니다. 그렇게 하시어 십자가로 향하는 길을 서두르신 것입니다. 자신을 희생제물로 드리는 시간이 너무 더디다 여기신 것입니다. 사랑으로 자기 백성들을 구속(救贖)하시려는 일을 조금도 늦출 수가 없었습니다.

복음 사역자들이여, 바로 여기에 그대들을 위한 본보기가 있도다. 이 '간절한 열심'의 본을 따라 갈지어다. 영혼을 구원하시는 그리스도의 일은 사역자들 여러분 개인의 구원의 방편으로 뿐 아니라 여러분의 공적인 일을 수행하는 본으로 삼을 것입니다. 여러분은 후자를 너무나 많이 망각하였습니다. 우리가 그리스도인들로서 그리스도의 행실을 우리의 모범으로 우러러 보아야 합니다. 그러나 사역자들이 그분의 공적 일을 수행하시는 모습을 본 삼는 일에는 너무나 소홀히 한 것이 사실입니다. 우리는 하나님의 종들로서 우리의 위대하신 선생이신 그분을 향하여 마땅한 바대로 주목하지 못하였습니다. 이 열을 뿜어대는 이 신적인 본으로부터 강력하고 열렬한 헌신의 불을 받는 일을 거의 유념하지 않은 잘못에 대하여 정말 부끄러워해야 합니다.

우리는 앞에서 태양을 본 셈입니다. 그러나 이제는 별들로 시선을 옮겨 봅시다. 우리는 선생이신 구주를 우러러 보았습니다. 이제는 그분의 종들을 숙고해 봅시다. 주님은 우리 자신이 따라잡기에는 너무 높아서 그 고상함과 완전하심 때문에 도리어 마음에 낙담이 될 수 있을 정도입니다. 좋습니다. 그러나 이제 우리는 우리 수준에 더 가까운 이들을 주목해 봅시다. 먼저 사도 바울을 관찰하여 봅니다. 그 사도 바울의 행실에서처럼 신적인 주님의 '간절한 열심'에 더 가까이 접근해 있는 이를 어디서 만납니까! 다메섹으로 가는 길목에서 회심한 순간 이후 오직 한 가지의 목적만을 위하여 존재하였습니다. 곧 영혼 구원을 통하여 하나님의 영광을 위하는 일이었습니다. 그 목적을 이루기 위한 오직 한 길이 있습니다. 그것이 바로 십자가의 도(道)를 설교하는 것이었습니다. 그가 어디에 가서 무엇을 하고 누구를 만나든지 항상 영혼들을 염두에 두고 말하였습니다. 회당에서 유대인들과 논쟁할 때든지, 아니면 헬라의 아레오바고 언덕에서 철학자들에게 말하든지, 아니면 고린도의 쾌락에 도취되어 있는 이들에게 설교하든지 그의 목적은 오직 하나 영혼을 구원하는 것이었습니다. 밀레도에서 에베소 교회의 장로들에게 호소하든지, 아니면 사슬에 묶이어 베스도의 법정에서 아그립바 왕이 보는 자리에서 기독교의 대의(大義)를 진술하든지 간에 상관 없었습니다. 그가 설립한 교회들에게 편지를 쓸 때에도 어느 곳에서나 항상 예수 그리스도의 '간절한 열심'을 가진 사역자였습니다.

에베소 교회 장로들에게 한 말 중의 한 표현은 그의 설교의 정신과 골자를 간명하게 함축하고 있습니다.

"그러므로 너희가 일깨어 내가 삼 년이나 밤낮 쉬지 않고 눈물로 각 사람을 훈계하던 것을 기억하라"(행 20:31).

로마 정부의 가공할 위협도 그의 확고한 자세로부터 단 하나의 불평을 산출해 내지 못하였습니다. 오로지 불의와 그 기막힌 미혹 속에서 멸망해 가는 불멸의 영혼을 보고 망연자실하여 눈물로 그 얼굴을 뒤덮었습니다. 만일 그러한 눈물을 다른 처지에서 쏟아내었다면 아마 연약의 표징이었겠지요.

오, 그 눈물은 얼마나 우리의 우둔함을 질책하며 얼마나 우리의 부족함을 입증해 줍니까! 십자가 복음을 위해서 섬긴 이 빛나는 종을 바라볼 때마다 우리는 정말 기이함과 놀라움을 금할 수 없습니다. 그의 회심과 그의 삶의 내력을 통해서 하나님께서 가르쳐 주시려 한 것이 있는 것 같습니다. 한 인간의 마음속에 얼마나 많은 에너지가 응축될 수 있는지, 또한 단 한 사람의 인생 속에서 얼마나 많은 에너지가 계발될 수 있는지를 가르쳐주시려 한 것 같다는 말입니다. 그리스도의 사랑의 강권함을 받고 하나님의 모든 충만으로 충만한 사람이 얼마나 큰 고난도 감내해 낼 수 있는지, 또 어떠한 능력을 행사할 수 있으며 또 그로 인하여 어떤 결과들을 산출할 수 있는지를 보여주시려고 바울의 회심과 삶의 내력을 성경에 기록되게 하신 것 같습니다. 우리와 똑같은 성정을 가진 한 사람을 도구로 쓰시어 하나님께서 당신의 지혜와 사랑의 목적들을 이루어 나가심으로 말미암아 어떤 일을 성취하실 수 있는지도 보여주신 것 같습니다. 빌립보서의 몇 단어로 구성된 짧은 한 문장은 그의 전체의 삶과 그의 삶의 모든 수고를 요약하고 있습니다.

"내게 사는 것이 그리스도니"(빌 1:21).

그 짧은 말 속에 얼마나 심오한 의미가 담겨있으며, 얼마나 놀랍게 영혼이 진전될 수 있는지요. 또 그 표현을 통하여 하나님이 가지신 목적이 얼마나 포괄적인지도 전달되고 있습니다. "그리스도께서 내 생명이시다. 그리스도와 그분의 일을 떠나서 나는 따로 존재하지 않는다. 나는 그 한 목적을 향하여 자라왔고, 그것이 나를 삼킨다."

이것이 바로 '간절한 열심'(earnestness)입니다. 그것이 바울에게 심겨져 계발되게 한 당연한 원리였다면 우리에게는 주어지지 않았겠습니까? 그리스도께서 바울에게 그런 분이셨다면 그리스도께서 우리에게 마땅히 그러한 분이 되지 않아야 할까요? 그가 그처럼 영혼들을 위해서 수고하였는데,

우리는 어째서 하지 않아야 합니까? 그를 주장한 동기가 그것 단 하나였다면 그것이 우리를 강권해야 하지 않습니까?

 그리스도의 사역자들이여, 여러분이 이 위대한 사람의 생애를 살펴보아야 합니다. 그것도 마땅히 여러분이 어떠한 사람들이 되어야 하며, 어떤 수고를 해야 하는지를 알 목적을 가지고 살펴보십시오. 이 복된 사도가 어떤 사람이었으며, 어떻게 수고하였는지를 비추어 본다면, 그렇게 차가운 지성이나 화려한 웅변술이나 섬세한 형이상학적 설교들로 만족해야겠습니까? 여러분이 일주일에 두 번 설교를 하고, 그 수고로 여러분에게 맡겨진 영혼이 만족하도록 내버려 두는 것이 여러분의 부르심의 목적에 부합하는 것이라는 생각이 듭니까? 여러분이 면밀히 연구하고 열심히 책을 읽고 좋은 글을 쓰는 저자일 수 있습니다. 이러한 모든 일에도 불구하고 영혼들이 하나님께 회심하지 않고 세상에서 복음의 진보가 이루어지지 않은 채 있다면 그것으로 만족하다는 생각을 할 수 있겠습니까? 여러분이 어렵게 수고하지만 혹독한 시련을 받고 얼마 되지 않은 봉급을 받고 은혜에 감사할 줄 모르는 회중들과 변덕이 심한 친구들과 싸워야 한다고 말하면서 불평을 늘어놓습니까? 바울의 이야기를 청종하고 잠잠하십시오.

"그들이 그리스도의 일꾼이냐 정신없는 말을 하거니와 나는 더욱 그러하도다. 내가 수고를 넘치도록 하고 옥에 갇히기도 더 많이 하고 매도 수없이 맞고 여러 번 죽을 뻔하였으니 유대인들에게 사십에 하나 감한 매를 다섯 번 맞았으며 세 번 태장으로 맞고 한 번 돌로 맞고 세 번 파선하고 일주야를 깊은 바다에서 지냈으며 여러 번 여행하면서 강의 위험과 강도의 위험과 동족의 위험과 이방인의 위험과 시내의 위험과 광야의 위험과 바다의 위험과 거짓 형제 중의 위험을 당하고 또 수고하며 애쓰고 여러 번 자지 못하고 주리며 목마르고 여러 번 굶고 춥고 헐벗었노

라. 이 외의 일은 고사하고 아직도 날마다 내 속에 눌리는 일이 있으니 곧 모든 교회를 위하여 염려하는 것이라. 누가 약하면 내가 약하지 아니하며 누가 실족하게 되면 내가 애타지 아니하더냐"(고후 11:23-29).

인간의 작품이나 역사 속에서 그와 같은 대목이 발견됩니까? 그 대목을 읽으면서 누가 '내가 그리스도를 위해서 일하고 고난 받은 것이 나로 하여금 이 사람과 같은 반열에 선 그리스도의 사역자라는 칭호를 얻게 할 수 있는가?' 라고 감히 물을 수 있겠습니까? 그러나 이 바울의 본보기는 여러분에게 막중한 무게를 느끼게 하는 너무 고상한 본이 될 수 있습니다.

다음에 소개하는 경우는 비국교도 기념비에서 따온 것입니다. 그 글은 올리버 헤이우드(Oliver Heywood)라는 그리스도의 탁월한 종의 일기로부터 따온 것으로 보입니다. 그 사람은 일 년 동안 주일마다 행하는 고정적인 사역 외에 백 오십 차례 설교를 하였고, 한 해에 오십 일 동안 금식과 기도를 하였고, 아홉 차례 특별 감사기도를 드렸고, 그리스도와 불멸의 영혼을 섬기면서 1천 4백 마일을 여행하였습니다. 그런 여행을 도보나 말을 타고 했다는 것을 생각하면, 철도로는 만 마일보다 더 먼 거리입니다. 그러나 놀라운 사람 리처드 백스터를 생각해 보십시오. 그는 핍박의 귀신의 공격을 받고 감옥에 갇히기도 하고 돌에 얻어맞는 고통을 당하였습니다. 그럼에도 불구하고 항상 설교하고 글을 썼습니다. 그래서 무려 백 이십 권이나 되는 책을 써 출판하였습니다. 그런 분량의 책을 썼다는 것 자체가 기계적으로 수고하였어도 삶 전체를 들여야 할 일임을 드러냅니다. 그 점에 대해서 바로우 박사(Dr. Barrow)는 말합니다. "그의 실천적 저작들은 한 번도 수정된 적이 없었고, 논쟁의 대상이 되었던 책들도 논리가 모자라다고 묵살 당한 적이 없다."

웨슬리나 조지 휫필드 같은 저 기이한 사람들에게로 시선을 돌려보십시오. 그들의 놀라운 수고와, 또한 그 수고와 걸맞게 나타난 그들의 기이한 성공에 대한 이야기를 들어 보십시오. 그러고 나서도 자신을 책망하면서 '내가 지금까지 헛되게 살아온 것 같다'는 낙담하는 느낌을 전혀 갖지 않을 수 있는 자가 누구이겠습니까? 우리가 그들의 전체 삶을 강단에서 설교하는 모습과, 밀실에서 기도하는 모습과, 또 여러 사람들을 가르치는 공부방에 서서 수고하는 모습으로 구분하여 볼 수 있습니다. 개인적으로 누릴 수 있는 모든 가정의 평온함을 희생하고 오합지졸의 군중들을 대면하였습니다. 모인 수천의 사람들에게 설교하였으며, 영국 전역을 두루 다니고 대서양을 여러 차례 건넜습니다. 여러 도시의 주민들을 찾아 다녔고, 그래서 그들의 복음 전도적인 수고의 명성과 열매로 여러 나라들을 채우기도 하였습니다. 교회당에 모여 있는 군중들을 상대로 설교하는 분위기 속에서는 약간 다른 발성을 사용하기도 하였습니다. 노천에서 목소리를 크게 높일 때를 제외하고 말입니다. 푸짐한 식탁으로 자신들을 즐겁게 하지 않았고, 사치스러운 침상의 휴식을 누려보지 못했습니다. 다만 회개하는 자들의 눈물을 보고 힘을 얻었고, 믿는 자들의 즐거운 찬송소리를 듣고 힘을 얻었고 즐거워하였습니다. 영혼들을 구원하기 위해 추구하는 것을 자기들의 오직 유일한 일거리로 여겼습니다. 그래서 여러 사람들이 회심하는 것을 볼 때 그들은 비로소 즐거워하고 행복해 했습니다. 그들을 핍박하는 사람들의 야비한 횡포에 대해서는 냉담하였습니다. 그들을 따라 다니는 그 촐싹거리는 무리들에 대해서도 같은 자세를 취했습니다. 때로 그들은 병석에 누워있다가도 여러 처지에 있는 수많은 군중들을 향하여 증거하였습니다. 그래서 경우에 따라서는 무덤을 강단으로 바꾸기도 할 것 같이 하였습니다.

그들의 수고를 하나의 간단한 문장으로 요약하자면 '수고로 그들의 생명이 어찌나 너덜너덜 닳았던지' 마치 서둘러 죽으려 하는 것 같았습니다. 이러한 것을 알면 우리가 살아온 방식을 생각하면서 어떻게 참아낼 수 있으며, 우리가 살아 있다고 어떻게 상상이나 하겠습니까? 그들의 생애를 읽어보면서 스스로 낯을 붉히지 않을 사람이 누구이겠습니까? 그들의 그 간절한 열심을 목격하면서, 마치 우리가 영혼 구원을 위한 열정에 대해서 아무것도 모르는 것 같은 느낌을 어떻게 가지지 않을 수 있겠습니까?

북미의 인디언들 중에서 사역한 최초의 그리스도의 선교사 브레이너드(David Brainerd)에 대해서는 뭐라 말해야 할까요? 그는 신경과민과 우울증으로 괴로움을 겪었습니다. 폐병으로 그의 몸은 서서히 잦아들어 갔습니다. 그럼에도 그 야만 사회에 거하는 영혼들을 사랑하여 볼품없고 허름한 오두막을 짓는 일을 도왔습니다. 바싹 마른 건초 더미 위에서 살기도 하였습니다. 전도 여행을 하면서 숲속에서 밤을 맞으며 노숙하였습니다. 그는 숲속의 차가운 공기 속에서 자야만 했습니다. 그의 허름한 거처에 돌아가 딱딱한 침대에 자신을 던졌습니다. 아무도 그를 위로해 주는 사람이 없습니다. 그러한 궁핍 속에서 오랫동안 그의 사도적 수고를 기울였음에도 나타난 열매가 없자 몹시 괴로웠습니다.

이 모든 일이 영혼을 사랑하고 그리스도의 영광을 위해서 한 일입니다. 영국 국내에 있는 사역자들에 대해서는 아무것도 말하지 않더라도, 다만 현대 선교사들 중에 이처럼 가혹하게 자기를 부인하고 자신의 마음의 성향을 희생시키고 영혼 구원을 위해서 강렬한 소원을 가진 사람을 어디에서 발견하겠습니까?

그러한 헌신의 경우를 하나 더 소개하는 것이 유익할 것입니다. 미국의 페이슨 박사(Dr. Payson)는 목회자였습니다. 모든 기독교 사역자들은 그 사람의 전기를 반드시 읽어보아야 합니다. 많은 사람들이 그 전기를 읽었고 그로 인해서 결코 적지 않은 유익을 얻을 것이라고 생각합니다. 영혼을 구원하려는 그 간절한 열심을 목회 사역 기간 내내 보여주었는데, 그 열심이 어찌나 간절한지 자주 금식하고 끈질기게 기도하는 일을 통해 자기 건강을 해지기까지 하였습니다. 그의 전체의 삶은 신앙 부흥을 산출하려는 부단한 노력을 기울이는데 쓰여졌습니다. 그런 수고가 실패하였을 때 그의 마음의 고뇌가 어찌나 예리하였든지 몸에 병이 났습니다. 그의 전기를 쓴 사람은 그에 대해서 이렇게 말했습니다. "그의 언어와 대화, 그의 전체의 품행이 그의 설교를 듣는 사람들의 생각 속에 정말 '이 사람이야말로 믿는 고로 말하였다' 는 확신을 강하게 부각시켜주었다." 그의 목회 사역에 참여하였던 사람들이 마음에 가지게 된 그 확신을 그는 어찌나 중요하게 여겼던지 같은 목사직을 가진 형제들에게 강연하면서 그 문제를 제목으로 삼았습니다. 그는 그 제목을 "우리가 설교하는 것을 정말 믿고 있다는 확신을 회중이 갖는 것의 중요성' 이라고 정하였습니다. 이 강연에서 그는 다음과 같이 논평하였습니다.

"그리스도의 대사로서 메시지를 전달할 때 그런 식으로 행동하는 목사는 자기가 전하는 진리와 그 진리의 무한한 중요성을 마음 깊이 확신하였음을 회중에게 드러내고 싶어할 것입니다. 그는 자기 영혼 전체가 자기가 말하는 그 주제로 충만해 있는 자답게 말할 것입니다. 그는 그리스도와 그의 구원을 말하되 그 구원의 은혜에 감사하는 자로서 말할 것입니다. 그래서 감격하는 사람들은 자기의 삶을 자기 고장의 영적 복락을 위하여 바친 위대하고 고결한 그 진리의 설교자들에 대하여 말하고 싶을 것입니다. 그는 영원에 관해서 말하되, 이루 형언할 수 없는 안식 속으로 침투해 들어가려는 간절한 목표에 집중한 나머지 눈이 피로에 지친 자 답게 말할 것입니다. 그래서 그 무서운 실상을 묘사하되, 시간 세계의 끝자락에 서서 죽을 인생들의 눈에 보이지 않게 가지고 있는 휘장을 열어젖힌 사람처럼 묘사할 것입니다. 작렬하는 사상들과 불타는 말들이 그의 공적 설교의 내용을 구성할 것이고, 그의 공적 성격의 존엄성에 대한 의식과 자기가 다루는 주제의 무한한 중요성에 대한 의식이 그에게 있을 것입니다. 그런 의식이 말로 묘사할 수 없는 엄숙성과 무게와 힘을 가진 권세 있는 자답게 말하도록 그를 이끌 것입니다. 자기도 진노의 자식이었던 일을 충분히 회상하면서 동료들과 죄인들에게 설교할 것입니다. 그들의 곤고한 상태를 불쌍히 여기는 마음과 그들의 구원을 위한 강렬한 소원에 함께 어우러져 말할 것입니다. 그리고 그의 강론 전반에 걸쳐서 자애로움의 분위기가 깔릴 것이고, 애정어리고 감동적이고 확신을 주는 '간절한 열심'의 태도로 그를 옷 입힐 것입니다. 이런 태도야말로 마음에 영향을 주고 침투하는데 가장 효과를 나타낼 수 있는 것으로 여겨집니다. 그 모든 것을 한 마디로 줄여 말하자면, 그런 목회자는 어떤 사람도 그렇게 말한 적이 없는 분이신 그리스도의 사신답게 말할 것입니다. 그리고 우리는 '우리가 아는 것을 말하고 본 것을 증거하노라'고 말하고 싶어 할 것입니다."

설교하는 일에 전심전력하다가 갈수록 병이 깊어져 운신하기 어려울 때 페이슨 박사는 자기 병실에 갇히어 있었으나, 영혼들을 구원하기 위한 간절한 열심은 감소되지 않고 계속 유지되었습니다. 한 번은 주님의 성찬을 집례한 후에 일어나서 그 양떼들에게 이렇게 말하였습니다.

"제가 목사가 된 이후 언제나 견지한 제 가장 간절한 소원이 있습니다. 그것은 병들어 죽게 된다 할지라도 내 교회 사람들에게 고별 설교를 할 수 있게 하는 은혜를 주님께서 허락하시는 것입니다. 그러나 이후로 그렇게 할 수 있을 개연성이 없어서 지금 몇 마디 말씀드리려 합니다. 제가 여러분에게 말씀드릴 마지막 기회가 될 수 있습니다. 이것은 단순히 하나의 예감이 아닙니다. 여러 사실들에 기초한 견해입니다. 제 경우를 잘 아는 여러 의사들도 같은 생각입니다. 저는 결코 다음 봄을 맞지 못할 것입니다. 이제 저는 영원한 세계의 변경에 서서 제 지난 과거의 목회 사역을 되돌아봅니다. 또 그 의무를 감당했던 제 태도에 대해서도 살펴봅니다. 오! 제 설교를 들었던 여러분이여! 여러분이 제가 한 것보다 더 낫게 자신의 의무를 감당하지 못했다면 정말 여러분에게 화가 있을 것입니다. 여러분이 하늘에 계신 대언자요 중보자이신 그리스도를 모시고 있지 않는 한 말입니다. 우리는 함께 이십년을 살아왔습니다. 도합 천 번의 주일을 보냈습니다. 저는 적어도 여러분에게 이 천 번은 경고하였습니다. 저는 이제 그 경고가 어떻게 주어졌는지 진술하려 합니다. 제 말을 듣고 있는 여러분, 여러분이 그 경고를 어떻게 받아들였는지 직고할 날이 올 것입니다. 다시 한 번 여러분에게 저는 경고할 것입니다. 이제는 더 이상 여러분의 목자가 되지 못할 이 부족한 사람이 목자로서 간청하노니, 임박할 진노를 피하십시오. 오, 주여, 제 사랑하는 사람들이 영원한 참된 유익에 관심을 가지는 것을 보는 행복을 누리게 하소서. 그래서 '제가 수고하였으나 헛되고, 제 힘을 다 쏟았으나 아무 것도 얻지 못했네'라고 말할 이유가 없게 하소서."

이 일이 있고 나서 그 예배당에서 한 번 더 예배를 드릴 수 있었으나, 그런 다음 그 목사관 방 밖으로 나올 수 없었습니다. 그럼에도 영혼을 구원하기에 자신이 쓰이심을 받는 도구가 되려는 강렬한 소원을 갖고 있었습니다. 그래서 구술로 필사하게 하여 개인들에게 하고 싶은 말을 편지로 보냈습니다. 또 교회의 여러 기관들을 향해서도 그렇게 하였습니다. 구원을 위해서 깊은 관심을 가지고 염려하는 사람들과 이제 막 회심하여 그리스도인의 삶을 시작한 사람들, 이제 막 목회자로서의 힘든 의무를 감당하기 시작한 목사들, 여러 개인들의 집단들이 그를 방문하여 병실로 왔고 죽어가면서 권면하고 권고하는 말씀들을 받았습니다. 병중에서 괴로워하면서 그렇게 아름다운 권면을 하는 그 영광의 장면 속에서 목사들과 동료 친구들에게 무슨 메시지를 전하였겠습니까? 그의 '마음을 주관하는 열정'은 죽을 때에도 강했습니다. 설교하기를 좋아하는 그 사람의 정신을 죽음도 떼어놓지 못하였습니다. 마치 수전노가 죽어가면서도 재물을 놓치지 않으려는 애착심을 보이듯이 말입니다. 페이슨 박사는 죽을 때 자기 가슴에 '내가 여러분과 함께 있었을 때 여러분에게 했던 말을 기억하십시오.' 라는 말을 써서 라벨로 붙혀 놓으라고 가족들에게 지시하였습니다. 그래서 자기 시신을 보기 위해서 온 모든 자들이 그것을 읽게 하였습니다. 그래서 그는 죽었으나 여전히 말하고 있음을 깨닫게 하려 하였습니다. 그 교회의 사람들의 요청에 따라서 그 '라벨에 쓴 말'이 그의 관 뚜껑 위에 새겨져 하관식에 참여했던 수천의 사람들이 그것을 읽을 수 있었습니다.

 정말 이 분의 경우는 사역자로서 '간절한 열심'이 무엇인지를 보여준 실제였습니다. 제가 이 분보다 더 앞서 인용했던 더 유명한 사람들 몇 분보다도 이 분에게 더 오래 머물렀다면, 다음과 같은 사실이 그 이유를 보여줄 것입니다. 곧 그 분은 바로 우리 당대의 목사였다는 사실입니다. 우리와 거의 동일한 처지에서 사역하였습니다. 아직도 진정 교훈적인 그 목사의 전기(傳記)를 읽지 못한 많은 사람들로 하여금 이런 인용문을 보고 그 책을 숙독하고 싶은 마음을 가졌으면 하는 간절한 바람을 저는 갖고 있습니다. 개인 그리스도인으로서나 공적인 사역자로서나 그와 같이 빛나고 사랑스러운 본보기를 숙고하고도, 더 거룩해지려는 열심을 내지 못한다면 그 사람은 나쁜 상태에 있음에 틀림없습니다.

이제 목회 사역을 하는 이들의 실례를 떠나서 평신도들에게 시선을 돌려봅시다. 그 평신도들 가운데도 꺼질 줄 모르는 간절한 열심을 보여준 드문 몇 본보기가 있습니다. 저는 정말 존귀하게 거론될 만하고 근면하고 본받을 만 한 두 사람의 경우를 살펴봅니다. 헌팅던 부인(Lady Huntingdon)과 최근에 작고한 하이베리의 토마스 윌슨(Thomas Wilson of Highbury)입니다. 헌팅던 부인의 경우에서 우리는 많은 귀족 가문들과 연계되는 한 귀부인을 만나게 됩니다. 그 사람은 궁정의 여러 존귀함과 우아한 의상을 쉽게 소유할 수 있었습니다. 그러나 하나님께 회심한 시간 이후로 그러한 세상의 모든 화려함과 환락을 버리고 자기의 지위와 영향력과 부(富)를 하나님의 영광과 영혼들의 구원을 위해 드렸습니다. 분방한 사내들이 출입하는 살롱을 끊고 경건한 자들의 비밀 집회를 찾았고, 귀족들과 정치인들과 웅변가들과 재담가들의 모임을 버리고 순회 설교자들과 서로 친하게 지냈습니다. 보석을 팔아 예배당을 구입하는데 쓰게 하였으며, 그림을 그리는 자기의 공방을 하나님께 드리는 예배 장소로 개방하였습니다. 거만하고 냉소적인 귀족사회의 놀라움과 비난과 조롱에도 결코 흔들리거나 요동치 아니하고 복음 진리의 확산과 불멸의 영혼의 구원을 위해서 강한 열심을 추구하였습니다. 가난한 자들이나 부자들이나 가리지 않고 영혼 구원을 위해서 힘썼습니다. 물론 귀족사회는 그녀가 열심을 쏟는 그 대상들을 이해하지 못하니 그렇게 열심을 쏟는 그녀의 태도를 이해할 수 없었습니다. 그녀의 전 생애는 바로 이 한 가지 목적에 매여 있습니다. 이 목적을 떠나서는 그 어떠한 일도 하지 않았고 또 삶의 재미도 없었습니다.

하이베리 대학(Highbury College)의 재정 담당관이었던 토마스 윌슨(Thomas Wilson)에 관해서도 본질상 헌팅던 부인에 대해서 한 말과 거의 똑같이 말할 수 있습니다. 정말 가치 있는 삶을 산 이 사람의 매우 귀중하고 훌륭한 전기(傳記)를 들먹일 필요도 없습니다. 그 아들이 자기 아버지의 전기를 세상에 내놓아 우리로 하여금 같은 요점을 확신케 하였습니다. 윌슨의 생애와 그 인물됨을 철저하게 살펴보면 그러한 확신이 깊어지고 그 인상이 영구화됩니다. 윌슨씨를 아는 사람들(기독교 신앙계의 모든 파에 속한 사람 누구나 그를 알지 못하는 자가 있습니까?)은 언제나 그를 특이한 열심과 큰 자비심을 가진 사람으로 생각하였으며, '간절한 열심'을 가진 사람의 가장 쓸모 있는 본보기로 생각하였습니다. 그가 그처럼 능동적 사고의 힘과 풍부한 행운의 자원들을 어떤 목적을 위하여 아끼지 않고 썼는지요! 어떤 관점에 있어서는 그와 의견을 달리하는 자들마저도 그 사람의 기품의 고상함을 인정할 것입니다. 그러나 시의 적절하게 교훈적인 그의 전기를 통해서 이 지칠 줄 모르는 사람의 외적으로 드러난 전체의 생애가 밝혀졌고, 그의 힘을 분출하는 샘 근원과 같은 내면의 구조가 드러났습니다. 그러니 우리는 거기서 중요한 교훈을 배우기로 합시다. 어둡고 곤고한 세계를 복음화하려는 길목에서 그 일에 마음을 온전히 드린 사람이 얼마나 많은 일을 할 수 있는가를 배우도록 합시다.

아마 현대는 이 책을 통해서 예증된 바와 같이 그가 강화시키려하였던 기품의 두드러진 실례들을 훨씬 적게 산출하고 있습니다. 그 사람은 자기의 삶 전체를 이러한 목적에 걸었습니다. 교회당을 세우고 사역자들을 지원하여 복음적 신앙을 지원하고 확산시키려는 목적을 세웠습니다. 물론 자신이 속한 교단과 관련하여 그 일들을 하였습니다. 이 일을 위해서 자기 사업을 중단하기도 하였습니다. 그리고 자기 시간과 자기에게 주어진 모든 행운과 영향력과 경건을 그 일에 쏟았습니다. 그는 해외로 나가 무슨 일을 하든지 아니면 본국에서 일을 보든지 간에 대부분은 그 일에 드린 일들이었습니다. 사람들이 상업적인 일을 위해서 사무실과 서기를 두고 사업장과 통신원들을 두는 것처럼, 그는 복음과 관련하여서 똑같이 그렇게 하였습니다. 그가 여러 사람들과 모여 대화하는 일이 바로 그 일에 관한 것이었고, 혼자 있을 때 묵상하면서 편지를 쓰는 것도 바로 그 일에 관한 것이었습니다. 그가 수고를 기울이는 일에 있어서 한 유용한 체계가 그 효력을 다했다면 그는 곧장 다른 체계를 동원하였습니다. 다른 이들과 이야기를 하고 있는 동안에도 일을 하였습니다. 그래서 그를 어디서 만날 지, 그가 어떻게 일하고 있을지를 누구나 다 알았습니다. 하늘로부터 '너는 교회당을 짓고 사역자들을 지원하라' 는 소리가 들려서 그 일을 하였다 할지라도, 그가 보인 집요한 목표 의식과 행동의 통일성과 확고한 견인성과 일의 범주 이상을 명하지 않았을 것입니다.

 그는 자기의 목적을 알았기에 다른 어떤 충고도 필요하지 않았습니다. 그는 그 목적을 사랑했고, 그 목적에서 마음을 돌리는 그 어떤 것도 참아내지 못하였습니다. 그는 다른 어떤 목적을 실행하거나 마음을 쓸 만한 여유를 가지지 못했습니다. 다른 사람들이 그와 함께 일하면 좋겠지만, 그렇지 않고 혼자라도 계속 그렇게 일하였을 것입니다. 그로 하여금 큰 사람이 되도록 만든 것은 명석한 재능도 아니고, 왕자 같은 행운도 아니었고, 위압적인 웅변력도 아니었습니다. 물론 좋은 여러 수완들을 가지고는 있었고 상당한 소득이 있었으며 재담가였습니다. 그러나 그를 그렇게 만들고 그가 행한 바로 그 일을 할 능력을 준 것은 바로 '간절한 열심'이었습니다. 토마스 윌슨(Thomas Wilson)은 '간절한 열심'을 가진 사람이었습니다.

그의 도움을 받아 목회 사역에 진입한 모든 사람들이 그 사람보다 더 거룩한 의무들을 감당하고 그가 가졌던 활동의 특성을 가지게 더 가지게 하시기를 하나님께 비옵나이다.

*chapter 9*

# '간절한 열심'의 동기들

## I
## 진리

　기독교 사역자에게는 그 다루는 주제나 주어진 목적으로 볼 때 '간절한 열심'이 요청됩니다.

　빌라도가 자기 앞에 죄수로 서 있는 그 특이한 분을 향하여 '진리가 무엇이냐?'는 질문을 던졌습니다. 그는 이성(理性) 있는 피조물이 가장 관심을 기울여야하는 중차대한 주제를 주님 앞에 제시한 셈입니다. 그리스도께서 침묵하시고 대답하시기를 거부하셨습니다. 그것은 그런 질문을 던지는 자의 궤변적이고 하찮은 정신 때문이었습니다. 그 질문 자체가 아무런 의미가 없기에 침묵하신 것은 아니라는 말입니다.

　'진리'는 우주 내에서 '거룩' 다음으로 가장 가치 있는 것입니다. 탁월하고 구별되는 특이한 방식으로 진리로 일컬음 받는 바로 그 진리가 우리 목회 사역의 테마입니다. 일반 학문의 어떤 분야라도 좋으니 생각해 보십시오. 그것이 무엇이든 간에, 또 그것이 아무리 존귀하고 중요하게 여겨지더라도, 또 그 학문을 가장 열렬하게 옹호하는 사람이 그 학문상의 진리를 아무리 강하게 주장한다하여도, 성경이 말하는 '진리'의 최고 우월성의 고지를 점령하고 있다고 말할 수 없습니다. 여러 윤리적이고 도덕적인 학문들의 특성들을 따라 그 주장하는 여러 모든 요점들을 조정할 자가 누구입니까? 아니 최고 보좌를 정당하게 차지하고 앉아 그 보좌를 넘보는 모든 거짓된 자들의 위선을 쳐부수는 선언을 할 이가 누구겠습니까? 진리의 하나님이 아니시면 누구겠습니까? 그분께서 그렇게 하셨습니다. 그분이 진리의 전당의 가장 높은 자리에 성경을 올려놓으셨습니다. 그리고 어떠한 철학체계든지 다 불러와 그 성경에 엎드려 충성하게 하셨습니다. 자, 사역자들로서 우리의 주제가 바로 그 진리, 그 영원하고 불변하는 진리입니다.

그 진리는 순전하게 그 신적 원천으로부터 주어졌습니다. 그 진리는 그것을 수립하신 전능자의 증거의 자취를 지니고 있습니다. 계시된 하나님의 진리와 견주어볼 때 가장 고상하고 가장 높은 학문이 무엇입니까? 아름다운 조합과 여러 친화력을 가지고 있는 화학, 수를 헤아릴 수 없는 놀라운 별들의 세계의 그 광대함과 변화무쌍함을 연구하는 천문학, 과거 장구하고 그 기이한 연대를 측정하는 지리학, 그런 모든 것들이 그 진리에 견주어 보면 무엇입니까? 비활성체(非活性體)이든 유기체(有機體)이든 간에 물질세계가 아무리 다각적 국면을 가지고 있고, 여러 부분으로 분류될 수 있고, 여러 필연의 법칙으로 조합되어 있습니다. 그런다 할지라도 영혼들과 그 영혼들의 생각들, 그 영혼들의 자유로운 활동을 주관하는 도덕적 진리의 법칙들과 비교하면 무엇이란 말입니까?

하나님이 지으신 자연은 그 자연을 지으신 하나님과 비교하면 어떠합니까? 하늘과 땅이, 시각(視覺) 기관으로 장엄하고 한없는 경관을 응시하는 지성(mind)에 비하면 무엇입니까? 영혼이 죽지 않고 계속 존재하며 견뎌내야 하는 영원한 세계에 비교한다면 땅에서의 인간 실존은 얼마나 덧없는 것입니까? 땅에서 존재하는 인간은 염려와 수고와 슬픔의 작은 사이클을 가지고 계속 존재할 뿐입니다. '구속(救贖)의 장엄하고 보다 더 완벽한 중보'가 나타내는 하나님의 영광에 비하면 하나님의 창조의 행사들은 하나님의 존재를 희미하고 가물거리게 나타낼 뿐입니다. 주 예수 그리스도의 인격 자체가 그 기이함과 신비함 그 자체라서 그에 비하면, 하나님의 신성(神性)을 드러내는 다른 모든 표현들은 어두움에 불과합니다. 이것이 바로 하나님의 지으신 성전(聖殿) 지성소에 나타나는 쉐키나(shekinah)의 영광입니다. 그 쉐키나의 영광을 향하여 우주의 가장 먼 데서 온 모든 영들도 경외어린 시선을 두며, 위대하신 우리 구주 하나님께 충성을 맹세합니다.

이것이 바로 우리가 다루는 테마이며, 하나님 당신 자신에 관한 하나님의 진리입니다. 성육신하신 하나님의 진리, 십자가의 구속을 통해서 사람을 구원하신 진리, 도덕적 율법의 진리, 정직의 영원한 표준, 선악을 알게 하는 나무, 복음 진리, 하나님의 나라에 있는 생명나무, 천국과 지옥에 관한 진리, 레위의 제사법이라는 상징물을 통해서 드러난 진리, 유대의 선지자들의 환상들을 통해서 증거된 진리, 그리고 복음서 기자들이 복음서 속에서 완전히 드러난 진리, 사도들이 쓴 영감된 서신들에서 드러난 진리가 바로 그것입니다.

다시 묻겠습니다. 뉴톤(Issac Newton, 1642-1727)이 만유인력(萬有引力)의 법칙을 발견하고 기뻐하였던 것, 제임스 와트(James Watt, 1736-1819)나 방적기계를 발명한 영국의 아크라이트(Arkwright 1732~1792)의 발명품들이 이러한 테마들에 비교한다면 무엇입니까? 죄인으로 반드시 하나님 앞에 자기의 행실을 직고해야 하는 불멸의 인간 존재의 현실을 생각하고, 바로 그에 관하여 계시된 진리와 비교하면 예술과 학문이란 대체 무엇이란 말입니까? 이러한 진리를 공포하면서 '간절한 열심' 없이 다른 방식으로 전할 수 있겠습니까? 그저 차가운 손이나 활기 없이 조는 듯 멍한 생각으로 그러한 주제를 접근할 것입니까? 하나님께서 지으신 모든 지성적 존재들을 깨우고 활력 넘치게 견지하는 진리에 대해서 그처럼 무기력한 태도를 보이는 것이 합당합니까? 그 진리는 대번에 창조함을 받지 않은 예수님의 지성의 목적과 안식처입니다.

우리는 학문하는 사람들이 자기들의 연구를 얼마나 '간절한 열심'을 가지고 추구하는지 살펴봅시다. 그들은 열심을 다해 땅을 연구하고, 망원경을 통해 열심히 천체를 응시하느라 밤을 밝힙니다. 그들은 시험과 분석을 하느라고 오랜 시간을 참고 연구합니다. 그들은 지칠 때까지 수고하는 일을 마다하지 않으며 낙담하면서도 계속 참아냅니다. 그들이 이처럼 자연의 비밀을 있는 힘을 다 해 들여다보고 연구한 뒤에 그 학문 진리의 작은 파편이라도 발견했다 하면 얼마나 화들짝 기뻐들 합니까!

복음을 위해서 섬기는 사역자들이여, 자연의 진리를 발견하려는 이들이 그런 모습인데, 영감(靈感)된 계시 진리의 책인 성경을 가지고 있는 우리가 그 성경이 말하는 엄청난 실상에 대하여 게으름을 피우거나 빈둥거리거나 하찮은 것을 대하듯 하는 것이 말이 되는 것입니까? 사람의 신체를 해부하여 몸의 유기적 화학 작용의 법칙을 알아내어 그 몸의 각 부분을 설명하는 이들에게서 그 '간절한 열심'의 교훈을 얻어야 합니까? 불멸의 영혼과 관련된 진리를 다루는 사람에게서가 아니고 그런 이들에게서 '간절한 열심의 표본'을 얻어야 하다니요!

아무리 해도 물리적 지구의 수준 이상 더 이상 올라가지 못하는 대상이나, 지구의 존재보다 결코 더 영구하지 못할 대상들을 연구하여 발견한 교훈들을 가진 사람들 보다 우리가 더 '간절한 열심'을 훨씬 더 강렬하게 보여야 않겠습니까? 그들이 하나님과 전체 도덕적 우주세계와 연관 있고 영원토록 없어지지 않을 진리와 상관하는 우리보다 그 '간절한 열심'을 훨씬 더 강하게 보이다니요. 영원한 진리를 위해 섬기면서 열심과 충정이 부족하다면 우리의 얼굴에 정말 얼마나 깊은 수치가 덮인 것입니까.

하나님께서 그처럼 장엄하고 외경스럽고 숭고한 이 진리를 무슨 목적으로 계시하셨으며, 또 우리로 설교하게 하신 의도는 무엇입니까? 이 문제는 단순히 호기심을 채우는 문제가 아닙니다. 또한 지식을 추구하는 사람이 그 갈증을 채우려는 샘을 찾고자 하는 지성적 만족을 채우는 문제도 아닙니다. 결코 아닙니다. 오히려 불멸의 영혼을 죄와 사망과 지옥에서 구원하여 영광스럽고 불멸하는 거처에 인도하기 위해서 이 진리를 계시하셨습니다. 그리고 우리로 그 진리를 전파하게 하셨습니다. 그럼에도 불구하고 그저 관심없이 냉정한 방식으로 그러한 주제들을 다룰 수 있고, 그러한 목적을 차가운 마음으로 수행하는 사람이 있습니까? 그는 미지근한 상태를 버리지 못하는 죄악을 우주 내에서 가장 놀랍게 보여주는 실례입니다. 그런 사람처럼 자기모순을 범하는 사람이 없습니다. 그런 사람은 인간의 지성의 마인드가 얼마나 비할 수 없는 악한 모순으로 멀리까지 갈 수 있는지를 보여주는 가장 무서운 실례입니다. 그 사명을 감당하면서 '간절한 열심'이 모자란 것은 하나의 구경거리입니다. 그 사명은 불멸의 영혼을 영원한 파멸에서 건져내 영원한 생명을 얻도록 일으켜 세우기 위해서 부여하신 사명입니다. 그런데도 그렇게 하다니요. 그런 구경거리가 통상적인 것은 아니라할지라도 정말 놀라움을 금치 못하게 만들고 의분과 경멸감을 가지게 하는 충분한 구경거리입니다.

우리는 고대든 현대든 웅변의 대단한 경지에 이르렀던 연설문을 읽습니다. 그 능한 웅변이 나올 때까지 그들의 불타는 영혼과 함께 존재하였던 그 간절함과 지칠 줄 모르는 노력에 우리는 감동합니다. 우리는 필립 공의 명에에서 자기 나라를 구하기 위해 고심했던 아테네의 웅변가 데모스테네스를 광신주의자로 몰아세우겠습니까? 카터린의 모략에 의분을 일으켰던 저 능한 로마 사람이나, 노예무역의 흉포한 악덕에 대적하여 영국 의회의 공의와 자비를 호소하느라 이십년 동안 목소리를 높였던 윌버포스(Wilberforce)를 광신주의자로 몰아세우렵니까? 우리는 오히려 그들의 고상한 열광에 감탄하여 그들의 심정을 충분하게 칭송할 송덕비도 세우지 못할 판입니다.

그러나 우리가 그들을 칭찬하는 것은 우리 자신을 정죄하는 것이 됩니다. 왜냐하면 우리가 '간절한 열심'에 있어서 그들에게 미치지 못하기 때문입니다. 비록 우리의 목회 사역의 영향 아래에 들어온 허다한 무리들 속에서 한 사람의 영혼을 구원한다 할지라도, 그 귀추에 있어서는 학문을 연구하는 사람들이 지성과 생명 에너지를 쏟아 바쳐 연구하는 모든 대상들을 다 합해도 따라가지 못할 더 획기적인 의미를 가지는 것입니다. 왜냐하면 그 귀추는 영원토록 지속되기 때문입니다. 우리가 전하는 설교를 듣는 자들에게 생명에 이르게 하는 생명의 냄새거나 사망에 이르게 하는 사망의 냄새라고 진정 믿습니까? 우리가 증거하는 말의 일반적인 의미를 전혀 이해하지 못하게 공식적인 어구로 표현한 것입니까? 우리가 다루는 것이 단순한 하나의 사실 문제에 불과합니까? 아니면 설교를 엄숙하게 꾸미거나 강단을 화려하게 보이게 만들며 사람들의 마음을 속이기 위해 엄숙한 채 하는 것에 불과합니까? 우리의 사역 아래서 영혼들이 살아나 하늘의 영구한 기쁨과 명예를 얻고 있거나, 아니면 우리의 목회 사역의 강단 주위에 있던 영혼들이 무저갱으로 떨어져 내리고 있습니다. 그 일이 고작 그런 것에 불과하냐는 말입니다. 우리의 회중 가운데 있던 불멸의 영들이 끊임없이 영원한 거처로 소환을 받고 있습니다. 그들은 하늘이나 지옥 둘 중 하나로 들어가고 있습니다. 그리하여 땅에서 구속함을 받은 자들의 수를 채우거나, 멸망하는 자들의 허다한 무리의 수를 더하고 있습니다.

만일 그 일이 사실이라면 우리의 신앙 고백에 걸맞고 우리의 상황에 적절하고 우리의 확신에 어울리는 그 '간절한 열심'은 어디에 있습니까? 우리가 그 진리를 믿지 않는 채로 설교한다면 우리가 크게 속이는 자요 강단은 무대의 연기나 거룩한 척 하면서 위선을 떠는 것이나 다를 바가 없습니다. 영원한 구원과 영원한 저주와 같은 주제를 다루면서 그처럼 조심성 없고 그처럼 죄악적인 태도를 견지하며 그런 것들을 설명할 때 냉담한 자세를 보일 수 있어야겠습니까? 일반적 철학의 분야를 다루는 공적인 강사가 그런 냉담한 자세로 말한다고 해서 우리가 그런 사람과 같은 자세를 견지해야겠습니까? 우리의 이상(理想)이나 우리의 신앙심이나 우리의 일관성은 어디로 갔습니까?

## II
## 인간의 심령 상태

방금 지적한 그 진리와 목적에 연관시켜 볼 때 인간의 심령 상태는 바로 그 '간절한 열심'을 불가피하게 요구하고 있습니다.

이 문제는 이 책의 초반부에서 잠깐 살펴본 바 있습니다. 그러나 다시 여기서 거론하여 확대해 볼 만한 문제입니다. 사도가 보인 그 간절한 탄원과 끈질긴 간청을 우리도 필연적으로 반드시 보여야 합니다. 바로 그 간청하는 자세야말로 그 간청하는 대상의 마음의 상태를 전제하는 것입니다. 사람들의 마음은 하나님과 화해하는 상태로 오기를 꺼려합니다. 그러므로 강력한 설득의 힘으로 그 마음을 공략해야 합니다. 우리는 전능자와 싸우는 미친 짓에 빠져있는 패역한 세상을 다루어야 합니다. 그런데도 죄악적인 패역자들이 자기들의 적대적인 행위에 싫증이 나고, 자기들의 죄악적인 행동이 성공할 가망이 전혀 없음을 알고, 복음 전도의 말씀을 듣기가 무섭게 대번에 자기들의 팔을 내려 통회하고 용서를 구하는 데로 들어간다 합시다. 그렇다면 우리의 사명은 쉬울 것입니다. 그런 경우라면 그렇게 '간절한 열심'으로 간청하고 충고하는 수고를 덜 수 있을 것입니다. 그러나 상황은 정반대입니다.

"육신의 생각은 하나님과 원수가 되나니 이는 하나님의 법에 굴복하지 아니할 뿐 아니라 할 수도 없음이라"(롬 8:7).

사람들의 마음의 상태는 악을 행할 만반의 준비가 되어 있습니다. 사람들의 마음은 피부에 와 닿고 눈에 보이는 이생에 속한 것에 사로잡혀 그 영향과 지배를 받고 있습니다. 우리의 일은, 눈에 보이지 않는 영원한 것들에 대한 활력 넘치는 믿음으로 말미암아 눈에 보이는 이생의 것들의 부당한 영향력들을 계속 저항하도록 그들을 부추기는 일입니다. 우리의 목적과 수고는 장차 올 눈에 보이지 않는 세계의 능력으로 사람들을 그 현재 마음 상태에서 건져내는 것입니다. 그들은 현 세상의 겉치레에 매혹당하고 있으며, 그러한 현혹 속에서 계속 머물기를 즐거워합니다. 그래서 내내 사람들은 사업을 해 나가는 일에 사로잡혀 있고, 이생의 염려나 위안이나 시련에 몰두해 있습니다. 그처럼 헐떡거리며 자기들의 땅에 속한 소욕의 여러 대상들을 소유하려고 부산하고 더 누릴 강렬한 소망을 가지고 있습니다. 그래서 그들의 관심을 정말 꼭 필요한 엄숙한 신앙의 문제에 돌리려 하는 우리를 마치 침입자처럼 취급하고 건방진 훼방꾼으로 간주합니다. 마치 경주장에서 다른 사람의 경주를 멈추게 하거나, 다른 사람에게 이상한 물체를 보여주며 서로 차지하려고 싸우게 만드는 사람처럼 우리를 보고 있습니다.

그러나 어려움은 여기서 끝나지 않습니다. 이런 모든 일에서 잘 되었다 할지라도 그것은 우리를 대적하는 작은 집단을 상대한 것에 불과합니다. 그런데도 우리의 정력을 쏟아야 하고 대단한 노력을 기울이지 않으면 안 되는 싸움이 남아 있습니다. 우리의 설교를 듣는 자들의 시선을 사로잡는 데 성공하였다 하더라도, 진리를 받기 싫어하는 마음의 정서뿐 아니라 그 진리를 대적하려는 마음의 상태와 싸워야 합니다. 우리의 첫 번째 임무는 자신들에 대해서 좋게 생각하는 사람들의 본성적 성향이 얼마나 죄악적인지를 지적하며 맹렬히 공격해야 합니다. 그래서 자기들은 대단한 정도로 성공하였다고 생각하면서 자기들에게는 불완전함과 연약이 조금밖에 없다고 생각하는 그들 속에 얼마나 철저한 무가치함과 부패가 자리 잡고 있는지를 깨닫게 해 주어야 합니다. 그리하여 자만감을 몰아내고 자신이 정죄 받고 있는 혐오스러운 위치를 알게 해야 합니다. 그리고 보편적으로 겸손하지 못한 채 자신을 의지하는 마음을 버리고 하나님의 자비로우심을 의뢰하도록 촉구해야 합니다. 그래서 하나님의 도덕법을 어기는 그 도덕법이 사람을 얼마나 저주에 들어가게 하는지 깨닫게 해야 합니다. 죄를 뉘우치며 두려워하는 사람이 그 하나님의 공의의 요구에 비추어 자기의 죄가 용서 받는 일이 어렵다는 것을 알려주어야 합니다. 자기만족이나 교만의 작용의 가장 작은 잔재도 용납하지 않는 차원에서 구원을 제시해야 합니다.

그러한 메시지는 자주 싫증을 유발하고 대적하는 인간의 강퍅한 마음 상태를 불러일으키고, 하나님을 대적하려는 자기 사랑의 모든 악한 심성을 자극하기도 합니다. 그런 식으로 복음 안에서 제시된 구원은 타락한 사람의 교만뿐 아니라 정욕들을 대항하는 것입니다. 그 구원의 메시지는 오른손처럼 사랑스러운 죄악들을 끊을 것을 요구하며 우리의 전체의 영혼을 유혹하여 사로잡았던 대상들을 버릴 것을 요구합니다. 아울러 우리가 자라나면서 익혀왔고 힘이 있으면 더 강화되는 그 습관들을 부수어버릴 것을 요구합니다.

이 모든 것에 더하여 내적인 갈등뿐 아니라 밖의 대적들을 향해 영적 싸움을 벌어야 하는 것에 대해서도 회중들에게 때때로 말해주어야 합니다. 그리스도께서 당신이 오신 것은 "화평을 주려 함이 아니라 칼을 주려 함이요 부모와 자녀들이 서로 대적하려 함이라"고 하신 말씀을 실증하는 셈입니다 (마 10:34,35). 하나님께 회개한 어떤 이가 자기에게 가장 가깝고 친밀한 관계의 사람들로부터 잔인한 모독과 비난과 위협과 포악을 당할 것이니 그런 경우 믿음을 지키도록 상기시켜 주어야 합니다. 그렇게 인도할 상황을 맞은 목사치고 용기가 줄어들고 일관성을 놓치고 비틀거리는 위험을 느끼지 않는 자가 누가 있겠습니까? 저는 이 책을 쓰면서 다른 사람들 중에서 내가 이런 종류의 일을 당한 장본인이 되었다고 생각하면 괴롭습니다. 진실로 오늘날과 같은 평화로운 시대에도 부르심을 받아 하나님 나라에 들어가려면 환난을 통과해야 합니다.

그러면 이제는 기독교 목회 사역의 여러 난점(難點)들을 생각해 보기로 합니다. 회개하는 자가 하나님의 진리에 대해 받은 첫 번째 인상들이 구름이나 아침 이슬처럼 사라지지 않게 지키도록 해 주어야 합니다. 구원에 관해서 관심을 가지고 있는 그 사람을 몰아대어 그리스도의 십자가 외에는 다른 어느 곳에서도 멈추어 서지 말게 해야 합니다. 연약한 자들을 보호하고, 겁이 많은 자들은 용기를 북돋아 주어야 하며, 마음의 속임수를 간파하게 하며, 자기를 성가시게 하며 넘어지게 하는 죄들을 끊도록 초심자들을 도와 주어야 합니다. 육체를 십자가에 못 박을 결심을 고취시켜주고, 영혼을 자극하여 계속 성화(聖化)의 진보를 추구하도록 해야 합니다. 우리 본성의 유행병과 같은 만성적 병폐를 대처하게 해야 합니다. 그 병폐는 다양한 모양을 취하고 다양한 징후를 드러내 보입니다. 그래서 그 경우 마다 적절하고 합당한 처방을 가지고 대처해야 합니다. 신자를 도와서 원수된 마귀의 간계를 발로 밟아 비틀어버리게 해야 하며, 그 신자의 여러 모든 시련과 유혹과 난제들 중에서도 계속 주의 일을 힘쓰고 요동치 않고 주의 일에 수고하도록 가르쳐야 합니다. 그 마음속에 있는 제거되지 않은 많은 부패의 훼방하는 영향력에도 불구하고 그렇게 하도록 촉구해야 합니다. 그런 일을 하는 신자에게 항상 요구되는 것은 마음을 집중시키는 침착함과 간절함입니다.

이 패역한 세대에 거하는 사람들을 죄와 사탄으로부터 건져내어 하나님께 되돌릴 의향과 소원을 가지고 화목의 사역을 수행해야 합니다. 그런데 그 일을 위해 극복해야 할 대적의 실체를 감안하게 되면 모든 인간 행사들 중에서 가장 소망 없는 일로 보이기 마련입니다. 정말 성령님의 도움이 없이는 그럴 수밖에 없습니다. 성령님의 도우심만이 목회 사역을 계속 진행하도록 권유할 수 있습니다. 이러한 성령님의 작용이 없이는 우리는 전적 절망에 빠져 물러가야 마땅합니다. 그러나 이런 일은 인간을 방편으로 하지 않고는 결단코 기대하거나 생각될 수 있는 일이 아닙니다.

사람의 '간절한 열심' 이야말로 '신적 동작자'(Divine Agent) 되시는 성령께서 채용하시는 바로 그 도구입니다. 하나님께서 영혼들을 회심케 하시려는데 미지근하고 게으른 목회사역에 결코 복을 주시지 않습니다. 오히려 마음을 다하여 부지런하고 끈질지게 씨름하는 것을 통해서 영혼들의 회심의 복을 허락하여 주시는 것입니다. 하나님께서 사람을 사역자로 삼으시고 불꽃을 당신의 사자로 삼으십니다. 우리의 목적을 성취하기 위해 극복해야 할 난제들 속에서 '간절한 열심'을 내야함을 보여주는 이중적 논증이 있습니다. 또한 하나님의 성령께서 우리의 수고를 방편으로 하여 함께 역사하실 필요성이 있습니다.

첫 번째 논증은 그러한 '간절한 열심'의 불가분해적 필요성을 보여주고, 두 번째 논증은 우리로 하여금 그러한 열심을 낼 용기를 북돋아 줍니다. 그 '간절한 열심'이 없이는 성령의 열심을 기대할 수 없습니다. 또 성령의 도우심이 없이는 우리의 '간절한 열심'은 헛수고가 됩니다. 하나님께서 우리로 하여금 우리 앞을 막아선 여러 장애물과 우리에게 허락된 자원(資源)들에 바른 관점을 가질 수 있게 하옵소서!

# Ⅲ
## 시대의 풍조

인간의 사고(思考)에 마음을 미치는 시대의 국면과, 우리 목회의 목적들을 생각해 봅시다.

신실한 목회 사역을 감당하려 할 때 앞을 가로막는 여러 난제들에 대해 위에서 방금 제시한 관점을 모든 나라들과 모든 시대에 적용하여 봅니다. 인간의 본성의 부패가 인류와 함께 항상 존재하여 왔으니 말입니다. 그러나 시대나 나라의 형편에 따라서 이러한 난국이 더 기승을 부릴 수 있는 환경이 조성될 수도 있습니다. 물론 그 환경의 상태는 나라들 마다 똑같은 비율로 발견되는 것은 아닙니다. 우리가 살고 있는 19세기의 특징들은 정말 유별납니다. 복음의 진보와 복음적인 경건의 세력을 결코 적지 않은 강력한 세력으로 저지하고 있습니다.[1]

행동적인 분야나 사변적(思辨的)인 분야나 가릴 것 없이 인간이 추구하는 여러 국면들에 비상한 힘을 쏟고들 있습니다. 그 일들에 흥분하여 어쩔 줄을 모르고 있습니다. 그런 점에서 이 시대가 '간절한 열심의 특성'은 갖고 있습니다. 우리가 무역 거래로 시선을 돌리면, 사람들이 그 일에 온 영혼을 다 쏟고 있음을 발견합니다. 마치 지상에서의 성공이 저 세상에서의 성공을 좌우하는 것처럼 말입니다. 얼마나 경쟁이 치열한지요. 또 그 일을 위해서 얼마나 격렬히 일어나는지요. 또 새로운 무역체계를 찾느라고 얼마나

---

[1] 이 저자가 이 책을 쓰던 1847년 당시 서구에는 합리주의 철학의 기조에서 성경을 비평하는 현대주의, 곧 자유주의 신학의 싹이 나와 크게 자라고 있었다. 그런 풍조 속에서 Adolf von Harnack(1851-1930)이 나타나 자유주의신학을 대중화시키는 데 성공한다. 이런 상황 속에서 교회가 이제까지 견지하던 바, 성경의 절대 권위에 입각한 개혁주의적 복음 신학과 신앙의 세력이 심대한 타격을 당하게 된다. - 역자 주

분주한지 모릅니다. 또 그런 새로운 체계가 제안되면 그것들을 받아들이는 데 얼마나 열심들인지요. 우리 주변에 분별없이 엄청난 도박들을 하고 있는 것을 발견합니다. 철도가 개설되어 운송수단이 크게 진보하여 모든 사업과 거래가 활발하고 사람들은 거기에 자기 자신들 전부를 바치고 있습니다. 허다한 무리들이 정상적인 무역거래의 경로로 꾸준히 진행하는 대신 주식시장에 눈을 돌리며 단번에 부(富)를 이룩하려고 애를 쓰는 일도 대단합니다. 수익률은 크나 실제 소득은 작은 이 시대에 세속 사업을 추구하느라 얼마나 마음을 쏟고 있는지요. 사람들이 신용과 사회적 지위를 유지하기 위해 필요한 것을 위해서 시간을 쏟고 자기 영혼을 다 소진시키고 있습니다. 이런 일들을 생각해 보십시오.

이런 상황에서 하나님을 믿는 믿음을 고백하는 백성들로 이러한 기괴하고 이기주의적인 정신에 맞서서 인내하도록 일깨워주고, 또 그 이기주의적인 정신을 제압하도록 하려면 얼마나 더욱 많은 열심을 쏟아 부어야 마땅하다 보십니까? 눈에 보이지 않고 영원한 것들로 잠시적인 세상의 것들의 찬탈하는 세력을 압도하려면 목회자 편에서 강력한 헌신 이외에 무엇이 충분할 수 있겠습니까? 눈에 보이지 않는 실상들을 다루는 법과, 장차 올 내세의 능력들을 행사하는 법을 아는 사람이 아니면, 누가 세상적인 사고방식의 소용돌이에서 현세의 사람들을 신속하게 구출할 수 있겠습니까? 얼마나 많은 신앙 고백자들이 현대의 상거래의 계략과 술책, 사실상 부정직에 끌려 다니는 위험에 처해 있는지요.

신앙을 고백하는 하나님의 백성들을 일깨워 이러한 더럽고 이기적인 정신을 대항할 뿐 아니라 더 나아가 그 정신을 제압하도록 하기 위해서 얼마나 능력있고 힘 있는 목회 사역이 필요하겠습니까. 목회 사역자들 편에서 눈에 보이지 않는 영원한 것들이 눈에 보이는 잠시 있는 것들의 합당치 못한 세력을 꺾도록 하기 위해서 강력한 헌신 외에 무엇이 필요하겠습니까! 눈에 보이지 않는 실체들을 다루고 장차 올 내세의 능력을 사용할 줄 아는 사람이 아니면 세상에 속해 있는 사람들을 지상적 광기의 소용돌이에서 낚아채 건져낼 수 있겠습니까? 정말 그 소용돌이는 얼마나 수많은 사람들을 빨아들여 삼키고 있는지요. 신앙을 고백하는 그리스도인이 그런 소용돌이 속에 빠져들지 않도록 미연에 방지할 수 있는 사람은 그런 것을 아는 사람 외에 누가 있겠습니까? 만일 우리 자신의 지성이 영원성의 외경스러운 영광과 그 가공할 두려움에 깊은 인상을 받지 못했다면, 우리의 설교를 듣는 자들을 맘몬의 멸망시키는 미혹에서 구출해 내기에 합당한 방식으로 이런 것들을 말할 수 없습니다. 실리를 추구하는 이 과격한 세대에 돈을 사랑하고 애착하는 정신을 가진 회중들을 훈육하기 위해서는 리처드 백스터(Richard Baxter)나 두리틀(Doolittle)이나 에드워즈(Jonathan Edwards)나 존 하웨(John Howe)나 휫필드(George Whitefield)나 웨슬리(John Wesley)와 같은 이들의 청천벽력 같은 호통이 우리에게 얼마나 요청되는지요.

이제 점증하는 정치인들의 힘을 생각해봅시다. 프랑스 혁명이 엄청난 세력으로 시작된 이후 이러한 정치 집단의 놀라운 마력(魔力)에 대중들의 마음이 얼마나 설레었습니까! 거의 반세기 이상 이 혁명이라는 '주제'의 세력이 끊임없이 그 영향력을 증대시켜 왔습니다. 도시의 상인들 뿐 아니라 시골의 농민들에게까지 그 세력이 파급되었습니다. 수도원에서 은둔하며 공부하는 수도승들도 증권거래소에 있는 사람들 못지않게 신문(新聞)의 영향력에 자신을 복종시켰고, 여러 정당(政黨) 뿐 아니라 여러 종교의 신조에 자신들을 순응시켰습니다. 그래서 자신들을 사회의 가장 불쌍한 사람들로 낮춰버렸습니다. 이는 놀랄 일도 아니고 후회할 일도 아닙니다. 그것이 다른 훨씬 더 중요한 문제들을 생각 밖으로 밀어내지 않는다면 말입니다. 그것은 대중적인 인기를 모으는 요소의 에너지를 확장하고 있는 우리 영국의 체질입니다. 민중들은 자기들도 권력과 영향력을 나누어 가져야 한다고 주장하고 있습니다. 그것을 바르게 행사하기 위해 지식과 경건으로 자신들을 준비할 수 있도록 하나님께서 은혜를 주시옵소서!

우리 영국 뿐 아니라 유럽의 전체적인 여론의 추세와 흐름은 분명히 민주적입니다. 그러나 교육과 바른 신앙 없이 날마다 더 큰 자유를 희망하게 되면 동시에 그 자유를 누리고 보존하는 능력을 그만큼 더 상실하게 될 것입니다. 백성들이 외적인 세력과 세속 권세의 강압을 덜 느끼면 느낄수록 도덕적 원리들의 조정을 받을 필요성을 더 가지게 되는 셈입니다. 이와 같은 시대에 말하자면 선한 정부의 요소들이 구체화되고 있으며, 그 요소들을 사이에 두고 밀고 당기는 거대한 세력 다툼을 벌이고 있습니다. 또 그 정부의 여러 요소들이 고유한 특징을 갖추어 가고 있습니다. 이러한 시대에는 이런 큰 문제에 대해 비상한 관심들을 기울인 나머지 드러나지는 않으나 더 깊은 중요성을 가진 문제들에 대한 관심은 꺼버리는 현상이 일어날 것입니다.

현대의 사회 상태가 이러한 명백한 특성을 가지고 있다고 해서, 그 마력(魔力)을 부수고, 이 세상에 속하지 않는 하나님 나라의 일들을 위해 영혼을 해방시키기 위해서는 '간절한 열심 목회'가 절실하다는 사실을 어느 누가 부인하겠습니까? 한 주간의 엿새를 정치가들과 백성들이 그 마음과 생각과 상상력을 우아한 웅변으로 옷 입히고 있습니다. 그래서 자기들 당(黨)의 색조를 요란하게 꾸미고 있습니다. 웅변가들과 책을 쓰는 자들이 자기들의 천부적 재능의 마술로 영혼을 사로잡았습니다.

이러한 판국에 맥 빠지고 힘이 없고 단조롭고 생기 없는 강단 설교가 무슨 효력을 발생시키겠습니까? 그런 설교는 머리에서 나온 것도 아니고 의미 있는 주제를 다루는 것도 아니고, 그 태도에 있어서 은혜를 가진 것도 아닙니다. 그런 설교가 맛이 모자라는 것을 보충하는 비범한 것도 아니고 영양분이 모자라는 것을 보충해 주는 맛을 가진 것도 아닙니다. 더 나쁜 것은 그런 설교에는 복음 진리의 기름부음이 전혀 없으며, 영원에 대한 인상을 끼치는 것이 전혀 없습니다. 하늘로부터 오는 광채나 지옥으로부터 오는 가공할 두려움에 대한 것도 담고 있지 않습니다. 간단히 말해서 생각을 깨우쳐 반성케 하여 죄를 뉘우치고 혐오하게 하는 각성을 산출해 내거나 영혼을 구원하기에 정말 합당치 못한 것입니다. 그러한 설교가 복음을 전하도록 사명을 맡기신 하나님의 목적들을 성취하기에 쓸모가 있기를 누가 기대하겠습니까? 이처럼 소란한 판국에 그러한 설교자들이 자신의 설교를 듣고 느끼는 회중을 얻을 기회가 있겠습니까? 아니면 우리가 살고 있는 이 시대에 그러한 설교가 공중의 시선을 끌 수 있겠습니까? 그런 설교자들의 설교를 듣는 회중들도 자주 이런 느낌을 가질 것입니다. 한 주간 동안 여러 사람의 말을 듣고 여러 읽을거리를 접하고 난 이들이 주일에 교회에 와서 그런 설교를 들으면, 그것은 마치 빛나는 가스 등불 아래 있다가 희미하고 연기 나는 골풀 심지 등불 아래로 들어가는 것과 같이 느껴지지 않겠느냐는 말입니다.

우리 시대의 또 다른 특성은 우아함과 세련됨과 사치스러운 만족감을 향하여 점점 더 구미를 더해가고 있습니다. 이 점에 대해서 놀랄 필요는 없습니다. 온당한 생각의 범주 내에서 본다 할지라도 크게 후회할 일은 아닙니다. 예술의 진보와 부(富)의 증가가 생활의 윤택을 더해주거나 구미가 당기는 즐거움의 자원을 확대시키지 말아야한다는 말을 정말 해서는 안 되죠. 그러나 거기에도 위험이 존재합니다. 지상의 매력을 증대시키는 것을 부러워하여 하늘은 아예 쳐다보지도 않고 일을 해나가는 방식을 배우는 위험이 있습니다. 이것이 지금 교회에 영향을 미치고 있습니다. 우리의 실천적 기독교가 가지는 자기부인의 정신이 아예 거세당할 위기에 처해 있으며, 아니면 그 정신이 힘을 쓰지 못할 정도로 약하고 병들 상태로 들어가는 위기에 처해 있습니다. 우아함과 사치스러운 무질서와 오락과 과소비적 축제들이 그리스도 안에 있는 단순성을 부패시키기 시작하였습니다. 호화스러운 건물들, 거기에 붙인 눈부신 가구, 값비싼 의상, 화려하게 꾸민 마차들이 늘어가고 있습니다.

 이런 판국에 믿음을 고백하는 사람들도 그 생각을 땅에 속한 것에 너무 많이 쏟고 있으며, 십자가의 영광으로부터 눈을 돌려 세상 영광을 향하고 있습니다. 누가 이러한 사람들을 이 화려한 장관으로부터 시선을 떼어 하나님의 은혜를 향하게 하고, 그러한 모든 것들이 결국 얼마나 허영된 것인지 느끼게 할 수 있을까요? 누가 이 세상을 추구하는 이 광기(狂氣)의 큰 물결을 막는 방파제를 세우고, 교회의 경건이 그러한 경건치 않음의 홍수에 완전히 쓸려 나가지 못하게 지킬 수 있을까요? 성령의 나타남과 능력으로 말할 수 있는 목회자, 주일마다 강단에서 능력을 띠 띠고 하늘과 영원에 속한 것들을 생생하게 표현할 목회자가 아니면 그런 세상이 그려준 허무한 모든 것들을 희미하게 만들어버릴 사람이 누구이겠습니까? 듣는 자들로 하여금 자기들의 불멸의 영혼을 소진시키는 위험에 처한 사실을 상기시켜 줄 사람이 그 말고 누가 또 있겠습니까?

이와 유사하게 즐거움을 느끼게 하는 것에 대한 소욕(所慾)이 갈수록 증대되고 있습니다. 바로 이런 즐겁게 하는 것들을 공급하기 위해서 허다한 발명품들과, 그러한 기술을 갖춘 사람들을 끊임없이 찾고 있습니다. 즐거움과 기분전환, 레크리에이션(recreation, 餘暇)을 애호하는 일들이 사람들 중에서 갈수록 구미(口味)를 당기고 있습니다. 항상 무엇인가를 발명하고 그러한 구미에 맞는 것들을 궁리하기 위해 바쁜 사람이 있습니다. 신앙은 합리적인 즐거움을 누리는 일과 전혀 반대되지는 않습니다. 심지어 그것이 엄격하게 성경적인 것은 아니라 할지라도 그렇습니다. 많은 사람들이 탐닉하고 있는 야비하고 저급한 관능적인 것들을 밀어내고 그 자리에 보다 세련되고 고상한 즐거움을 들어앉힌 자들이 있어 그 나라 백성들을 유익하게 하는 공을 세우고 있습니다. 그러나 정신적인 것이든 육체적인 것이든 즐거움에 대한 구미가 너무 지나친 데까지 나갈 수 있습니다. 앞을 내다보며 생각을 깊게 하는 많은 이들이 현재 그러한 풍조(風潮)가 너무 멀리까지 득세하고 있음을 지적하고 있습니다.

  이 지상의 삶을 영원한 삶의 수습기간(修習期間)으로 보는 사려 깊은 지성을 가진 이들은, 이 세상의 지혜의 권유로 만들어낸 고안품들에 대하여 심각한 경고와 슬픔을 표시하지 않을 수 없습니다. 그런 것들이 사람들의 눈을 가리어 그 마땅한 도리를 보지 못하게 하고, 불멸(不滅)의 존재로서 자기들의 영원한 운명을 생각하지 못하게 막아버립니다. 오늘날 가장 성공적인 사람이 되려면 새로운 종류의 기분 전환 거리를 발명함으로써 마음에서 영원에 대한 생각들을 지워내야 한다는 식입니다. 즐거운 일을 서로 말하면서 그 날을 멋지게 꾸미는 것이 철도(鐵道)가 제공하는 여행의 편의(便宜)로 얻을 수 있는 멋진 삶에 대한 구미를 돋우고 있습니다.[2] 안식일의 존엄성에 대한 의식이 영적으로 황폐케 하는 그러한 영향력 앞에서 쉽게 무너지게 되어 있습니다. 물론 그와 함께 신앙의 우월성에 대한 의식도 무뎌지기가 십상입니다. '그래도 맥주집이나 소주 가게로 향하는 것 보다는 이것이 더 낫지 않은가?'라는 식으로 구실을 대면서 안식일에 대한 의식이 희미해질 수 있습니다. 물론 어떤 면에서 그렇게 말하는 것이 옳아 보이나, 쾌락을 자극하는 현대적인 것들 중에 불의(不義)의 장면들로 사람들을 끌어 들이지 않는지 물어볼 필요가 있습니다. 물론 사람들에게 레크리에이션이 있어야 한다고 말하는 데는 그만한 정당한 이유가 있기는 합니다. 그럴 경우 그것은 건전해야 합니다. 공중(公衆)의 사상에 모종의 영향력을 미치는 모든 이들은 사람들로 하여금 값싸고 건전한 문학이 제공하는 여가에 구미를 가지게 하려고 갖은 애를 써야 합니다. 아니면 조용하게 가정에서 즐길 수 있는 것들에 맛을 들이게 하고, 무엇보다 참된 경건이 주는 거룩한 즐거움, 곧 참된 경건의 거룩한 즐거움이 제시하는 레크리에이션에 맛을 들이는 것을 큰 목적으로 삼아야 합니다.

이와 관련하여 사람을 즐겁게 하는 특별한 종류의 유머(humor)에 대한 취향을 언급할 수 있습니다. 그런 종류에 속한 작품들이 지난 10년간 영국에서 매우 많아졌습니다. 유쾌함이 죄는 아닙니다. 유쾌함을 누리도록 하나님께서 지으셨습니다. 울 때가 있는 것처럼 웃을 때가 있습니다. 즐거워 미소를 띠는 일을 금하고, 웃기를 좋아하는 마음이 흡족해 하는 모든 것을 하지 말라고 사람이 있다면, 그 사람은 매우 불쌍한 염세주의자입니다. 그런 이들은 슬픔으로 어두운 밤 같은 시절을 보냅니다. 그들은 마치 괴로워하는 사람들을 찾아다니며 행복의 마지막 한 방울까지도 다 빨아 삼키는 흡

---

2) 그 당시 생겨난 철도로 여행이 용이하게 되었을 때 사람들에게 나타나는 양상이 그러하였다면, 첨단 기기를 통해서 인간이 추구하는 각종 재미거리와 쾌락방식이 제기되고 있는 이 시대는 얼마나 더욱 그러하겠는가. - 역자 주

혈귀와 같습니다. 그러나 이러한 유쾌함의 성향이 적당한 한계 속에서 발휘하도록 소원하고, 그런 성향이 삶의 주요한 요소가 되지 못하게 미연에 방지해야 합니다. 그러나 사람들로 하여금 이 세상에서 웃고 즐거워하는 것 말고 또 다른 일이 있음을 상기시키는 것은 위에서 말한 것과 별개로 다루어야 할 문제입니다.

바우간 박사(Dr. Vaughan)는 말합니다.

"어떤 지혜로운 사람 몇이 어리석은 자들을 보고 반증적으로 배운 교훈들에 더 주의를 기울이게 할 목적으로 예전에 궁전 어릿광대가 쓴 방울달린 모자를 쓰고 거리를 활보하고 있다. 그러나 나는 그들이 정말 지혜롭게 행하고 있는지 확신이 서지 않는다. 성숙한 감정을 소유한 자가 볼 때, 희극적 익살과 불후(不朽)의 풍자화를 애호하는 것, 최근에 새롭게 선보인 소설에서 젊은 숙녀가 느끼는 여러 황홀감들 사이에 무슨 유사성이 있다고 보지 않는다. 진리는 진지한 문제다. 진리는 궁극적으로 어릿광대의 도움에 거의 조금도 의존할 필요가 없다. 진리가 자주 어리석은 자들과 연관시켜 제시되면 그 존엄의 절반은 상실한다. 야비한 어릿광대 극을 보고 최고의 즐거움을 느끼는 사람들은 진지하고 경건한 감정을 제대로 행사하는 것이 불가능하다. 그대의 위대한 기지(機智)는 가장 좋은 친구들을 남에게 빌려주지 않는다. 재미있는 것을 신봉하는 자들은 일반적으로 그 재미있게 하는 자기들의 신(神)을 위해서 어느 것이든지 희생할 준비가 되어 있다. 늘 생각이 웃는 자들에게 가 있는 사람들은 흔히 그보다 더 높은 차원의 것에 진정한 마음 주기를 자주 잊는다. 그러한 방식의 실천 속에서 도덕적 감정이라는 예리한 칼끝은 필연적으로 닳아 없어진다. 그렇다고 해서 그가 웃는 일에 푹 빠졌으니 교수대로 보내자고 말하는 것도 아니다. 오히려 정반대다. 그렇게 웃는 일을 좋아하지 못하는 이는 우리 마음에 들지 않는 사람이다. 그 사람은 육체적으로 도덕적으로나 정신적으로 어딘지 잘못되어 있다. 본성적인 의미에서 뿐 아니라 영적인 의미에서도 건전한 사람은 우스운 일을 즐기는 방법을 알고 있다. 그러나 크게 떠들며 웃는 자들이 일반적으로 게으른 일꾼들이다. 즐거워 떠드는 것을 어리석은 것으로 삼는다 해서 그것이 지혜는 아니다. 여기서 우리가 정당하게 강조하려는 요점은 엄하게 심각하거나 애처롭게 소리내어 울라는 것이 아니다. 사람들답게 하라는 것이다. 조소(嘲笑)를 방편으로 해서는 결코 선을 이룰 수 없다고 하는 말도 아니다. 다만 우리가 애써 지적하려고 하였듯이 그런 방편을 통해서 보편적으로 얻는 효과가 그러하다는 것이다. 그것은 두 날 가진 도구이다. 그 도구를 사용하라. 그리고 그 도구가 사용되고 있는 데 대해서 불평할 권한이 우리에게는 전혀 없다."(British Quarterly Review, No. vi, p.254)

이상의 글은 지혜롭고 참된 내용입니다. 그 내용들이 중요하고, 세상의 성원인 인류를 장악하고 있는 그 취향 때문에 꼭 요청되는 시의적절한 지적입니다. 이러한 논증에 더 보강할 것이 있다고 하면, 그것은 아놀드 박사(Dr. Arnold)가 바르게 지적한 사실입니다. 유머를 내용으로 하는 정기간행물이 출간된 이후에 자기 학교 상급생들 중에서 숙성한 감성과 진지한 사상성이 눈에 띄게 줄어든 사실을 지적하였습니다. 그것은 야비한 익살을 계속 탐닉하는 것이 사람들에게 어떤 영향을 미치는지에 대한 강력하고 결정적인 증거입니다. 정확하게 우리 젊은 사람들의 생각 속에 같은 효과가 산출된 것이 아닙니까? 웃음을 선사하기 위해서 새로운 자료들을 계속 공급하는 것 보다, 참된 신앙이 요구하는 진지한 정신에 더 위배되거나 그 정신을 더 파괴하는 것이 없습니다. 그 해악이 세상에 속한 젊은이들에게만 국한되지 않고 신앙고백자들마저 감염시킵니다.

　그 사람들의 책상에 '웃음의 신'(god of laughter)의 마력적 영감을 주는 책들이 수북하고, 여가 시간을 그 책을 읽는데 허비하는 사람들 중에서 진지함과 영성을 유지할 방도를 생각해낸다는 것이 참으로 어렵습니다. 이러한 급류에 휩쓸려 들어가지 않을 목사를 세우는 것을 우리의 큰 임무로 삼지 않는 한 그 악을 바로 잡을 가망이 거의 없습니다. 침울하지 않으면서도 심각하고, 우울해하지 않으면서도 진지하고, 유쾌하면서도 경솔하지 않고, 상냥하면서도 자기 동료들의 과도함을 저지하거나, 어떤 경우에는 질책할 그런 목사를 일으켜 세우는 것이 우리의 위대한 임무입니다. 이러한 상황은 안식일에 행하는 우리의 기도와 설교가 얼마나 강렬하고 '간절한 열심'을 요청하고 있는지요!

　우리는 현대인의 구미(口味)속에서 쓸모 있는 사역을 하지 못하게 막는 새로운 장애물을 만난 셈입니다. 정말 그 장애물은 만만치가 않습니다. 그 장애물은 우리의 충성과 열심에 복을 주시는 하나님의 은혜로만 제압될 수 있습니다. 학식과 학문, 그리고 일반적인 지식으로 말미암아 무게 있는 관점을 가지고 자기 양떼들과 사적인 대화를 나누고, 그런데서 영향력 있는 충고를 하는 사람들이 필요합니다. 아울러 강력하고 복음적인 설교로 말미암아 이러한 세상 사람들의 구미(口味)를 조정하고 그것을 그보다 더 나은 것으로 대응할 그런 목회자가 필요합니다.

　저는 현재 인간의 이해력에 주어진 감성(感性)의 실상을 외면하려고 해서는 안됩니다. 오히려 특별한 강조점을 가지고 주목해야 합니다. 그 감성의 실상은 지상의 가장 높은 반열에 있는 사람들로부터 노동하는 비천한 계층에 있는 사람들에게까지 파급되어 나가고 있습니다. 저는 이미 이 주제들 앞에서 넌지시 지적한 바 있습니다. 여기서 다시 그 주제의 중요성을 설명하고 좀 더 상세하게 다루어 보려고 합니다. 노동 계층에 속한 사람들에게 교육의 기회가 빠른 걸음으로 점증되고 있습니다. 적어도 공장 제조업 시스템의 변화와 이에 대한 반작용적 경향성이 허락하는 한도까지 그 교육이 진보하고 있습니다.[3]

가난한 사람들이 교육을 받아야 될 것이고, 또 받게 될 것입니다. 지난 25년 동안 사회의 대부분의 사람들이 이 주제에 대한 생각을 바꿨습니다. 그 관점의 변화는 정말 기이합니다. 한 때 백성들을 교육시키는 것은 위험하다고 장황한 그 연설을 하던 바로 그 동일한 이들이 무지(無知)의 악에 대하여 상세히 설명하는 것을 우리는 듣고 있습니다. 이는 행복한 변화입니다. 그 변화의 결과는 경사스러운 일입니다. 그러한 결과 속에 악(惡)도 슬며시 섞여 들어오지 않을 수 없을 것입니다. 종교의 모든 분파들이나 모든 정당들이 다 노동계층의 교육을 위해 나름으로 대안들을 제시하고 있습니다. 그 대안들을 읽는 것은 정말 후련한 일입니다. 교육의 개선이 하층계류에 있는 사람들에게 국한되지 않아야 하며 그럴 수도 없습니다. 모든 사람들의 생각이 일깨움을 받고 있으며, 계속 그 방향으로 진행되어 나가고 있습니다. 그 일이 강한 흥분과 억누를 수 없는 능동성을 가지고 진행되고 있습니다. 과학의 발견들, 예술의 창작품들이 우리에게 급속하게 쏟아져 나오고 있습니다. 그래서 어떤 새것의 놀라움을 금치 못하게 됩니다. 그 놀라움이 채 가시기도 전에 더 새로운 것이 나타나 우리를 또 새로 놀라게 만듭니다. 인간 기술의 위업, 특히 기술의 발전 속에서 그 위업들이 달성되고

---

3) 당시 산업혁명의 결과로 생산 기술 체계가 새롭게 급속하게 변하고 있었고, 그것이 사회구조와 계층간의 기존 질서에 있어서 혁명적 변화를 불러 왔다. - 역자 주

또 계획되고 있습니다. 그래서 그것들이 사람으로 하여금 인간 지성을 자랑하여 인간에게 불가능한 것이 없는 것처럼 느끼게 만듭니다. 출판과 그로 인한 값싼 책이라는 수천의 실개천들이 사회의 각 분야에서 생산되어 지식의 도도한 강을 이루어 흐르고 있습니다. 매년 값싼 문학작품에 쏟는 돈이 수백만 파운드입니다. 그 점은 모든 주제에 대한 정보가 노동계층으로부터 상류계층에 이르기까지 모든 사람들에게 어느 정도 범위까지 확산되고 있는지를 보여줍니다.[4] 지식은 거대한 우상이 되었습니다.

이런 상황 속에서 신앙의 편에 있는 자들이 경고를 받아야 할 어떤 것이 있습니까? 그 정반대입니다. 역사를 처음 접한 모든 사람들도 잘 알듯이 기독교는 가장 개명(開明)된 세계 속에서 그 생애를 시작하였습니다. 그것도 고대 사회에서 가장 세련된 나라들에서 그 세력을 떨치기 시작하였던 것입니다. 그 첫 순간부터 지금까지 학식과 학문의 밝은 광채로부터 움츠러들어 슬그머니 어둠 속으로 들어가 야만적 무지를 집 삼고 숨어든 적이 없습니다. 기독교 사역자들은 언제나 지식을 옹호하는 최선봉에 있어야 합니다. 그러나 그러한 상황이 사역자들의 부르심의 거룩한 의무를 불굴의 '간절한 열심'으로 감당하기를 요구하고 있음은 분명합니다. 그리하여 대중의 관심을 끄는 모든 다양한 소리들 중에서 믿음에 최고의 우월성을 부여하도

---

4) 당시의 변화를 오늘날 우리가 사는 시대의 변화의 분량과 정도에 비하면 미미하게 보이겠지만 당시로서는 지금 우리가 맞는 변화에 결코 뒤지지 않는 큰 변화이다. 그런데 놀라운 것은 그러한 변화 속에서 영적인 면에 있어서는 전혀 변화가 없다는 것이다. 그 당시 교육과 지식과 정보의 확산이 사회 전반에 걸쳐서 일어났을 때에 영적인 일에 대해서는 전혀 진보가 없고 도리어 그 전의 영광을 기억하지 못한 상태로 낮아져 있었다. 오늘도 마찬가지이다. 아니 세계 역사는 그런 점에서는 세상은 언제나 그러하였음을 증거한다. 그러므로 하나님도 변치 않으시고, 인간의 죄악적인 심성도 변치 않았고, 그 인간을 구원하시는 하나님의 복음의 방식도 불변하다는 확정적인 결론에 이르게 된다. "예수 그리스도는 어제나 오늘이나 영원토록 동일하시니라."(히 13:8). "너희가 거듭난 것이 썩어질 씨로 된 것이 아니요 썩지 아니할 씨로 된 것이니 하나님의 살아 있고 항상 있는 말씀으로 되었느니라 그러므로 모든 육체는 풀과 같고 그 모든 영광이 풀의 꽃과 같으니 풀은 마르고 꽃은 떨어지되 오직 주의 말씀은 세세토록 있도다 하였으니 너희에게 전한 복음이 곧 이 말씀이니라."(벧전 1:23-25) - 역자 주

록 촉구해야 합니다.

보편적 지식의 중요함을 다 인정하면서도, 기독교 신앙, 하나님의 주권적인 처방, 거대한 '만병통치'와 같은 약과 같은 복음을 떠나서 병든 인간의 무질서를 치료하거나 그 도덕적 건강을 회복시킬 수는 없습니다. 유럽 대륙에서 뿐만 아니라 우리 영국에서도 이성의 원리들이나 세속 교육의 도움을 힘입어 '세계를 거듭나게 하겠다'는 꿈을 꾸는 사람들이 적지 않습니다(그러나 역사는 그런 꿈이 한낱 꿈으로 끝난다는 것을 입증합니다). 그들은 기독교 신앙이 아니고도 사회를 규제할 할 수 있고, 하나님 없이도 인간의 마음을 새롭게 할 수 있다고 생각합니다. 우리는 그들에게 묻습니다. 철학이 그 요람의 땅인 애굽에서 그러한 목적을 위해서 무엇을 하였으며, 아니면 철학의 전당인 그리스에서는 어떠하였습니까? 그들은 잊고 있습니다. 하나님의 섭리의 허용으로 그리스에서 거대한 시험이 이루어졌습니다. 기독교 시대가 열리기 전 5세기 동안 말입니다. 그 철학의 여러 학파들에 속한 현자(賢者)라는 이들이 그 기간 중에 하나님의 계시가 없이 어떤 지식으로 도덕세계를 개혁하여 덕 있고 행복하게 할 수 있는지를 시험해 본 셈입니다. 우리는 그 결과가 무엇이냐고 다급하게 묻습니다. 이성의 옹호자들이 그 대답을 회피한다면, 사도가 그 대답을 제공할 것입니다.

"세상이 자기 지혜로 하나님을 알지 못하였으니"(고전 1:22).

로마서 1장 28절로 32절에서 사도의 증언은 더욱 날카롭습니다.

"또한 그들이 마음에 하나님 두기를 싫어하매 하나님께서 그들을 그 상실한 마음대로 내버려 두사 합당하지 못한 일을 하게 하셨으니 곧 모든 불의, 추악, 탐욕,

악의가 가득한 자요 시기, 살인, 분쟁, 사기, 악독이 가득한 자요 수군수군하는 자요 비방하는 자요 하나님께서 미워하시는 자요 능욕하는 자요, 교만한 자요 자랑하는 자요 악을 도모하는 자요 부모를 거역하는 자요 우매한 자요 배약하는 자요 무정한 자요 무자비한 자라 그들이 이 같은 일을 행하는 자는 사형에 해당한다고 하나님께서 정하심을 알고도 자기들만 행할 뿐 아니라 또한 그런 일을 행하는 자들을 옳다 하느니라"(롬 1:28-32).

이런 단 하나의 증거로 만족치 못하겠거든 현대 철학자들이 감행하고 있는 제 2의 실험을 주목해 보세요. 현대의 철학자들은 더 큰 이점과 더 큰 확신을 가지고 그 실험에 뛰어들고 있습니다. 교육이 개선되고 확장되어야 합니다. 인쇄술이 이 저렴한 문헌을 쏟아내고 있습니다. 어려운 과학이 어린이들도 받아 소화할 수 있을 정도로 잘게 부수어 소개되고 있습니다. 그렇게 전달된 지식의 효과를 주기 위해서 모든 응용물들이 첨가되고 있습니다. 모든 주제에 대한 각 방면의 전문 강사(講師)들이 나라 전체를 순회하고 다니며 사방에 정보의 물줄기를 토해내고 있습니다. 합리적이고 생기를 돋게 하는 재미거리들이 그런 보편적인 개선에 도움을 주고 있습니다. 나라의 도덕적인 의식을 개선하고 높이기 위해 수고하는 이들은 오직 지식의 충분성만을 믿고 정말 큰 기대감에 부풀어 있습니다. 그러한 수고와 노력으로 사회가 거듭나게 될 것이라고 기대하고 있습니다.

그러나 우리는 선지자의 눈을 가지고 그런 노력들이 분명 쓰디쓴 낭패에 이르기 마련이라고 예고할 수 있습니다. 우리는 확신 있게 이 제 2의 실험이 첫 번째의 경우와 똑같은 결과를 맞게 될 것을 내다봅니다. 이 제 2의 실험도 분명 보여 줄 것입니다. 세상이 자기 지혜로 하나님을 알지 못하여 전도(설교)의 미련함이 아니고는 세상의 그 어느 도덕적 개선도 이룩하지 못함을 말입니다. 우리는 확신 있게 말할 수 있습니다. 이런 사람들이 상당한 정도까지 대중적인 독서 분위기의 기틀을 잡아 놓고 하나님을 믿는 신앙 없이 사람을 교육하는 실험을 계속 진행하고 있습니다. 많은 대중들이 읽는 책들 중에는 기독교에 대한 노골적 적대감을 보이는 것들이 적지 않습니다. 가장 대담하고 정말 무엄한 종류의 불신앙이 오늘날의 가격이 저렴한 간행물들을 통해서 확산되고 있습니다. 그들의 성공률과 세력은 대단하여 외딴 지역에 사는 자들만 모릅니다. 그 일을 아는 이들은 놀라고 또 경계심을 가질 정도입니다.

그러나 여전히 대중의 마음을 유도하는 그 많은 것들 거의 대부분이 우리 신앙의 초석들을 노골적으로 비난하는 것을 후원하지는 않을 것입니다. 하지만 그들은 보다 교묘하게, 거의 알아보지 못하게, 그러면서 결코 덜 해롭지 않아 보이는 방식으로 일을 해 나가고 있습니다. 그들은 '기독교를 공격하는 가장 훌륭한 방식은 기독교에 대해 아무 말도 하지 않는 것이라.' 는 원리에서 행동하고 있습니다. 그 방식이 지레 놀라서 경계심을 갖추는 일을 최소화할 수 있는 길이라고 그들은 생각하고 있습니다. 또 기독교 신앙의 전체 주제가 사실적(事實的)이지 못하고 아예 실존하지 않는 것이어서 잊어도 좋다는 식으로 취급하는 것이 최상이라고 그들은 생각하는 것입니다. 그래서 그런 문제에 대해서 관심을 가지는 것은 자기들에게 주어진 일이 아니고, 망각의 바다에 조용히 떠다니게 내버려 둘 것으로 여기자는 것입니다. 많은 경우들에서 계시된 기독교의 주제에 대한 거짓된 원리들이 과학 서적들 속에 삽입되어 작용하고 있습니다. 그래서 그런 책을 읽는 많은 독자들은 자기들이 빠져있는 그 무시무시한 가공할 타락을 눈치채기 전에 무신론자들이 되어버립니다.

저들이 독서를 통해서 수백만 사람들에게 꼭 공급할 필요가 있다고 여기는 것은 무엇입니까? 흥밋거리와 보편적인 지식입니다. 그들의 이런 목적이 매우 큰 범위까지 성취되었습니다. 노동계층의 사람들이 지식의 증가와 함께 신앙에서 점점 더 멀어지고 있습니다. 대중들이 기독교에 호감을 갖지 않고 시무룩한 자세로 동떨어져 있으려 하면서, 정말 기독교에 자기들의 관심을 기울일 가치가 있는지 의문을 제시하고 있습니다. 이런 상황에서 어떤 종류의 사역자가 요구되겠습니까? 대답은 간단합니다. '간절한 열심'을 가진 사람입니다. 지성과 마음과 설교와 믿음에 있어 '간절한 열심'을 가진 사람들입니다. 다른 이들로부터 존중을 받아낼 만하고, 다른 사람에게 호감을 살만한 자세를 가지고, 목회 직무를 감당하는 실제가 아름다워 매력을 끌 능력으로 신임을 얻는 그런 사람들입니다. 노동계층의 사람들이 가까이 접근하는 것이 용이한 목회자는 그만큼 그들에게 다가가는데 이점을 가지고 있습니다. 선입견이나 유행 같은 것도 그런 모습을 보이는 목회자가 그들을 접근하지 못하게 방해하지 못합니다. 우리는 편협의 장벽을 설치하지 말아야 하며, 성이 나서 덤비는 개를 모른 척 하거나 피하지 말아야 합니다. 문은 열려져 있고 우리는 거기로 들어갈 수 있습니다.

그러나 우리가 여전히 시대를 이해하는 사람들이어야 합니다. 시대의 이점을 활용하는 법을 알아야 하며, 그 시대가 제기하는 여러 난제들을 극복하는 법도 알아야 합니다. 그러나 저는 여기서 Modern Pulpit 지(誌)에 실린 절충학파의 서평(Eclectic Review)에 들어있는 놀라운 글을 참조하는 것보다 더 좋을 수 없다고 생각합니다. 다음의 인용문은 바로 그 글의 요점을 잘 드러내고 있습니다.

"어떤 것이 좋은 설교인가? 안타깝게도 이 질문에 대한 대답들이 얼마나 많은지! 그러나 참된 대답이 없겠는가? 어떤 설교가 영혼을 구원하는데 쓰임을 받는가? 최선의 설교는 분명히 그 설교를 통해서 가장 많은 수의 영혼들이 구원을 받게 되는 설교일 것이다. 하여간에 그 목표를 위해서 강단의 범주 안에 사람들을 끌어들여야 합니다. 그 범주 안에 가장 많은 수의 사람들을 인도하려고 목적한 사람이 바로 바우간 박사(Dr. Vaughan)다. 그가 이 잡지에 게재한 글 속에서 그 계획을 보여 주었다. 물론 그 계획은 우리의 목적이기도 하다. 한 마디로 현대 강단, 특히 우리에게 특별히 모자란 것이 바로 적응성(Adaptation)이다. 자, 우리 시대는 읽을거리가 대단히 많다. 물론 그것이 강단의 목적을 위하여 충분한 것은 아니다. 강단의 목적은, 타락하고 죄 있고 곤고하고 장차 심판을 받아야 하는 인간의 실질적인 조건과 도덕적 성품과 인간 지성의 체질을 이해하여 적용하는 것이다. 각 개인의 조건을 감안하여 자기들의 강론이 적응성을 갖도록 젊은 사역자들을 겨냥하여 적절하게 권고하는 읽을거리가 드물지 않다. 우리는 이것들 모두를 동등하게 중요하다 여긴다. 또 모든 가능한 처지에서도 중요하다고 생각한다. 그러나 현재 우리의 목적은 할 수 있는 한 진리에 주목하도록 관심을 자극하는 것이다. 그리하여 대중들이 보편적으로 설교에 적응하게 하고, 끊임없이 변화하는 사회의 상황에 부단하게 적응하는 다양성을 갖추는 것이 요구된다."

그 글을 쓴 사람은 계속해서 사회의 진보에 강단이 다양하게 적응해야 한다는 의미가 무엇인지를 설명해 나갑니다. 특히 사회의 한 부분인 노동계층을 염두에 두고 설명해 나갑니다.

"사회 구성원 중 대다수를 차지하고 있는 그 노동계층을 교육이 더 높은 정도의 지성적 문화로 끌어올리고 있다. 그래서 새로운 세력이 작용하고 있다. 지식을 전파하고 여론을 확산시키고 사상가들의 수를 증가시키는 것이 정말 믿기지 않을 정도로 다변화되고 쉬워졌다. 이와 같은 시대에 사회의 다른 여러 관점들을 어떻게 대해야 할까? 말할 것 없이 복음 설교자들은 자기들이 처한 그 상황에 적응해야 할 의무를 가지고 있다. 강단이 하나님과 사람 사이의 중보적 체계의 큰 주제들을 밀어내고 대신 그 자리에 철학 진리나 합리주의로 개조한 복음을 들어 앉혀야 한다는 것은 아니다. 오히려 점점 계몽된 시대 상황에 맞추어 행동의 보편적인 노선을 설정하고, 공중의 마음을 붙잡을 설교의 기풍을 견지하고, 그러면서도 구원에 이르게 하시는 하나님의 오직 유일한 능력인 교리의 통제를 받게 해야 한다는 말이다. 상식적인 사람들의 정신력(mental power)에 대해 정당한 평가를 내리라. 어느 것이든지 정당하면 낮은 평가를 받을 수 없다. 그들의 진정한 필요와 합리적인 소욕에 대하여 마음 깊이 공감하면서 분별력 있게 대처하여 대중들이 신앙의 거룩한 성소로 되돌아 올 방안을 주밀하게 숙고해야 한다. 대중들이 상당한 정도로 그 거룩한 성소를 떠나 있다. 목회직의 여러 직무와 사람들의 학문적 계발 사이를 연결 지으려고 주도면밀하게 애써야 한다. 이러한 목적들을 위해서 사람들의 지성적 상태에 대한 바른 정보를 가져야 한다. 사람들을 지배하고 있는 습관들과 사람들에게 특이한 시험거리들이 무엇이며 어떤 책들을 읽는 경향이 있는지, 또한 그들이 읽는 책들에 대하여 어떤 식의 열망을 가지고 있는지 분석해야 한다. 이런 모든 일을 하라."

"그러나 그런 일에 많은 힘을 쏟는 오직 유일한 목적이 이러한 수많은 사람들을 복음의 감화 아래로 인도하여 들이려는 것임을 항상 유념하라. 오! 강한 원리와 자제하는 지혜를 가진 자로 강단에 서고, 자기 주변에서 그런 사회적 분위기에 빠져 가장 시끄럽게 구는 사회 구성원들을 불러 모으고, 사회의 그 가장 두꺼운 구름 속에서 번개의 섬광처럼 처신하라. 그리고 그 설교자들의 설교를 통해서 구원한 족속들에게 십자가를 설교하는 것이 여전히 '하나님의 능력'임을 보여주라. 그러면 그것이 현대 강단의 고상한 승리가 될 것이다. 오! 그런 승리가 주어진다면 얼마나 좋으랴!"

물론 자국(自國)을 복음화하기 위해서는 우리 목사들이 능동적이어야 합니다. 설교나 목회 사역의 일상적인 행사 속에 그 시대를 분변하고 대처하는 적응성이 있어야 합니다. 그래서 공중의 관심을 촉발하고, 행동 범주를 넓혀가고, 십자가를 설교하는 자로서의 영향력을 점증시켜야 합니다. 오늘 이 시대는 이전 어느 시대보다 더 강한 지성과 더 심오한 생각과 더 논리적 논증과 더 다양한 예증과 더 정교화한 설교 작성과, 더 세련된 정서와 더 순전한 철학이 요구됩니다. 그러나 이 모든 것들은 그리스도 안의 단순성과 조화를 이루어 구주를 높여야 한다는 기본을 더 드러내고, 그것을 더 정교하게 장식하는 것이어야 합니다. 아무리 아름다워도 구주가 서 계실 자리에 우상을 진열할 수는 없습니다.

하류 계층에 속한 사람들이 기독교 신앙과 관련하여 대체로 어떤 여론을 형성하고 있으며 그 느낌을 가지고 있는지 늘 살펴야 한다는 말이 더 높은 교육을 받은 상류 계층의 사람들은 소홀히 해도 된다는 의미는 아닙니다. 이러한 상류 계층에 있는 사람들 중 많은 이들이 두 노선을 따라 움직이고 있습니다. 또는 한 물줄기를 따라서 나가고는 있지만 끝내 두 줄기로 나눠지는 양상을 보입니다. 그래서 서로 다른 두 방향으로 흘러갑니다. 한 부류의 사람들은 경건하여 정말 무섭게도 퓨지이즘(Puseyism)과 절연하고 나가는 부류들입니다. 또 다른 부류는 대부분 철학적 불신앙으로 나가고 있습니다. 학식이 있다는 사람들이 느슨하고 교리적 체계를 떠난 유신론을 받아들였습니다.

이것이 어떤 경우들에서 지난 18세기 자연신론(Deism)[5]를 신봉했던 사람들의 견해를 새롭게 복제한 것이라 할 수 있습니다. 또 다른 길로 더 많은 수의 사람들이 동참하고 있는데 범신론의 강한 친근감을 가지거나 독일 철학의 신비적 이론에 강한 호감을 가집니다. 그런 쪽을 유별나게 옹호하는 어떤 사람들 속에서 계시된 기독교를 떠나는 성향이 현대 학문 속에 있는 것을 봅니다. 학문을 하면서 계시된 기독교에 몸담고 있는 것처럼 보이는 것이 부끄럽다고 여기는 것 같습니다.

우리는 프러시아(Prussia)[6]의 대단한 자연주의자 훔볼트(Humboldt, 1769~1859 독일의 과학자요 탐험가)와 같은 사람 속에서 그 영향력을 만납니다. 그를 주목하는 것은 정말 우울한 느낌입니다. 그 사람은 눈에 보이는 우주에 대해서는 어찌나 밝은지 그 대단한 천재적 재능으로 연구한 것들을 솜씨 있게 기록해 놓은 글들은 정말 대단합니다. 마치 창조주께서 그 지으신 솜씨를 연구하고 그 영광을 선포하라고 그의 지서를 주신 것 같습니다. 그래서 「코스모스」(Kosmos, 우주)와 같은 저작을 내게 하셨습니다. 그런데 그가 묘사한 그 기이한 우주의 신비를 추적한다해도 그것만으로는 그 지으신 더 놀라우신 조물주를 만나는 것이 허락되지 않음을 그의 저작을 통하여 선포하신 셈입니다. 자연이라는 이 물리적인 세계를 위하는 대단한 제사장

---

[5] 理神論이라고도 하는데, 이 이론은 창조주 하나님은 인정하나 통치하시고 섭리하시는 하나님은 인정하지 않는 신관을 가진다. - 역자 주
[6] 프로이센(Preussen) 공화국의 별칭이 Prussia 이다. 프로이센이란 지명은 이 지역에서 중세 초부터 살기 시작한 발트어계(語系) 프로이센인에서 유래했다. 좁은 뜻으로는 발트해 남쪽 연안에서 비슬라강과 니멘강에 이르는 지방을 말한다. 넓은 뜻으로는 이 지방에서 세워지고 발전하여 독일제국의 중심을 이룬 프로이센 공국(公國) 및 왕국을 의미한다. - 역자 주

적 직무를 이렇게 놀라운 열심과 헌신으로 감당하면서, 정작 그 세계를 지으신 무한하신 하나님의 지성소(至聖所)의 제단에는 한 번도 향을 피운 적이 없다니요! 그런 일을 주목하는 것은 정말 고통스러운 일입니다! 그런데도 이 경우는 다른 유사한 경우들의 한 견본에 불과합니다. 안타깝게도 그러한 지성을 가지고도 자기 나라 사람들 속에서 세력을 얻고 있는 여러 양태의 사상들에게 영향을 받아 어찌나 왜곡되었던지요. 그래서 그는 자기의 재능의 마지막 한 방울까지 과학을 사랑하는 자들에게 쏟아 버리고는 헤겔파의 범신론(汎神論, pantheism)에 너무 깊이 물들어 버렸습니다.

이 시대의 교육을 받은 지성의 상태와 경향이 그러함을 주목하면서, 저는 '간절한 열심'을 가진 목회 사역의 필요성을 위한 반증적으로 보는 있는 셈입니다. 동시에 지성적이고 교육을 잘 받은 목회자가 정말 필요하다는 사실을 더욱 인식하게 됩니다. 정말 우리에게 사람들이 필요합니다. 유럽 대륙에서 그런 비행을 저지르는 유혹적이고 위험천만한 오류 형식들과 싸우기 위해서 나설 수 있는 사람들이 필요합니다. 우리에게는 이미 그런 사람들이 있습니다. 그런 오류는 대단한 경계와 단호한 저항이 아니고는 여기 영국에서도 되풀이되기 아주 십상입니다. 존 로크(John Locke, 1632~1704)가 촉발시켰고 그 이후 리드(Reid)나 칸트(Kant)나 그들의 전통을 물려받은 사람들이 여러 다른 학풍을 통하여 유지시켜왔던 철학 정신이 지금 영국과 미국의 지성에 아주 넓게 퍼져 있습니다. 교육이 문학이나 자연 과학에만 국한되는 일은 더 이상 없을 것입니다. 물질세계 뿐만 아니라 지성의 세계를 계발하고 싶은 애착과 결심이 섰습니다. 이런 경향은 주관적인 연구에 자리를 내어주되, 객관적인 것보다 더 높은 자리를 차지하게 하려 합니다. 이제는 깊이 숙고하는 지성을 가진 대단히 허다한 무리들이 심리학을 애호하며 추구하고 있습니다. 앞으로는 더 그러할 것입니다. 독일의 사고방식이 잉글랜드의 사고방식에 세력을 미치고 있으며 놀라울 정도로 성공을 거두고 있습니다. 어떤 관점들에 있어서는 정말 깜짝 놀랄 정도로 성공을 거두고 있습니다. 여러 경계를 해야 할 경우에 대한 여러 관점들이 제시되고 있습니다. 칸트 시대로부터 헤겔의 시대에 이르기까지의 선험론(先驗論, Transcendentalism)[7]의 진로를 추적하는 것이 이제는 불가능해졌다고 누구나 생각해야 할 판입니다. 영국의 형이상학 분야에서 여러 갈래의 분화가 일어납니다. 그럼으로써 그 선험론이 신학에 영향을 미쳐서 합리주의와 연계하게 하고, 더 나아가 철학적 범신론으로 이어져 나갑니다. 그 경로를 추적하는 것이 불가능하게 되었습니다. 그 철학이 영국에 도입됨으로 나타나는 결과들을 거의들 이해하지 못하고 있습니다. 물론 그런 것이 대다수의 사람들에게는 한갓 학문적인 사변(思辨)의 문제로 남아 있기 마련인 체계를 막아내는 데 영국인의 실천적 성격이 한 몫은 하겠지요.

그러나 어쨌든 간에, 젊은 목사들과 지금 신학을 공부하는 학생들 중에

---

7) 선험론(transcendentalism, 先驗論)은 임마누엘 칸트(I. Kant)의 학설로서, 사람이 어떤 사물을 경험하기 이전에 이미 그의 사유를 통제하는 전제나 조건이 있어 경험자의 인식에 영향을 준다는 가설 위에서 인식의 필연적 전제를 밝히려는 이론이다. 이에 반하여 경험론은 인식의 기원이 경험에 있다고 하는 대표적인 철학적 학설로서, 경험에 의해 모든 인식이 성립된다고 하며 경험적 인식을 절대시한다. 이 학설은 고대 철학에도 있었으나 가장 뚜렷한 것은 근세 초기의 영국의 베이컨(Bacon)에서 시작된 것이다. 베이컨은 참다운 학문은 경험에서 출발하여야 한다고 하는 동시에 현실세계에 대한 경험적 지식을 절대시한다. 우리의 지각 작용에 있어서 나타날 수 있는 오류에서 벗어나 새로운 방법인 관찰과 실험에 의하여 인식의 정확한 기반을 확립시킬 것을 주장하였다. 로크(Locke), 버클리(Berkeley), 흄(Hume) 등이 그 대표적 철학자이다. 이에 반동적으로 헤겔은 '절대 관념론'을 내세웠다. 그는 '이성'이 사유의 주체가 된다는 전제 위에서 '이성'을 절대자로 추켜 세운다. 그래서 이성적인 것만이 진실로 현실적일 수 있으며 현실적인 것은 반드시 이성적이어야 할 것이라는 근본적 전제를 주장하였다. 그는 주장하기를, 주철학은 이성개념(절대자)의 체계이거니와, 이 이성개념은 정립·반정립·종합의 3단계를 거치는 과정이다. 이렇게 절대자가 자기를 자각하는 과정이 다름 아닌 변증법이고, 이 3단계의 변증법으로 구성된 것이 곧 그의 철학체계의 전체를 이룬다. 이것이 결국 기독교적인 유신론을 철학적 기독교라는 범신론으로 개조시킴으로써 진정한 기독교 정신을 상실시켰다. 그의 철학체계는 그 후 마르크스(K. Marx)와 키에르케고르(S. Kierkegaard)을 통해 발전되어, 각각 변증법적 유물론과 실존주의 철학에 통로를 연다. - 역자 주

특별히 사변적 특성을 보이는 이들이 독일 철학자들의 의외의 대담성이나 활발한 지성적 시도와 그 이론들에 매료되어 있습니다. 그런 자들이 너무나 모험적으로 이 위험한 바다로 모험적인 출범을 시도하여 '교리적 단순성과 실천적 유용성(有用性)'을 파괴할 수 있습니다. 그 점이 정말 걱정스럽습니다. 칸트의 선험론이나 쿠쟁(Cousin)의 절충주의(折衷主義, eclecticism)[8]가 영혼을 구원하는 일에 하나님의 도구로 쓰임 받을 사람들의 안전한 안내자가 아님을 확신시켜 주십시오. 대서양 저편에서는 이미 경고의 목소리가 크게 발해졌습니다. 그 쪽 미국에서는 독일 철학을 찬찬히 뜯어 살펴보지도 않고 덜컥 삼켜버렸습니다. 분명 우리 영국에서도 경고의 소리를 발하는 일이 없을 것입니다. 물론 독일 철학이나 또는 또 다른 철학체계를 선악을 알게 하는 나무처럼 취급하여 아예 모른 척하는 것은 소용이 없을 뿐 아니라 지혜롭지도 못합니다. 하나님께서 접근하지 못하도록 금하시고 천사들의 화염으로 접근을 막아 놓은 그런 선악을 알게하는 나무 같이 취급하지는 말아야 합니다. 이 철학의 문제도 인간이 알아보고 싶은 다른 대상일 뿐만 아니라, 주의 깊고 분별력 있는 지성으로 연구될 수는 있습니다. 또 그 연구를 통해서 유익을 얻을 수 있습니다. 저는 결단코 분석 방법을 통한 독일의 학문 연구 업적이 없다거나, 모든 것을 주관적으로 생각하는 그 습관 속에 유익한 것이 하나도 없다고 주장하지는 않겠습니다. 또 그런 연구의 열매로 나타난 체계들 속에 건질 것이 하나도 없다는 식으로 말하려는 것도 아닙니다.

---

[8] '절충주의'란 일반적으로 상이한 견해·이론·사상을 긁어 모아 기계적·무원칙적으로 짜맞추는 것, 또는 그것을 통하여 이루어진 '새로운' 견해·이론·사상체계를 말한다. 철학사에서는 이질적인 철학체계를 혼합시킨 1~3세기의 그리스·로마 철학, 그 이후 교부철학이나 스콜라 철학의 대표자, 또한 18세기 독일의 계몽사상가 볼프 등이나 19세기 프랑스의 쿠쟁(Victor Cousin) 등이 절충주의자로 불린다. - 역자 주

다만 우리 영국의 어떤 사람들이 나타내는 방식을 대항하여 강한 어조로 경고해야 함을 강조하고 싶을 뿐입니다. 그들의 방식은 의지나 이해의 영역 전체를 어떤 학파에 다 몰아주는 방식입니다. 그 학파를 주도하는 이들이 복음은 지워내고 그 자리에 설화(說話, fable)를 놓고, 하나님의 자리에 '자연(自然)이라는 신(神)'을 세워놓고 있을 경우에는 더욱 그러합니다.

최근에 철학 공부에 맛을 들인 사람들 속에서 광범위하게 유포된 한 저작(著作)이 있습니다. 독일 문학에 익숙해지고 싶은 소원을 갖는 사람들에게 그 책은 쉽게 유포될 것입니다. 분명 그 책은 주목을 받을 것이고, 그 책을 쓴 저자는 틀림없이 독자들의 찬탄과 존경을 받을 것입니다. 제가 말하는 그 저작은 「현대 철학사」(History of Modern Philosophy)라는 책으로 모렐(J. D. Morell) 목사가 쓴 책입니다. 이 신사분이 그 책 속에서 역사가로서 충실하려고 애를 썼고 참된 철학자로서의 공정성과 정직을 유지하려고 애를 썼음이 드러납니다. 그가 한 작가로서 대단한 능력을 발휘했다는 사실도 부정하기는 어렵습니다. 여러가지의 요건들을 감안하여 본다면, 그런 주제가 그의 손에 떨어지게 된 상황이 행복한 경우일 수도 있었습니다. 모렐 목사가 복음 진리에 밀착해 있었다면, 그는 그 위험천만한 바다의 항해를 통하여 영국 사람들의 지성을 인도할 훌륭한 선장(船長)의 자격을 얻을 수 있는 절호의 기회였기 때문입니다. 그러나 그 책을 읽고 그를 추종하거나 옹호하는 독자들이나 철학이라는 주관적인 체계에 너무 밀착한 나머지 분별력을 잃지 않게 되기를 바랍니다. 균형 잡힌 목사의 지성으로 볼 때는 달갑지 않은 방향으로 나가지 않기를 바랍니다.

제가 확신하기로는, 그 목사는 독일 철학에 영향을 받은 것보다 더 포괄적인 영향을 받을 많은 이들과 합세할 것입니다. 그렇게 확신하는 제 소신은 이러합니다. 우리 젊은 목사들에게 그러한 연구를 허용하여 복음 설교자로서 다루는 명료한 주제에 대한 의식을 흐리게 하거나, 그들의 활력 넘치는 방식의 생기를 죽여버리게 해 보십시오. 그러면 그들의 쓸모를 저해하는데 그보다 더 직접적인 악한 효과를 거둘 것이 없을 것입니다. 모렐 목사가 있는 힘을 다해서 "누가 철학과 헛된 속임수로 **너희** 설교자들을 노략할까 **주의하라**"(골 2:8)고 강조하는 말을 했었으면 좋을 뻔 하였습니다.

최근에 작고한 촤머스 박사(Dr. Charmers)가 North British Review 지(誌)에 그 모렐 목사의 저작에 대해 매우 유능하고 비평적인 글을 실었습니다. 여기서 그 비평문을 소개하는 것이 유익할 것 같습니다. 그 서평자 박사는 칼라일(Carlyle)에 대하여 언급하고 나서 이렇게 말합니다.

"그가 우상처럼 숭배하는 대상들은 신조(信條)가 아니라 사람들이다. 그는 영웅숭배의 이름하에 정반대의 견해를 가진 사람들을 양편에 똑같이 세워 놓고 있다. 한 편에 루터(M. Ruther)나 존 낙스(John Knox)나 크롬웰(Oliver Cromwell) 같은 사람들을 세워놓고, 그 정반대 편에도 동등한 숭앙심으로 존중받는 독일의 고상한 시인(詩人)들과 관념적이고 초월주의적인 선험론자(transcendentalist)들을 세워 놓고 있다. 저자는 진리를 사랑하는 사람이라기보다는 '진지한 열심'(earnestness)를 사랑하는 자다. 그렇다고 하여 우리 편에서 그 사람을 보고 '진지한 열심을 사랑하기보다는 진리를 사랑해야 마땅하다'는 반작용적 반응을 보이며 그를 몰아세울 필요는 조금도 없을 것이다. 오히려 우리는 양 편에 선 두 종류의 사람들이 각각의 입장에서는 최선의 사람들이라고 말해야 할 것이다. 대륙의 그 명성 높은 철학의 타당성 주장을 보고 섬나라인 우리 영군만이 움찔하며 놀라지도 않을 것이며, 또 그 철학의 주장들로 압도당하지도 않을 것이다. 그 모호한 주장들에 위압당하지도 않을 것이고, 모략적인 분방(奔放)함에 기가 질리는 일도 없을 것이다. 오히려 우리의 신학자들은 상식(常識)의 바탕에서 요지부동할 것이며, 매 단계마다 항상 증거를 요구함으로 쓸데없는 사변(思辨)의 더러운 소욕의 물결을 막을 차단벽을 설치할 것이다. 물론 이제까지 우리 신학자들은 초월주의의 독단적 주장 속에 들어 있는 실체 없는 불건전한 모든 것을 다 물리쳤으며, 그러면서도 그 학파를 추종하는 제자들이 보이는 진지하고 고상한 열심은 받아 들여 무기력한 대학들이 활력을 갖게 하였다. 또한 우리나라의 활력이 없는 무기력한 교회들도 그들의 진지한 열심의 자극을 받게 한 것도 잘 한 것이다. 우리가 현재 가지고 있는 정통(正統)의 체계를 내리 낮출 필요가 없다. 신학이나 학문 영역 어디서고 말이다. 우리에게 긴요한 것이 있다면 현존하는 정통이 생명의 새로운 호흡을 주입 받아 활기를 가지게 되는 되는 것이다. 우리 시대가 '형식주의(形式主義) 시대' 라는 비난을 받기에 정말 합당하다. 그러나 이 점만 교정(矯正)하면 우리 형식을 바꿀 필요가 없다. 다만 그 형식이 생명력을 갖도록 하면 된다. 또한 근거 없는 사변(思辨) 때문에 우리의 '상식의 터'를 거둘 필요가 없다. 휫체 (Johann G. Fichte)[9]의 '신(神) 개념' (Divine idea)으로 인격적이고 살아계신 하나님 자리를 차지하게 허락할 필요도 없다. 우리 구주를 그저 단순한 완전의 구현이나 풍자 정도로 받아들이거나, 신약성경의 능동적이고 역사적인 예수 그리스도를 포기할 필요도 없다. 인격적으로 인간의 시야에서 아주 멀리 떨어진 저 높은 영역에 있는 존재를 탐색하기 위하여 공상의 나래를 펴거나, 거기에 속한 아무 것도 아닌 공상의 환각을 탐색할 필요도 없다. 손으로 만질 수 있는 사람과 세계의 확실성을 버릴 필요가 없다. 어떤 사람

---

9) 1762~1814. 독일의 관념주의 및 민족주의 철학의 선봉자 - 역자 주

도 하늘에 올라갈 수 없기 때문에 하늘에 거하시는 그 분이 하늘에서 내려오시어 그 하늘, 인간은 결코 들어간 적이 없는 그곳의 신비와 영광을 말씀하신다. 그 진리도 포기할 필요가 없는 것이다. 우리에게 필요한 것은 이것이다. 지금 우리가 가지고 있는 바로 그 교리체계가 말로만이 아니라 능력으로 우리에게 임하는 것이다. 현재 상황으로 보면 우리의 신앙고백과 신조들이 활력이 빠진 상태로 쇠약해 있으며, 성경은 죽은 문자처럼 보인다. 한 때 영광이었던 정통이 생기 없는 둔한 상태로 말라버린 사실은 우리 교회의 수치요, 책망 받을 일이다. 프랑스에서나 다른 어떤 곳에서 보다 더 영적인 철학의 부흥이 있었다면, 그것은 족히 우리를 겸비케 할 수 있다. 그러나 우리에게 오기를 기대하는 부흥은 정확히 그런 영역에서 오는 것이 아니다. 기도만이 그 일을 저 높은 하늘로부터 끌어내릴 수 있었다. 청교도주의(Puritanism)의 장점이 바로 그것이었다. 청교도주의는 '진지한 열심'을 가지고 있으면서도 과도하지 않았고, 믿음이 있으면서도 철학을 경멸하지 않았다. 높은 천상적인 지성을 강조하면서도 세상 정치와 소욕 속에 비열하게 혼합되지 않았다. 그 시대는 실로 영국의 어거스틴 시대였으며, 칼라일(Thomas Carlyle, 1795 -1881)이 옹호하며 조명하려고 애를 썼던 영광스러운 시대였다. 우리 국가의 상태와 우리 가정들의 복을 위해서 다시 와야 할 시대가 바로 그런 시대이다."

자 이 글로부터 분명해지는 요점은 이것입니다. 잉글랜드가 그릇되게 나갈 경향성을 가졌으면, 스코틀랜드는 우리를 옳게 바로 잡을 무엇인가를 할 것이라는 점입니다. 그리고 토마스 리드(Thomas Reid)[10]를 추종하며 그 학파를 개선했던 자들이 칸트 제자들이 과격하게 나가는 기회를 막는데 더 많은 기여를 할 것이고, 스코틀랜드 철학과 독일 철학 사이의 균형을 유지하는데 많은 기여를 할 것입니다. 이러한 시대에 어떤 종류의 사람들이 필요한지 보여주고 증거 하려면 더 이상의 무슨 말이 필요하겠습니까? 이처럼 흥분하는 시대에 우리는 강한 지성과 단순한 믿음과 전인적 헌신을 불사하는 목사들을 정말 필요로 합니다. 지금 이 시대는 우리가 살펴 본 모든 관점을 비추어 보더라도 '진지한 열심'을 가진 시대입니다. 그러니 '진지한 열심'을 가진 사람들만이 이런 시대 속에서 무엇인가를 할 수 있습니다. 적어도 강단에서는 더욱 더 그러합니다.

여러 사건들이 일어나 '호각 나팔 신호'를 보내면서, 우리 목사들의 지위에 부여된 모든 기능을 바르게 수행하고 있는 힘을 기울여 이 직무를 감당하라고 요청하고 있습니다. 여러 일들과 철학과 학문과 유행이 떠들썩하게 소란을 피우고 있습니다. 농담꾼들이 큰 소리로 웃어대고 있으며, 웅변가들이 웅변을 토해내고 있으며, 여러 당파들이 소리치고 있습니다. 이런 과정에서 설교자가 큰 소리로 말하지 않으면 그 아무도 들어주지 않을 것입니다. '간절한 진지함'과 지성적으로 말하지 않으면, 설교자의 목소리를 청종할 사람이 없을 것입니다. 우리가 우리의 모든 힘을 쏟아내지 않는 한 우리의 거룩한 믿음에 주목할 사람들을 얻지 못할 것입니다. 만일 우리가 우리의 거룩한 오직 유일한 종교인 기독교를 높이 세우고, 이 간절한 열심을 보이는 사람들과 투쟁의 와중에 그 기독교를 위한 길을 만들기 위해 있는 힘을 다 쏟지 않는다면, 우리의 거룩한 종교는 옆으로 밀려날 것이고, 떠들고 밀어젖히는 군중들 틈에서 짓밟혀 버릴 것입니다.

그 어떤 것으로도 이 일을 대체하는 다른 것으로 스스로 만족해하면서

---

10) 이 사람은 연역적 추리를 신뢰할 수 없는 것으로 일축했던 데이비드 흄(David Hume)의 경험철학에 반대해 상식철학파의 설립자로 간주되는 철학자로서 기존 정통적인 기독교 신앙의 정당성을 옹호하기도 하였다. - 역자 주

자기기만에 빠지지 마십시오. 다른 문제들에 있어서는 우리가 사는 이 시대와 맞추어도 잘 하는 것입니다. 고전 문학과 수학과 철학적 문헌과 학문적 정도와 아름다운 건축술 등에서 보조를 맞추어야 합니다. 그러나 우리 사역에 강력한 경륜의 살아있는 능력이 빠진다면, 그 모든 것들은 우리 무덤 위에서 향기를 토하는 꽃이나, 우리의 묘비를 장식하기 위해서 세운 조각품에 지나지 않을 것입니다.

## IV
## 타 종교 집단의 열심

이제 우리는 다른 종교 집단이 보여주는 그 '간절한 열심'을 숙고해 볼 수 있습니다. 사실로 말하면 어떤 경우들에서는 우리와 경쟁을 벌여야 하는 다른 종교 집단들의 열심의 문제입니다.

무엇보다 먼저 우리는 로마 가톨릭 교회의 활동을 살펴봅시다. 최근 수년간 그 로마 가톨릭 교회의 외적인 환경에 관한 한 놀랍고 무시무시한 체계에 얼마나 큰 변화가 일었습니까! 많은 사람들은 로마 가톨릭 교회의 조건을 보면서 그들의 노력에도 불구하고 전망도 희망도 없다는 쪽으로 마음이 기울어 질 것입니다. '불법의 사람'(Man of Sin)이 자기 세력을 확장하고 자기의 교만과 기대감을 부풀리는데 프로테스탄트들이 도움을 주는 것은 지혜롭지도 못하고 세련되지도 못함을 누구나 알게 될 것입니다. 그러나 다른 한 편으로 그 '불법의 사람'(Man of Sin)의 세력이나 그의 노력을 크게 여기지 않고 눈 감아 버리거나, 그가 이기고 있는 실상을 모른 척 하며 부인한다면, 그 또한 적지 않게 지혜롭지 못한 처사입니다. 우리가 필요로 하는 것은 우리를 일깨워 활동하게 하는 것뿐만 아니라 크게 경계를 하는 것입니다. 물론 겁먹지는 말아야 합니다. 우리의 전신갑주를 단단히 고쳐 입을 정도로 두려워해야 합니다. 그러면서도 우리의 에너지를 마비시킬 정도로 두려워해서도 안 됩니다.

지금 현재 교황 제도의 조건과 전망들을 프랑스 혁명 직후의 조건과 비교해 봅시다. 프랑스 혁명 직후 로마 가톨릭은 그들의 세력을 말려버리는 반기독교적인 철학의 조소(嘲笑)를 견뎌내지 못하고 쇠약해 있었습니다. 그 교회의 부패로 그런 철학의 득세를 공조한 셈입니다. 그래서 인간의 열정에서 무섭게 폭발하여 나온 충격을 견뎌낼 준비가 전혀 되지 않은 상황이었고 심지어 그 충격을 받아 생명 없는 시체같이 나뒹구는 모습을 보였습니다. 당시 교황권의 제한을 들고 일어난 갈리아 교회(Gallican Church)[11]가 전복 당하였고 사제들은 추방되었으며 교회의 재산은 몰수당하였습니다. 예배의 처소는 폐쇄되었습니다. 프랑스 군이 로마 가톨릭 교회를 점령하였고, 교황이 프랑스에서 죄수가 되었습니다. 교황을 따르던 무리들은 세계의 모든 도처에서 두려워 떨며 흩어졌습니다. 로마 가톨릭 교회를 반대하는 자들은 로마 가톨릭 교회의 시대가 끝이 나고 종말을 고하였다는 확신으로 들떠 있었습니다. 그러나 그들의 자축은 너무 일렀습니다. 유럽에서 그렇게 나뒹굴던 생명 없는 시체가 그의 눈에 생기를 되찾는 여러 표증을 보여주었고, 그 상처가 치료되고 땅에서 다시 일어났습니다. 이제는 온전한 건강을 회복하여 세상의 주도권을 잡기 위해서 프로테스탄티즘과 싸우려하고 있습니다. 이 문제에 관한한 교황 제도가 다시 정치적인 세력을

---

11) 갈리안 교회(Gallican Church)는 1682년 '프랑스 성직자 선언' (Declaration of the Clergy of France) 이후 프랑스 혁명 기간 중이던 1790년 '성직자 시민 헌법' (Civil Constitution of the Clergy) 때까지의 프랑스 로마 가톨릭 교회를 가리킨다. 이 교회의 교리는 군왕들의 권한이 교황의 간섭 밖에 있음을 주장하고, 각 나라의 교회 마다 교황의 통제를 받음과 동시에 군왕의 통제도 받아야 한다고 명시한다. - 역자 주

얻었습니다. 프랑스에서는 백성들을 교육하는 문제를 위해서 이전에 싸웠던 힘을 새롭게 갖추고 있습니다. 그 예배당이나 사제들이나 감독들이나 수도승들이나 그 임무를 수행하는 자들이 어느 곳에서나 수를 늘려가고 있습니다. 그 로마 가톨릭 교회의 오래된 교활함과 교묘함이 다시 활동을 시작하였습니다. 프랑스 령(領) 남태평양 타이티(Tahiti)에서 목격할 수 있듯이 말입니다. 성직자나 교회 신도 모두를 다 포함하여 말한다면, 영국 국교회 출신 중 영향력 있는 사람들 수 백 명을 그들이 조종하고 있습니다. 그보다 더 수많은 사람들이 그 로마 가톨릭 교회의 정신에 감염되고 있습니다. 그들은 더 뒤에 처져서 그 부패를 보다 더 광범위하게 확산시키고 있습니다. 그들은 정치인들의 기억 속에서 과거의 역사를 지워내기 위해 많은 일을 하였고, 소름끼치는 로마 가톨릭 교회의 형식이 정치가들의 눈에 띄지 않게 하려는 시도가 많은 성공을 거두었습니다. 이런 일에 더 강력한 열기를 불어 넣어 지금까지의 이런 승기(勝氣)의 여세로 더 큰 승리를 쟁취할 소망과 보다 더 강한 확신으로 부풀어 있습니다. 그리고 여전히 이기고 또 이기려고 하고 있습니다. 어쨌든 간에, 우리가 볼 때에는 무섭고 섬뜩한 전조들인데 그들 가톨릭 교회는 밝은 전망으로 보고 있습니다. 그 여세로 스페인에서 교회 재산을 몰수하고 수도원을 폐하는 일을 착수하였습니다. 독일에서는 롱게(Ronge)와 첼스키(Czerski)의 주도 아래 급속한 일탈(逸脫) 현상이 벌어지고 있습니다.

프랑스 남부에서는 전체 회중 교회들과 교구민들이 프로테스탄티즘으로 돌아섰습니다. 심지어 이탈리아에서는 자유롭게 질문하는 정신이 급상승하고 있습니다. 모든 곳에서 지식의 성장과 교육의 진보가 이루어지고 있습니다. 종교개혁의 위대한 전투가 다시 벌어져야 합니다. 우리는 싸움터에 있습니다. 여러 세력들이 전열을 가다듬고 있으며 갈등이 계속되고 있습니다. 만일 우리가 그 대의(大義)를 위해서 최선을 다해 가장 고상한 에너지를 쏟지 않는다면, 우리가 프로테스탄트라는 소리를 들을만한 가치가 없는 것이고, 그 신앙적 서약에 대해 거짓을 행하는 것입니다.

우리는 필요하다면 우리 대적들로부터도 본(本, pattern)을 취해야 합니다. 그 활동의 강렬함을 본받으십시다. 우리가 '진지한 열심'을 갖고 있지 못한다 해도 그들은 열심이 있습니다. 조감적인 관망을 가지고 보면, 바티칸에서 진행되고 있는 일 모두를 완벽하게 알아낼 수 있습니다. 바티칸은 무저갱에서 나온 그 중앙집권적 가장 무서운 괴물입니다. 세상의 지성과 영적인 복락을 쳐부수려고 감히 무엄하기 짝이 없는 비행을 저지르고 있는 그 로마 가톨릭 교회가 보이지 않습니까? 그들이 거인적인 지성들과 마음들과 거래하는 바쁜 손놀림을 주목하고 있지 않습니까? 그렇다면 우리는 모든 것을 아시는 전능자의 눈으로 경계를 늦추지 말고, 그 무례한 체계의 폭군을 막아내는 오직 유일한 길은 전능하신 이의 팔이 우리를 보호한다는 의식을 가져야 합니다.

그러나 그러한 줄지 않으시고 우리를 지키시는 전능자의 손길에 대해 무관심하고 '나태한 마음으로는 그런 의식이 없습니다. 오로지 열심 있는 활동과 신뢰하는 기도를 통해서만 그러한 도우심과 전능하신 이의 보호하심을 기대할 수 있습니다.[12]

그러나 우리가 '간절한 열심'의 본을 위하여 이 경우만 생각할 것이 아닙

---

12) 필자가 이 대목의 내용의 원고를 쓰고 난 후, 엄청난 격변이 일어나 모든 것을 흔들어대었고 교황주의를 옹호했던 나라들 중 몇이 혁명을 겪었다. 내가 이 글을 쓰고 있는 동안 적그리스도, 짐승의 보좌가 비틀거리고 있다. 교황은 망명객이 되었고 로마는 백성들의 수중에 들어 있으며, 이탈리아 자체도 자유가 더 큰 세력을 얻게 되었다. 이런 일들이 앞으로 어떻게 진행될지?- 필자 주

니다. 그 로마교회 진영의 열심만 보고 우리 활동에 도전을 받는 것만으로는 모자랍니다. 영국 국교회도 열심입니다. 많은 사람들은 그들이 그렇지 않은 시절이 있었다는 것을 회상할 수 있습니다. 세속주의가 그 성직자들 속에 들어가 영향을 나타내었고, 거기에 속한 사람들도 졸면서 냉담한 상태였습니다. 성직자들은 교구에서 들어온 십일조 헌금에서 생활비 몫을 받으면 먹고 마시고 즐거워했었습니다. 또 그 교회에 속한 사람들이 세례를 받아 신자가 되고 견진(堅振)을 받고 죽을 때에 성찬을 받게 하는 것이 그들의 주된 관심사였습니다. 국교회의 성직자들과 회중들을 움직여 아픔을 느끼고 분발하게 한 것은 메써디스트(Methodist)[13]들이었습니다. 그들이 그 교구에 들어와서 국교회 성직자들의 게으름을 일깨웠습니다. 그 메써디스트들이 떠나고 나면 즉시 그들은 다시 이전의 나태한 자리로 돌아갔습니다. 그들 중에 밝고 복된 예들이 있었습니다. 그러나 그것은 예외에 불과하였습니다.

그런데 하나님께 감사하게도 지금은 그렇지 않습니다. 생명을 일으키는 바람이 마른 뼈 골짜기에 불어 닥치고 생명을 가진 군대뿐 아니라 생명을 주는 군대로 일어났습니다. 헨리 벤(Henry Venn)[14], 버릿지(John Berridge)[15], 로메인(William Romaine)[16], 존 뉴튼(John Newton, 1725~1807), 찰스 시므온(Charles Simeon, 1759~1836), 세실(Cecil)같은 사람들이 영국 교회에 새로운 영

---

13) 우리나라에서는 이 말을 흔히들 '감리교도'로 번역하고 있다. 그러나 우리나라 감리교회는 알미니안적인 신학의 배경을 가진 웨슬리파 메써디스트다. 조지 휫필드(George whitefield)는 같은 메써디스트나 칼빈주의적인 메써디스트였다. 그래서 여기 저자의 말을 그냥 '감리교도'라고 번역하기에는 무리가 있어 역자는 이 단어는 꼭 음역(音譯)을 고집하고 있다. - 역자 주
14) 그는 1796~1873의 사람으로 영국 교회 선교사로 정책가였음. - 역자 주
15) 그는 1716~1793의 사람으로 영국 복음주의 부흥운동가 - 역자 주
16) 그는 18세기 복음주의 운동에서 주도적인 영향력을 발휘하였던 The life, Walk, Triumph of Faith 라는 책을 쓴 장본인으로, 그의 설교와 저작으로 말미암아 당시 런던에서 복음적인 진리에 대한 학식에 열심을 내었던 자들이 그의 설교를 듣기 위하여 몰려들었다. 들기로는 그에 필적할 만한 설교자가 흔치 않았고, 그를 뛰어넘는 이들은 당시 아주 극소수에 지나지 않았을 것이라고 한다. - 역자주

을 불어 넣어 각성시키시는 하나님의 도구로 사용되었습니다. 지금 현재 영국 국교회의 모습을 있는 그대로 표현하여 활력과 '간절한 열심'이 넘쳐 납니다. 신학적 견해는 여러 파로 나뉘어져 있는 것이 사실입니다. 그 정신 속에 상당할 정도로 로마 가톨릭 교회와 닮은 점이 있습니다. 그러한 의도를 가지고 공격적 자세를 취하고 있는 것도 사실입니다. 그러나 영국 국교회가 얼마나 놀라운 생명력과 활력을 보여주는지요. 그 영국 국교회에 대단한 영향을 미치는 흐름은 가장 좋은 종류의 생명력입니다!

정통파에 속해 있든지, 영국 국교회를 로마 가톨릭 교회 방식으로 강화시키려는 퓨지주의파(Puseyite) 성직자들이든지 지금 모두 활동적이고 설교에 열심을 내고 있으며 교리를 학습하고 있으며, 병자를 심방하고 학교들을 세우고 지휘 감독하고 있습니다. 정말 복되게도 영국 국교회의 성직자를 보고 '여우 사냥을 한다든지, 놀러가는 삶을 산다든지, 공놀이를 하는 교구의 목사라든지' 하면서 놀려대는 것이 크게 잘못된 것이 아니던 시절이 있었습니다. 그러나 이제는 복되게도 그 시절이 다 지나가 버렸습니다. 지금 그들은 어리석음과 허영의 장소에서 만날 수 없습니다. 병자의 침상이나 가난한 자의 움막에서 발견됩니다. 우리는 그들의 수고와 성공적인 열매를 기뻐해야 합니다. 다만 그들이 국교회에 소속되지 않은 비국교도 독립파 교회들을 뭉개 버리려는 의도를 버리고 그 일을 하기를 바랍니다.

그 영국 국교회에 속한 성직자들 중 매우 많은 수의 사람들이 교리나 정신이나 헌신에 있어서 진정한 사도의 본을 계승하고 있습니다. 경건과 열심에 있어서 우리가 본받아야 마땅한 자들이 많습니다. 필자인 제 생애에 있어서 더 없이 행복했던 시절은 그런 많은 이들과 개인적인 친분을 가지며 공적인 협력을 했을 때였습니다. 그들은 진지하고도 충성되게 자기들 교회를 섬겼습니다. 때를 얻든지 못 얻든지 그 교회의 대의를 촉진시키려고 애를 쓰고 있습니다. 누가 그런 이들을 보고 나무랄 수 있습니까? 우리는 그들을 비난하는 대신에 그들을 본받아야 합니다. 그들의 열심과 헌신은 그럴만한 가치가 있습니다. 저는 그들이 애쓰는 모습을 알고 있으며, 그것이 저로 하여금 놀라게 하는 것입니다. 한 성직자를 생각해 보십시오. 그리고 그 성직자에게 맡겨진 허다한 사람들이 있음을 생각해 보십시오. 그러한 성직자들은 다른 여러 수고를 제외하고도 매일 4~5시간을 가가호호 방문하고, 병든 자를 찾아보고, 무지한 자를 가르치고 있습니다. 곤고한 자를 위로하고 있습니다. 그런 사람들이 공중의 마음을 얻는다는 것이 이상한 일입니까? 마땅히 그럴 수밖에 없다는 것이 자연적인 이치입니다. 한 교구를 담당하는 목사가 비국교도 목사보다 그런 점에서 이점을 가지고 있음을 인정합니다. 국교회에는 교구가 정해져있어서 그 사역의 범주가 한정되어 있습니다. 그래서 그는 자기에게 속한 지역 안에 있는 모든 사람들을 자기의 치료 대상으로 여깁니다. 그래서 그 교구에 속해 있으나 신앙 양심상 다른 교단에 속해 있는 사람들을 제외한 교구민 대부분이 그 목사를 자기들의 사역자로 여기고 있는 것입니다.

주일에 해야 하는 일 외에 항상 부지런하게 활동하는 그 교구 목사들의 모습은 우리를 깨우쳐 줍니다. 우리가 영국 국교회 전체의 체계를 새로운 시각으로 볼 수 있게 되었습니다. 켄터베리 대주교로부터 가장 작은 마을의 목사들에 이르기까지 영국 국교회 사역자들을 새로운 시각으로 살펴볼 수 있습니다. 그 국교회는 그 사역을 돕기 위해서 여러 기관들이 설치되어 있습니다. '목회조력기구'(Pastoral Aid Societies), '지역심방 부녀 위원회'(Ladies' District Visiting Societies), '성경 독자회'(Scripture Readers), '영국교회 소책자 출판국'(Church of England Tract Societies) 등 그 밖에 영향력 있고 힘 있는 기관들이 바쁘게 움직이며 나라 전체를 교회와 학교들로 뒤덮으려고 애를 쓰고 있습니다. 이러한 모든 노력을 통해서 그들은 우리나라에 어떤 다른 기독교 집단이 설 자리가 없게 만들 정도로 나라 전체를 완전히 장악하려고 힘쓰고 있습니다.

자, 우리 눈앞에 이런 일이 계속 벌어지고 있는데도 '간절한 열심 목회 사역'이 필요하지 않다는 말입니까? 우리의 터전을 유지할 뿐 아니라 어떤 진보를 위해서 '간절한 목회'가 필요하지 않습니까? 그렇다고 해서 영국 국교회에 속한 복음적인 성직자가 우리를 온전히 밀어내고 싶어 할 것이라고 역설하고 있는 것은 아닙니다. 메써디스트들이든지 비국교도들이든지 그들이 존재하고 일하고 성공을 거두는 일을 즐거워하며 기뻐하는 이들이 많다고 저는 믿습니다. 그러한 이들은 메써디스트들이나 비국교도들이 복음 전도 사역에만 국한 되어 일을 한다는 것은 나라를 위해서 깊은 재앙이라고 생각할 것입니다. 복음적 연맹정신이 확산되고 있습니다. 제가 희망하기는 종파주의가 뿌리로부터 말라지기 시작하는 것입니다. 그리스도인의 사랑은 '편협의 귀신'과 대항하여 싸우고 있습니다. 그러나 여전히 현재로서는 모든 분파가 하나로 용해되고 제휴되기 위하여 준비된 상태는 아닙니다. 그럴 때까지라도 우리는 서로에 대해서 배울 수 있습니다. 저는 영국 국교회 내의 형제들을 향한 전적으로 선한 의향을 가지고 있습니다. 어떤 식으로도 질투심 없이 말입니다. 아울러 그런 정신으로 저는 제 자신이 속한 교단 내에 있는 형제들에게 영국 국교회 성직자들의 열심을 본받으라고 촉구하는 바입니다.

성직자인 저는 교육을 받은 대로 비국교도적 입장을 견지하고 있습니다.

그리고 제 원리를 포기할 정도로 저를 유혹하는 어떤 조짐도 알지 못하며, 또 그렇게 포기하라고 무섭게 종용하는 권한을 가진 자가 있다고 믿지 않습니다. 이제까지 항상 믿어 왔던 대로 믿고 있습니다. 종교가 세속 나라의 입법 조항을 통해서 제도화되는 일은 신약 성경의 어떤 근거도 가지지 않는다는 확신을 저는 여전히 가지고 있습니다. 또 그러한 제도 교회는 기독교가 부패하는 경로입니다. 또 기독교 정신에도 해롭다고 저는 확신합니다. 그리스도를 순전하게 따르는 모든 자들이 결국 저와 동일한 관점을 가질 때가 온다고 확신합니다. 그래서 저와 의견을 달리하는 형제애를 여전히 개발하면서도 제 신앙 양심을 구체화시키고 표현하는 교단을 고수하려고 애를 써야 하며 그것이 마땅합니다. 물론 그렇게 하려는 제 정신이 어떤 성난 악의나 어떤 무정한 마음을 속에 담는 것이 되서는 안 됩니다.

잉글랜드의 비국교도들, 특히 국교회에서 탈퇴한 목사들에게 저는 말합니다. "간절한 열심을 내라." 무엇보다 먼저, 가장 주요하게 복음의 교리들을 고수하라고 촉구하는 바입니다. 프로테스탄트의 신조와, 모든 참된 신앙이 존재했던 모든 시대나 나라들에서 하나님께서 채용하셨던 위대한 원리들을 고수하라고 강조하는 바입니다. 하나님께서 그러한 원리들을 통해서 죽은 세상에 생명을 불어넣고 부패한 세상을 정결케 하셨습니다. 그러나 유능한 학식을 겸비하고 특별히 건전한 복음적 정서를 가진 목회 사역직을 소유하게 해 주십사고 기도하며 힘써 그런 거룩한 열정을 가지십시오. 강단 사역에 관하여 그것이 영혼을 구원하시는 하나님의 권능이 되게 해 주십사고 기도하십시오.

'강론은 단순하면서도', '열심은 간절하고', '경건은 불이 타며', '모든 것을 포괄하는' 정도의 수고를 견지하십시오. 영국 국교회 성직자 중에서 가장 모본이 될 만한 자들과 경쟁할 만한 그런 목회 사역이 나타나기를 위하여 기도하십시오. 그들 영국 국교회 성직자들 중에 '간절한 열심'이 있습니다. 만일 우리가 그들의 열심의 높은 파고 속에서 삼켜지고 싶지 않거든 그에 상응하는 강도로 그들의 열심의 파고(波高)를 대처해야 합니다. 각 목회 사역자들마다 자신의 개별적이고 개인적인 활동영역에서 있는 힘을 다 기울여 힘을 씁시다. 다른 이들과 합세할 날을 기다리지 말고 말입니다. 물론 그렇다고 서로 연합하여 합세하는 것을 싫어해 이 말을 하는 것이 아닙니다. 우리는 그 연합의 모습이 너무 유약합니다. 그 목회 정책이 너무 독립적입니다. 우리가 더 주밀하려면 우리의 내면적 조건이나 우리의 외면적 영향력에 있어서 광대한 개선이 이루어져야 합니다. 그러나 목회 사역직의 '간절한 열심'에 대하여 우리는 다른 이들을 기다릴 필요가 없습니다. 각자 뜻하는 바를 행할 수 있으며, 다른 어떤 사람도 어떤 일을 하지 않는다 할지라도 각자 많은 일을 할 수 있습니다. 그리스도인의 경건과 같이 목회 사역의 활동도 개인 책무의 문제입니다. 다른 이웃들이 자기와 합세할 준비가 되기까지 멈춰설 필요가 있을 정도로 이웃을 의존해서는 안 됩니다.

저는 복음주의 연맹(Evangelical Alliance)의 옹호자로서 그 연맹의 일원이 되어 있습니다. 그런다 해도 기독교국의 영성(靈性)에 대한 우리의 관점에 대하여 침묵할 필요가 없습니다. 그렇게 침묵하는 것이 온당치 못합니다. 진리를 위해서 사랑을 희생하면 안 되는 것처럼, 사랑을 위해서 진리를 희생하는 것도 안 되는 일입니다. 또한 더 큰 것을 생각하는 중이라도 그 작은 파편을 대수롭지 않게 집어던지지도 말아야 합니다. 우리는 사랑뿐 아니라 모든 진리를 견지해야 합니다. 우리 비국교도주의의 유지와 확산을 위해서 연대하는 일에 대하여 어떤 형제들과 다른 의견을 가지고 있습니다. 왜냐하면 한 방향으로 생각할 때 그것이 아무리 선한 것이라 할지라도 그러한 연대 활동이 다른 곳에서 해를 끼칠 수 있다고 생각하기 때문입니다. 그러나 신약 성경의 한 부분인 우리의 원리가 가르쳐지고 '간절한 열심'을 가지고 가르쳐져야 한다는 확신에 있어서 어느 누구도 이의를 제기하지 못할 것입니다. 정말 그 권리가 진리라면 그 권리는 매우 중요합니다. 사람으로 하여금 구원을 받게 하는 교리에 있어서는 한정 없이 복종합니다. 또 그 교리의 귀추들에 대해서도 그러합니다. 논쟁에서 상스러운 허위 설명이나 과격한 진술이나 말꼬리를 붙들고 풍자적으로 말하는 것이나, 무정한 책임 전가나, 기를 죽이려고 빈정거리는 투로 말하거나, 독한 아이러니나, 심술궂은 비웃음이 결코 자리하지 못한다 합시다. 또한 진리를 견실하게 붙들려는 마음 뿐 아니라 서로 사랑의 예의를 갖추고 그 논쟁이 진행된다 합시다. 그러면 아무 해도 없습니다. 오히려 그런 방식의 쟁론에는 우리의 견해를 진술하거나 우리와 견해가 다른 사람들의 질문에 답변하는 기회를 얻어 분명 많은 유익이 존재합니다.

　교회의 모든 정치 체제는 복음의 대의(大義)에 기여할 때만 그 가치와 중요성이 부각됩니다. 복음의 대의를 떠나서는 잉글랜드의 국교회 제도나 이 제도에서 떠나있는 비국교도 역시 치료하는 뱀이 달리지 않은 장대에 불과합니다. 예수님 안에 있는 진리를 염두에 두지 않는 한 양쪽 편에 나타나는 '열심'은 마치 십자가에서 못 박혀 죽으신 구주를 찢어 내리고 나서 그 '십자가 나무'에 대해서만 논쟁하는 격입니다. 그 경우 국교회가 보여주는 그 열렬한 활동에 상응하는 열심이 아니라면, 적지 않게 우리 비국교도파가 각성할 기회로 작용하였던 그 풍성한 열심을 어떻게 대처해 나가겠습니까? 그에 상응하는 참된 열심이 아니고서는 진보도 할 수 없고 우리의 터전을 지킬 수도 없습니다. 우리는 놀랍고 정말 모든 것을 압도할 정도의 세력과 맞서 싸워야 합니다. 이런 것을 보고도 우리 측에서 자극을 받아 간절한 열심을 향하여 분발하지 못하면 우리를 깨우칠 것은 아무 것도 없을 것입니다.

## V
### 풍성한 영적 보상

그리스도의 모든 사역자마다 다 이러한 일반인의 사고와 행동 양식을 대할 수밖에 없습니다.

어떤 사람들은 본성적인 성향이 다른 사람들보다도 더 열정적이고 헌신적인 열심으로 기울어지기가 더 용이합니다. 그들은 차분한 형제들보다 더 쾌활한 성미를 가지고 있습니다. 차분한 형제들이 기어가고 있으면 그들은 날아갑니다. 차분한 형제들의 경우는 행동으로 나가도록 일깨우기 위하여는 다른 이들의 경우 보다 훨씬 더 많은 자극이 필요합니다. 이런 문제는 매우 상당한 정도까지 체질적인 문제입니다. 그러나 그것은 결국 많은 사람들 속에 있는 천성적인 것 보다는 도덕적인 문제에 관계된 것입니다. 회개하고 참된 신앙에 이르라고 촉구하는 목사의 소리를 들으면 '나는 의지가 박약해요.' 라면서 자기가 회개하고 참된 믿음을 가지지 못하는 구실을 제시하는 이들이 있습니다. 하늘 아래에 있는 어느 목사가 자기에게 '열심'이 부족하여 그렇게 하지 못한다고 핑계 대는 것과 마찬가지입니다.

아침에 일찍 일어나 시간을 잘 배분하여 정돈된 연구 계획을 세워 공부하는데 전념한다면, 학문이나 철학이나 수학에 있어서 자기가 오를 수 있다고 여기는 정도보다 더 높은 경지에 오를 수 있습니다. 그런다 해서 학자나 철학자나 수학자가 될 수는 없습니다. 목회자가 처한 상황과 그에게 주어진 여러 감당할 일들이 그런 분야에서 탁월한 위치까지 이를 소망을 가질 수 없게 만듭니다. 그러나 복음을 설교하고 사람들의 영혼을 돌보는 그 위대한 일에 근면하고 열심을 내고 전적인 헌신을 한다고 해서 그 길을 막아설 것입니까? 그가 대단한 경지에 이른 웅변가가 아닐 수도 있습니다. 또 그런 웅변가의 좋은 음성을 갖고 있지 않을 수도 있습니다. 그러나 원하기만 한다면 어떤 목소리로도 좋은 효과를 낼 수도 있습니다. 설교문을 깔끔하게 작성할 능력이 모자랄 수도 있습니다. 그러나 시간과 노력을 들인다면 영적 권능에 충만한 설교를 할 수 있습니다. 자기 주위에 부자나 문필가나 대인(大人)이라는 소리를 듣는 사람들을 끌어 모을 수 없을지도 모릅니다. 그러나 가난한 사람들에게 관심을 가지고 주일학교 어린이들과 그 부모들에게도 마음을 쓸 수는 있습니다.

그 열 달란트를 갖지 못했으나 한 달란트를 받았다고 해서 그것을 수건에 싸서 땅에 묻어둘 필요는 없습니다. 누구나 한 달란트는 가지고 있습니다. 그 한 달란트를 가지고 부지런히 장사하면 자기를 종으로 쓴 그 주인을 이롭게 할 수 있으며 자신을 위해서도 보상을 받을 수 있습니다. 어떤 이들은 교만하여 자기들이 가진 달란트의 액수를 과대평가하고, 또 다른 이들은 너무 겸손하거나 게을러 자기들이 가진 달란트를 너무 낮게 계산합니다. 거의 모든 사람들은 자기 속에 눈에 보이지 않는 에너지의 자원을 가지고 있습니다. 그래서 거의 모든 사람들이 자기들이 가진 자원을 다 소진시키기는커녕 열어보지도 못합니다. 그래서 많은 경우에 거의 모든 사람들이 아무도 밟아보지 않은 토양을 일궈야 합니다. 제가 한 목사를 알고 있는데 제가 퍽 아끼는 사람이었습니다. 그는 무엇이든지 하기를 무서워하여 일을 전혀 하지 않는 마음의 상태에 빠졌습니다. 그래서 그 주위에 있는 모든 것은 활기를 잃어버렸습니다. 그는 모든 일에 대하여 의욕을 상실하고 있었습니다. 그런데 하나님께서 그를 새로운 사람으로 옮기셨고, 그런 경로를 통해서 그는 새사람이 되었습니다. 그래서 활동하지 못하고 그저 무감각한 상태에서 살아나 다시 소생하였습니다. 그 주위에 있는 모든 것이 다시 소생하였습니다. 이제 그는 자신이나 자기를 아는 모든 사람들을 놀라게 할 정도의 열정을 보이고 있습니다. 새로운 교회를 설립하였고, 쓸모 있는 여러 신앙적 조직들을 만들었습니다. 그 사람은 제가 알고 있는 가장 간절한 열심을 가진 사람 중 하나가 된 셈입니다.

그의 모든 에너지가 새롭게 창조된 것이 아니라 죽었던 것이 되살아 난 것입니다. 다른 많은 목사들 역시 그럴 수 있습니다. 활동의 원리들(씨앗들)이 그들 속에 있어 좋은 처지를 만나기를 기다리고 있으며, 또 그들의 의지가 되살아나기를 기다리고 있습니다. 그러면 그 씨앗들이 생명의 활력과 움직임을 일으킬 것입니다. 그러면 게으름을 핑계로, 또는 두려움으로 자기는 못한다고 겸비함을 내세워 뒤로 물러가거나 양심이 둔화된 상태에 있었던 자리를 떨쳐 버릴 것입니다. 왜냐하면 그런 것들이 그가 열심 내지 못하게 방해하고 있었기 때문입니다.

그렇게 의지만 가지면 모든 목사마다 '간절한 열심'을 가진 사역자가 될 수 있습니다. 모든 목사마다 깊은 관심을 가지고 있는 어떤 일에 대단한 위기가 닥쳤다 하면 분발하여 열심을 내기 마련입니다. 예를 들어 집에 불이 났거나, 자기 건강이나 생명이 위험에 처하여 있다거나, 자기 아내나 자녀가 위험스러운 상태에 있거나, 자기의 재산을 크게 불려 주던 방편들이 자기 앞에 나뒹굴어져 있다면, 그 사람의 강렬한 정서와 맹렬한 행동이 얼마나 크게 일어날 것입니까! 그런 사람은 불멸의 영혼들의 진정한 영광을 위하여 자기 양심을 계속 부추길 필요가 있습니다. 그리스도의 사랑의 강권함을 그 마음이 받아야 합니다. 그 거룩함을 입은 열정의 세력과 끈질김으로 말미암아 떨쳐 일어나기까지 말입니다. 정말 그 사람에게 필요한 것은 사람들을 얻어 예수님께 나아가게 하는데 어떤 지혜를 쓸까 간절하게 바라는 소원입니다. 결국 정말 그에게 필요한 것은 자기의 책무의 목적들을 완수하기 위해 마음을 온통 기울이고, 이 책을 쓴 목적대로 높고 고상한 영혼의 품격을 가지려고 온 마음을 기울일 필요가 있습니다. 목사들에게처럼 상인들에게도 동일한 성질의 다양성이 존재합니다. 그러나 우리는 근면하지 못하여 실패해놓고 활동할 육체적 능력이나 성향이 전혀 없다고 말하는 소리를 전혀 귀담아 듣지 않습니다. 우리가 그들에게 해줄 대답은 이것입니다. '본성상 당신들에게 부족한 것은 의지와 결심으로 메워야 한다.'고 말입니다.

저는 복음 설교자에게도 동일한 것을 말씀드립니다. 저는 책망조로 목회자의 책무에 대한 의식을 강조함으로써 그의 양심에 호소하고 싶습니다. 그러면서도 동일하게 그도 그런 다른 '간절한 열심'을 낼 수 있다는 희망감을 갖게 함으로써 그 마음을 유익하게 할 목적도 가지고 있습니다. 그가 자기가 가진 달란트의 분량으로서는 자기보다 더 많은 은사와 좋은 조건을 선물로 받은 형제들이 도달한 그 성공의 정도에까지 결단코 이를 수 없을지도 모릅니다. 그러나 그 자신이 가진 분량으로도 그가 들인 수고에 대하여 충분한 보상보다 훨씬 더 많은 것을 가질 수 있습니다. 그러므로 다른 사람들을 시기하느라 시간을 보내거나 절망에 빠져 아무것도 하지 못한다고 앉아 시간을 보내지 마십시오. 다른 사람이 한 만큼 하지 못한다고 한탄하지 마십시오. 떨쳐 일어나십시오. 복된 의식을 가지시고 할 수 있는 것을 행함으로 얻는 상급을 얻으십시오.

젊은 복음 사역자나 목회 지망생들이 이 책을 읽음으로 자기도 '진정한 열심'을 소유하고 나타낼 수 있음을 아시기 바랍니다. 진정한 참된 열심의 부지런함으로 떨쳐 일어나 복된 결과들과 영원한 귀추를 여러분의 소유로 만들 수 있습니다.

"게으른 자는 길에 사자가 있다 거리에 사자가 있다 하느니라"(잠 26:13).

그러나 길에는 사자가 없습니다. 그저 자신의 상상일 뿐입니다. 자신이 게을러 길에 사자를 세워놓은 것입니다. 수고하십시오. 그럴만한 가치가 있습니다. 애를 써보십시오. 물론 실패할 수도 있습니다. 그러나 시도하지 않느니 실패하는 편이 낫습니다. 새로운 경건함의 헌신으로부터 어떤 결과가 나올 수 있는지 생각해 보십시오.

아직은 우리 중 어느 사역자라도 자기가 하는 일의 막대한 중요성과 엄청난 결과들을 합당하게 제대로 온전하게 평가할 사람이 누구이겠습니까? 누가 그런 일을 할 수 있겠습니까. 그 중요성과 귀추들은 영원합니다. 누가 영원성을 바르게 평가할 수 있습니까? 우리가 설교하는 것을 우리 스스로 믿습니까? 한 사람의 영혼이 회개하는 것이 한 세계를 창조하는 것보다 더 엄청난 가치가 있다고 믿습니까? 이것이 그저 순전한 진리에 불과합니까, 아니면 단순한 수사학적인 말에 불과합니까? 이것이 사실입니까, 아니면 설교의 단순한 부속물입니까? 그저 웅변을 토해 내느라고 꾸며 말하는 것에 불과합니까? 아니지요. 정말 그것이 진실이라면, 또 우리가 그것이 진리임을 안다면 그 일은 얼마나 엄청난 은혜를 가진 것입니까! 한 영혼을 성소(聖所)의 저울에 달아보십시오. 그리고 그 가치를 매기십시오. 그 영혼의 가치를 의식하십시오.

오! 놀라운 구원이여! '구원'이라는 말은 정말 놀라운 말입니다. 그 한 마디 속에 수백만의 생각들이 내포되어 있습니다. 그 말이 함축하고 있는 바를 한 순간에 다 토해내면 영원한 하늘의 광활한 넓이로만 그 말의 의미를 다 받아내기에 적당할 뿐입니다. 찰스 1세(Charles I) 왕정 때[17] 왕실 출납 장관이었던 대주교 윌리암스(Archbishop Williams)가 다음과 같은 기념할 만한 연설을 한 적이 있습니다.

"저는 지난 70년 동안 제 자리에 있었던 그 어느 사람보다도 교회와 국가로부터 존귀와 신임을 받는 여러 요직을 감당했습니다. 그러나 제 설교를 통해서 한 영혼이 하나님께 돌아섰다는 것을 확신하기만 하면 제게 부여되었던 그 모든 존귀와 직임에서보다도 더 큰 위로를 받았을 것입니다."

대주교로부터 나온 그 고백은 얼마나 놀랍습니까! 자기가 한 영혼을 하나님께 돌아서게 하는데 도구로 사용된 적이 있는지 모르겠다는 말입니다. 또한 그 고백은 영혼을 구원하는 일이 얼마나 중요한지를 인친 고백입니다. 또 그 고백은 이 거룩한 역사에 하나님의 부르심을 받고 일하는 우리 모두에게 얼마나 놀라운 격려가 됩니까!

불멸의 영혼을 회심케 하는데 쓰임을 받았다는 분명한 증거를 가지고 있다면, 대단한 웅변을 통해서 대중의 박수갈채를 받는 것이 그에 비하여 얼마나 헛되고 무가치합니까! 어리석은 자들의 촐싹거림이나 지혜롭다는 자들을 높이기 위해서 지은 송덕문(頌德文)들은 무엇입니까? 우리가 도구가 되어 한 구속 받은 죄인이 사망에서 구원 받았다는 증거를 들으면, 거기에

---

17) 이 잉글랜드의 왕은 1600년~1649의 사람으로서 잉글랜드 내전이라는 대역죄의 책임을 지고 사형을 받았다.
 - 역자 주

비추어 다른 이들의 감탄을 자아낼 만큼 뛰어난 사람들에 대한 꿀 같은 칭찬이나 그들이 내 놓는 황금 같은 견해들이 무엇이란 말입니까! 그것은 천칭(天秤) 저울에 앉아 있는 작은 먼지에 불과합니다. 어떤 사람들은 지성적인 능력으로 탁월하고 그들의 웅변의 능력으로 수를 헤아릴 수 없는 허다한 무리들을 매혹시키곤 합니다. 또 그 허다한 모든 무리들의 인기 속에서 사람들로부터 늘 추앙 받습니다. 그러나 그 인기 속에서도 그들은 자기들 재능에 대해 늘 받곤 하던 사람들의 감탄하는 박수갈채 보다 더 실질적이고 만족스럽고 더 항구적인 수고의 상급을 자기들에게 주어지기를 얼마나 갈망하였는지요! 그들은 그 때에 허영의 정서에 깊이 빠져 있었고, 박수갈채를 받고 아주 만족해하였습니다. 그러나 그들의 수고의 모든 결과가 고작 그런 것들임을 알게 되었을 때 그 꿀 같은 대중들의 인기에 넌더리를 냈고, 절망의 비통 속에서 소리를 쳤으며, 자책 속에서 고뇌하였습니다.

"이게 내가 받은 상 전부인가? 오! 내가 그릇된 길에서 돌아서게 했던 그 영혼들은 어디에 있는가?"

우리는 이러한 경우에 결정적인 증거를 맥컬(Dr. McAll)박사에게서 발견합니다. 저는 그를 내 친구로 부르는 특권을 가지고 있는 사람입니다. 이런 특이한 사람은 자기의 큰 능력이나, 그 능력으로 말미암아 받았던 평가나 강단 사역을 통해서 다른 사람들에게 끼친 효과에 대해서 모를 리 없었습니다. 그는 어떤 방법으로도 사람들의 박수갈채에 대해 민감한 영향을 받지 않았습니다. 그러나 이런 일이 영혼을 돌아서게 하는데 쓰임을 받을 참된 용도의 항구적인 결과들과 비교할 때 얼마나 텅 빈 것으로 그에게 보였는지요! 만일 그가 다른 어떤 사람처럼 그런 큰 분량의 열매들을 누리지 못하였다면, 그것은 그 결과를 얻어내려는 열심이 부족해서 아닙니다. 라이

프촤일드 박사(Dr. Leifchild)가 말하는 바와 같습니다.

"그는 자기 목회의 사역에서 하나님께 쓸모가 없는 사람이 되었다는 두려움으로 깊이 상심하곤 했다."

그는 이렇게 말하고 싶었을 것입니다.

"나는 정말 사람들로부터 큰 감탄을 받아내곤 했다. 그러나 내가 진정 원하던 것은 영혼들의 회심과 영적인 성장이다."

그는 이웃한 어떤 목사들에 대해서 말했습니다. 그 목사들의 교회들이 주님께서 복주신 동산을 닮았으며, 자신의 교회보다 더 청청한 생기를 가진 동산이었다고 하였습니다. 그러나 그에 덧붙여 말했습니다. 그 이웃한 목사들의 교회와 자기 교회를 비교하며 느끼는 정서는 '나 자신을 보면서 슬픔에 압도당한다.' 는 식으로 말한 것입니다. 저는 그가 언젠가 명석한 연설로 자기 순서를 마치고나서, 자기보다 훨씬 더 평이하고 덜 웅변적인 형제의 설교를 듣던 모습이 지금도 제게 생생합니다. 그 보다 못한 형제의 연설은 청중의 마음에 침투하였고, 그 청중의 얼굴에 그 설교로 깊은 감명을 받았다는 표정이 드러났습니다. 그 강사가 그것을 확인하는 순간 자기 뒤에서 크게 흐느끼는 소리를 듣고 뒤를 돌아보았습니다. 그는 다름 아닌 맥컬 박사였습니다. 그는 후에 이렇게 말했습니다.

"아, 그런 합법적인 방법으로 그런 효과를 산출할 수 있다면 세상이라도 주겠다."

그런 식으로 격렬하게 솟구쳐 오르던 소원이 그 강단에서 분출되었지만, 그 소원이 이 강사의 목회적 설교를 묘사하는 모든 대목에서 배어 나타났습니다. 그는 그리핀 목사에게 거듭 누차 말하였습니다.

"오, 내가 영혼을 위해서 쓰임을 받을 수만 있다면 사람들이 내 능력에 대해 무엇을 생각하거나 말하거나 전혀 관심을 두지 않겠다."

한 때 마음에 폭발하는 의분과 같은 종류의 정서를 드러내면서 말했습니다.

"하나님은 아십니다. 저는 사람들의 갈채를 원하지 않고 사람들의 구원을 원합니다."

이는 탁월하게 교훈적이고 인상 깊게 사람들의 생명 속에 파고드는 말입니다. 이는 또한 불멸의 영혼들을 구원하는 문제와 비교해 볼 때 다른 모든 목회 사역들의 목적이나 그 수고로 얻어지는 다른 모든 보상들은 정말 쓸모가 없음을 가장 확증적으로 제시하는 경우에 속합니다. 강단의 역사와 제공할 수 있는 가장 각성케 하는 경우들입니다. 그 말은 자기가 얻기를 희망하였으나 얻지 못한 것의 가치를 절하시켜 말할 정도로 시기심에 빠진 한 사람의 고백이나 슬픈 애가가 아니었습니다. 오히려 어디를 가든지 사람들로부터 감탄을 받고 그 놀라운 재능과 은사로 말미암아 설교를 들었던 사람들로부터 갈채를 받아 내었던 한 사람의 애조(哀調) 띤 고백이었습니다. 맥컬 박사는 그 대단한 지성과 놀라운 웅변력을 가지고 있었으며, 그로 인해서 많은 사람들의 감탄과 칭송을 받았습니다. 그러나 그는 자기가 쓸모 있기 위해서 그 대단한 것들을 포기하고 싶었을 것입니다. 그 쓸모 있음이란 무엇입니까? 자기가 보기에 자기보다 더 낮아 보이고 자기보다 훨씬 못한 은사와 재능을 가진 어떤 사람들이 더 효과적인 열매를 맺는 방면을 보면서 발견해 낸 가치입니다. 대단한 천재성을 드러내는 사람들을 보면 사람들은 흔히 시기심이 발동합니다. 또 허다한 무리들이 숨을 죽이면서 청종하다가 설교가 끝나면 회중석에서 갈채가 터져 나오는 모습을 보이면 일반인들은 발끈하는 성향을 보입니다. 왜냐하면 그런 천재적인 재능을 보이는 사람들이 그런 식으로 많은 사람들을 매혹시키는 일을 자기들은 할 수 없기 때문입니다.

그러나 그런 성향을 보이는 사람들이 우리 앞에 보이는 정경을 숙고해보도록 하십시오. 맥컬 박사가 감탄하면서 매혹을 느끼며 몰려든 허다한 무리를 뒤에 두고, 그의 설교를 듣는 사람들의 즐거워하고 기뻐하는 소리와 그 분위기를 뒤로 하고, 그가 골방에서 하나님과 은밀히 교제하는 데로 나가보십시오. 그리고 거기서 고뇌에 찬 탄식을 발하며 하나님께 울부짖고 있는 그의 간구를 들어 보십시오.

"주여, 우리의 전한 것을 누가 믿었으며, 주님의 팔이 뉘게 나타났습니까?"

자, 모두 이 점을 주목합시다. 정말 대단한 은사를 부여받은 지성들의 평가 속에는 불멸의 영혼들을 구원하는 것보다 더 고상한 것이 없음을 배웁시다. 그 일보다 목회의 수고하면서 추구할 더 큰 풍성한 보상이 없음을 우리는 배우도록 합시다.

## VI
## 성공의 전망

우리가 주목할 다음 사실은 '간절한 열심'이 그 목적을 이룸에 있어서 통상 성공을 거두었다는 것입니다. 또한 '간절한 열심' 없이 그 목적을 이루는데 성공적인 경우는 거의 없었다는 사실입니다.

저는 영혼을 감화시키는 신적 감화의 필요성을 진실로 인정하는 사람입니다. 이 책의 결론 부분에서는 보다 더 강조적으로 그 국면을 진술할 것입니다. 그럼에도 불구하고 성령께서 역사하시되 방편을 통해서 역사하심을 유념해야 합니다. 그리고 정해진 목적을 성취하는데 가장 부합한 방편을 통해서 역사하신다는 사실을 늘 유념해야 합니다. 진리가 아닌 것으로 영혼들을 회심케 해 주십사고 성령께 구하지 않습니다. '거듭남' 이란 위대한 변화의 열매는 진리를 제시하여 분별해 보게 하고, 마음에 신적 은혜의 역사가 함께 병행할 때 나타납니다. 진리를 진실로 숙고하는 경우들에서만 그런 복된 결과가 나올 수 있음은 명백합니다. 그 점을 신중하게 유념해야 합니다. 그렇지 않으면 그런 결과는 결코 나올 수 없습니다.

이 점을 주목하십시오. 깊이 주목하는 것, 어느 정도까지 마음의 생각을 거기에 쏟는 일이야말로 회심의 역사에 본질적으로 필요한 것이라고 말할 수 있습니다. 진리를 주목하고 다른 모든 관심거리들로부터 마음을 떼어내어 진리를 주목하는데 더 큰 힘을 쏟는 설교자들이 가장 쓸모 있기가 쉬울 뿐 아니라 정말 가장 쓸모 있습니다. 그 설교자들이 그 밖에 다른 문제들에서 마음을 떼어내어 자기가 증거하는 진리에 유념하고 있을 때, 성령께서는 주권적인 방식으로 당신의 영향력을 발휘하시어 마음의 악한 성향을 그렇게 제시된 진리로 향하도록 바꾸시는 것입니다. 우리는 여러 설교자들 속에서 회중들의 관심을 끌어 모으는 매우 다양한 종류의 능력을 감지합니다. 어떤 이들은 위풍당당한 웅변으로 그 일을 하기도 하고, 어떤 이들은 인상적인 전달 방식을 통해서, 또 어떤 이들은 특이한 방식으로 사람들의 시선을 진리로 향하게 합니다. 그러나 이런 모든 다양한 방식들 속에서 사람들의 관심을 이끌어내어 그들이 전하는 진리에 집중시키는 능력을 발견할 것입니다. 어떤 설교자는 지성의 힘에 있어서는 열등합니다. 또 상상력도 그리 풍부하지 못합니다. 그럼에도 불구하고 듣는 청중의 마음을 사로잡고 붙드는데 매우 탁월할 수 있습니다. 우리의 설교를 듣는 사람들의 관심을 끌어 모으는데 성공하지 못하면 선을 이룰 희망을 가질 수 없습니다. 만일 설교를 듣는 회중들로 하여금 우리의 설교를 청종하게 강권하는 방식으로 설교할 수 있다면, 우리 목회의 여러 목적들을 성취할 기대감이 공연한 것이 아니고 확실성이 그만큼 많아 질 수 있습니다.

베드포드 로우(Bedford Row)의 성 요한 채플(St, John's Chapel)의 세씰(Cecil) 목사의 전기(傳記) 「생애와 유훈」(Life and Remains)이라는 책에서 언급된 주목할 만한 일화를 소개합니다. 그 목사는 강단 웅변의 대가였습니다. 그는 어느 한 촌락에서 설교해 달라는 청을 받았습니다. 그 촌락에 있는 교구 교회에서는 복음 진리의 기쁨의 소리가 거의 들려지지 않고 있었습니다. 그 목사가 생각하기에, 그 곳에서 복음 진리를 전할 또 다른 기회가 올 가능성이 거의 없어 보였습니다. 설교를 반쯤 해나가는데 어찌나 힘이 들던지, 자기 설교가 성공하는데 결정적인 요소가 되는 것이 빠져 있음을 감지하였습니다. 곧바로 그 설교를 듣는 사람들의 주의력을 힘 있게 견지하는데 성공하지 못하고 있음을 안 것입니다. 시간은 지나가고, 상황은 절망적으로 보였습니다. 그런데 그에게 문득 이런 생각이 들었습니다.

'어떤 일인가를 저질러야 해. 그렇지 않는다면 기회를 잃어 버릴거야.'

잠깐 멈추어 그 주제와 관련된 자기의 경험을 추적해 보고, 그 경험을 생각해 내면서 그 경험을 통한 느낌을 더듬으면서 이렇게 말했습니다.

"지난 월요일 아침에 한 사람이 런던의 사형장에서 교수형에 처해졌습니다."

그런 다음에 그 처형사건을 설교하는 주제와 연관지어 나갔습니다. 그 임기응변적 조치는 성공을 거두었습니다. 여기저기를 두리번거리던 회중의 눈들이 설교자를 주목하였습니다. 그리고 무관심하던 그들의 지성이 그 설교 내용을 주목하였습니다. 그래서 그는 회중들의 시선을 장악했습니다. 그들의 시선은 그 설교의 나머지 과정 전체 동안 그 설교자에게 붙박혀 있었습니다. 그러한 침착함은 공적 연사로 나서 수많은 사람들 앞에 말하게 되는 사람이 갖춘 고상한 하나의 자격입니다.

지금 방금 예로 든 일화를 통해서 우리가 배워야 하는 교훈은, 우리가 반드시 회중들의 시선을 사로잡아야 한다는 것입니다. 그렇게 하지 않으면 회중들에게 아무런 유익을 끼칠 수 없습니다. 우리가 회중들에게 관심을 촉발시켜 진리를 숙고하도록 인도하면 할수록 우리는 그들에게 더 좋은 유익을 더 끼치기 십상입니다. 모든 성공적인 설교자들의 역사를 보면 다음과 같은 요점이 입증될 것입니다. 회중의 관심을 끄는 방편은 엄청나게 다양한데, 그 모든 성공적인 설교자들 각자가 그렇게 하는 능력을 갖고 있었으며, 그 능력 속에 그들의 성공의 비밀이 들어 있다는 겁니다.

'간절한 열심'의 중요성은 너무 과장되게 강조하지 않았나하는 의심이 들거든 이것을 생각해보십시오. 이미 작고한 사역자들이나 현재 생존하여 사역하고 있는 이들 중에서 하나님의 말씀을 성공적으로 설교하는 가장 뛰어난 사람들이 어떠한 이들이었는지 생각해 보라는 말입니다. 비국교도 교회 설립자들의 설교가 어떠하였는지 살펴보면, 제 1급 수준에 리처드 백스터, 존 번연, 두리틀(Doolittle), 클락슨(Clarkson), 플라벨(John Favel), 헤이우드(Heywood), 하웨(Howe) 같은 사람이 있을 것입니다. 그들이 자기 설교를 듣는 사람들의 마음의 양심을 향하여 장렬하면서도 신랄하고 힘있게 호소하였습니다. 그들의 설교문을 읽어보면, 그런 설교들이 모든 설교가 목표해야 하는 바 '죄인들의 회심'이라는 높은 목표를 성취하였음을 의심하지 못할 것입니다.

그로부터 그 이후 시대로 더 나가볼 필요도 없습니다. 휫필드나 웨슬리 같은 사람에게 가보십시오. 그들의 더 높고 고상한 자질들에 더하여 그들의 대단한 성공의 위대한 방편은 '간절한 열심'이었다는 것을 다시 한 번 말씀드리는 바입니다. 그들은 그 밖에 다른 어떤 일보다는 거의 불멸의 영혼들의 구원을 위해서 살았고 수고를 다하는 사람들이었습니다. 그들은 자신들의 영혼에 강력한 전도 열정을 불어 넣어 위대한 일을 수행하기 위해서 매진하였습니다. 예외는 있지만, 현재 메써디스트(Methodist)나 비국교도 목사들의 부류들은 그들 선진들에 비하여 냉담하고 형식적이고 차가운 마음을 가진 사람들입니다. 그 뿐만 아니라 현대 복음 신앙의 부흥의 뛰어난 도구들로 바로 쓰임 받았던 그 당시 추종자들에 비해서도 그러합니다. 코크(Cok), 플레쳐(Fletcher), 로우랜드 힐(Rowland Hill), 베릿지(Berridge), 그림쇼(Grimshaw), 쎄씰(Cecil), 뉴톤(Newton), 로메인(Romaine)과 같은 이들과 나란히 언급될 가치가 있는 사람들이 우리 중에는 얼마나 적은지요. 횟필드 운동으로 인하여 웨일즈에서 일으킴 받아 하나님께 쓰임을 받았던 그 놀라운 사람들을 생각해 보십시오. 다니엘 로우랜드(Daniel Rowland), 랭간의 존스(Jones of Llangan), 하웰 해리스(Howell Harris), 그리고 그 후계자들 존 엘리아스(John Elias), 크리스마스 에반스(Christmass Evans), 원의 윌리암스(Williams of the Wern)와 같은 사람들을 생각해 보십시오. 그 사람들은 자기들이 살던 고장의 낭만적 삶의 구조들을 이용하여 자기들의 우렁찬 목소리를 메아리쳐 울리게 하였고 그 골짜기들을 그 감동에 찬 웅변에 매료된 사람들로 가득 채웠습니다.

대서양 건너편 미국을 바라다보면, 조나단 에드워즈(Jonathan Edwards)는 얼마나 놀라운 사람입니까. 인쇄되어 책으로 나온 그의 설교집들은 그의 일반적인 목회사역을 반영할 뿐인데, 그 설교들을 살펴보면 이 책 앞부분에서 필자가 제시한 모범으로 지적했던 그 '간절한 열심'으로 가득차 있습니다. 그의 목회 사역은 성공적 결실로 너무나 충만하였습니다. 스토다드(Stoddard), 벨라미(Bellamy), 드와이트(Dwight), 데이비즈(Davies) 같은 사람들을 회상해보십시오.

그들은 신앙의 자유를 위해서 대서양을 건너갔던 그 120명의 청교도 '필그림 화더들'(Pilgrim Fathers)의 땅에서 기탄 없는 헌신으로 모든 이름에 뛰어나신 주님의 이름의 향기를 널리 확산시켰습니다. 스코틀랜드에는 어스킨스(Erskines), 매크로렌스(McLaurens), 워커스(Walkers), 딕킨스(Dickons), 그리고 과거 지나간 시대의 또 다른 시대의 사람이 있었습니다. 그들은 여전히 우리에게 말해 줍니다. 자기들이 어떻게 하나님의 말씀을 다루었는지를 말입니다. 그들의 전기들을 읽어보면 그들의 성공이 어떠하였는지를 알 수 있습니다. 존경 받을 만한 이러한 사람들 속에서 우리는 그들의 목회 사역의 능력의 비밀을 발견합니다.

죄인들이 회심을 위해서 열기를 뿜었던 그들의 소욕, 그 일을 성취하기 위해서 그들의 설교 속에 나타난 적용성이 바로 그것입니다. 만일 사도 바울이 불타는 열심을 가장 표본적으로 보여주는 그 뛰어난 개혁자들의 무리들을 다 언급하지 않더라도, 저 위엄에 차고 능한 루터, 심오한 사람 칼빈, 영웅적인 쯔빙글리, 두려움을 몰랐던 존 낙스(John Knox), 우아하고 고전적인 멜랑톤(Melancthon)을 보십시오. 그들을 다 열거하지 않고 그냥 지나친다면, 그것은 언급할 필요가 없을 정도로 너무나 잘 알려져 있기 때문이 아닙니다. 도리어 일반적인 목회 사역 활동의 영역보다 너무 높은 자들로 언급될 수 있기 때문입니다.

그럼에도 불구하고 위대하신 구주 자신의 모본을 우리의 묵상과 본보기로 앞에 세운다 해도, 주님의 종들 중에서 가장 명성이 자자한 자들을 뒤로 물러가게 할 필요가 없음은 분명합니다. 그 특이하고 기이한 사람들 속에 목적의 단순성과 목표의 통일성과 집중력이 얼마나 놀랍게 존재하였습니까! 그들의 고상한 전 생애를 통해서 그 목표의식을 방해하는 다른 것이 얼마나 그들의 마음을 빼앗을 수 없었던지요!

우리 시대로 내려와 다른 사람들을 살펴보십시다. 우리의 당대를 회상하면 어떤 사람들이 있는지 알아봅시다. 아직도 그런 이들의 광채가 우리의 시야에 환하게 밝혀져 있습니다. 저 독창적이고 인상적인 풀러(Fuller), 능력의 사람 홀(Hall), 천사와 같은 피어스(Pearce), 사자와 같은 마음을 가졌던 닙(Knibb), 저 지성적인 사람 왓슨(Watson), 남자다운 용기를 가진 보그(Bogue), 기인이면서도 관대한 사람 윌크스(Wilks), 저 분별력 있는 로비(Roby), 유순하나 확신에 찼던 버더(Burder), 동정심이 많기로 유명한 와우(Waugh), 현명하면서 부드러웠던 그리핀(Griffin), 매혹적이면서도 사랑스러운 스펜서(Spencer), 저 웅변적인 사람 맥컬(McAll) 등, 그들의 이름은 존귀하고 그들의 유훈은 향기롭습니다. 그리고 그들의 본을 수립해 놓은 책들은 보배롭습니다. 아직도 생존해 있는 우리가 그들의 생애와 수고를 회고하여 기억을 새롭게 하고, 그들의 위대함과 쓸모 있음이 단순히 그들의 재능에서 나왔다기보다는 복음 진리의 대의에 자신들을 전적으로 드린 '간절한 열심'으로부터 나왔다는 사실을 잊지 말았으면 좋겠습니다.

그러나 아직도 생존해 있으면서 평범한 수준을 뛰어 넘어 우리에게 본을 보여주는 사람들에게로 시선을 돌려 보세요. 우리 당대에도 기독교 목회 사역의 목적과 복음적 설교의 목표를 가장 강력하게 성취한 사람들이 있는지 살펴보십시오. '간절한 열심' 말고 어떤 다른 방편을 통해서 그런 성공이 이루어졌는지 탐문해 보는 것도 좋을 것입니다. 현재 살아 있는 사람들의 이름을 들먹이는 것은 비위에 거슬릴 수도 있고, 쓸모나 대중적 인기나 복음 진리를 부단하게 제시함에 있어서 동료들보다 훨씬 뛰어난 허다한 무리들 속에서 누구를 선별해 말한다는 것도 공평치 못할 수 있습니다.

그러나 우리 모두에게 존경 받는 위치에 있는 두 사람의 이론을 거론할 수는 있습니다. 그 두 사람은 우리에게도 영예가 아닐 수 없습니다. 그 두 사람은 개성에 있어서 정말 판이하게 다른 사람들입니다. 그러면서도 둘 다 눈에 띄게 탁월한 사람들로 여겨지고 있습니다. 그 두 사람은 우리보다 훨씬 높은 수준까지 올라가 있어 우리의 시기심을 유발하지 않습니다. 오히려 그들의 명성은 허다한 무리들 속에서 불공평하게 뽑아내어 아첨한다는 비난을 받지 않게 할 것이고, 도리어 기꺼이 애정 어리게 그 두 사람의 본을 증거하는 것에 다 찬동하며 기뻐할 것입니다. 각자 자신의 영역에서 일한 사람인데, 한 사람은 북반구에서 일하였고 또 한 사람은 남반구에서 일한 사람입니다. 그러면서 그 두 사람은 각자 밤하늘의 별처럼 광채를 발하며, 위대하신 우리의 태양의 영광을 교회에 반사하고 있습니다. 그 두 사람은 각자 길고 거룩하고 유익하고 삶 전체를 통해 그 '의의 태양'이신 그리스도의 인력(引力)에 따라 회전하는 것을 기쁨으로 여겼습니다. 그 두 사람은 아직도 살아 있습니다. 더 오래 살기를 바랍니다. 그리하여 우리의 젊은 목회자들이 그 두 사람, 촤머스(Chalmers)와 제이(Jay)의 거룩한 수고 속에서 다음과 같은 요점을 배울 수 있기를 바랍니다. '은혜로 거룩함을 입고 구원의 복음을 간절한 열심을 가지고 설교하는데 드려지기만 하면 그 인간의 비범한 재능이 얼마나 아름답고 유익한가!' [18]

그러나 우리는 지금 재능 있는 소수에 의해서 무엇이 행해질 수 있는가를 생각하고 있지 않습니다. 그 은사를 받은 재능 있는 소수의 몇 사람은 비범한 천부적 재주를 통하여 가치 있는 신학 저작들을 통해서 우리의 신학적 문헌들을 풍성하게 하는데 기여하도록 부르심을 받은 자들입니다. 또 그들로 말미암아 우리의 강단 주위에 우리가 사는 지역에서 문학적이거나 또는 철학적인 신념들을 불러 모으는데도 기여를 합니다. 그들은 모든 교단들에서 설교자의 보편적인 법칙에 예외자들입니다. 그 천부적 재능을 가진 사람들의 설교를 듣는 자들도 일반적 설교 회중에게 적용되는 보편적인 법칙에서 예외가 되는 자들입니다.

그러나 우리가 주목하는 요점들은 대중들을 감동시키는 사람들에게 적용되는 것입니다. 그들은 가장 보편적으로 발견되는 일반 대중의 마음에 영향을 끼치는 자들입니다. 그들이 어떠한 자들입니까? 높은 학자적 이치에 있는 사람도 아니고, 심오한 철학이나 우아한 문장 작성 능력을 가진 사람들도 아닙니다. 오히려 힘이 있고 간절한 열심을 가진 사람들이요, 자신들이 주님께 쓸모 있기 위해서 자신들을 다 내어 놓은 사람들이며, 자기 이웃들과의 관계를 형성함에 있어서 부지런하고 재치 있는 사람들이며, 따뜻한 마음과 정서와 인내력을 갖춘 사람들입니다. 어디에 큰 회중, 왕성하면서도 짜임새 있는 회중이 있습니까? 그러면 그곳에 '간절한 열심'을 가진 사람이 있습니다. 어떤 나라 어떤 교단에서 그런 유의 사람들이 상당한 성공을 거두지 못하는 경우가 발견되는 적이 있습니까? 복음 진리를 충성스럽고 헌신적이고 힘 있게 설교하는 설교자가 어디에서 주님보다 앞서가서

---

18) 그러나 안타깝게도 필자가 이 대목의 원고를 마칠 즈음에 이 존경 받는 두 사람의 이름 중 한 이름이 생존자의 명부에서 삭제되고 빛나는 죽은 자의 명부에 올려지게 되었다! 그렇다. 그 위대한 사람 차머스는 갔다. 제이 목사가 로우랜드 힐의 장례식 때 택했던 히브리 시(詩)의 돈호법(頓呼法)을 따라 우리도 애곡하며 외쳤으면 좋겠다. '오호라, 전나무, 백향목이 넘어졌도다! 레바논의 영광과 자랑이던 백향목이 넘어졌다. 그 레바논의 숲에서 그 백향목이 베어져 생긴 빈자리를 보는 자는 누구나 그 사별의 슬픔을 위로할 다른 원천이 없다는 것을 느낀다. 오직 주께서 살아 계시다는 것을 생각함으로써만 오는 위로만이 그 슬픔을 메울 수 있다. 그 놀라운 사람을 묘사하거나 칭송하기에 내 능력은 부족하다. 그 분의 죽음은 하나님의 교회 전체를 슬픔으로 덮었다. 그래서 나는 이렇게 말하고 싶을 뿐이다. 그의 광대한 지성이 진리의 빛으로 밝은 빛을 발산하고, 그리스도의 강권하시는 사랑으로 그 고상한 마음이 믿음에 이끌림을 받은 이후 언제나 그 분은 내가 바로 이 책에서 묘사하려 했던 특성을 가장 선명하게 보여준 견본들 중에 하나를 드러내 주었다. 그리하여 우리 대학에서 신학을 공부하는 모든 학생들과 모든 교단의 모든 목사가 '간절한 열심 목회'의 가장 아름다운 모델들 중의 한 사람으로 차머스 박사를 칭송하기를 바란다. 그 장례식에서 설교한 린즈 알렉산더(W. Linds Alexander) 박사의 설교는 그의 마음과 성품을 놀랍게 분석해 내는 내용을 담고 있는데, 그 설교는 정밀하게 읽으면 대단히 큰 은택을 선물할 것이다. - 필자 주

그 길을 예비한 세례 요한의 말을 비유적인 의미로 사용해야겠습니까?

"나는 광야에서 외치는 자의 소리로라"(요1:23).

어디에 회중의 규모가 작은데 불만이 있고 또 침체되고 교회당이 텅텅 비어가는 경우를 본 적이 있습니까? 그 엄숙한 잔치에 참여하러 오는 자가 없어서 시온의 길들이 애통하고 그 문들이 고뇌하는 곳이 어디입니까? 그 사역자들이 불의 화염처럼 타는 곳에서는 결코 그런 일이 있을 수 없습니다. 그 곳이 어디든지 낙담케 하는 환경에서든지 거룩한 화염 중 하나가 그 수고의 불꽃을 일으키기 시작하면, 그 사역자는 금방 깊은 관심을 가지고 경청하는 회중이 자기 주위에 모이게 만들 것입니다. 그 사역자가 관계하는 교단이 어떤 교단이던 간에 관계없이 그런 사역자는 냉담한 자를 분발시키거나 다른 사람들이 자기에게 가진 그 선입견을 제압하고 관심을 유발시키며 환심을 얻어낼 것입니다. 하나님의 성령님으로 말미암아 복을 받은 헌신이 이상한 능력 아래서 음울하고 쓸쓸하고 겨울의 황량함과 같은 분위기가 물러가고 대신 봄의 생기와 아름다움이 찾아들 것이며, 그 쓸쓸했던 곳이 그 사역자를 반갑게 맞을 것이고, 사막이 기뻐하고 장미꽃처럼 피어날 것입니다.

어떤 경우들에서는 러시아에서와 같이 갑작스럽고 철저한 변화가 일어나기도 했습니다. 러시아에서는 서리와 눈으로 덮혔다가 갑자기 꽃들의 향기로 만발해집니다. 죽은 자들을 매장해 놓고 기념비만 세워놓은 것처럼 보이던 교회들이 그 즐거운 소리를 청종하는 생동감 있는 회중으로 넘쳐나게 되었습니다. 그런 경우들에서는 이전에는 남은 사람이 얼마 안 되어 교회당이 너무 커 보였는데 이제는 그곳을 채운 회중들 때문에 너무 비좁은 것처럼 보였습니다.

어떤 사람이라도 가장 성공적인 목사들을 살펴보고 그들이 어느 정도까지 하나님께 쓰임을 받았는지 관찰해 본 다음 자기 자신에게 이렇게 말하는 것은 결단코 무익한 일이 아닐 것입니다.

'어떻게 그 사람이 이런 일을 이룩했을까? 하나님의 손아래서 그처럼 많은 것을 성취할 때 무엇을 방편으로 썼는가?'

지성적인, 또는 철학적인 문헌에 대해서는 그처럼 대단한 열정을 가지고 사모한 나머지, 위대한 목회 사역의 성공이 학문과 어떤 연관이 없는지에 대해서 알아보고 감탄하거나, '열심'을 탐문하고 그것과 연관은 없는지에 대해서는 거의 관심을 기울이지 않는 이들이 더러 있습니다. 이는 그 사고방식의 상태가 아주 나쁘다는 것을 보여주는 것이고, 마음에 더 악한 상태를 시사하는 것입니다. 또한 그런 사고방식을 가진 사람이 목회의 목적을 전적으로 오해하였음을 입증하는 것입니다.

가장 쓸모 있는 설교자들 중에는, 문학과 철학에 있어서는 자기들이 너무 부족함을 의식하는 이들이 있습니다. 남을 깔보는 학자들이 상상하는 것보다 자기들이 더 부족함을 의식하고 있습니다. 그래서 그러한 부족을 돈으로 살 수만 있다면 어떤 대가를 치루더라도 그것을 사겠다 할 정도의 마음을 가질 정도입니다. 그들의 제한된 교육 때문에 결코 도달하지 못할 수준에 이르지 못하는 것을 못내 아쉬워합니다. 그러면서도 자기들의 쓸모 있는 국면을 헬라나 로마의 모든 문헌이나 수학이나 그에 더하여 철학 모두를 주더라도 바꾸지 않을 것입니다. 그들이 학문의 세계에서 비중과 영향력을 주었을 모든 면에서 자신들이 부족하다는 것을 의식하면서도, 교회 안에서 자기들이 얻은 그 비중과 영향력에 대해서 하나님께 진실로 감사하고 있습니다. 그들의 강단의 수고가 다른 사람들의 경우보다 자신들에게

9 '간절한 열심'의 동기들   313

훨씬 더 놀라운 열매를 얻게 하였습니다.

또한 뜻밖에 그들은 책을 쓰는 저술(著述)의 바다에 자기들의 배를 발진시켰습니다. 그 배는 정말 순풍을 만나 순조롭게 항해하였습니다. 그래서 많은 사람들이 그들의 배가 파손되기를 바랄 정도였습니다. 설교문을 작성하는데 있어서 자신들처럼 부족한 사람이 없을 것이라고 늘 의식하고 있습니다. 그래서 때로는 펜을 들어 글을 쓰려고 하는 것이 주제넘은 일이라고 자신들을 책하기도 하였고, 다시는 글을 쓰려하지 않기로 결심하기도 했습니다. 그럼에도 불구하고 자기 자신들이 쓸모 있음을 알게 되면, 자신이 그렇게 부족하여 헛됨에도 불구하고 하나님께서 자신들을 쓰심을 생각하고 하나님께 감사하고 용기를 가집니다. 그들은 자신들의 학문적 활동분야의 수준이 어떠함을 알고, 자신들이 하나님께 쓰임을 받는 것보다 더 높은 것을 목적하지 않았습니다. 그래서 학문적으로 대단한 위치에 올라 있다고 생각하는 사람들의 거만한 냉소도 참아낼 의향이 있으며, 엄격한 비평의 채찍도 기꺼이 감당할 각오가 되어 있습니다. 그리하여 그들의 거룩한 야심의 오직 유일한 목적들만을 성취하려 합니다. 그 목적들은 불멸의 영혼을 구원하고, 그 구원받은 신자들을 그 거룩한 믿음 안에서 세워주는 일입니다. 그러한 사람들이 우리 중에 있습니다. 그들은 자기들의 성공을 완성된 교육에 돌리지 않고 있습니다. 왜냐하면 그들은 지금 사람들에게 보편적으로 주어지는 정도까지 그 보배로운 교육의 이점을 노릴 만큼 행복하지 못했기 때문입니다. 그들이 꿈도 꿀 수 없는 높은 학문의 경지를 생각한 적도 없습니다. 오직 자기들이 하나님께 쓰임받기를 원하는 강렬한 소원만 있었습니다. 자기들의 마음의 소원을 이행해 나가느라고 '간절한 열심'을 가지는 것밖에 없었습니다. 그들은 자기들의 수고의 직접적인 쓰임새에 더하여 다른 방면에서도 쓰임새를 보여줄 수 있습니다. 대단한 학문적 소양을 쌓을 길을 얻지 못한 곳에서 그저 단순한 '간절한 열심'을 가진 것이 하나님께 복을 받아 상상할 수 없을 정도의 분량으로 기독교 목회사역의 위대한 목적을 달성할 수 있음을 그들이 보여줄 수 있다는 것입니다.

인간은 세속적인 일들을 가리키며 이런 말을 들려주고 있습니다. 부자가 되겠다는 마음의 작정을 하기에 충분한 결심의 의지력을 가진 사람이 보통 성공한다는 것입니다. 그 사람은 자기의 결심을 견지할 어느 정도의 달란트를 가지고 있으며, 자신을 부인하는 효율적이고 엄격한 체계를 구상하여 실행에 옮깁니다. 그런 사람이 보통 성공한다는 것입니다. 실제 여러 사람들의 경우를 주목해보면 그 요점의 정당성을 지지해주는 것 같습니다. 그러나 다음의 경우는 더 큰 확실성을 가지고 주장될 수 있습니다. 목회 사역에 진입하여 하나님을 위해서 '강렬한 열심'을 가지고 있는 사람, 영혼을 구원하기 위한 '강렬한 열정'을 가지고 있는 사람, 깊은 경건을 잘 견지하며 자기가 받은 달란트와 많은 일들을 관리하며, 하나님의 은혜를 겸손하게 의지하면서 그리스도의 쓸모 있는 일꾼이 될 마음의 결심을 굳힌 사람, – 그런 이가 아니면 목회의 목적에 미치지 못할 이가 없다는 것입니다. 만일 그런 사람이 실패한다면 그것은 세상에서 이제까지 보지 못하던 새로운 일이 될 것입니다. 저는 그러한 경우를 한 번도 본 적이 없습니다. 또 그러한 경우를 만나게 되리라고 기대하지도 않습니다.

우리가 죄인들을 상대하여 회개하라고 촉구하면서 다 각자 '원하기만 하면 구원 받을 수 있습니다.'라고 말합니다. 그렇다고 하나님의 성령님의 도움 없이 구원 받을 수 있다는 표현으로 이 말을 하는 것은 아닙니다. 그러나 다만 그 구원을 받을 만한 믿음을 가지면 그 신적 권능을 확보할 수 있다는 뜻입니다. 곧 모든 그리스도의 일군마다에게 우리는 감히 이런 말을 할 수 있습니다. 그 사람이 쓸모없이 일하고 있다면 그것은 그 사람의 허물입니다. 그렇게 주장하는 것은 이러한 의도에서입니다. 곧 그가 설교하는 부분이 하나님의 진리이고, 설교 제도를 하나님께서 세우셨고, 하나님께서 그 목사를 자신의 일꾼으로 세우셨고, 은혜를 더하실 것이라고 약속하셨다. 그러하니 그 점은 전적으로 상당히 크게 실패하는 경우는 목사 자신에게 있는 것으로 말하는 것이죠.

그러나 '열심의 힘'을 진리의 목적을 위해서 뿐만 아니라 '오류의 범주'에서도 발견할 수 있습니다. 그 '간절한 열심'이 선한 목적으로서 뿐만 아니라 악한 목적을 위해서도 촉진제로 작용하는 적이 흔합니다. 이슬람교가 그렇게 세력을 크게 떨치고 영향권을 확장시키는데는 그 종교의 특이한 설립자의 '간절한 열심'의 특성에서 그 원인을 찾을 수 있습니다. 마호멧 (Mohammed)은 이제까지 세상이 보아왔던 '간절한 열심'의 사례들 중에서 가장 놀라운 경우 중 하나입니다. 그의 논리대로 정말 가공스러운 결과를 이룩하여 수많은 사람들이 그 종교를 따르고 있습니다.

교황제를 채택하는 로마 가톨릭 교회에 대해서도 같은 말을 할 수 있습니다. 기독교국이라 일컬음을 받을 수 있는 지역의 아주 광범위한 부분에 어둡고 차가운 그림자를 드리우고 있는 그 거대한 기만의 조직을 보십시오. 그것을 신봉하는 사람들에게 '간절한 열심'을 고취시켜 강력한 헌신을 유도하여 그 세력을 구축하고 계속 존속시키고 있습니다. 바로 이 교황제를 채택하는 로마 가톨릭 교회의 체계는 이성의 바른 지시나 계시 교리들이나 가장 사랑스러운 인간의 권리와 자유에 대항하여 부단한 싸움을 벌이고 있습니다. 로마교회의 사제주의(司祭主義)는 신비롭고 제어할 수 없는 열심을 통하여 성도들과 철학자들과 정치가들의 논리적 수사력과 경건의 공격을 차단하며, 위트 있는 유머와 풍자의 공격도 다 막아내고 있습니다. 학식과 과학과 교육과 자유가 보장되어 있는 이 시대 속에서 사제주의가 그 터전을 유지할 뿐만 아니라, 더욱 확장된 정복력을 가지게 만들 수 있는 것도 그 사제주의의 신비로운 열심입니다. 만일 사제주의가 열심을 상실한 사람의 손에 맡겨졌더라면 그 자체의 무모함의 무게로 넘어지거나 그 사제주의를 부단하게 공격하는 자들의 손에 의해 벌써 파쇄되었을 것입니다. 그럼에도 불구하고 로마교회는 지체들의 마음속에서 강력한 힘을 구사하고 있습니다. 왜냐하면 그 지체들 각자, 맨 꼭대기 교황으로부터 그 교회의 여러 모든 정치 구조와 교회의 여러 직임의 단계들을 거쳐서 가장 무의미한 지체들에 이르기까지 헌신적이고 집중적으로 불타오르는 열심의 양식을 한 체계로 삼고 있기 때문입니다.

교회사를 살펴보면 로마 교황 제도 아래 있는 어떤 설교자들의 설교들 속에서 강단의 힘을 보여주는 특이한 사례들을 만나게 됩니다. 저는 지금 프랑스의 루이 14세의 왕실을 가리키는 것이 아닙니다. 그 오만하고 방종어린 왕족의 머리격인 그 루이 14세의 왕실이 짧은 기간이긴 하지만 한 동안 경건한 분위기를 띨 때가 있었습니다. 마씰리온(Massillon)의 설교를 통해서 잠시 경건의 모습을 갖게 된 적이 있었습니다. 저는 지금 그 루이 14세의 왕실을 언급하는 것보다 훨씬 더 열등하고 보다 덜 알려진 연사들의 설교를 가리키고 싶습니다. 그 모양에 있어서는 품격이 덜했지만 효과는 결코 만만치가 않았습니다. 이탈리아 사람 코넥트(Connecte)가 설교하였을 때 수 백 명의 귀부인들이 자기들의 화려한 의상들을 불속에 내어 던졌습니다. 사순절 기간 동안에 나르니(Narni)가 로마 가톨릭 교회의 강단에서 대중들을 가르쳤을 때에, 그 도시의 절반이 그의 설교 때문에 정신이 나가 거리로 뛰쳐나가며 울부짖었습니다. '오 주여 우리에게 긍휼을 베푸소서! 그리스도시여 우리에게 긍휼을 베푸소서!' 고난 주간에는 2천 크라운에 해당되는 노끈이 팔렸는데, 그 노끈들로 자기들을 때리는 채찍을 만들었습니다. 또 그가 교황과 대중들과 감독들에게 설교하면서 성직자의 범행을 적나라하게 파헤쳤을 때, 그의 설교를 들었던 사람들 중에 삼,사십 명의 감독이 너무나 두려워한 나머지 즉시로 자기 관부로 돌아갔습니다. 그가 살라만카에서 설교하였을 때 팔백 명의 학생들이 감동을 받아 이전에 가지고 있었던 세상적인 명예와 부와 권력에 대한 전망을 버리고 여러 수도원에 들어가 참회자가 되기로 결심하였습니다. 그들 중 어떤 사람들은 기꺼이 순교자가 되었습니다. '간절한 열심'의 힘이 그 정도였습니다.

그러나 가령 그 열심이 오류를 위해서 바쳐지고, 진정한 마음이 아닌 상상을 위하여 그 열심을 드리거나 단순한 의식적(儀式的) 파행을 고치는 데만 관심을 둔다 합시다. 반면에 하나님을 향한 진정한 회개나 우리 주 예수 그리스도께 대한 믿음을 드려지지 않는다면, 그 열정의 폭풍이 금방 가라앉게 된다는 것을 보고 놀랄 필요는 없습니다. 나르미 자신도 자신의 직무에 대해서 너무나 역겹게 느껴져 설교하는 일을 그만 두고 골방에 처박혀서 돌이킬 수 없는 당대의 사람들을 생각하고 애곡하였습니다. 감독들은 다시 명예의 궁전을 사모하게 되었고, 채찍을 만들던 사람들도 다시 게을러졌습니다. 이 두드러진 사실은 강단의 힘을 보여주는 교훈을 가득 담고 있을 뿐만 아니라, 아울러 마음을 새롭게 하는데 목표를 두지 않는 그 종교의 본질적 허약성을 가르치는 교훈도 주고 있습니다. 또한 단순히 수사술(修辭術)의 방식으로 산출된 효과, 곧 진리를 영혼의 시각에 밝혀내어 분별력을 조명하고 정서를 뜨겁게 하여 양심을 각성시키는 효과는 잠시 지속하다가는 끝내 사그라지고 맙니다. 그런 사실에 대한 교훈을 그 결정적 사실들을 통해서 배우게 됩니다.

그러나 나쁜 목적을 위하여서도 '강렬한 열심'이 힘을 갖고 성공을 거둔다는 것을 보게 되는 일은 이 장대한 규모에서만 한정되지 않습니다. 그 이유는 이렇습니다. 계시의 진리의 영역에서 뿐만 아니라 상식의 범주나 사회 규범의 영역에서 나온 관심의 체계나 어떤 종교적 실천 교훈을 보세요. 강렬한 열심을 가진 사람들이 그것을 선전하고 반포한다면, 잠시나마 그것을 믿는 제자들이 생겨나고 그것을 크게 선전하는 사도들도 생겨나기 마련입니다. 예를 들어 어떤 사람이 거품을 부풀려 뿜어내는 일에 아주 열심이라고 상정해 봅시다. 그러면 그것을 보면서 감탄하고 또 자기도 그렇게 하고 싶은 마음을 가질 사람들이 생겨날 것입니다.

'간절한 열심'은 전염성이 있다고 말씀드린 바 있습니다. 이러한 마음의 행동과 상태를 유지하는 한 사람이 있다면 그 사람의 본을 보고 따를 사람들이 분명이 생겨나게 됩니다. 이러한 논리가 악한 범주에서도 해당이 된다면 선한 범주에서 그러한 효과가 나타날 것을 얼마나 더 기대해야 마땅하겠습니까! 우리가 성공에 이르지 못하는 원인이 어디에 있는지 추적해보면 그 성공을 얻기 위한 올바른 방편을 사용하는 일에 게을렀음이 드러날 것입니다. 지성과 분별력과 간절한 노력들을 하게 해주십사고 하나님께 간구하지 못해서라기보다는 그 방편 사용을 게을리했음이 드러난다는 말입니다.

분명히, 정말 분명하게 반복하며 말씀드립니다. 복음적인 강단에는 분명히 그 속에 내재하는 힘이 있기 마련입니다. 도덕과 종교적 인상과 방편들의 입장에서 볼 때 그러합니다. 그런데 휫필드나 다른 소수의 몇 사람들 말고는 그것을 연구하고 계발하고 적용한 사람들이 없다는 것입니다. 분명 우리가 보다 더 집중적인 경건이나 더 강한 믿음, 인간 마음을 아는 더 나은 지식, 인상 깊은 웅변술을 갖고자 하는 더 강렬한 열심, 죄인들의 회심을 보고자 하는 격렬한 갈망을 더 가지면, 우리는 하나님의 은혜로 말미암아 대다수 사람들의 마음을 움직일 수 있었을 것입니다. 응당 그래야 했겠죠. 이미 주어진 그 권능을 소홀히 한 국면이 반드시 있기 마련이라는 점입니다.

## VII
## 교단들의 특성

우리 교단의 상태가 즉각적으로 바로 그 주제에 집중적인 헌신을 요청하고 있습니다.[19]

교단을 언급할 때 우리가 감사하고 서로 축하해야 할 많은 이유를 그 보편적인 조건 속에서 발견합니다. 우리 교단에 속한 많은 교회들의 수와, 이 교단에 속한 목회자들의 수가 대단히 많다는 사실을 인하여 감사합니다. 또 우리 교단에서 관계하고 있는 대학들과 학교들이 많으며, 또 선교사들과 다른 여러 조직들이 많습니다. 또 정기 간행물들이나 종교적인 서적들을 많이 출간하고 있습니다. 또 강단의 정신을 볼 때 어느 것에도 구애 받지 않고 자유롭습니다. 이런 것들이 제가 볼 때 번영의 표지이며, 선한 조짐입니다. 만일 우리가 우리 자신에게 거짓을 행치 않고 진실하고 우리 자신의 대의에 헌신한다면 우리는 두려워 할 것이 없습니다. 사실 우리 대적자들이 우리에게 해를 끼치는 것 보다는 우리 자신이 스스로를 해롭게 할

---

19) 필자가 속한 교단은 영국 국교회인 성공회가 아니라 회중주의 독립파 교회였음 - 역자 주

까 두려울 뿐입니다. 우리가 믿는 교리 체계는 신약 성경을 통해서 나온 것이고, 우리 교회의 정치 체계의 모든 보편적인 원리들도 전부 신약에서 나온 것입니다. 만일 우리가 교리 체계를 신약 성경이 말하는 대로 충만히 유지하고, 교회 정치를 신중하고 순결하고 사랑을 가지고 수행해 나가기만 한다면, 우리의 터전을 견고히 하며 진보할 수 있습니다.

하나님의 복 주심 아래서 모든 것이 우리 목회 사역에 달려 있습니다. 모든 교단마다 정말 그 점이 중요한데, 특별히 우리 교단은 더욱 그러합니다. 영국 국교회의 부와 권력과 세력의 지원을 전혀 받고 있지 못하고 있을 뿐만 아니라 그 국교에서 분리된 여러 단체들에서 발견되는 섬세하게 조직된 단체의 도움도 받지 못한 채 진행하고 있습니다. 말하자면 우리의 사역자들은 잘 훈련된 군대 조직 안에서 싸우는 것 같지 않습니다. 오직 맨 손으로 싸우는 것과 같습니다. 그러니 우리 모든 사역자들은 정의의 병사들과 같고, 각자 용기와 숙련된 기술을 익히고 있어야 합니다. 우리는 영적 전투에 그와 같은 사람들만 내보내도록 항상 세심한 주의를 기울입시다. 그러면 우리는 지금 우리가 누리는 것보다 더 풍성한 번영을 기대할 수 있습니다.

아직도 복음에 접촉하지 못하여 그리스도를 믿지 않는 인구가 태반이라서 모든 교단들이 열심을 내기에 충분한 여유가 있습니다. 서로의 수고를 시기와 질투로 바라볼 필요가 전혀 없습니다. 우리 모두가 연합하여 그들을 구원할 수 있는 것보다 더 힘찬 세력으로 사탄은 영혼들을 몰아가고 있습니다. 편협한 마음으로 언짢은 상태에서 열심을 내거나 순전한 사랑으로 하나님과 영혼을 향하여 마음을 쓰지 못한다는 것은 마음속에 깊은 악의가 숨어 있다는 증거입니다. 복음적인 그리스도인들을 관할하고 있는 다른 교단들의 성공을 불편한 마음으로 쳐다보거나 그들의 실패를 즐거워하는 것은 우리 마음속에 순전한 하나님과 영혼에 대한 사랑이 없다는 증거입니다. 우리 자신의 쓸모가 별로 없다는 것을 알고 탐욕을 가지거나 슬퍼하거나, 어떤 사람들의 말의 문맥에서 이해하려 하지 아니하고 그들의 어떤 진술 하나를 떼어내서 크게 확대한다든지, 그러한 진술들을 가지고 세상을 얻으려고 안달한다든지, 정말 슬프게도 자기들이 속해 있던 교단들을 헐뜯는다면 그것이야말로 전쟁의 전략으로서는 딱 들어맞고 어떤 한 파당의 목적을 위해서는 도움을 줄 수 있겠지요. 그런다 할지라도 하나님의 사랑의 정신과는 매우 어긋나는 것이며, 우리가 함께 고백하는 기독교의 과업을 촉진시킬 수 없습니다. 영국 국교회와 연관된 많은 예배 처소에서 복음이 전파되고 있으나 희미하게 전파되고 있습니다. 그런 많은 예배 처소들을 보면 회중이 적고 하나님께 회개하는 영혼들이 거의 극소수에 불과합니다. 이 점에 대해서 우리가 아주 기뻐해야 합니까? 정반대입니다. 그것은 슬픈 현실입니다. 그러한 마음은 편협함이라는 쓸개즙에 감염되어 우리 교회들 중 많은 것들이 무능한 사람들의 김빠진 목회사역 아래서 점점 시들어가고 있음을 고백하는 것을 듣고 기뻐합니까? 그처럼 말라져가는 모양새는 많은 곳에서 진행되고 있습니다. 사실을 숨길 수 없습니다. 그 일은 불행하게도 널리 알려져 있습니다.

우리는 목사 후보생을 받아들이는데 있어서 조심성이 없었습니다. 그렇다고 악한 사람들을 받아들였다는 것은 아닙니다. 우리 강단에 그런 사람들이 길을 내어 들어온 적은 없었기 때문입니다. 이단적인 사람들도 받지는 않았습니다. 그런 사람들을 받지 않기 위해서 늘 조심하고 있기 때문입니다. 다만 목회하기에 부적절한 이들을 받아들인 잘못이 있다는 말입니다. 그렇다고 해서 지성적인 능력이 부족하다는 것이 아닙니다. 오히려 공적인 석상에서 말하고 목회라는 활동적인 의무를 감당하기에 필요한 은사가 부족한 사람들을 받아들였다는 것입니다.

이러한 판국에 영국 국교회는 점점 세력을 강화시키고 있고 활동을 더 점증시키고 있습니다. 우리 회중 교회들은 몇몇 곳에서 그 수가 증가하고 확대되기는 하지만 어떤 곳들에서는 점점 감소 추세를 보이고 있습니다. 우리는 자유롭게 활동할 수 있으며, 어떤 교구적인 한계나 국가에서 정한 교회법의 테두리의 제한을 받지 않습니다. 우리 앞에는 모든 세계가 우리의 교구(教區)인 셈입니다. 그저 하나님의 섭리의 인도함을 받으면 되는 것입니다. 중산층이나 하류층에 해당하는 사람들은 우리에 대해서 좋은 감정들을 가지고 있습니다. 이런 상황에서 힘 있고 '간절한 열심'을 가진 설교자들의 수를 적당하게 늘릴 수만 있다면 성공할 가망이 매우 높습니다. 그러나 우리가 바른 종류의 사람들을 찾아내어 교육하는데 충분한 주의를 기울이지 못했습니다. 그래서 어떤 곳에서는 터를 잃어버리고 있음에 틀림이 없습니다. 이전에 회중 교회들의 수가 많고 번성했던 상당수의 소읍들에서 세력의 약화를 가져와서 이제는 골격만 남은 앙상한 모습을 보이고 좋은 사람들이긴 하나 능력이 미약하여 둔하고 영향력이 미미한 상태로 떨어져 버렸습니다.

한 교회를 담임하기에 부적절한 목사를 현직 목회에서 물러나게 하는 것이 사실상 우리는 목사 선임을 위해서 영국 국교회가 가지지 못한 이점을 가지고 있습니다. 우리 교회들에서는 목회자 자신이 원하면 다 할 수 있는 일이 아닙니다. 그럼에도 불구하고 도덕성이나 이단성 있는 교훈을 가르치지 않는 한 교회를 담임하는 한 목사를 무능력하다는 것만으로 그 목회직에서 물러나게 하는 어려움은 결코 작지 않음을 솔직히 고백해야 합니다.

한 목사가 그 교회의 회중 대부분을 자신의 설교로 몰아낸 판국인데도 계속 그 교회에 머물기를 원한다면 그것이야말로 그 동기의 순결성을 의심하게 만드는 것이겠지요. 또 그의 성품의 정직성에 대해 재고해야 할 동기를 제공하는 셈입니다. 첫째로 목사가 무능하고 그 다음에 그 양떼들의 소원이나 친구들의 충고들을 듣지 않고 그 목소리를 계속 유지하려고 고집하다보니 회중이 줄어들고 교회가 흩어지는 양상이 벌어졌다면 그것이야말로 하나님 앞에서 계산해야 할 심각한 문제입니다. 그런 처지에 있는 어떤 사람들이 하나님의 섭리를 기다리자는 말을 하고 있습니다. 누구나 그들이 하나님의 뜻을 확인하기 위해서 받아드리는 원칙이 무엇인지 파헤쳐보기 위해서 손해를 감수해야 합니다. 그것을 주장하는 사람들 외에 다른 모든 사람들이 볼 때에 교회에 모이는 수가 줄어들고 거기에 참석하는 사람들이 불만을 가지고 있다면, 그런 목회자들을 그 교회에서 떠나게 하도록 인도하시는 하나님의 섭리의 충분한 조짐으로 보입니다. 그러한 경우는 하늘로부터 그 목사에게 '여기서 떠나라'는 음성이 들려올 필요가 없는 경우로 누구나 상정해야 합니다. 또는 어떤 손가락이 나타나서 벽에 불꽃과 같은 모양으로 '이가봇'(Ichabod, 하나님의 영광이 떠났다)이라고 쓸 필요를 상정하지 말아야 합니다. 성급한 결정을 내린 결과들로 사람들이 고통당해야 한다는 말도 가끔 들려옵니다. 그러나 그런 경우에는 마땅히 그 고통을 감수해야 합니다. 그러나 그들만이 고통을 당하지 않습니다. 교단도 그 세력이나 효력이나 그 품격과 관련하여 그들과 함께 고통을 당하기 때문입니다.

우리 교단 뿐 아니라 영국 국교회에나 감리교들 속에서도 회심의 일이 아주 천천히 진행됩니다. 믿음을 고백하는 대다수의 사람들의 영성이 너무 낮아져 있습니다. 영국 국교회에 속해 있으면서도 복음적인 성직자들과 웨슬리파 목사들, 그리고 우리 자신들도 이 점을 솔직히 인정하고 슬퍼합니다. 성령의 감화가 어떤 방면에서, 어떤 이유 때문에 방해를 받고 있는 것 같습니다. 이러한 성령의 감동이 없으면 다른 어떤 교단보다도 우리 교단이 그에 대한 눈에 보이는 결과를 더 쉽게 느끼고 나타내게 되어 있습니다. 그러한 것을 숙고할 때 우리는 보다 더 진지한 분별력을 가지고 대처해야 하며, 집중과 헌신의 목회사역과 부흥을 위해서 간절하게 기도할 필요성을 마땅히 더 인식해야 합니다.

chapter 10

# '간절한 열심 목회'를 위한 방편들

제가 이 책에서 다루고 있는 주제의 매우 중요한 대목에 이르게 된 셈입니다. 하나님으로부터 오는 복락을 아무리 소원한다 할지라도, 그 복락을 취하도록 허락하신 방편이 진혀 없다면 그 복락을 논하거나 숙고하는 것이 전혀 무의미합니다.

아니 열매 없는 소원을 자극하는 것으로만 끝내 버리기 때문에 더 좋지 않을 수 있습니다. 또한 우리의 정서가 가진 방편을 활용하는데 나태한 마음을 갖게 한다면 그것이야말로 모든 사람들에게 가장 해로울 수 있습니다. 그러나 우리는 그러한 의기소침한 관점을 마음에 품지 말아야 합니다. 하나님을 기쁘시게 했던 사람들이 있었고, 지금도 있습니다. 또한 기독교회의 여러 분파들 속에서도 적지 않은 수의 사람들이 지성과 열심을 가지고 수고하여 도시에서나 지방에서 성공적 열매를 거두고 있습니다. 그런 자들이 있는 세대는 부끄러워할 필요가 없으며, 어떠한 세대라도 그러한 사람들이 존재함을 인하여 기뻐하였습니다. 그럼에도 불구하고 그것과 정반대의 특성을 보이는 사람들이 너무나 많습니다. 그런 자들이 너무 많아 '그러한 목회를 확보하려면 어떻게 해야 하나?' 라고 질문을 던지는 것이 건방져 보이고 때에 맞지 않게 보일 정도입니다.

# I
## 참된 목회의 보호자

교회가 '참된 목회'를 보호하는 '보호자' 라는 것과, 아울러 교회는 이루 말할 수 없는 그 중요한 의무를 잘 감당하는지 자신을 늘 살펴야 한다는 것, – 이 요점이 정말 절대적인 우선에 있음을 모두 명심해야 합니다. 그 진리를 모든 사람들의 마음에 깊이 각인시키는 것이야말로 무엇보다 절박한 일입니다. 교회는 현재 자기 교회가 바로 서있도록 총력을 기울여야 합니다. 그뿐 아니라 오는 세대들이 우리의 거룩한 종교를 오염되지 않고 손상되지 않은 채 순결하게 전수(傳受) 받도록 가능한 모든 세심한 주의와 관심과 운용력(運用力)을 총동원해야 합니다. 그래서 오는 세대의 사람들에게 본질적이고 영원한 혜택을 부여하는 우리의 참 종교인 기독교의 능력을 그대로 이어 받게 해야 합니다. 그러나 그러한 역할을 감당하기 위해서 교회가 순전히 영적인 몸임을 유념해야 합니다. 그것은 정말 명백합니다.

그러면 복음적이고 효력 있는 목회를 끌어내고 확보하고 영구화시키기에 가장 직접적인 성향을 가지고 가장 활발하게 힘을 가진 교회정치(敎會政治) 체제가 어떠한 것일까? 바로 이 질문이야 말로 결코 하찮게 여기지 말아야 할 중차대한 질문입니다. 그 문제는 교회정치에 관한 논란을 불러 일으킬만한 것입니다. 이 목표를 위해서 효력 있는 공급선이 되지 못하는 교회정치 체계는 분명 하나님께로부터 기원(起源)한 것일 수 없습니다. 이런 목표에 가장 분명하고 직접적인 연관성을 가진 체계는 하나님의 말씀과 가장 잘 부합하다고 할 수 있습니다. 그러한 체계를 보수하는 원리에 서지 않는 교회가 신약성경이 말하는 교회일 수는 없습니다. 또 그 원리를 대항하는 여러 능동적 영향력을 행사하는 교회는 그만큼 신약성경의 교회와 거리가 먼 것입니다. 영적인 교회가 아니고는 영적인 목회를 공급할 수 없습니다. 어떤 세속적인 교회가 어떤 영적인 목회를 보유하고 있다면 그것은 그 교회 시스템의 결과라기보다는 그것과 연관 없는 어떤 다른 것의 결과입니다. 영적인 교회들에서 마저 훈련이 느슨해지고 세상적인 마음을 가진 사람들이 활동하도록 허용하면, 그 견지해야 할 정통 원리나 그 교회 지체들의 생명력 있는 경건이 손상되기 마련입니다. 만일 동시에 훈련을 소홀하게 여긴다면, 그 생명 있는 경건이 아주 소실되기도 하고, 이단적인 사람들이 들어와 예수님 안에 있는 진리를 전파하는 설교자들의 자리를 차지하게 될 것입니다.

그러므로 우리 모든 교회들이 복음적인 목회를 보수하고 지키는 그 높고 거룩한 역할을 위해 부단히 깨어 있을 필요가 있습니다. 그리고 그 생명 있는 경건을 유지시키고, 건전한 훈련을 계속 견지해야 하는 것이 좋습니다. 이런 경우에만 그 원리를 건강하게 보존하는 힘을 얻게 됩니다. 교리와 실천면에서 그리스도의 진리를 견지하고 전파하도록 마땅한 사람들을 불러내고 지원할 때만이 사람들을 안전하게 깨우고 경계시킬 수 있습니다. 교회는 그것을 자기들의 높은 영광스러운 사명으로 여겨야 합니다. 항상 그 점을 교회들은 유념하고 있어야 합니다.

그러나 이 점을 망각하고, 신앙이 있다고 하나 세상적인 사고방식을 가진 사람들을 받아들임으로 그러한 교제를 더럽히게 내버려 두면 어떤 일이 일어날까요? 그러면 "담이 무너지고 울타리가 훼파되어 이리들이 들어와 양떼를 해치게" 될 것입니다. 교회의 이러한 신령한 조건을 견지하십시오. 그러면 교회를 세우신 하나님의 의도대로 교회가 존재하여 꺼지지 않는 횃불이 될 것이고, 그것이 이 세대를 비춰주고 오는 세대들이 안전하게 하늘의 복락에 이르게 하는 오직 유일한 길을 찾아 갈 것입니다.

## II
## 학식의 가치와 한계

그 주제를 철저하게 숙고합시다. 바로 우리에게 부족한 것이 그러한 목회입니다. 또 그러한 목회를 다시 소유해야 함을 보편적으로 인정하십시오. 현 시대는 지식에 대하여 많이 말하고 지식에 높은 가치를 부여하고 있습니다. 그래서 다른 모든 자질들을 평가절하(平價切下)하고 오직 지식을 얻는 일에만 골몰하는 속임수에 빠질 위험이 있습니다. 런던 대학교(London University)가 설립되고, 그 대학과 함께 협력하는 여러 전문대학(College)들이 생겨나 우리 학생들이 학위(學位)를 받고, 그 영예를 얻는 길로 쉽게 진출할 수 있게 되었습니다. 또 우리의 여러 학술 단체들이 새로운 조건을 맞았습니다. 그런 가운데 어떤 위험이 존재하는 것입니다. 우리 젊은 사람들이 학사나 석사라는 표지를 달고 자기들의 이름을 더 높이겠다는 희망을 가지느라 어느 정도라도 훨씬 더 중요한 일들에서 그 생각을 돌릴 수 있습니다. 그러지 않게 늘 경계시켜야 합니다. 그런 일에 어리석게 부산하여 중요한 문제들에 관심을 두지 못하게 하는 분위기가 조성되고 있습니다.

그렇다고 우리 학생들이 그런 학위들의 구분에 대하여 전혀 관심을 두지 못하게 막아두면 목회자로서 헌신하는 일에만 몰두하게 하니 '헌신의 요새를 만드는 셈이니 좋을 것이라'고 생각할 수 있습니다. 그러나 그렇게 여기는 것은 야만적이고 헛된 방책일 뿐입니다. 학생들이 목표하는 학위의 야심에 이르기 위해 소용되는 공부들은 그들의 전문교육의 일부입니다. 그 목표하는 학위를 성공적으로 취득하면 허영이 야기되기 십상입니다. 그러나 그 허영은 그 학위 취득이 일반화됨으로 금방 소멸될 것입니다. 모든 목사들이 그 학위들을 소지할 정도로 학위취득이 보편화될 때 그 학위가 그것을 소지한 사람들의 덫이 되지 않을 것입니다. 그 밖에, 사람들이 소원하는 다른 모든 목적의 경우에도 일단 그 목적을 손에 쥐면 그 전에 눈을 부시게 만들 정도의 매력이 있을 것이라고 기대하던 생각이 달라집니다. 자기가 기대감에 차서 목표하였고 이제는 손에 잡게 된 것에 대한 매력의 상당 부분이 사라집니다. 헨리 마틴(Henry Martin)은 캠브릿지 대학의 평의원회 출신입니다. 그는 그 대학의 학위 시험 일급 수석 합격자의 영예를 차지한 사람입니다. 그래서 그 대학이 부여하는 가장 높은 영예를 얻은 것이지요. 그런데 그가 그 평의원회 회원직을 그만 두고 나서 인간의 소원이 얼마나 헛된지에 대해서 절실히 느끼게 되었습니다. 그리고 자기가 얻었던 거품, 자기가 부여잡았던 그림자의 상대적 무가치성에 놀라게 되었다고 술회하였습니다.

 우리가 목회 사역의 헌신의 수준을 높이고자 희망한다고 해서 그러한 학위들에 전혀 관심을 두지 말아야 하는 것도 아닙니다. 오히려 교양학부에 있는 우리 젊은이들의 사고(mind)와, 우리 회중들의 사고와, 일반적으로 우리 목사들의 사고 속에 다음과 같은 확신을 길러 주어야 합니다. 곧 "간절한 열심"은 다른 모든 것들의 도움을 받아야 하며 받을 수 있다. 그러면서도 '간절한 열심'이 없으면 교육이 분담할 수 있는 다른 모든 것들은 다 아무 것도 아니게 된다."

아마 우리의 회중들은 이 주제에 관하여 약간의 가르침을 필요로 할 것입니다. 우리 회중들의 상태가 이 문제에 관하여 마땅한 바대로 순전하고 바르거나 고양되어 있지 않습니다. 제가 볼 때 그것이 두렵습니다. 사실 생동감 있고 쾌활한 방식의 설교가 요구됩니다. 마땅히 그래야 합니다. 거기에 지성적 요구를 갖춘다면 그 설교가 복음적인 것이 되기 위해서도 결정적인 이점을 가지게 됩니다. 그러나 어떤 경우들에서 풍성한 재능만 있다면 소량의 복음적 진리만으로도 이를 해낼 수 있다고 생각하는 식으로 나갈 위험성이 있습니다. '열심'은 요청됩니다. 그러나 어떤 사람들의 경우 마음의 열심보다는 놀이에 열심입니다. 자기가 하나님께 마땅히 자기 일을 직고해야 하는 자임을 알고 목회자답게 영혼들을 돌보아야 한다는 거룩한 느낌에서 나온 열심이어야 하는데 아닙니다. 그저 학자와 철학자와 시인처럼 웅변적인 방식으로 자기 마음을 표현하는 것일 수도 있습니다.

아무리 학식이 많고 심오한 사상가라 할지라도 생명력이 없고 둔하면, 효과 있게 이 일을 해내지 못할 것입니다. 반면에 강단에 선 사람이 외쳐 선포하기는 하지만 거기에 '마음'이 가 있지 않으면 약간의 사람들을 위해서는 무엇인가를 해 줄 것입니다. 지성을 만족시키거나 상상력을 빼앗는 것은 할 수 있으나, 거기서 한 발짝 더 나갈 성향을 거의 갖지 못하겠지만 말입니다.

오늘 이 시대에는 재능을 우상화하는 풍조가 사회에 만연되어 있습니다. 그리고 사람을 숭배하는 사상이 교회에 은근히 파고들었습니다. 그래서 교회의 지체들이 부패하였습니다. 많은 분야에서 그와 같은 일이 얼마나 멀리까지 나갔는지 알게 되면 괴롭습니다. 또 거기에 빠진 사람들이 얼마나 충성을 다하며 거기에 분향하는지를 보는 일은 정말 괴롭습니다. 그처럼 드높여지는 것이 참된 성결이나 신앙이 아닙니다. 오히려 천재적 재능과 지식이 그렇게 드높여지고 있습니다. 하늘까지 높여 추겨 세우는 것이 도덕적 아름다움이 아닙니다. 지성적 힘을 그렇게 높이고 있습니다. 빗대어 말하자면 총명의 신(神)들에게 드려지는 것에 비하면 선함의 가장 고상한 모델들에게는 그 성소(聖所)에서 불충분한 제물만 드리고 있는 셈입니다. 복음이 사랑을 받는다는 많은 경우를 자세히 살펴보면, 복음이 설교되기 때문이 아니라 복음을 위해서 재능이 동원되기 때문입니다. 그 점이 매우 명백합니다. 심지어 시골의 초신자(初信者) 마저도 지성적인 설교자들에 관하여 말하기 시작합니다. 그 사실은 경고를 발하고 있습니다. 이와 같은 시대에는 아무리 거룩하더라도 재능이 약하면 시골 지역에서마저 이 일을 해내지 못한다는 사실을 보여줍니다.

이보다 더 사람의 도덕적 배도를 보여주는 확실한 표증이 있을 수 없습니다. 경건보다 재능을 더 높이려는 성향이야말로 인간이 자기를 지으신 창조주의 완전한 손에서 그의 도덕적 형상으로 지음 받았을 때의 무죄한 상태에서 벗어났음을 가장 확실히 보여줍니다.

그런 식으로 하는 것이 이 일의 바른 질서를 뒤집어엎는 격입니다. 왜냐하면 사람의 지성이 사람의 본질의 가장 높은 부분은 아님을 인정해야 하기 때문입니다. 짐승과 비유할 때 인간이 가장 큰 차이를 보이는 것은 덕과 종교의 능력 때문입니다. 바로 그 능력이 사람을 타락한 영들과 전혀 다르게 만들고, 바로 그 능력이야말로 하나님의 천사들과 가장 방불하게 만듭니다. 그 능력이 어느 정도라도 거룩하시고 영원하신 하나님을 닮게 만드는 것입니다. 성경이 하나님의 총명을 무한하게 나타내고 있지만 단순히 하나님의 베푸시는 신적 재능만을 담고 있지는 않습니다. 모든 것을 아시는 전지성이 하나님의 영광스러운 완전하심들 중 하나에 속하기는 하지만 그것만이 하나님의 속성은 아닙니다. 오직 하나님은 사랑이십니다. 스랍들이 하나님께 올릴 찬송의 제목을 선택하려 할 때, 그들의 가장 고상한 찬미를 올려드릴 하나님의 성품을 살펴볼 때, '하나님은 거룩하시고 거룩하시고 거룩하신 전능하신 주 하나님'을 생각하는 것입니다. 무한하신 선하심을 보유하신 그 형상에 대하여 경배하라고 성경의 기자들이 촉구하고 있습니다. 하나님께서 단순하게 무한한 광대성을 지니고 있으니 경배하라고 하지 않습니다. 하나님에 대해서 아무리 고상하게 묘사한다 할지라도 하나님의 선하심에 기초하지 않으면, 그것은 사람들이 만들어 낸 고안품에 불과합니다. 그것은 하나님의 성품이 드러내신 것을 참되게 그려내지 못하고 있습니다. 그러므로 도덕적 탁월성보다 재능을 더 크게 높여 말하는 오늘날의 분위기는 우상숭배의 또 다른 형태이며, 나무토막으로 만들어 숭배하는 것보다 더 간교하게 꾸며낸 우상숭배입니다. 그러므로 결단코 그런 악을 나무나 돌을 숭배하는 것보다는 덜 죄가 된다고 할 수 없습니다.

말씀 사역에서 재능을 어느 정도 존중하는 것은 인정해야 합니다. 그 재능을 목표로 말하는 성향이 인간 본성과 불가분해적이며, 하나님께서 사람들에게 다양한 이해력을 부여하신 의도의 일부이기도 합니다. 세련된 지성은 우아한 모양의 작품이나 아름다움만큼 찬탄할 만한 것입니다. 정신적인 것이 물질적인 것의 우월한 정도보다 더 높이 찬탄할 만합니다. 그러나 그리스도인의 공동체가 달란트와 같은 은사에 너무 매혹된 나머지 메시지 자체 보다 채용한 은사를 더 높인다 합시다. 그리고 설교자의 교리가 아무리 건전하고 그 설교문들이 아무리 명료하고 그의 태도가 인상적이고, 그의 연설이 아무리 간절하다 할지라도, 그 강론이 재능의 빛으로 번쩍이거나 꽃과 같은 아름다운 수사(修辭)의 화려함으로 빛나지 않는 한 참고 인내하며 듣는 자가 없다고 합시다. 인간적 웅변이라는 꿀을 발라 달게 하지 않으면 진리 자체 만으로는 맛이 나지 않거나, 심지어 달콤하게 가미하면 오류(誤謬)라도 그 감미로운 맛 때문에 삼킨다 합시다. 더 나아가 설교에 싫증을 내는 이유가 그 설교 할 때 번쩍거림으로 누군가의 상상을 자극하지 못하기 때문이라는 식이 된다 합시다. 아니면 설교하는 내용이 부드럽고 조화롭게 그 귀를 즐겁게 해주지 못해서 듣지 않는다 합시다. 또 이것이 공적 모임의 취향이고, 많은 정도로 지금 그러한 상태에 빠져 있음을 두려워 할 정도라고 상정해 봅시다. 그렇다면 지금이야 말로 분명 우리 회중들의 관심을 더 높고 선한 것에 기울이도록 촉구할 때입니다.

시대의 그 두드러진 특성을 관심 있게 보는 사람은 어느 누구라도 다음과 같은 사실을 부인할 수 없을 것입니다. 의도하지는 않았지만 설교자들과 그 설교들에 대한 공중의 취향이 어느 정도 부패의 방향으로 많이 기울어지는 추세에 있다는 사실입니다. 강단에 선 목회자들이 웅변가의 연단이나 말 잘하는 설교투를 부러워할 만한 이유가 없지 않아 있습니다. 부단하게 말로 무엇을 해내려고 하는 오늘 현대의 실상이 설교 투의 경직성과 형식을 부수어버리는 무슨 일을 하였다 합시다. 또 설교자 편에서 보다 쉽고 유창하고 힘 있게 연설하는 방식을 들여오고, 회중 편에서 보다 구미에 당기게 보다 쾌활한 가르치는 방식을 들여온 어떤 일을 해 냈다고 합시다. 그렇다면 실질적인 혜택을 부여한 셈이 되었겠죠. 그러나 실제로는 그 정반대로 설교자로 하여금 너무 웅변적인 수사술(修辭術)을 쓰게 만들고, 사람들로 하여금 너무 까다로운 입맛을 갖게 하는 악을 저지르고 맙니다. 그리하여 엄숙성과 영성 모두에 있어서 선한 것을 파괴하는 그릇된 효과를 가져옵니다.

어느 정도의 '간절한 열심'이 앞으로도 여전히 견지될 것은 틀림없습니다. 하지만 그 열심이 사람을 회심하게 하는 간절한 소원보다는 사람들을 기쁘게 하려는 열망에서 나온 열심일 수 있습니다. 그리하여 사람들의 영혼을 구원하기 보다는 사람들의 상상력을 만족시키는 것을 목표로 하는 열심이 되어서는 안 됩니다.

어떤 것을 묘사하거나 장려하는 것을 목표로 삼는 식의 목회 사역을 희망한다면 정말 헛된 일입니다. 그런 식으로 하면 우리 회중들은 그것이 엄청나게 중요한 것인 줄로 착각하는 데로 인도되고, 회중은 그것이 자기들에게 주어지기를 간구하는 데까지 나가게 됩니다. 이런 경우에는 다른 모든 경우에서와 같이 공급이 수요를 창출하는 것만이 아니라 수요가 공급을 불러들일 것입니다.

예를 들어서 이러한 경우를 상정해 보세요. 교회들이 경건에 대해 다음과 같은 취향을 가지게 되었다고 합시다. 구원의 깊은 갈망을 가지고 영성을 강력하게 추구하게 되었습니다. 그리하여 교회의 회중들이 그 엄청나게 중요한 문제에 대하여 자기들을 도울 목회자를 모시기를 간절하게 소원하게 되었습니다. 그러면 사람들은 우리 목회자 대학의 교수들이나 위원회에 이렇게 말하게 될 것입니다.

"우리에게 학식 뿐 아니라 '간절한 열심'을 가진 사람들을 보내주세요."

그러면 우리 훌륭한 신앙고백자들의 마음의 생각이 기독교가 목표하는 가장 본질적인 성격에 보다 더 전념하게 될 것입니다. 갈수록 그런 요구에 부응하려고 더 갈망하며 애를 쓰게 될 것입니다. 그리고 우리의 곤궁한 회중들로 하여금 다음의 요점을 알게 해보세요.

'기독교 목회란 단순히 예술의 대가가 하는 일도 아니고 단순한 웅변적인 연사가 감당하는 일도 아니고 그들이 원하는 대로 선한 신학자가 감당할 일도 아니라, 오히려 그 영혼들을 주시하며 하나님의 양떼들을 먹이는 것이다.'

그런 경우에 우리의 젊은 목회자들의 관심은 자기들의 목회 사역의 목적에 더 전념하게 될 것이고, 그 목회 사역의 여러 기능들을 바르게 감당하기 위해서 필요한 요건들이 무엇인가에 더 진지하게 생각하게 될 것입니다.

그러니 교회는 이런 주제에 대한 바른 교훈을 가지고 그 기준을 바르게 적용해 보십시오. 또한 교회를 양육하여 확신을 가지게 하십시오. 곧 영혼 구원을 위해서만 관심을 기울이는 사람만 쓸모가 있다는 확신 말입니다. 그러면 그런 확신한 사람들은 자기의 확신이 지시하는 바를 따라 나아갈 것입니다.

## Ⅲ
### '간절한 열심'을 가진 추수할 일꾼을 보내주소서

간절한 열심을 가진 목회자를 모시기 위해서 하나님께 많은 기도를 드려야 마땅합니다.

목회자들이 부름을 받고 자격을 갖추고 그 행하는 일에 복을 받는 것은 주 성령님으로 말미암는다는 사실을 결코 잊지 말아야합니다. 유대인들에게 주셨던 하나님의 약속을 들어보십시오.

"내가 또 내 마음에 합하는 목자를 너희에게 주리니 그들이 지식과 명철로 너희를 양육하리라"(렘 3:15).

사도가 말한 것도 역시 같습니다.

"그가 혹은 사도로, 혹은 선지자로, 혹은 복음 전하는 자로, 혹은 목사와 교사로 주셨으니 이는 성도를 온전케 하며 봉사의 일을 하게하며 그리스도의 몸을 세우려 하심이라"(엡 4:11,12).

그리스도께서 제자들에게 특별하게 명하신 것이 바로 그 일이었습니다. 그러나 각 시대마다 그리스도의 백성들에게 해당 되는 교훈의 말씀으로 주 하나님께 추수할 일꾼을 보내어 주십사고 기도하라고 명하셨습니다. 모든 선한 은사가 주 하나님께로부터 임한다는 보편적인 원리에서만 그런 기도의 정당성이 있는 것이 아닙니다. 바로 이 대목은 충성된 목회자는 하나님의 선물이요, 특별한 선물임을 가르쳐 줍니다. 교회가 높은 영적인 상태에 있다면, 그 기도 제목이야말로 여러 드리는 주요한 기도 제목들 가운데 반드시 들어갔어야 할 것입니다. 다만 우리는 이 위대한 복락이 오직 하나님께로서 주어진다는 확신에 대해서 충분한 만큼 깊이 의식하지 못하게 교육을 받았습니다. 교회가 드리는 여러 기도들과 교회가 소유하고 있는 여러 가지 것들이 바로 이 특별한 국면에 대해 상당한 불균형을 초래하고 있음을 거의 부인할 수 없기 때문입니다.

"구하라. 그러면 너희에게 주실 것이요"라는 약속의 말씀이 바로 이 국면 속에서처럼 풍성하게 성취되는 경우가 어디 있습니까? 모든 시대, 특별히 오늘날과 같은 시대에 화해의 목회 사역을 위해서 어떤 종류의 사람들이 요구되는지 충분하게 생각되지 못하고 있습니다. 사실상 이적을 행할 만큼의 영감과 권능을 가진 사도들의 특별한 측면을 제외하고는 '사도의 모델'을 모든 방면에서 정확하게 따를 사람들을 필요로 하는 것입니다. 지금까지 그 점을 깊이 충분히 생각하지를 못하였습니다. 사도들이 감당했던 일과 같은 일을 감당해야하는 것이 목회자의 직무입니다. 그러므로 우리는 하나님의 권능에 충만하고 성령님의 은혜가 충만하여 그 일을 감당할 목회자를 정말 구해야 합니다. 목사들이 이와 같은 시대에서 어떤 일과 맞싸워야 하는지 알아야 합니다. 오늘날 목회자들이 박해하는 영이나, 툭하면 피를 흘리게 하는 법적 처리나, 원형 경기장의 격투기나 도끼나, 화형대에 오르는 것과 같은 일들과 싸워야 하는 것이 아닙니다. 오히려 어떤 국면들에서는 너 낭해내기 힘든 장애들과 싸워야합니다. 제가 방금 열거한 그러한 여러 시험거리들이 신앙고백자의 수를 줄이고, 스랍과 같은 경건의 견고하게 선 자들의 수를 더 높이고, 영웅적 신앙 용기와 순교자의 지조를 더 드높였다면, 우리가 당해낼 장애물들은 평안과 번영이라는 힘을 더 빼버리는 영향력들입니다. 부와 지식과 풍조의 교활하기 짝이 없는 올가미가 우리 앞에 있습니다. 무역거래와 정치와 세속적인 야심이라는 그야말로 마음을 빼앗는 세력이 우리를 막고 서 있습니다.

  이와 같은 시대에 우리에게 요청되는 설교자, 목회자는 어떤 종류의 사람들일지를 생각해 보십시오. 우리가 지금 유지하고 있는 낮은 수준의 신앙심을 지키는 것으로만 만족하고 더 이상 할 일이 없거나 더 이상 싸울 일이 없다고 한다면, 평범한 특성을 가진 목사들이면 충분하겠죠. 그러나 문제는 생명 있는 경건을 대적하는 모든 원수들을 제어해야 한다는 것입니다. 그 원수들이 교회를 황폐화시키려고 위협하고 있습니다. 세상적 정신과 싸우려면 목회자 개인의 인격적 본이라는 잠재력과 강단의 힘이 필요한 것입니다. 그 세속적 정신이 경건의 생명의 진수를 먹어 치우려고 위협하고 있습니다. 각성 받은 복음적인 열심을 계속 견지해야 할 임무가 우리에게 주어져 있으며, 거기에다가 거룩성과 영성을 가미하여 그 복음적 열심이 활발하게 작용하게 할 뿐만 아니라 효력도 가지게 만들어야 합니다. 우리의 동일한 믿음을 공략하려고 덤비는 모든 형태의 오류와도 맞싸워야 합니다. 이를 해내기 위해서는 지성의 힘뿐만 아니라, 주님 안에서 강해지고 그의 권능 안에서 견고히 서 있어야합니다.

이런 과업을 성취하기 위해서는, 그리스도의 직접적인 사명부여로 구원의 말씀을 설교하되, 하늘로부터 보내심을 받아 오신 성령님을 힘입어 설교하던 자들과 동일한 심령을 가진 자들이 우리에게 필요한 것입니다. 그런 영적 전투장에 그러한 사람들이 많습니까? 그리 많지 않다면 어째서 그러하죠? 그 점에 대하여 하나님의 교회가 스스로 자책해야 마땅하지 않습니까? 믿음의 기도로 온 마음을 기울여 씨름하며 '사람들'을 구하지 않은 잘못이 교회 자체에 있다는 사실을 말입니다. 많은 교회가 그런 사람들의 필요를 의식하였고, 그들의 손이나 목소리를 높이 들 뿐 아니라 새롭게 되기 위한 성품의 모든 힘을 다하여 바로 그 선물을 내려 주시기 위해서 하늘에 오르신 분께 강청하였다면, 교회는 구하고 원한 것들을 얻었을 것입니다.

교회로 하여금 이와 같은 복락에 마음을 기울이도록 해 보십시오. 교회가 그와 같은 복을 기대하는 믿음을 갖게 하십시오. 또 믿는 대로 기도하게 하십시오. 그러면 교회가 그 복락을 누리게 될 것입니다. 어째서 교회가 그러한 복락을 기대하지 않아야겠습니까? 교회로 하여금 그러한 복을 기대하지 말라고 금하는 친절한 권고 속에 어떤 성질이 있습니까? 교회의 신적 머리되신 주님의 단 하나의 약속을 어기는 것입니까? 아니면 주님의 단순한 조처를 위반하는 것입니까? 그렇게 하는 것이 주님의 명예를 손상시키는 것입니까? 아니면 주님께서 특별하게 간섭하시기를 원하는 것입니까? 그러한 복락을 주시는 것이 주님의 통상적인 행동 경로에서 빗나가는 일을 수반하는 것입니까? 교회가 지금 현재 누리는 것보다 훨씬 더 많고 더 헌신적이고 성공적인 목회를 확보하는 것이 어째서 믿지 못할 일로 여겨져야 합니까? 국내에서나 해외에서나 하나님의 은혜의 복음이 기대할만하거나 바람직할 정도로 우세한 세력을 얻고 있습니까? 회심의 역사가 광범위하게 진행되고, 그리스도의 나라가 마땅하게 바랄 정도로 흑암의 권세를 새롭게 점령해 나가고 있습니까? 누가 감히 이러한 질문에 대하여 긍정적으로 답하는 모험을 감행하겠습니까? 현재의 상황에 만족하고 지금 현재의 상태가 계속 존속하는 것을 그냥 좋게 여길 정도로 미약한 맥박을 보이는 사람의 심장 속에 그리스도와 영혼들을 향한 사랑이 박동하고 있습니까? 더 이상 할 일이 없는 것이며, 구속적인 긍휼의 역사를 가속시킬 방도가 없는 것이며, 영적 풍성의 원리들을 우리의 메마른 세상의 도덕적 광야 전체에 더 신속하고 더 광범하게 부을 방도가 없는 것입니까?

있습니다. 여전히 한 길이 아직 열려져 있습니다. 그 길은 시온이 스스로 깨어 자신을 분발시키고, 하나님의 능력을 붙잡으며 "우리에게 밭에서 일할 일꾼들을 더 보내주소서."라고 간청하는 일입니다. 우리는 바른 특성을 가진 목사들을 보내어달라고 기도하기를 잊었습니다. 우리의 개인 기도나 가정 기도나 공적으로 모여서 헌신하는 일에 있어서 그 기도 제목이 나온 적이 없었습니다. 그 중요성을 요구하는 장소에서도 그런 기도 제목이 나오지 않았었습니다. 간혹 지나가는 투로 그 주제를 건드리기는 하였습니다. 그러나 그것 없이는 결코 더 일해 나갈 수 없다고 느끼는 사람들이 끈질기게 하나님께 기도로 올린 일은 없었습니다. 이 점에 있어서 뉴욕의 스키너 박사(Dr. Skinner)가 「성경의 종교」(Religion of the Bible)라는 글에서 다음과 같이 말합니다.

"과거 어느 시대에 전체 기독교계가 궁휼의 보좌 앞에 얼굴을 조아리고 끈질기고 담대하고 믿음을 견지하면서 바나바나 바울처럼 성령에 충만한 목사들을 주십사고 애원할 때가 정말 있었다면, 지금 그 시대가 우리 위로 지나가고 있다. 이곳에나 저곳에만 국한되어 있지 않고 지구상의 모든 지역에서 매일 증거하는 일이 더 확장되어 세상을 회심시키기 위한 최대한, 가능한 도구를 다 동원하여 매일 애를 쓴다면, 보다 더 헌신하는 목회사역이 갈수록 더 증가되는 일은 반드시 존재하게 될 것이다. 이런 증거(證據)가 우리에게 임한 것은 마케도냐 사람들이 초자연적인 환상에서 바울 사도에게 손짓하며 울부짖었던 것과 같은 형식으로 오지는 않았다. 오히려 그런 증거를 지원하려는 감동적이고 결심어린 대단한 방식을 통해서 온다. 그 진정한 소리가 온 땅에 울려 퍼지고 있으며 하루 종일토록 우리 귀에 쟁쟁거리고 있다. "우리에게 설교자를 보내주소서."라는 기도가 국내에서나 해외에서 보편적으로 끊임없이 올려지고 있다. 그런 일은 우리의 궁핍한 수천의 교회들로부터 들려온다. 도시들이나 광야나 섬 지역에서나 바다에서 아주 멀리 떨어진 곳으로부터 들려온다. 또 책자를 통해서 계속 그 일이 광포되고 있다. 급기야 문명화된 사람에게는 최근에까지 거의 다 알려지게 되었다. 이런 울부짖는 소리가 우리 귀에 너무 크고 너무 탄식 어리게 들리는데, 이 부르짖는 기도는 보편적으로 다 인정을 받아서 기도로 화하여 하늘로 올려지고 있다. 우리가 더 이상 이런 일을 하기를 꺼려할 것인가? 우리는 그저 서서 비상한 울부짖음을 듣고서도 오직 유일하게 도움을 주실 수 있는 하나님의 귀에 그것을 직접 올리려는 어떤 경향성도 느끼지 못할 것인가? 추수할 일꾼을 주십사고 주 하나님께 울부짖는 일을 삼가는 것이야말로 마음의 얼을 빼놓는 신비주의에 속한 일인가? 경우가 그러하다면 우리가 예수님을 믿는 신앙 자체를 버리거나, 이방인들처럼 자신을 포기하고 방황하거나, 인류 전체로 하여금 절망에 빠지도록 내버려 두는 일을 하지 않을 이유가 어디 있는가? 어째서 개혁을 당장에 시작하지 않아야하며, 어떤 죽을 인생의 운명이나 어떤 천사의 방언보다도 기도회 장소가 더 매력적이게 보이지 않아야겠는가? 어째서 참된 그리스도인 각자가 이 문제에 있어서 삶을 바꾸어야겠다고 결심하고, 이후부터 '보다 충성되고 열심 있고 부지런한 목회자'를 우리에게 주십사고 하나님께 간청하는 씨름하는 간구를 드려야하지 않을까? 아브라함과 모세와 엘리아와 다니엘과 바울이 기도에 힘썼으며 같은 방식으로 하나님의 능력 안에서 기도하기로 결심한 사실을 어째서 우리는 상기하지 못하는 것일까? 복 되신 주님께서 친히 기도를 얼마나 간절하게 하셨는가? 그러한 기도가 우리의 영원한 목적에 얼마나 놀라운 분량의 은택의 능력을 불러왔는가! 은혜의 기이한 일들이 우리 교회에서 목격되고, 그래서 거룩한 목회를 향하여 나아가는 자들이 많아지고, 대단한 추진력이 선교의 대의(大義)에 주어지고, 교회의 모든 전망에 밝은 빛이 부어진다면 일마나 좋겠는가!"

저는 바로 이상의 아름다운 감상에 공감하며, 그러한 정서가 요청하는 문제에 관심을 집중시키라고 여러분에게 간절하게 권고하는 바입니다. 위에 적은 정서의 표현은 바로 요점을 지적해주며, 시의적절한 시기에 무엇인가를 우리에게 말해줍니다. 최근에 대학들이 많이 늘어났고 확장되었습니다. 목회자 교육을 위한 시스템이 크게 개선되었습니다. 옥스퍼드나 캠브리지 대학의 명예를 실추시키지 않을 건축물을 가진 목회자 전문대학들이 많이 생겨났다고 말할 수 있습니다.[1] 성경 문헌에 대한 상당한 식견을 갖춘 교수들이 있어서 영국의 다른 학문 분야의 많은 교사들이 넘나볼 수 없는 수준으로 올라섰다고 할 수 있습니다. 그러나 하나님을 온전히 의존하고 있는 우리 자신의 입장을 가르치기라도 하려는 듯이 현재로는 학생이 가득 모여드는 목회자 양성 전문대학들은 아주 희귀합니다. 그 전문대학을 졸업하고 나오는 사람들에 대해서도 말하자면, 우리가 그랬으면 하고 바라는 정도까지 탁월하고 '간절한 열심'을 가진 사람들입니까? 그렇지 않다는 판명이 나지 않기를 얼마나 간절히 바라고 있는지요!

영국 국교회나 다른 모든 교단들에 속해 있으면서 복음적인 입장을 견지하는 모든 자들에게 동일한 요점이 해당될 것입니다. 저는 교육을 아주 하찮은 것으로 말하기를 가장 꺼려하는 사람 중 하나입니다. 그러나 그리스도의 교회가 교육 자체를 최고 의존해야 할 것으로 만드는 죄와 어리석음을 범하지 않아야 함을 경계시키는 일에도 가장 앞장서고 싶습니다. 자, 대학에서 가르치는 교수들이 라틴어나 헬라어나 철학의 지식을 나누어줄 수는 있습니다. 그러나 목회 사역을 위해서 중요한 품격들을 구성하고 있는 육체적이고 영적인 은사들을 부여하실 수 있는 분은 오직 하나님뿐이십니다. 말씀 사역에 채용된 사람들이 영국 국교회에 속해 있든지 그렇지 않거나 비교적 매우 탁월한 사람들이 아주 드물다는 사실을 유념하는 모든 사람들은 충격을 받을 수밖에 없습니다. 하나님의 강단에 가장 밝은 꽃과 같

---

1) 비국교도들 보고 혼자 진리를 아는 척하는 자들이라며 조롱하며 '저희의 종교는 헛간에서나 배운다'고 하던 시대는 지나갔다. 아직 그런 시대가 지나간 것이 아니라 해도, 그것이 마굿간에서 태어나시고 구유에 누이셨던 주님의 사람들에게 전혀 욕이 되지 않을 것이다. (예배당들은 지금 국교회가 채용하는 건축양식대로 십자가 모양을 띤 건물이나 성단소(聖壇所)를 가진 양식의 건물보다는 장방형의 로마식의 바실리카(basilica) 건축물을 더 닮았다는 사실은 언급하지 않겠다). 다만 위험은 건축양식의 아름다움에 너희 많은 것을 쏟아 붓는 데 있다. 우리를 위해서 무엇인가를 해주는 것은 찬란한 건물들이 아니라 목회자와 설교자로서 찬란한 사람들이다. 그렇다고 그 둘이 절대 양립할 수 없다는 말이 아니다. 오히려 그 둘이 결코 분리되어서는 안 된다. 「종교의 유비」(The Analogy of Religion)를 쓴 버틀러(Butler)나 '정경'(正經, Canon)에 대한 정말 학식 높은 책을 쓴 존스(Jones) 두 사람 다 오크색조를 띤 옛 양식의 벽을 가진 튜케스베리 목회자 전문대학(Tewksebury College)에서 공부하였다. 물론 우리의 그 웅장한 건물들을 가진 대학들에서 많은 바보들이 배출되기도 하였다.

은 인간성을 가진 사람들이 부지기수로 드려지는 것은 아닙니다. 목회자들 가운데 대다수는 지성에 있어서 평범한 수준에 있는 사람들입니다. 밤에 궁창을 보면 빛이 밝고 커서 사람들의 주목을 받는 별들은 여기저기 듬성 듬성 있을 뿐입니다. 하나님께서는 세상에 약한 것들을 택하시어 강한 자들을 '혼란스럽게 하신다' 는 말은 들리지 않게 해야 합니다. 이 말은 사도들에게나 속한 것이었습니다. 그들은 은사와 이적들로 말미암아 하나님의 권능을 옷 입어 모든 권세로 일을 해 낼 수 있었습니다. 그러나 우리는 천성적 재능과 교육이라는 합당한 자격을 구비하지 않고는 하나님의 복락을 전혀 기대할 수 없는 자들이니 사도와는 사뭇 다르지요.

## IV
### 교회와 사역자들의 선한 열심

교회의 상대가 소성(蘇醒)케 되면, 우리가 앞 선 내용들 속에서 묘사해온 것과 같은 목회가 산출될 것입니다.

일의 자연스런 순리에 따라, 교회가 소성(蘇醒)하려면 무엇보다 먼저 그 이전에 목회의 부흥이 있어야 하는 것처럼 보일 것입니다. 그럼에도 불구하고 목회자들이 교회가 배출하는 자녀들이기에, 그들을 낳은 공동체의 수준보다 더 높이 올라갈 것이라고 기대할 수는 거의 없습니다. 모든 시대의 모든 교회마다 일종의 평균적 수준의 경건이 있습니다. 우리 젊은이들이 이 수준을 넘은 상태에서 목회자를 양성하는 전문대학에 들어오는 일은 아주 드뭅니다. 그렇다고 목회사역적인 헌신의 증대가 없이 교회들의 경건이 상승되기를 기대하기가 아주 어렵다, 아니 동시에 교회들 속에서의 경건의 상승 없이 목회자의 헌신의 증대를 바라기도 어렵다는 사실을 가지고 논란을 벌이고 싶지는 않습니다. 교회들 속에서의 경건의 상승이 없이 목회의 부흥을 바라기는 거의 어렵습니다. 부흥이 어떤 때에는 일반 평신도들과 함께 시작되기도 합니다. 그 평신도들이 그 목회자의 수준을 자기들 수준으로까지 끌어올리는 식으로 부흥이 진행되기도 하죠. 살아있는 교회는 둔하고 미지근한 목회자를 오래 참을 수 없었습니다. 분발하고 있는 그 분위기에 휩싸이고 싶지 않으면 그런 상황을 떠나는 것이 자기에게 합당하다고 느낄 것입니다. 그러므로 만일 목회자들이 자신들을 스스로 부흥시키거나 서로 간에 힘을 주어 부흥케 하는 일이 없음에도 불구하고 사람들로부터 자극을 받아 힘을 받는 일이 일어난다면 말로 할 수 없이 큰 하나님의 긍휼입니다.

우리가 이미 앞에서 알아보았듯이 오늘 현대의 많은 국면에서 정말 경사스런 특성들을 보이고 있어서, 이 시대 이전에 있었던 어느 시대보다도 더 탁월한 경지에 올라가게 하고 있습니다. 누가 오늘날 현시대의 활동이나 관대하게 자유로운 활동을 보장하는 분위기나, 세상을 바꾸려고 온갖 힘을 기울여 여러 가지 좋은 것들을 발명해내는 현실을 보고도, 감탄과 감사의 마음을 표시 하지 않을 자가 누구이겠습니까? 그러나 그런 변화가 참된 경건의 모든 요소들이 아닙니다. 수도 헤아릴 수 없이 많은 경우들에서, 이런 것들이 '거듭남' 과 '거룩하게 하시는 성화의 본질적 역사' 의 대체물로 받아들여지고 있음을 이해해야 합니다.

사탄이 오늘날 여러가지 것들을 활용하여 많은 사람들의 분별력을 어둡게 하고 영혼들을 미혹시키고 있음을 두려워해야합니다. 겉으로 나타난 것을 지나 속으로 깊이 들어가 그 속에 도사리고 있는 것을 아는 예리한 관찰자들은 이러한 자유분방성과 열심의 표면 아래에 생명 있는 경건이 없다는 견해를 취하고 있습니다. 공공의 여러 기관들이 많이 생겨나는데, 그 속을 가만히 들여다보면 아주 많은 경우가 흙이 깊지 못하고 모래땅에 피어나는 꽃과 같다는 지적이 나오고 있습니다. 우리 교회의 상태에 대해서 아주 잘 아는 사람들은, 기독교 신앙고백자들이 자신들을 돌아보아 세상의 정신과 풍조와 구별시키는 아주 중요한 요소가 비참할 정도로 모자라지 않은지 의심해야 한다고 일러줍니다.

경우가 이러한데도, 이런 상황 속에서 나오는 목사들이 자기들이 나온 근원을 벗어나 더 높이 올라가기가 쉽지 않습니다. 그래서 우리 교회들이 경건의 높은 차원으로 올라갈 긴박한 필요성을 생각하는 것이 합당한 것입니다. 그래서 바람직한 상태를 가져오게끔 되어있는 어떤 노력들에 마음을 같이 하여 참여하는 것이 합당한 일입니다. 심지어 세상 정신을 가장 깊이 들여 마신 자들조차도 때로는 그들의 목사들의 집중력과 영성이 부족한 것을 보고 탄식할 것입니다. 그러나 그들은 어째서 자기들의 세상적인 사고 방식이 그들 목회자들에게 어떤 영향력을 행사하고 있는지 모르지요? 그들이 비판하는 그 목사 안에 있는 그 마음의 상태를 자기들이 산출하고 있음을 기억하지 못하는 이유가 어디에 있습니까? 그들이 목회자 대학을 졸업할 때에는 젊고 유연성이 있었고, 보다 더 거룩하고 더 천상적인 기질을 띠고 있었습니다. 회중들 속에 미지근한 열심 없는 정신이 만연돼 있는 것을 보고 처음에는 놀라고 탄식하였습니다. 그러나 자기 교회의 많은 지체들의 마음의 상태를 더 낫게 하려고 무진 애를 써보지만 헛되었습니다. 그래서 그 목사도 점차 자기 지체들이 처해 있는 낮은 수준으로 내려갔습니다. 목사는 사실 그 지체들의 영적 차원을 더 높여주려고 안간힘을 썼습니다. 그래서 저는 써클에 가서 이렇게 논증하고 싶은 충동을 받습니다. '목회자들의 부흥이 앞서지 않고는 교회가 새롭게 소생될 희망이 거의 미약함을 인정하면서도, 곧 교회가 먼저 영적으로 소생하는 것과 연관되지 않는 목회직의 부흥은 거의 바랄 수 없다.'고 말입니다.

그러니 목사들과 교회들이 다 합세하여 신앙 부흥을 위해서 '선한 열심'을 내야 합니다. 목사들과 교회들은 서로 상호간에 작용을 주고받고 있습니다. 그러니 목사들과 교회들이 도움을 서로 줄 수도 있고 서로 간에 방해를 할 수도 있습니다. 목사들과 교회들이 더 진지한 신앙을 필요로 합니다. 목사들은 사람들을 위해서 그 일을 추구하도록 하고, 성도들은 목사들의 목회를 위해서 그 일을 추구해야합니다. 만일 목사들이 성도들을 인도하지 못할 것이면, 성도들이 목사들을 인도하도록 합시다. 만일 그 복락이 강단에서 회중석으로 내려오는 양식을 취할 수 없다면, 회중석에서 강단으로 올라가는 양식을 취하도록 합시다. 살아계신 하나님의 교회가 구원의 두루마기를 입고, 그 교회의 복장에서 먼지를 털어내어 성결의 아름다움으로 눈부시게 해야 합니다. 우리는 세상을 더 낫게 만들기 위해서 더 나은 교회를 필요로 합니다. 더 나은 교회는 분명히 더 나은 세계를 만들 것입니다. 또한 더 나은 교회를 만들기 위해서 더 나은 목회가 필요합니다. 그러나 만일 우리가 목회자들에게서 그것을 얻을 수 없다면 회중들로부터 얻도록 하고, 반면에 회중들로부터 얻지 못하면 목사들에게서 얻도록 해야 합니다. 더 나은 교회가 더 나은 목회를 만들고 있음을 보여줄 수 있기를 원합니다. 하늘의 비가 언덕에 떨어져서 골짜기로 내려가 시냇물에 이를 정도가 되지 못하면, 골짜기들에 피어오르는 안개가 그 산언덕 꼭대기를 소생시키시고 새롭게 할 수 있기를 바랍니다.

## V
## 목사 후보생 발견의 중요성

　우리는 교회의 목회자들로서 우리를 존경하는 양떼들을 둘러보면서, 간절한 경건과 유능한 능력을 가진 헌신된 젊은 사람들이 그리스도의 사역자들로 얼마나 놀랍게 쓰임 받을 수 있는지 봅시다. 우리가 섬기는 경내에 그런 젊은이들이 있는지 주목하십시오. 그러면 그들을 불러내어 그 거룩한 일을 하도록 하고, 그들 자신들로부터 그 거룩한 목회 사역에 헌신하고자 하는 첫 번째 동작이 시작되기를 기다리지 마십시오. 우리 교단 전체가 저지른 근본적인 실수가 있습니다. 그것은 다름 아니라 거룩한 성직에 대한 열망이 무엇보다 먼저 목회 후보생들의 가슴 속에서 자발적으로 일어나는 것이 필요하다고 상정한 잘못입니다. 이 근본적인 실수의 결과로 목회 사역에 전혀 어울리지 않는 많은 사람들이 목회를 하겠다고 덤벼들었습니다. 반면에 그 거룩한 직임을 위해서 탁월한 자격을 갖춘 많은 사람들이 수줍음을 타고 뒤에 물러나 있었습니다. 목회자들이나 교회들이 해야 할 일은 그들 자신들 속에서 이 거룩한 성직을 위해서 가장 좋은 은사와 경건을 가진 자들을 불러내는 일 같지 않습니까? 그렇게 하는 것이 우리가 이미 숙고했던 원리를 구체화시키는 것이 아닙니까? 곧 교회가 효과적인 목회 사역의 보호자가 되어야 한다는 원리 말입니다.

　목회자들이 그 목회에 필요한 재능과 다른 품격들을 판단하기에 가장 좋은 위치에 있지 않습니까? 이런 일이야말로 자만심에 부풀고 허영을 부채질하거나 자극하는 것쯤으로 치부되어야겠습니까? 진지하기는 하나 사리(事理)를 모르는 열심으로 치부 당해야 하겠느냐는 말입니다. 교회가 이러한 소명의 문제를 목회 사역에 합당한 자들을 부르시는 성령님의 역사에 주제넘게 참견하는 것으로 보는 것보다 더 그릇된 일은 있을 수 없습니다. 왜냐하면 성령께서 어떤 사람을 부르실 때 교회와 그 교회 목회자를 매개로 하여 부르신다고 상정하는 것은 아주 합리적인 개념으로 여겨질 수 있기 때문입니다. 그래서 위로부터 오는 사명이 개인의 마음속에 직접 오되, 특히 교회와 목회자에게 온다는 것을 상상하는 것이 자연스러운 개념으로 분명하게 생각될 수 있습니다. 어쨌든 교회 목회자가 그 성령께서 부르시는 소명의 일에 통상적으로 채용되어 목사 후보생이 바로 그 거룩한 성직에 합당한 여부를 판단하는 자로 쓰임을 받습니다. 하나님의 성령께서 그 사람에게 목회의 소명을 주셨는지 판단하는 권세와 권리가 목회자와 교회에게 입혀졌습니다.

예를 들어 어떤 사람이 제풀에 나선 것이 아니라 보내심을 받은 자라 합시다. 그런 경우의 사람을 보고 '정말 영혼 사랑이 강하여 목회 사역을 희망하지 않으면 안 되었을 경우가 아니면 목회직에 매우 크게 적합한 사람이라고 할 수는 없다.'고 확언한다 합시다. '그런 사람은 그 목회에 매우 진지한 열심을 가지기가 쉽지 않다.'고 단언하기도 한다 합시다. 그렇게 말하는 것은 너무 주제넘게 구는 일입니다. 왜냐하면 여기에서 거론되는 바로 그 사람이 목회자의 주목을 받은 것이 무엇인가를 추정해야하기 때문입니다. 그의 개인의 경건의 진성성과 충분한 능력을 갖춘 것에 더하여 선을 행하는 길에서 능동적 열심을 나타내었던 사람이기에 목회자의 눈에 띄었다고 보아야 합니다. 목회자가 눈여겨보고 '자네 목회를 위한 공부를 해 보지 않겠나?'라는 제안을 아무에게나 하지 않습니다. 그런 자에게만 해야 합니다.

신약성경에 기록되어 있는 모든 직무를 명하는 일 속에서 살펴봅시다. 사도로 시작하여 집사에 이르기까지, 그 직임을 감당하기에 적합한 사람을 찾아내기 위해 살펴보라는 요청이 주어졌습니다. 사도나 집사된 자들이 스스로 나서기까지 기다리지 말라는 것입니다. 이런 일을 위해서 합당한 사람은 공부를 잘하는 젊은 사람들만이 아닙니다. 지식을 탐구하느라고 열심내어 다른 일에는 관심을 전혀 갖지 않는 단순한 책벌레가 이런 일에 적합한 것도 아닙니다. 오히려 지식을 위한 갈증에다가 영혼을 구원하기 위해서 자기가 가진 모든 것을 다 쓰고 싶어 하는 강렬한 욕구를 겸하여 가지고 있는 사람들이 그 일에 적합한 것입니다. 우리는 그런 사람들이 있는지 잘 살펴보아야 합니다. 사회에서 보다 존경 받는 계층에 속한 젊은이들이 그러하다거나, 선한 사회에 속한 무엇인가를 알고 있고, 신사의 품격과 습관을 익힌 젊은이들이 있다합시다. 그런 이들이 사업과 관련하여 무엇인가를 하였습니다. 그리고 상당한 정도의 자신감을 얻기도 하였습니다. 그래서 그 성품의 무게와 영향력을 갖게 되었다 합시다. 그런 이들 중에 그와 같은 두 측면을 함께 겸하고 있다면 더할 나위 없이 좋습니다. 그러나 반면에 열등한 세속적 매너를 가진 하층 반열에 속한 사람들 가운데도 그들의 출신 성분보다 뛰어난 높은 재능을 가질 수 있습니다. 그런 자가 아직 세공되지 않은 다이아몬드와 같은 가치를 가질 수 있습니다. 그들 속에 엉겨 붙어 있는 모든 불순물들을 제거하면 그 영적인 다이아몬드의 가치는 얼마나 더 고조될 것이며, 거칠고 흐릿한 모든 것을 닦아내어 윤기를 내면 그 가치는 얼마나 더 빛나겠습니까!

빈약한 재능에다가 야비한 것까지 함께 겸하고 있으면 그것은 납에다 물린 부싯돌과 같을 뿐입니다. 신사다운 품격 속에서는 경건을 저하시키는 것이 없습니다. 신사다운 예법을 갖춘 사람 속에는 목회자로서의 품격에 긴요한 은혜로움과 쓸모를 상승시키는 것이 아주, 아주 많이 들어 있습니다. 은혜가 복음적 경건의 샘에서 흠뻑 적셔지고 의의 두루마기를 차려 입고 온유와 고요한 심령의 장식을 차게 되면, 그리스도의 교회의 목회자에게는 쓸모 있는 몸종이 되고, 그 목회직의 엄숙한 의무들을 감당할 때 목회자의 사랑을 독차지합니다. 만일 우리가 사도행전에 기록된 견본들로부터 판단할 수 있다면, 바울은 선비의 예법에다가 선지자의 충성을 더하였고, 순교자의 단호한 용기 위에다 신사다운 정중함의 망토를 걸쳐 입은 셈입니다. 베스도와 아그립바에게 바울이 말한 것처럼 더 세련되면서도 더 믿음에 충실한 것이 무엇이겠습니까? 바울의 말하는 입을 치라고 명령을 내렸던 대제사장을 향한 사도 바울의 공공연한 탄핵의 발언마저도 정말 두렵기 짝이 없었음을 상상할 수 있습니다. 그 말을 발한 그 존엄어린 엄격성 때문에 그러합니다. 간절한 열심이란 우아한 것과 서로 공존할 수 없는 것이 결코 아닙니다. 그 '간절한 열심'이 그 우아함을 통해서 더 효과를 발하게 되고, 더 훌륭한 교육을 받은 젊은이들을 거룩한 목회직에 나아가도록 보내는 것의 중요성도 그 우아함으로 인해서 더 부각이 됩니다.

이따금 우리 교회들 속에서 말하는 것과 능동적인 의무를 감당하기 위해서 특이한 재능들을 소유한 어떤 사람들을 만날 수 있습니다. 그런데 그런 사람들이 목회자를 양성하는 대학의 과목들을 이수해 나가기에는 너무나 나이가 많다는 생각이 들 수도 있습니다. 그럼에도 불구하고 그러한 이들이 존경을 받을 뿐만 아니라 놀라운 설교자들로 만들어지기도 하고 상당하게 쓸모 있는 사람으로 나아가기도 합니다. 천성적인 재주와 강한 지성을 갖추고 탁월한 경건을 가지며 강단에 서서 힘 있게 말할 수 있는 그런 능력을 갖춘 사람이 있다면 학교를 아직 이수하지 않았다고 해서 물리치지 말아야합니다. 윌리엄 토프(William Thorpe)나 특별히 위대한 신학자인 앤드류 풀러(Andrew Fuller)같은 이를 특별하게 기억하는 사람들은 다음과 같은 사실을 부인하지 못할 것입니다. 주님께서는 헬라의 철학자들이나 로마의 웅변가들이나 예루살렘의 랍비들 가운데서 사도들을 부르지 아니하시고 갈릴리의 어부들 중에서 부르신 것과 같이, 때로는 우리 시대에 당신이 쓰실 종을 고전적이고 철학적인 교육의 특권에서 멀리 벗어나 있었던 계층 중에서 택하실 수도 있다는 사실입니다. 구약시대의 선지자들 중에 아모스는 드고아에서 생축을 치는 목자였습니다. 물론 이런 경우가 예외 사항이지 정규적인 법칙은 아닙니다. 영국 국교회의 감독들마저 목회직을 수행하기 위해서 필요한 품격의 여러 표준들을 낮추고 있습니다. 회중이 원하고 모든 경우들이 그럴 필요성을 충족시키면 사람들을 장립시켜 성직을 감당하게 하고 있습니다. 한 두 세대 이전의 선조들 같으면 물어볼 것도 없이 거절하였을 일을 하고 있습니다. 고전적인 교육을 전혀 받지 않았더라고 훌륭한 설교 능력을 갖추고 있기만 하면 교구 목사가 되기 이전의 성직인 부제(副祭)로 장립하기로 결정하였습니다. 그런 경우에 라틴어와 헬라어 과목을 면제해주고 있습니다. 우리가 그 국교회에서 하는 것보다 더 까다로운 표준을 지키고 있는 체 해서도 안 되고, 학자들이나 철학자들은 아니라 할지라도 복음을 능력 있고 쓸모 있게 설교할 수 있어 보이는 사람들을 목사 후보생으로 받아드리는 일을 절대로 해서는 안되는 황망한 일로 여겨서도 안 됩니다.

목회자 전문대학의 교육을 받게 하는 것이 보편적인 원칙은 되어야 합니다. 바라기는 그러한 보편적인 원칙을 결코 버리지 않아야 할 것입니다. 그러나 강력한 사고방식과 따뜻한 마음과 '간절한 열심'을 가진 사람들의 경우를 위해서 예외 규정을 둔 원칙이어야 합니다. 그들의 날카롭지 못하나

뭉뚝한 힘 있는 칼이, 아주 예리하게 갈아 눈부시게 날이 선 많은 무기들보다 더 많은 전적(戰績)을 올릴 수도 있을 것입니다.

## VI
## 노사역자들과 교제하는 유익

목사들 스스로가 바로 이 주제에 대해서 면밀하고 진지한 관심을 기울여야 합니다. 오늘날 우리 시대의 모든 설교자들은 나이의 많고 적음을 불문하고 그 문제에 관심을 기울여야 합니다.

저는 지나간 어느 시대의 사람들을 알고 있습니다. 그들의 이름만 들어도 좋고, 그들을 기억하면 유쾌해지며, 그들은 마지막까지 그 열심의 열기를 계속 견지하였고, 그 수고는 마치 눈 덮인 산꼭대기에서 분출하여 폭발하는 화산의 화염같이 그 하얀 머리와 연합하여 장관을 이루었습니다. 물론 그런 이들이 매우 희귀하기는 하나 아직도 우리 중에 머물고 있습니다. 그들, 아니 그들 다음에 세상에 태어난 우리도 나이가 늙어 삶의 끝자락에 서 있습니다. 그러나 그들이나 우리 모두 다 그리스도와 영혼들을 위해서 지금까지 해 온 것보다 더 많고 더 선한 일을 해야 합니다. 우리의 해가 기울어지고 있습니다. 우리의 그림자가 길어졌습니다. 그러나 우리 날의 일이 아직 끝나지 않았습니다. 우리의 부지런한 자세를 느슨하게 하는 대신 더 힘써 일해야 합니다. 왜냐하면 일할 시간이 거의 끝나가고 있기 때문입니다. 우리가 낫을 잡을 힘이 있거나 곡식 다발을 묶기에 필요한 빛이 우리에게 아직 남아있는 동안에는 일해 나갑시다. 금방 추수하는 일이 완료될 것입니다. 그때가 당도하게 되면 그때 충분히 휴식을 취할 수 있습니다. 그리고 우리의 구주 되신 주님과 우리의 동료 종들을 그때에는 함께 만나게 될 것입니다. 우리에게 있어서 다음과 같은 권고의 말씀이 엄숙한 강조점을 달고 다가옵니다.

"무릇 네 손이 일을 당하는 대로 힘을 다하여 할지어다. 네가 장차 들어갈 음부에는 일도 없고, 계획도 없고, 지식도 없고, 지혜도 없음이니라"(전 9:10).

더 젊은 형제들을 위해서 우리가 더 부지런해집시다. 그들은 우리를 자기들의 본으로 삼으려고 쳐다보고 있습니다. 그러므로 우리는 그들 앞에 좋은 본보기로 삼고 강한 영감의 힘을 불어 넣을 모범을 세워주어야 합니다. 우리가 일에 지쳐 더 이상 섬기지 못하고 헐떡거리며 유유자적하며 여가를 보내고 있는 모양을 보이는 식으로 우리의 경주에서 이탈하지 맙시다. 우리의 간절한 마음의 열심이 우리의 몸의 힘을 주어 우리의 노년의 연약을 털어내고 우리의 원기를 독수리처럼 새롭게 하고 있음을 보여줍시다.

노병(老兵)을 쳐다보는 것은 군인의 영예를 크게 찬탄하는 사람이 주목하기를 좋아하는 광경입니다. 그 노병의 얼굴에는 수를 헤아릴 수 없는 작전(作戰)의 수많은 세월과 그의 원수들의 칼끝이 함께 작용하여 남긴 상처들이 있습니다. 용기와 무기를 다루는 능란한 솜씨와 민첩한 동작으로 떨쳐 일어났습니다. 그 노병 옆에서 싸우는 모든 젊은 전사들은 그 노병이 자신의 힘을 다해 젊은 병사들의 유약한 마음을 추슬러주는 모습을 봅니다. 임마누엘의 대군에 속한 노병들이여, 그대들의 의무를 보여줄 지어다! 그대 노병들에게 젊은 목사 후보생들을 훈련시키고 그들의 성품을 형성 짓게 하는 책임을 위임하도다. 젊은 목사 후보생로 하여금 자기들이 영웅들 옆에 있음을 느끼게 하며 그대 노병들의 영웅주의의 영감을 포착하게 할지어다. 그대 노병들이 살아있는 동안 그들에게 그림자를 비출지어다. 그러면 그대들의 영혼이 하늘로 날아올라가면서 떨어뜨린 겉옷을 찾기를 희망할 것이로다. 젊은 목사 후보생들로 하여금 그대들 노병들이 죄인들의 회심을 항상 목적하고 있음을 보게 하며, 영혼 구원의 일에 전념하는 모습을 보일지어다. 그대 노병들의 대화에서 이 영혼 구원하는 일에 마음이 얼마나 깊이 착념돼 있는지를 듣게 할지어다. 그대들이 목회 사역을 마쳐가고 있는 모습을 그 젊은 이들로 보게 하여, 어떻게 그들의 사역을 시작하고 수행해 나가야 하는지를 보일지어다. 그들의 실수를 바로 잡아주며, 내려뜨려진 그대의 팔을 세워주며 그들의 열심을 더욱 불 일으켜 주시라.

그대들이 젊은 그 사람들과 사적인 교류를 함으로서 주님을 섬기기 위해서 그들의 성품을 바르게 형성해주기 위해서 최선을 다하고 있습니까? 여러분이 목회 사역에서 어떻게 성공했는지 그들에게 온유하게 대화로 가르쳐주며, 이 높고 영광스러운 성취에 이르는 성공을 어떻게 이룩하였는지 말해주십시오. 다른 사람들의 열정을 더욱 불 일으켜 세워주거나 아니면 꺼버리는 영향력에 위치해 있는 여러분이 마땅히 어떠한 사람됨의 자세를 가져야하겠습니까? 하나님의 은혜가 여러분 사역자들에게 충분히 임하기를 바랍니다!

그러나 더 젊은 목사들이나 목회를 공부하는 학생들이 이 주제에 마땅한 관심을 기울인다면 그 결과가 얼마나 획기적으로 나타나겠습니까! 여러분은 자기들보다 앞서 하늘나라에 간 어떤 사람들이 결코 누리지 못했던 이점(利點)을 가지고 있습니다. 때때로 바로 그 점이 앞서간 사람들로 하여금 여러분의 특권을 시기하게 하는 요점이겠죠. 그러나 그 이점만을 추구하거나, 여러분이 바로 그 이점을 최후, 최선의 목적으로 항상 삼느라고 마음이 들떠있다면, 강단에 서는 일을 택한 것에 큰 실수를 범한 것입니다. 여러분이 어떠한 경로의 문헌을 손에 쥘 수 있다 할지라도, 그런 경우라면 기독교 목회사역을 시작하지 말았어야 합니다. 오히려 가장 어두운 깊은 방에서 삶을 이끌어나가든지 가장 비천한 일을 하면서 삶을 이끌어 나갔더라면 더 좋을 뻔 하였습니다. 오, 여러분이 어떤 장면에 이끌려 힘을 쏟아야했습니까! 여러분 주위에는 죄 가운데서 멸망해가고 있는 불멸의 영혼들이 있습니다. 각 영혼마다 물질적인 전체 우주보다 더 큰 가치를 가지고 있으며, 여러분의 목회 사역을 통해서 그 각 영혼이 구원받을 수 있습니다. 그 영혼들을 내버려두면 그들은 틀림없이 더 깊은 죄를 지고 더 무거운 정죄를 받게 될 것입니다. 여러분이 믿음으로 보는 영적 씨앗 속에 하나님의 아드님께서 그들 영혼을 구속(救贖)하시려고 십자가에서 피를 흘리고 계십니다. 그리고 여러분 아래에 지옥의 구덩이가 입을 넓게 벌리고 불신앙 가운데 죽는 영혼들을 받으려 하고 있습니다. 반면에 여러분 머리 위에 하늘이 영원한 문을 열어 젖혀 놓고 있습니다. 그래서 그 영혼들이 구원 받기만 하면 받으려고 준비 중에 있습니다. 여러분 앞에 심판대가 놓여 있습니다. 이제 그 심판대 앞에서 여러분은 그 영혼들에 대해서 여러분의 목회 사역을 통해서 무엇을 하였는지 직고(直告)해야만 합니다.

그 모든 것 보다도 영원토록 끝나지 않는 세대가 그 영혼들 앞에 있습니다. 그들이 환희에 차서 그 영원한 세계에서 지내든지 아니면 비통함 속에서 지내든지 둘 중 하나일 것입니다. 이것이 진실이죠? 이것이 꾸며낸 얘깁니까, 아니면 사실입니까? 이러한 것들이 사실이 아니라면, 여러분은 그리스도를 위한 거짓 증인들로 발견될 것입니다. 왜냐하면 그런 문제들이 여러분이 일상적으로 다루는 주제들이고, 여러분의 강론의 첫 번째 원리들이기 때문입니다. 그러나 만일 그런 일들이 다 진실하다면, 그 일들을 어떤 마음과 사고방식으로 가지고 다루어야겠습니까? 사랑하는 젊은 형제들이여, 그것의 본질에 대한 분명한 이해와 그 중요성에 대한 깊은 인상을 가지고 목회를 시작하십시오.

여러분이 정말 쓸모 있기를 간절하게 탐하고 있습니까? '간절한 열심' 이야말로 그 점에 있어서 진수입니다. 그런 열심이 없이는 어느 정도라도 선을 행할 수 없습니다. 여러분보다 앞서 목회를 했던 사람들의 말을 청종하십시오. 그들의 증언은 체험과 관찰에서 나온 것입니다. 그 모든 요점들이 "간절한 열심을 내라."는 이 권고 속에 들어 있습니다. 이러한 특성과 행동 양식에 있어서 가장 적은 모습을 보여주었던 사람들이나 가장 큰 모습을 보여주었던 사람들 모두 그렇게 권고하고 있습니다. 그것이 없이는 쓸모 있는 것에 대해서 아무것도 말할 수 없는 사람이 되어 사람들에게 관심을 끌 수 없습니다. 일반 공중은 '간절한 열심'을 가진 목회자의 말을 청종할 것이고 다른 사람들의 말은 듣지 않을 것입니다. 여러분이 행하는 지극히 높은 지성적이고 철학적인 강론에 귀를 기울이지 않는 것을 이상하게 여기고 불쾌하게 여길 수 있습니다. 그래서 분개합니다. 사람들이 그렇게 크게 귀하게 여기지 않는 바, 참 중요하고 섬세한 설교 준비를 집어치우고 강단에서 물러나고 싶은 마음이 간절할 수 있습니다. 일반 대중들의 마음이 잘못되었던지, 아니면 여러분이 그릇되었던지 간에 이것은 사실입니다.

자, 예를 들어서 어떤 상인이 생각하기를 대중의 입맛이 나쁘니 그 맛을 고쳐야한다고 생각하고서 자기 상점 쇼윈도나 진열대에 일반 대중이 사지 않을 물건만 진열해 놓는다 합시다. 그러면 그 상인은 지혜롭지 못합니다. 이런 경우 대중의 구미가 그릇되고 그 상인의 생각이 옳을 수도 있죠. 그러나 설교의 경우에, 만일 사람들이 복음 진리를 '간절한 열심'으로 드러내기를 요청하는데도 그 목사가 둔하고 메마르고 추상적인 설교 밖에는 주지 않는다면, 그 사람들이 옳은 것이고 그 설교자는 잘못된 것입니다. 그 사람들이 설교자보다도 자기들에게 필요한 것이 무엇인가를 더 잘 알고 있습니다. 뿐만 아니라 하나님께서 자기들에게 무엇을 공급하라고 그 설교자를 세우셨는지 설교자보다 더 잘 알고 있습니다!

본질과 은혜의 하나님께서 처방하신 것 외에 다른 방식으로 쓸모 있기를 바라고 결심하는 어리석음을 범하지 마십시오. 여러분 스스로 쓸모 있다 여기는 새 길을 열려는 실험을 결심하지도 마십시오. 사도들이나 순교자들이나 종교 개혁자들이 밟았던 길, 모든 시대, 모든 나라의 목사들이나 선교사들이 구원을 주시는 하나님의 능력으로 알았던 그 길 외에는 다른 길을 열려고 하지 마십시오. 곧 '십자가의 도'가 그것입니다. 여러분의 능력과 학식으로 현 시대의 계몽정신(啓蒙精神)에 더 부합하다고 생각하여 다른 길을 만들 수도 있습니다. 그렇게 한다면 반드시 그릇되어 나가고, 자기 생애를 끝마칠 즈음에는 자기 어리석음을 슬퍼하고, 자기의 목회 생활이 아무 것도 얻지 못한 모험이었다고 고백할 것입니다. 그런 우울한 고백을 사람들이 적지 않게 하고 있습니다.

하나님께서는 사람에게 한 목숨만 주셨습니다. 자기 체험을 통해서 어떤 것이 이로운지 알아보도록 또 다른 목숨의 기간을 영위할 기회를 전혀 주지 않으십니다. 그러나 세상을 살아가면서 자기 자신의 시련과 다른 사람들의 모습을 관찰함으로서 얻은 지식을 스스로 활용할 풍성한 기회를 주십니다. 여러분은 이미 어떤 것이 목회직의 목적과 영혼구원의 목적에 부합하고 부합하지 않은지를 충분히 안 사람들입니다. 여러분을 인도할 증거를 찾으려 하면 앞뒤를 돌아다보기만 하면 됩니다. 거기에 그 증거가 가득하기 때문입니다. 여러분의 목표를 잃어버리지만 않았다면 쉽게 그 방편들을 찾아 쓰지 못하는 실수를 범할 수 없습니다. 죄인을 회개케 하고 그리스도를 믿어 거룩한 삶을 영위하도록 인도함으로서 죄인들을 구원하는 것이 여러분의 사역의 목적이라는 것을 여러분은 잘 알고 있습니다. 그러니 사람들에게 권하고 그리스도를 대신하여 하나님과 화해하라고 간청하는 방식 외에는, 어떤 일도 이러한 목적을 달성하지 못하였으며, 일반적으로도 그럴 수 없음을 모르고 있을리 없습니다.

그리스도를 섬기면서 백발이 성성해진 우리는 우리의 뒤를 이을 자가 누구인지에 대하여 약간의 근심이 있습니다. 하나님께서 우리를 통해서 하신 일을 돌아다보며 감사하고 놀라운 마음을 가집니다. 우리가 하나님의 도구들로서 그 일을 어떻게 해냈는지를 잘 알고 있습니다. 영혼들이 어떻게 회심하였고, 교회가 어떻게 세워졌으며, 신자들이 믿음 안에서 어떻게 살고 어떻게 죽었는지를 알고 있습니다. 그런 일이 평이하면서도 힘 있게 진술된 복음의 증거를 통해서 이루어졌음을 우리는 너무 잘 알고 있습니다. 우리가 지나간 세월을 뒤돌아보면서 흔히 후회감을 가질 때가 있습니다. 시대가 요청하는 활동들에 마음을 기울이느라고 품격 있는 문학이나 보편적인 지식에 있어서 더 큰 경지에 오를 수 있는 기회를 빼앗겼다는 느낌입니다.

그러나 '십자가에 못 박히신 그리스도' 라는 위대한 주제를 우리 목회의 주제로 삼았고, 영혼 구원을 우리 삶의 목적으로 삼았다는 것에 대해서는 전혀 후회하지 않습니다. 캄캄한 밤중에 우리가 바른 선택을 하였다는 고요하고 달콤한 만족을 가지면서, 아울러 그 일에 보다 더 집중적인 헌신을 하지 못한데 대한 깊은 송구함을 느끼게 됩니다. 우리가 지난 날을 되돌아보면서 그렇게 하지 않고 다르게 했더라면 더 좋았을 것이라고 생각되는 부분이 많습니다. 그러나 우리에게 주어진 그 영광스런 목적에 있어서는 전혀 바꾸고 싶지 않습니다. 우리가 더 맞게 개선했을만한 국면들을 생각합니다. 그러나 그 거룩한 목적을 더 성공적으로 성취할 수 있는 방식들 안에서만 그런 것들을 생각합니다.

만일 하나님께서 또 다시 삶을 살 수 있도록 허락하시거나, 잘못된 것으로부터 바르게 고쳐 말하도록 할 기회가 허락되거나, 또 다른 삶의 기간을 보내도록 허락하시고 새롭게 시작하게 하신다면, 학문과 문학적 소양을 가진 사람들이 대단히 감탄해 마지않는 것을 더 많이 얻고자하는 대단한 결심을 하겠죠. 그러나 그런 결심을 하는 이유는 십자가의 교리를 더 힘 있게 설교하고, 더 많은 열정으로 그 일을 추구하기에 더 합당한 자격을 갖추어 주고, 우리 목회 사역의 목표를 더 성공적으로 이룰 수 있게 한다는 보장의 한계 내에서만 그렇습니다. 우리가 바라는대로, 사람들의 박수갈채를 받고 그 모든 것을 다 받아 누린다 할지라도 그런 것들을 좋아하는 생각이 우리 마음속에서 죽어가고 있습니다. 또 그런 것들이 별로 중요하지 않게 여겨지고 갈수록 더 가치 없어 보이고, 대신 우리의 위대하신 구주의 인정을 받을 소원이 더 갈수록 강력해집니다. 우리가 과거를 뒤돌아보던지, 현재 느끼는 우리의 마음의 감상을 숙고해보던지, 아니면 우리의 장래가 어떻게 전개될지 예견해 보던지 간에, 목회 사역의 초반기에 있는 젊은 사역자들에게 그 삶의 목적을 위하여 더 충분하고 적절할 논증이나 더 충분하게 표현된 권면의 다른 말을 찾을 수가 없습니다. 오직 이뿐입니다.

"간절한 열심을 내어라"(Be in Earnest).

# Ⅶ
## 학생 선발에 신중해야 할 신학대학

젊은 사람들을 목회자로 양성하기 위해 전문대학(College인데 지금의 Seminary-역자 주)에 들여보내고 받는 일에 상당한 주의와 경계가 요청됩니다. 지금까지 실행되었던 실제보다도 더 많은 주의가 필요합니다.

모든 교파의 교회들 마다 앞뒤가 맞지 않게 행동하는 목사들로 인하여 불명예를 무릅써야 했습니다. 무자격 목사들이 교회의 모든 교파들에서 짐이 되고 있으며, 세상에서 복음을 진보시키는데 방해가 되고 있습니다. 그런 이들의 설교를 들어보면, 어떻게 저런 이들이 하나님께 소명(召命)을 받았다는 생각이 그 마음에 들어왔는지 누구나 의아하게 생각하지 않을 수 없습니다. 언뜻 보기에 그런 이들의 개인의 경건 말고는 목회 사역을 위해서 단 하나의 자격도 구비하지 못해 보이는 자들입니다. 그런 이들을 목사 후보생으로 추천한 목사가 누군지, 어떤 노회에서 그 사람들을 받아드렸는지 생각해보면 의문은 두 배로 커집니다. 지성도 없고 마음도 없고 동등하게 들어볼만한 소리도 없는 그들이 목회 사역에 들어오도록 허락한 것은, 마치 그 일에 더 유능한 다른 사람들을 쫓아내기 위한 것이 아닌가하는 느낌이 들 정도입니다. 차라리 자기들이 잘 감당했을 그 사업을 했더라면 더 나을 뻔하였습니다. 그 일들을 그만두고 가장 큰 궁핍을 견뎌내며 자기를 가장 낮출 것이 요구되는 목회직에 들어오게 허락되었는지 참 안타깝습니다. 그 목회직의 역할을 위해서 그들이 비참할 정도로 합당치 못한데도 말입니다! 그런 경우가 많습니다. 얼마나 많은 목사들이 불만을 품는 교회 사람들 틈에서 비참하게 지내며 생활하고 있는지요! 또는 어느 교회에서 오래 머물지 못하고 이곳저곳을 떠돌아다니고 있습니다! 그런 경우들이 모든 시대에도 있었습니다. 또 교단마다 그런 일이 있습니다. 그러나 지금처럼 그 수가 많았던 적은 없습니다.[2]

옳고 그른 것을 분별하기 어렵게 만드는 정신이 교회에 파고들어 장악하였고, 목회자들을 불안정케 하는 정신이 덮어버렸습니다. 한 젊은 사람을 목회길로 들어가도록 추천하는 책임은 얼마나 큰지요! 그 일은 그 일이 가져올 엄청난 성질의 결과들을 몰고 다니는 특성을 가지고 있습니다. 그러니 지극히 세심하고 주의를 요하지 않고는 해서는 안 되는 행위입니다. 목사들이 다른 사람들의 짐을 보고 함께 그 책임을 나누어 가지도록 서로 촉구하는 것은 잘하는 일입니다. 어떤 경우들에서 목회자가 자기의 충성을 지키느라 합당치 못한 목사 후보생의 열망을 꺾어버리는 잘못을 저지를 위험에 노출될 수 있습니다. 그러나 그러한 잘못을 저지르지 않도록 부분적으로 방지할 방도가 있습니다. 그것은 그 목회자가 일하는 지역에 가까이 거하는 형제들 두, 세 사람을 통해 그 후보생을 검증하게 하는 것입니다.

그러나 합당치 못한 목사 후보생을 추천하지 않도록 조심해야하는 것은 목회자들만이 아닙니다. 우리 목회자 양성 전문대학의 당국자들도 부적격 후보생들을 받아드리지 않도록 적지 않게 조심해야합니다. 한번 시험해 봄으로서, 또는 시험적으로 한동안 그 사람을 지켜보는 것으로 그 사람이 적격성 여부를 판단하는 것은 지극히 어렵습니다. 어떤 경우들에서는 겉으로 보기에는 매우 거칠어 보이고 흉해보이나 그 이면에 위대한 탁월성이 존재하는 경우들도 있고, 또 다른 경우들에서는 그 대단한 탁월성이 발전하여 자신의 모습을 드러내는데 매우 더디기도 합니다. 반면에 층이 얕으나 그

---

2) 오늘 우리가 사는 현대에는 이 점에 있어서 더욱 그러하다. 목사후보생을 선별하는 일에 있어서 신중하지 못하면, 장본인만 아니라 그가 목사가 되어 사역하는 교회 사람들의 참된 영적인 문제를 해결하는 일에서 낭패를 볼 수 있다. 각 교회에서 노회나 지방연회(감리교의 경우)에 목사후보생 추천을 하는 담임목사의 책임이 크며, 추천된 자들을 검증하는 노회의 기준은 더욱 더 엄격해야 한다. - 역자 주

외면적 모습이 너무나 대단해보여 목사로서의 필요한 자격이 있는지 판단하기 위해서 몇 개월이 걸릴 수도 있고 심지어 몇 년이 걸릴 수도 있습니다. 그러나 괜히 거짓되게 섬세하게 가려내려다가 목회자로서 적격성이 있는지 전혀 문제 삼지 않은 채 목회자 대학에 젊은 사람들을 그냥 학생으로 받아 놓도록 위원회가 결정하기도 하였습니다. 일단 그런 젊은이들을 그 친구들에게 보내어 그 친구들의 말을 듣게 하지 않습니다. 곧 친구들로 하여금 그들이 학교에서 더 이상 그 공부하지 말고 이전의 사업으로 돌아가게 권고하게 해야 하는데, 그렇게 하지 않고 그냥 붙잡아 놓는 실수를 범하기도 하였다는 말입니다. 어떤 젊은이가 저술가나 학교에서 학생들을 가르치는 교수로나 설교자로서 쓸모가 있을지를 합리적으로 타진해 보지도 않고 그냥 목회자 대학에서 공부하도록 하는 것은 대학 당국이 자기들에게 맡겨진 소임을 감당치 않고 배임하는 행위입니다. 그 학생들을 가르치기 위해서 자기들에게 맡겨준 기금을 잘못 쓰고 있는 것입니다. 그러므로 이전보다 우리 목회자들이 그 일에 주도권을 가지고 목사 후보생 적격성 여부를 훨씬 더 세심하게 분별해내도록 해야 합니다. 부적격자 백 명보다는 자격을 가진 성실한 사람들 몇이 더 낫고 더 많은 일을 할 것입니다. 교회가 적합하지 않은 목회자를 두는 일 보다는 그런 목회자가 나타날 때까지 좀 더 기다리는 것이 좋을 것입니다. 결혼 생활의 행복을 소원하는 사람이 불행한 결혼의 비참 속으로 성급하게 달려 들어가느니 좋은 짝이 나타날 때까지 상당기간 혼자 사는 것이 훨씬 더 나은 것과 같습니다.

이같이 목회자를 훈련시키는 대학의 학생을 선별하고 받아드리고 계속 공부하게 하는데 있어서 이전보다 훨씬 더 세심한 주의를 기울어야합니다. 일단 목회 사역에 들어간 사람들이 다시 그 직무에서 빠져 나오는 것이 참으로 어렵습니다. 그 목회 사역으로 들어가는 문을 더 깨어 지키는 것이 우리에게 주어진 지극히 높은 의무입니다.

## VIII
## 신학대학 교수들의 자질

헌신된 목사들을 얻는데 있어서 도움을 간절히 요청하기 위해서 자연스럽게 바라볼 수 있는 계층의 사람들은 오직 신앙 고백자들뿐입니다. 목회자와 설교자를 만들어내는 금형(金型) 틀과 같은 곳이 목회자 대학이라면, 그 금형을 모양 짓고 거기에 금속 녹은 물을 붓는 사람은 그 목회자 대학에서 가르치는 교수입니다.

그런 일을 감당하는 사랑스럽고 존귀어린 그 교수 형제들에게 얼마나 많은 것이 달려 있습니까! 그들이 어떠한 신뢰를 받아야하며, 얼마나 엄숙하고 얼마나 외경스럽고 얼마나 책임 있는 짐이 주어져 있습니까! 한 목회자가 한 개교회를 돌보는 일이 정말 중차대한 일이라면, 목회자 신학 대학의 교수가 2,30명의 젊은 사람들의 사고방식을 돌본다는 것은 얼마나 더욱 더 중요한 것입니까? 그 배우는 학생들 하나하나가 목회자로서 나갈 뜻을 품고 있습니다. 그리고 그 한 지도 교수는 매 5년마다 다른 학생들을 받아서 또 가르칩니다.[3] 정말 그러한 책무가 주어진 지위는 아무리 굳센 마음을 가지고 있는 자라도 그 책임의 무거운 압박감 때문에 두려워 떨게 만들기에 충분합니다.

우리 교회들의 능력은 우리 목회자들의 목회 사역에 달려 있습니다. 우리 목회자들의 목회 사역의 힘은 우리 목회자를 양성하는 신학 대학에 달

---

3) 이 당시에는 목회자 양성을 위한 신학 대학의 과정이 5년이었던 것으로 추정됨 - 역자 주

려 있습니다. 또 신학 대학의 힘은 그들을 가르치는 교수들에게 달려 있습니다. 정말 이런 시스템보다도 더 각별한 주의와 관심을 기울여야 할 것이 없습니다. 우리가 목회자 양성을 위한 교육 과목의 어떤 부분을 보더라도 보기에 좋습니다. 철학이나 수학이나 성경 해석학이나 교리 신학 부문에서는 여러 다양한 학문적 제도를 통해서 부끄러워하지 않을 교수들을 두고 있습니다. 우리에게 개선이 필요한 부문이 있다면 설교학과 목회학 부분입니다. 거의 이해가 되지 않는 것은, 이와 같은 시대에 우리 교수들이 그 학교 졸업생들을 할 수 있는 한 문학과 학문 영역으로 밀어 붙이려고 안달하는 있야 현실입니다. 아니면 런던 대학교가 비국교도들에게 학위와 학문적 명예를 취득할 기회를 주는 마당에서, 그런 학문적 학위를 얻는 학생들이 공식적으로 따뜻한 배려를 받고 있다는 충분한 증거를 주려고 안달하는 것이 거의 이해가 되지 않습니다.

한 사람의 인기 있고 간절한 열심을 가진 성공적인 설교자가 수십 명의 학사들이나 그 절반에 해당하는 석사들이 공중에 유익을 끼치는 것보다 훨씬 더 많은 은덕을 끼친다는 것을 기억하는 것이 좋습니다. 어떤 사람의 이름 밑에 학위를 지시하는 글자를 써 놓는 경우들이 가끔 있을 수 있는데, 그런 일이 "교육 받은 사람이 어디 있느냐?"라고 하는 질문을 자주 이끌어 내지 못할 것입니다. 오히려 한 사람이 설교자로서 그 능력을 꾸준히 드러내고 그 효과를 나타내면, 그가 그처럼 유효한 사람으로 훈련 받은 학교를 사람들이 두고두고 추천할 것입니다. 본성적인 설교의 재능이 있다면 거의 어느 토양에서나 자랄 것이고, 어떤 문화권 속에서도 자라나리라는 것이 진리입니다. 그러나 그 인성은 어떤 곳에서는 더 높은 완성도를 발휘할 수 있고, 조건의 제약에 의해서 그 완성도가 달리 나타날 수 있습니다.

목회자 대학들 중에는 보다 나은 학자들을 양성하는 것을 제일 목표로 두기도 합니다. 그런 곳에서는 철학을 더 낮게 가르치는 것을 두 번째, 그리고 더 우월한 신학적 훈련을 시행하는 것을 세 번째로 여기는 특별하고 영구한 성격을 고착시킵니다. 그러나 장구한 안목에서 볼 때 열심 있고 성공적인 설교자들을 최대한으로 배출하는데 성공한 대학이 가장 쓸모 있고, 또 사람들로부터 그에 합당한 좋은 평판을 얻게 할 것입니다.

모든 '간절한 열심'이 표면적으로 열광주의의 색조를 띠기도 합니다. 자신이 간절한 열심에 관하여 아무것도 가지지 않는 사람은 다른 사람들의 영혼 속에서 그와 같은 성향을 불붙일 수 없습니다. 그와 같이 우리 신학대학의 교수들이 이러한 정신적인 불을 분별력 있게 바르게 조절하면서 그 직무를 올바르게 수행해 나갔어야 합니다. 그 교수들이 아무리 고전과 학문과 철학적인 연구에 있어서 가치 있는 자들이라 할지라도, 그들의 마음은 사람들에게 평판이 좋고 능력 있고 쓸모 있는 설교자를 형성하는 일에 집중하고 있어야합니다. 목회자 교육의 예비 훈련 방식에서마저 배움의 길에 들어선 많은 젊은이들에게 대하여 할 일이 얼마나 많은지를 잘 알고 있는 교수들, 또한 공부할 여러 과목들 때문에 학생들의 시간과 집중력이 필연적으로 얼마나 분산될 수밖에 없는지를 잘 알고 있는 교수들은 솔직히 고백할 것입니다. 최고 중요성을 갖고 있는 그 설교학의 우월성을 부여한다는 것이 결코 쉽지 않다는 것을 말입니다. 그러함에도 불구하고 주밀하고 관찰력 있는 교수는 자기 학생들을 설득시킬 수 있는 기회들을 부단히 포착하게 될 것입니다. 곧 자기가 가르치는 모든 것이 그들이 학교를 졸업하고 나가서 감당해야 될 목사 사역, 곧 복음을 설교하고 죄인들을 회심시키는 위대한 일에 도구로 사용하지 않으면 정말 아무 소용이 없을 것임을 설득해야 한다는 말입니다. 그러나 그 가르침 받은 학생들이 설교하기 시작할 때 학교의 교수들은 바짝 긴장해야 할 특별히 중요한 요점이 있습니다. 그것은 그들의 첫 번째 강단 사역에서 모든 설교의 참된 목적을 간파하고 그 목적을 바른 경로로 추구하고 그에 합당한 열정으로 나가고 있느냐 하는 문제입니다. 어느 학생이 자기에게 주어진 첫 번째 강단에서 설교 사역을 시작하는 모습을 보면 평생 그가 어떠한 사람일지가 드러납니다. 그 때에 아무 '간절한 열심'이 없이 설교한다면 그 후에도 거의 그 열심을 내지 않기가 십상입니다. 모든 탁월한 요점들이 한 사람 속에서 조합하여 있는 경우는 거의 드뭅니다. 그와 같이 우리 교수들 중 많은 이들이 재능과 학문적 성취도에 있어서는 매우 높은 수준을 유지하면서도 설교자로서는 그렇게 빼어나지 못합니다. 그래서 강단에 선 설교자의 태도가 갖는 힘이 진실로 어떠한지에 대한 살아있는 모델들이 되지 못하고 있습니다. 물론 실질적인 본을 통해서 그것을 예증할 수 없는 자들이라도 가르침을 통해서 그것을 교훈할 수는 있습니다. 그런 이들이 그 주제의 중요성을 알아서 가르침 받으려고 자기들을 쳐다보는 그 젊은 사람들에게 강단의 열정을 가슴에 품고 불 일으키도록 설득하고, 그 일을 자기들의 가르침의 최고의 목적으로 삼게 하시옵소서!

교수들이 자기 제자들의 학문적 범주를 높여가고 그들의 섬세함을 진보시키고 있음을 보면 마땅히 크게 기뻐할 것이라고 우리는 쉽게 상상할 수 있습니다. 분석력과 논리적 면밀함과 형이상학적 섬세함을 보이게 되면 그렇게 하겠죠. 드문 경우이기는 하지만 자기들의 수고의 열매를 보는 것 같아 흐뭇해질 수도 있습니다. 물론 그런 열매들이 강단의 효과와 반드시 맞아 떨어지는 것은 아닐 것임을 내다보겠지만 말입니다. 그러나 일반적인 원칙으로 가르친 학생들의 입장에서 보면 일반 대중들에게 강단 효력을 나타내기에 모자란 부분을 메꿀 수 있는 것은 아무것도 없으며, 그들 학생들을 만족시키는 것은 더 더욱 없습니다.

우리나라가 군 사관학교에 요청하는 바는 "우리에게 싸울 군사들을 달라."입니다. 의과 대학들에 대하여는 "우리에게 외과 의사들을 달라." 법학원에 대하여는 "변호사들을 달라."일 것입니다. 우리 목회자 대학들에게 울부짖어 요구하는 요청은 "우리에게 능력 있는 설교자들과 헌신된 목회자들을 달라."입니다. 우리 목회자 대학을 향하여 요청하는 그 울부짖음에 대하여 "우리는 학사들과 석사들을 배출할 것이다."라고 대답한다면 그 요청을 만족시키지 못할 것입니다. 그 경우는 방금 인용한 다른 분야의 요청에 부응하는 정도에 불과할 것입니다. 헨리(Henry)나 워드로우(Wardlaw)나 반즈(Barnese)와 같은 스코틀랜드 목사들이 달콤하고 수분 함량이 충분한 성경강해를 하고 있습니다. 그런데 그런 목사들 대신 메마르고 과즙이 없는 문자적 독일 신학 방식의 주해로 교회들을 먹일 사람들을 목회자 양성 전문대학이 배출하여 내 보낸다면 더 더욱 그 요청을 외면하는 셈입니다. 목사들이 자신의 진보를 위해서 깊은 비평학을 연구할 수도 있고, 강단에서 해석학적 주해와 같은 일련의 연속 강론을 시행할 수도 있습니다. 그러나 그런 강론이 반드시 가르침 받는 사람들에게 인상을 남기는 특성을 가져야 합니다. 우리 교수들이 설교자들을 훈련시키되, '강해적 설교', '설교로 전해지는 강해' 를 하는 설교자들을 훈련시키되, 두 경우 모두 다 생명력을 가지고 진수적으로 대중 설교를 할 사람들로 훈련시켜야합니다. 교수들은 교회에 보낼 사람들을 훈련시키되, 영적 미각을 연마시킬 모든 것을 가질 수 있고, 지식을 나누어주고 지성을 존중하며, 교회 일반 공동체의 품격에 무게와 영향력을 줄 수 있을 만큼의 역량을 가진 사람들을 보내 주시기 바랍니다. 이런 분야에서 성취도가 강하면 강할수록 더 좋죠. 그러나 항상 잊지 말아야합니다. 참된 신앙이라는 중차대한 주제를 위해서 언제나 요청되는 것, 특별히 이와 같은 강렬한 열심의 시대에 진정 요청되는 것은 우리가 살고 있는 시대에 걸맞게 간절한 열심을 가진 목사들의 부류입니다. 하나님께서 목회자를 양성하는 대학 교수들이 우리를 위해서 그러한 목사들을 양성할 수 있도록 은혜를 주옵소서!

## IX
## 최우선 지원 대상 신학대학

목회에 소명을 가진 사람들을 찾아내는 것이 교회의 의무라면, 그들을 교육하기 위한 방편을 제공하는 것 역시 교회의 마땅한 의무여야 합니다. 그리스도인의 자비의 모든 대상들 가운데서 우리 목회자 대학 제도처럼 가장 우선적으로 그 자비를 강력하게 요청하는 데가 없습니다. 그럼에도 불구하고 엄숙한 현실은 그 목회자 대학의 요구를 가장 나중에 들어주려하고 있습니다. 특별히 프로테스탄트 교파 중에서 그 목회자 양성 대학 전체 시스템의 주요 주축은 목회자 양성입니다. 하나님의 은혜 아래서 다른 모든 것은 이것을 중심하여 회전해야합니다. 이것이 강하면 다른 모든 것들도 강하게 될 것입니다. 이 국면에서 약하면 다른 모든 것도 약해질 것입니다. 국내에서나 해외에서나 복음화를 위해서 조성된 공회들을 지원하는 샘 근원들의 원천을 추적하여가면 우리 목회자를 양성하는 대학이 있어야 함을 강조해야 합니다. 그런데도 불구하고 교회들의 활동 자체만 놓고 판단한다면 이 사실을 교회들이 바르게 인식하지 못하는 것 같습니다. 어쨌든 목회자 대학에 많은 자선을 베풀어야 한다는 의식이 없습니다. 정말 먹을 것이 없어 궁핍한 사람들에게는 구제가 넘쳐나고 있습니다. 목회자 대학에 다니는 학생들이 갈수록 자기 스스로 등록금을 충당하는 상황이 벌어지고 있습니다. 그러나 이밖에도 우리 교수들의 말로 다할 수 없는 가치 있는 섬김에 대한 보답을 해야 하는 일도 있고, 목회자 대학에서는 지출해야 할 많은 다른 비용도 필요합니다. 기증 재산도 없고 그 학원을 전체로 유지할만한 충분한 재산이 없는 경우에는 교회들이 그 경비를 부담해야합니다. 이 경우보다 우리의 재산을 더 잘 쓸 수 있는 것이 어디에 있습니까? 드린 비용에 대하여 더 신속하고 더 풍성한 보답을 받아낼 수 있는 영역이 어디입니까?

목사들을 잘 교육하는 일이야말로 아무리 댓가를 크게 지불한다 할지라도 결코 과용한 게 아닙니다. 이런 방면에서 우리가 쓴 한 푼, 한 푼은 그 대상을 우리 눈앞에 즉시 나타내어 말합니다. 말하기는 좀 이상하지만, 어떤 목적도 그 목적에 이르기 위한 방편을 계속 정기적으로 적합하게 공급하는 문제에 있어서 이 경우보다 더 어렵지 않습니다. 해외 선교나 국내 선교를 위해서 우리 교단 내에 속한 모든 교회들 거의 대부분에서 모금한 헌금들이 있습니다. 그럼에도 불구하고 목회자 대학을 위해서 매년 헌금하기로 허락한 교회들은 얼마나 극소수에 불과한지요! 그러한 헌금을 전혀 허락지 않은 교회들은 얼마나 부지기수인지요! 현대 활동 무대는 토론회장입니다. 그러나 우리 목회자 대학들은 자기 소리를 내어 지원을 호소할 토론장을 전혀 가질 수가 없습니다. 그래서 대학 운영을 위해서 손실분을 보충해 주도록 호소하는 연설을 통해서 우리의 대의를 변호할 웅변가들을 연달아 배출할 수 없습니다. 공포심을 자아내는 정념어린 이야기나 모험담을 가지고는 사람들의 생각을 움직이는 동기를 유발할 수 없습니다. 토론회장이 강단에 설 자들을 위한 것이 아니면 무엇이겠으며, 또 대학이 없이 어떻게 강단이 존재하겠습니까? 우리는 다른 조직들을 위해서 비용을 줄여서는 안 됩니다. 그러나 우리의 목회자 양성 시스템을 위해서는 훨씬 더 많은 비용을 써야합니다. 우리는 분발해야합니다. 모든 것이 달려 있는 이 문제를 내버려두고 우선순위에서 맨 뒤로 밀려나도록 해서는 안 됩니다. 일반 민중들에 주목을 받는 한 두 공회들의 그늘 속에 이 문제가 가려지도록 내버려두어서는 안 됩니다. 만일 임의기부(任意寄附) 원리를 위한 논쟁에서 나타났던 열심의 더 많은 부분이 우리 교단의 목회자 양성 대학을 더 자유롭게 지원하는 문제에 집중되었다면, 지금보다 형편이 훨씬 더 나아졌을 것입니다. 또 그 원리의 힘이 더 분명하게 드러나고 더 성공적인 후원을 받았을 것입니다.

비국교도의 대의를 위하는 우리의 모든 열정을 종합하면 이런 목회자 대학을 위해서 보다 다른 자선의 목적을 위해서는 더 쉽게 큰 기금을 마련합니다. 회중주의 교회 연합을 통해서 주로 지원을 받고 있는 런던 선교회가 매년 거의 8만 파운드를 모금합니다. 그러나 같은 그 연합체가 목회자 대학을 섬기는 우리 교수들을 위해서 모금한 액수가 8, 9천 정도에도 미치지 못합니다. 이것마저도 우리 목회자 대학들이 합병하여 비용을 줄여 경제적으로 지출하는 방식으로 사용되지도 않습니다. 지금이야말로 이런 체계의 전체를 살펴보아야 할 적기(適期)입니다.

그러나 이런 문제를 우리 교회들이 이해하기 시작했고, 시대의 지성인들이 교육을 바르게 받은 목사의 가치를 더 잘 인식하게 되었다니 뭔가 힘을 주는 일입니다. 그에 대한 하나의 자연스러운 결과로 목회자 대학의 빚을 줄이기 위하여 지원하려는 일반의 분위기가 고조되고 있습니다. 그러한 일에 관심을 두는 사례들이 최근에 일어났고, 재산을 많이 가진 소유자들이 그 큰 부분을 목회자 대학을 설립하거나 학자를 양성하는 방식으로 목회 사역을 준비하는 젊은 사람들의 교육을 위해서 내놓는 일이 최근에 일어났습니다. 어떤 한 사람이 이러한 장학 기금 중 하나를 담당한다고 합시다. 그가 35세의 나이에 자기 재산을 내놓고 70세까지 산다면 그의 평생, 아니 그 이후에도 그 장학금을 통해서 교육 받은 예닐곱 명의 목사들이 한꺼번에 복음을 전하게 하는 영예를 누리게 되는 셈입니다. 그가 하늘 본향에 이르게 될 때, 그 증여한 재산으로 교육 받은 그 목사들의 수고로 구원 받았던 숱한 영혼들이 줄을 지어 영광중에 그를 환영할 것입니다. 거룩한 야심의 목적도 가지고 있고, 선을 행할 소원과 방편을 이미 가지고 있는 사람들에게 그러한 제안을 한다는 것은 얼마나 고상하며 얼마나 장려할 일입니까! 교회들이 힘을 합치고, 풍부한 재산을 가진 개인들이 합세하여 이 특이한 시대 환경에 적응하는 목사를 길러내는 교육을 위해 필요한 모든 걸 공급할 책임을 잘 숙고하도록 합시다!

chapter 11

# 목회 사역과 신적 감동의 함수 관계

방편적인 것에 대해서는 대단히 많은 것을 말하였습니다. 이제 그 목회 사역의 효력을 위해 반드시 필수적인 신적(神的) 작용에 관하여 말할 차례입니다. 이에 대하여 아무 말도 하지 않으면, 이 저작은 저자인 제 자신이나 독자 모두의 평가에서 치명적 결함을 가진 것으로 치부되어야 마땅합니다.

자연 세계나 은혜의 세계에서, 하나님께서 목적하신 계획을 이루시기 위해서 일련의 필요한 방편을 채용하십니다. 물론 그것은 어디까지나 방편 의존적(dependent)인 채용이 아니라 목적의 수단으로 부수적(appropriate)인 것입니다. 목적하는 열매를 산출하기 위해서 이러한 방편들을 수용하시는 하나님의 행사에 감사하면서 아울러 하나님의 지혜를 찬탄해야 합니다. 한편 활용되는 방편을 통해서 효력이 발생하는 것은 하나님의 복주심에 달려 있음을 고백하면서 하나님의 능력과 은혜에 그 모든 영광을 돌려야합니다.

사람의 마음에 하나님의 은혜가 어떻게 작용하는지 만족하게 예증할만한 유추를 자연 세계에서 빌려올 수 없습니다. 저는 물리적 우주 내에 존재하는 제 2차 원인들이 그 효력을 발생하려면 반드시 하나님의 역사(役事)가 있어야 함을 잘 알고 있습니다. 그러나 그 경우는 필자가 이 책에서 진술하고 있는 것과는 종류가 전혀 다른 영향력이고, 또 그 영향력의 분야도 전혀 다른 것입니다. 이 책에서 다루는 문제는 인간 마음에 역사하시는 성령님의 역사(役事)의 본질에 관한 것입니다. 그것을 이해하기 위해서 채소나 동물의 생태계 속에서 우리가 관찰하는 바를 통해서 매우 약간은 도움을 얻을 수 있습니다.

사람의 구원을 위해서 채용된 방편과 연관하여 사람을 두 국면에서 살펴보아야 합니다. 곧 사람은 이성적(理性的)인 피조물이면서 아울러 죄악적인 피조물입니다(이성이 죄의 지배 아래 있는 그런 존재가 인간임을 기억해야합니다). 따라서 인간 구원을 위해서 어떤 방식을 채용하든지 간에 항상 이 조건을 다 염두에 두고 인간을 다루어야 합니다. 사람이 죄를 지음으로 타락한 상태에 있다고 해서 자기 이성이나 의지(意志)나 책임(責任)과 무관한 조건에 들어간 것은 아닙니다. 그러나 죄인이 자기 이성과 의지만으로는 타락한 자신의 조건에서 벗어나는 일은 결코 없습니다. 이런 인간의 실상 그대로를 인정하지 않고 다른 방법으로 인간을 다룰 수 없습니다.

인간을 이성적 존재로 다루어야하지 짐승이나 무슨 큰 덩어리같이 다루지 말아야합니다. 논증을 통해서 사람의 지성에 호소해야하며, 여러 동기들을 제시함으로 마음에 호소해야 합니다. 그리고 은혜의 방편을 통해서, 특히 설교를 통해서 인간의 지성과 마음에 호소하는 일이 주어지고 있습니다. 설교에는 지성에 제시되는 진리가 있어야 합니다. 그 진리는 하나님과

---

1) 거듭나지 않은 자연인을 말함 - 역자 주

죄인 사이, 도덕법의 본질과 그 책무들, 죄의 지극히 죄악됨, 하나님의 가르침을 거역한 자에게 주어지는 엄청난 형벌의 무게라는 전체 상태를 드러냅니다. 아울러 설교 속에는 하나님의 놀라운 사랑이 제시되고 있습니다. 죄인의 구원을 위해서 마련하신 조처를 나타내는 진리가 있어야 합니다. 믿음을 가지느냐 갖지 않느냐에 따라서 영원한 복락과 비참이 달려 있음을 알려주는 내용이 설교 속에 있습니다.

이런 일에 있어서 그 본질상 듣는 죄인들의 시선을 장악하고 마음의 관심을 일으키는 어떤 것이 있기 마련입니다. 그러나 설교에는 그런 진리만 있는 것이 아닙니다. 인간의 조건을 타개해 주는 진리도 있습니다. 이에 더하여 설교 속에는 인간이 처한 상황의 진실뿐 아니라 그 처지에 걸맞은 합당한 자세도 들어 있습니다. 또 설교에는 목자적 간절함과 열심에 찬 웅변으로 지성에 호소하여 마음에 인상을 끼치는 성향의 살아있는 목소리가 있습니다. 물론 '간절한 열심'이란 잘 준비된 방편의 체계의 일부분입니다. 그러니 '간절한 열심'에 있어서 더한 설교자는 방편적인 차원에서 그만큼 더 유익을 끼치기에 좋은 입장에 있다는 것은 당연한 논리입니다. 왜냐하면 하나님께서 죄인들의 마음을 바꾸기 위해서 그 설교하는 일에 복을 주신다면, 그 심령 변화의 예비적 단계로서 설교자의 자세에 복을 주시어 마음을 집중하게 하실 것이기 때문입니다.

설교 내용뿐만 아니라 설교자의 자세에 있어서도 회중에게 다가오는 적응성(適應性, adaptation)이 있어야 합니다. 말씀을 혼자서 읽는 것 보다는 말씀을 듣기 위해 예배당에 참석한 사람들에게 설교할 때 통상 더 큰 효력이 나타나는 것은 일은 어떤 연유이겠습니까? 설교에는 듣는 사람들의 마음의 관심을 끌고 그 마음에 인상을 끼치는 더 큰 적응성이 존재하기 때문입니다. 같은 법칙을 따라서 저는 주장합니다. 어떤 설교자의 설교 자세에는 다른 설교자의 자세보다 이 목적을 위해서 더 큰 적응성이 있다고 말입니다. 그래서 하나님의 권능과 별개적으로 생각하여 '저 사람이 더 성공적이겠다.'고 기대되는 설교자들이 정말 더 성공적임을 우리가 목격하게 되는 것입니다. 그렇다고 해서 하나님의 감동이 필요 없음을 말하는 것이 아닙니다. 오히려 하나님의 성령께서 통상적으로 어떤 질서를 가지고 방편을 활용하시는지를 말하고 있을 뿐입니다. 따라서 우리가 어떤 방편을 취해야 할런지 그 점을 우리에게 보여줍니다.

통상적으로 하나님께서 무식이나 우둔함이나 모호함이나 나약한 것에 복을 주시지 않으십니다. 그러니 우리도 그런 것들을 피해야 마땅합니다. 왜냐하면 그런 것들을 통해서 큰 결과를 기대하는 것은 마치 하나님께서 약속하지 않으신 것을 기대할 뿐더러 아주 드물게 부여하시는 것을 기대하는 셈이 되기 때문입니다. 하나님께서는 우리를 이성을 가진 합리적인 존재로 다루십니다. 그래서 하나님께서 우리에게 진리를 제시하시고, 진리를 이해하고 믿으라고 요구하시는 방식을 쓰십니다. 그래서 마음으로 그 진리를 받아드림으로 전체 성품과 행실을 바꾸게 하시는 것입니다.

그러나 인간의 마음은 하나님의 진리에 냉담할 뿐만 아니라 대적하는 성향이 숨어 있습니다.

*"육신의 생각은 하나님과 원수가 되나니 이는 하나님의 법에 굴복치 아니할 뿐 아니라 할 수도 없음이라"*(롬 8:7).

사람의 마음이 그처럼 어찌나 눈멀어 판별력을 상실하게 되었던지, "육에 속한 사람은[1] 하나님의 성령의 일을 받지 아니하나니 저희에게는 미련하게 보임이요, 또 깨닫지도 못하나니 이런 일은 영적으로라야 분변함이니라"(고전 2:14).

그러므로 설교자의 자세로 말미암아 회중들의 관심이 아무리 촉발되었다 할지라도(물론 회심하기 위해서는 회중들의 관심을 반드시 촉발하는 일이 있어야 함), 마음이 여전히 진리와 대적을 하고 있습니다. 그러니 진리 자체를 대적하는 그 마음의 완고함을 제압하려면 성령님의 감동이 절대로 필요합니다. 그래서 사람의 회심의 문제에 있어서 하나님의 말씀 진리와 성령께서 함께 작용하는 셈입니다. 그래서 죄인이 진리 안에서 제시된 대상들을 알고 사랑하게끔 인도함을 받습니다. 그러므로 진리를 알고 사랑하기 위해서는 반드시 진리를 지성(知性)에 제시해야 합니다. 그러나 그 제시된 진리를 아무리 이론적으로 잘 이해했다 할지라도 성령께서 진리에 대한 혐오감을 제거하시기까지 그 진리를 사랑하는 일은 결코 일어나지 않습니다.

진리가 없이는 이성적인 존재인 사람의 지성적 촉각을 자극하여 관심을 끌어낼 것이 없습니다. 아울러 성령님이 아니시면 아무도 자기에게 제시된 진리를 마음으로 달게 받지 못합니다. 예를 들어서 어떤 대상이 가진 특성 속에 혐오감을 일으키는 어떤 부분이 있다고 합시다. 그리고 그 혐오감을 일으키는 부분과 그 대상 자체에 대한 지식이 더 늘어났다고 합시다. 그 경우 그 지식이 그 대상에 대한 우리의 적대감을 제압할 수 없다는 건 너무나 당연한 이치입니다. 그 대상에 대해 유쾌한 마음을 갖게 하려면, 먼저 그 사람의 취향이 변해야 합니다.

죄인과 진리의 관계도 정확히 그러합니다. 죄인은 복음의 거룩성 때문에 복음을 싫어합니다. 복음에 대한 이해의 빛이 증가한다 할지라도, 그것이 복음에 대한 죄인의 적대감을 결코 극복하게 하지 못할 것입니다. 따라서 설교자의 자세가 아무리 '간절한 열심'을 보이고, 그가 다루는 설교 내용이 아무리 성경적이라 할지라도, 성령께서 복을 주시지 않는 한 그걸 듣는 죄인들에게 구원의 열매가 맺히는 일은 결코 일어나지 않습니다. 물론 성령께서 간섭하지 않아도 설교 자체만으로 모든 것을 이룰 수 있는 것처럼 설교할 필요가 있습니다. 왜냐하면 성령께서는 통상적으로 바로 그러한 설교를 방편으로 해서 죄인들로 회심케 하시기 때문입니다. 성령께서 이 목적을 이루시는데 적절한 방편을 사용하신다는 교리 속에 힘주어 설교할 자세를 꺾어버리는 것이 전혀 없습니다. 방편이 성공을 보장하지는 않는다 해도, 성공에 대한 합리적 희망을 그 방편이 담고 있습니다. 하나님께서는 다리를 저는 짐승을 제물로 바치면 받지 않으실 것이고, 하나님의 대의(大義)를 위해서 마음과 뜻을 다하여 참 된 노력을 기울이지 않는 섬김에 칭찬의 표를 던지지 않으실 것입니다.

성령의 감화는 게으름을 관대하게 보아주는 식으로 오지 않고 분발하여 노력할 자극으로 옵니다. 성령의 감동의 직무는 인간의 여러 기능들을 방종에 빠져 무기력하게 하는 것이 아니라, 그 기능들이 깨어나게 할 여러 동기들을 제공하는 것입니다. 성령께서 교회에 역사하시면 병의 상태를 보여주는 병증을 느끼지 못하게 되는 것이 아닙니다. 도리어 그 역사는 도덕적이고 영적인 건강의 징조를 보이는 활기의 요소로 작용하는 것입니다.

하나님께서 이 복된 감화를 나누어주실 때에 의심할 여지없이 주권적으로 행하십니다. 하나님께서 보시기에 좋은 방도와 경우들과 도구들을 통해서 그 복된 감화를 끼치십니다. 구름의 길을 인도하시어 하나님이 기뻐하시는 장소와 때에 그 귀한 비가 떨어지게 하시는 하나님께서 그 은총의 이슬과 성령님의 비를 하나님 자신의 뜻대로 떨어지게 하십니다. 진리를 제시하는 것과 영혼의 구원 사이의 관계가 마치 무엇에 비유될 수 있을까요? 가연성 물질에다가 불을 대면 금방 연소되는 것과 같은 그런 것은 결코 아닙니다.

사도는 말하였습니다.

"그런즉 아볼로는 무엇이며 바울은 무엇이뇨 저희는 주께서 각각 주신 대로 너희로 하여금 믿게 한 사역자들이니라. 나는 심었고 아볼로는 물을 주었으되 오직 하나님은 자라나게 하셨나니 그런즉 심는 이나 물주는 이는 아무것도 아니로되 오직 자라나게 하시는 하나님뿐이니라"(고전 3:5-7).

누구나 이 말씀의 의미를 오해하는 일이 일어나서는 결코 안 됩니다. 영혼이 회심하기 위해서 하나님의 특별한 감화가 반드시 필요하다는 것에 대하여 의심하거나, 하나님의 진리 안에서 교통하는 것이 신적 주권의 예비적 단계라는 사실을 의심하는 쪽으로 이 사도의 말을 이해하는 건 정말 어불성설입니다.

우리가 피력하는 그 '하나님의 감화'를 기대할 모든 근거가 여전히 존재합니다. 우리는 메시야의 경륜뿐 아니라 성령의 경륜 아래서 사는 특권을 누리고 있습니다. 성령의 경륜과 메시야의 경륜 사이는 서로 연결되어 있습니다. 아마 보다 정확하게 말해서 그 둘은 같은 것입니다. 성령의 경륜은 그리스도의 피로써 확정된 언약입니다. 화해의 목회 사역이 성령의 사역입니다. 그렇다고 해서 신적 감화를 신약시대의 경륜에 국한시켜서 나타내고 싶다는 의도는 아닙니다. 왜냐하면 태초 이후에 이 신적 권능에 의하지 않고는 어떤 영혼도 회심하거나 거룩함을 입지 못하였기 때문입니다. 그리스도께서 오시기 전에 신적 감화의 교통이 오신 후의 경우와 비교할 때 제한적이고 부분적이고 간헐적이었습니다. 그 때에는 그 신적 감화의 교통이 소낙비와 같지 않았고, 그 소낙비가 내리기 전 빗방울이 뚝뚝 떨어지는 것과 같은 경우였습니다. 복음서 기자의 말을 빌리면 이러합니다.

"이는 그를 믿는 자의 받을 성령을 가리켜 말씀하신 것이라. 예수께서 아직 영광을 받지 못하신 고로 성령이 아직 저희에게 계시지 아니하시더라"(요 7:39).

우리가 성령의 경륜 아래 있다는 이 개념은, 이 말로 할 수 없는 가치와 본질적 복락을 부요하게 부어 주실 것에 대한 우리의 기대를 확장시켜줌에 틀림없습니다. 신적 주권에 대하여 제가 제시한 그 관점을 바르게 이해한다면 소망을 꺾기 위해 의도되는 것이 아님을 분명하게 알 것입니다. 오히려 그 관점은 우리의 살리심을 가르치기 위한 것입니다. 하나님께서 은혜 베푸시는 권한을 자신에게 두시고 그 신적 감화의 교통을 위해서 하나님께서 친히 정하신 법칙에 따라서 행하십니다. 그러기에 하나님께서 가장 포괄적인 요구를 하도록 보장하셨고 촉구하십니다. 그래서 가장 큰 기대감을 갖게 하시는 것입니다. 하나님께서 믿음의 기도에 응답하여 그 요청을 들어주신다고 약속하셨으니, 보다 더 풍성한 정도로 믿음의 기도를 드리지 않는 것은 우리 자신의 실수가 될 것입니다. 하나님께서 그러한 경륜 아래 있는 특권을 우리로 누리게 하셨다는 사실을 회상하기만 해도, 우리의 기도를 창출하여내고 우리의 기대감을 불러일으키기에 충분할 것처럼 보일 수 있습니다.

그러니 교회 역사 속에서 가장 성공적인 목회 사역이 나타날 때는 하나님의 놀라운 권능이 함께 했다는 사실을 이상하게 여기지 말아야 합니다. 우리 시대에 하나님의 권능을 그렇게 적게 밖에는 받지 못한 일을 이상하게 여기며, 그 이유가 어디에 있는지 탐문해야 마땅합니다. 비가 거의 내리지 않는 이집트와 같은 곳에서 소낙비가 내린다면 예외적인 일이지요. 그런 곳에서는 건조한 상태가 보편적인 법칙입니다. 그러나 날씨의 변덕이 심한 우리 잉글랜드에서는 오랫동안 가뭄을 겪는 일은 아주 희소합니다. 그리고 소낙비가 자주 내리는 일이 우리에게는 보통의 일입니다. 그러나 이집트와 같은 나라에서는 농부들이 밭을 갈고 씨를 뿌릴 때 하늘을 쳐다보면서 씨를 뿌립니다. 땅을 기름지게 하는 비가 오지 않고 물러나 있으면 농부들은 의기소침해집니다. 하나님의 은혜의 소낙비에 관해서도 우리가 그래야 합니다.

우리는 지금 레위기 시대의 건조한 공기 속에 존재하지 않습니다. 오히려 이슬을 맺게 하고 비를 떨어뜨리시는 성령의 경륜이라는 특권을 누리고 있습니다. 그러니 우리가 던져야 할 질문은 이것입니다. 어째서 우리가 이 신적 감화를 더 많이 누리지 못하는지, 무엇이 주님을 격동시켜 우리로부터 그 은혜의 따사로운 감화를 거두게 하셨는가? 우리 목회 사역이 그처럼 놀라운 복을 받거든 이상하게 여기지 말고 대신 어째서 그런 일이 항상 주어지지 않는지 물어야합니다. "주 여호와의 말씀에 나의 삶을 두고 맹세하노니 나는 악인의 죽는 것을 기뻐하지 아니하고 악인이 그 길에서 돌이켜 떠나서 사는 것을 기뻐하노라"(겔 33:11)고 말씀하셨습니다. 하나님께서 죄인들의 구원을 위해서 무엇을 하셨는지 회상해 보십시오. 거기에다가 복음이 하나님 자신의 진리이며, 설교는 하나님께서 친히 세우신 제도입니다. 그 점을 깊이 숙고할 때 하나님 자신의 목적이 성취되어 열매를 맺기 위해서 필요한 그 영적인 감화를 왜 부어주지 않으시는지 의아한 생각이 듭니다. 그래서 "주님께서 지금 무엇을 기다리고 계시는지?" 탐문할 마음이 솟구쳐 오릅니다. 이 의문에 대해서 이런 대답이 주어질 수 있습니다.

"하나님께서 목사들의 '간절한 열심'을 가진 수고와, 하나님의 교회의 믿음과, 그 둘의 믿음 있는 기도를 기다리신다."

신적 감화의 필요성이 목사들과 그들 양떼들에게 있어서 실천의 원리라기보다는 '믿음의 한 교의(敎義)' 라는 점은 아주 교훈적입니다. 사람들이 정말 그 교의를 믿었다면, 또 그것이 마음에 각인된 확신으로 자리 잡았다면, 그리고 사람들의 신앙생활에 있어서 최소한의 진지함의 정신이 있었다면 사람들은 어떠했겠습니까? 그렇다면 사람들은 재능을 덜 의지하고, 천재성과 웅변에 대해서는 훨씬 덜 강조하고 대신 하나님을 우러르며 간절하고 집요한 간구를 얼마나 훨씬 더 드렸을까요!

하나님께서 방편을 통해서 일하시며, 그 목적을 촉진시키기 위해서 채용하신 방편이 있음을 생각한다면, 비이성적이고 광신주의적으로 방편을 게을리 하는 쪽으로 잠길 위험성은 결코 존재하지 않을 것입니다. 오히려 정반대로 그 방편에게 보다 더 부단하고 진지한 자세로 관심 두는 일이 있을 것입니다. 설교하는 일, 특별히 '간절한 열심'을 가지고 설교하는 것이 성령님의 방편임을 알면, 그 지식은 사람들로 하여금 그 복락을 누릴 수 있기 위해 그 방편을 구하도록 인도할 것입니다. 그 지식은 목사를 성령의 도구로 얼마나 높게 생각하게 만들 것이며, 영혼을 복 되게 하시는 하나님의 방편으로서의 설교를 얼마나 더 중요하게 여기겠습니까! 목사들과 그 목사들이 하는 설교를 하나님의 역사(役事)와 떨어뜨려놓고 보려는 자세야말로 목사와 설교 모두를 한량없이 침몰하게 하는 것입니다. 그런 식의 관점은 설교자들을 그리스도의 사신으로 보는 일을 멈추게 하고, 그 대신 설교자를 종교 강연을 하는 자로만 생각하고 설교를 듣게 만들 것입니다. 설교자의 설교를 바르게 받기만하면, 설교는 영혼들을 비추고 새롭게 하고 거룩하게 하시는 그 신적 감화의 지정된 통로입니다. 그렇게 여기는 사람들이 거룩하고 경외어리고 열심 있는 기도를 드리기를 하나님이 얼마나 원하실까요!

그러나 신적 복락을 위해서 방편을 의존해야 할 필요성을 기억하는 것이 성도들에게 주어진 의무라면, 그 의무가 목사들에게는 얼마나 더 크겠습니까? 그 문제가 여러 번 우리의 신조에서도 다루어지고 있으며, 우리의 설교에서도 자주 제목으로 등장하기도 하고, 우리 기도에서도 나타나기도 합니다.

그러나 결국 우리가 성령님을 깊고 실천적이고 부단한 방식으로 의존하되, 우리 자신의 힘으로는 어떤 것도 하려고 들지 않을 정도로 의존해야 할 필요성을 확신하는 것이 있습니까? 그런 확신으로 오직 주님 안에서만 강해지며 그 권능의 힘 아래서만 능력 있게 됨을 느끼게 만들 정도의 그 확신이 우리에게 있습니까? 이러한 확신 아래서 우리의 연구를 진행해나가고, 우리의 골방 기도를 해 나갑니까? 어린아이 같은 단순성으로, 우리 설교를 듣는 자들이 자기 자신의 구원에 대해서 깨닫도록 해 주는 정신으로 신적 작용자이신 성령님의 인도하심과 복락을 바라고 습관적으로 우리 자신을 그분께 던집니까? 설교본문을 선택하는 지혜와 우리 설교를 작성하는 지혜를 주십사고 하나님께 기도를 드립니까? 우리에게 맡겨진 사람들을 위해서 생각하고 글을 쓸 때에 우리 마음과 눈을 하늘을 향하게 합니까? 강단에 올라갈 때 설교하는 자로서 뿐만 아니라 기도하는 마음의 상태를 가지고 올라갑니까? 설교할 때 우리 자신뿐 아니라 우리에게 맡겨주신 그 사람들을 위해 기도합니까? 그래서 우리 자신을 전능하신 이의 능력으로 옷 입히고, 우리 주님을 항상 앞서 나가시게 합니까? 우리 앞에 있는 불멸의 모든 영혼들을 생각할 때 인간의 칭찬이나 비판은 아무것도 아니고 오직 우리와 함께 계시는 주님만이 문제라는 생각을 합니까? 성령 하나님께서 역사하지 않으면 어두운 마음을 가진 한 사람의 심령도 밝히 조명할 수 없습니다. 또 한 사람의 마음도 부드럽게 하거나, 구원을 열망하는 한 영혼도 바르게 지도할 수 있거나, 상처 받은 한 심령을 치료할 수 있거나, 불안한 심령으로 평안한 마음을 가지게 할 수 없습니다. 그 사실을 기억합니까? 진실로 그 한 목적들을 성취하길 원하십니까? 그렇지 않으면 사람들을 즐겁게 하고 우리 자신의 마음을 채우는 설교를 전함으로 만족하고 마는 것입니까? 정말 거룩한 목적을 진실로 완수하기를 원하여 설교한다면, 가장 훌륭하고 가장 적절한 방편보다 훨씬 더 높은 것을 의존해야 한다는 우리의 의식이 얼마나 철저하고 얼마나 확신에 차고 얼마나 믿음에 찬 것이겠습니까?

하나님의 은혜에 절대적으로 의존해야한다는 그러한 의식은 우리 영혼의 힘을 조금도 제한하지도 않을 것입니다. 또 우리 자신의 힘도 방해하거나 우리 자신의 불을 결코 끄지 않을 것입니다. 우리 자신의 집중력을 조금도 감소시키지 않을 것입니다. 그러기는커녕 오히려 그런 의식은 설교할 때 말로 할 수 없는 큰 이점을 부여하기 마련입니다. 곧 진지함과 자애로움과 위엄이 우리의 강론 전체에 배어있게 될 것입니다. 정말 그러한 영혼은 도움을 받지 않은 최상의 재능으로도 넘나볼 수 없는 경지입니다. 초월적인 감화가 우리에게 머물 것이고, 하나님의 영광이 우리를 밝게 빛나게 할 것이고, 우리는 성령의 능력과 나타남 속에서 말하게 될 것입니다.

홀(Hall) 목사는 '기독교 목회의 좌절과 지원에 관하여'(On the Discouragements and Support of the Christian Ministry)라는 글에서 다음과 같이 진술하였습니다.

"하늘의 기름 부음 받은 우리는 쓸데없이 자기가 생각한 것들을 늘어놓거나 무익하게 신기로운 척하려는 탐욕에 빠지지 않아야 한다. 그래야 평이한 복음을 만홀히 여기는 시험에 결코 빠지지 않을 것이다. 그런 상태에 서라야 가장 평범한 설교 주제들도 새로운 신선함과 흥미를 가진 것으로 드러나게 될 것이다. 마치 그런 주제를 이전에는 한 번도 생각한 적이 없는 것처럼 말이다. 그리고 성령께 속한 것들이 그 무진장한 다양성과 깊이를 드러낼 것이다. 그런 가운데서 눈에 보이지 않는 세계를 우리가 꿰뚫어보고, 말하자면 영혼을 들여다보며, 참 된 신앙의 진수와 핵심을 제시하게 될 것이다. 그런데도 너무 많은 설교자들이 신령한 분별력이 모자라 표면과 껍데기만 핥고 만족하고 만다. 우리는 허영의 제단에 분향(焚香)하기 위해 한 알갱이도 던지지 말아야 할 것이며, 철저하게 우리 자신을 잊고 우리가 전하는 설교를 회중이 그대로 확신있게 받게 하려고 최선을 다할 것이다. 다른 모든 것은 관심 밖으로 밀어내고 진리의 위엄과 영혼의 실상에 관해 느껴지고 생각되는 것만 남게 할 것이다."

그러한 마음의 성향을 진작(振作)시키는 설교자는 천재적 재능을 가진 사람 못지않게 번쩍이는 광채를 입고 나타날 것입니다. 아니 더 나아가 하늘에 속한 신적 거룩성을 더 견지하고 나타날 것입니다. '간절한 열심'과 하나님을 진정으로 의뢰하는 정도가 최고조에 이르게 되면, 그 설교자는 거의 계시의 숭고한 상징, 태양 안에 서 있는 천사의 고상한 상징처럼 보일 것입니다.

"이르시되 기도 외에 다른 것으로는 이런 유가 나갈 수 없느니라"(막 9:29).

성령의 도우심이 절실하게 필요함을 깊고 실천적으로 확신하는 사람은 기도의 사람이 될 것이며, 골방으로 나아가 거기에 머물 것입니다. 우리 목회가 보다 더 성공적이지 못한 이유, 영혼들이 하나님께 회개하고 돌아와 누리는 마음의 진정한 기쁨을 더 자주 맛보지 못하는 이유가 바로 여기에 있지 않나 생각합니다. 우리는 그저 단순히 강단에 서서 설교하는 사람이 되기만을 추구합니다. 충분히 골방의 사람들이 되지는 못합니다. 죄인들의 구원을 위해서 하나님께서 그 은혜를 베푸실 때 어느 정도 다른 사람들의 기도를 통해서 베푸신다는 것은 하나님의 도덕적 통치의 신비입니다. 정말 하나님께서 그리하십니다.

우리도 그것을 알고 있습니다. 그것을 알고 있음에도 불구하고 그 진리를 통해서 우리가 얼마나 조금밖에 영향을 받지 못하며, 그 사실로 인해서 기도하도록 자신을 분발시키는 데는 얼마나 미약합니까! 우리 목사들이 서로 우리 자신의 목회 사역의 열매 없음에 대하여 불평하는 일을 얼마나 오랫동안 하였습니까! 그러나 윌슨 박사(Dr. Wilson)가 리처드 백스터의 「참 목자상」(Reformed Pastor)의 서문에 기고한 글에서 말한 바와 같습니다.

"금식과 하나님께 기도함으로 보낸 하루는 사람들 앞에서 탄식과 불평을 하면서 보낸 천 날 보다 가치 있다."

이 책의 필자인 본인은 동료 목회자들을 비난하고 자신은 그러한 잘못을 저지른 적이 없는 사람처럼 생각하고 이 글을 쓴 것이 아님을 동역자들에게 확실히 말해두고 싶습니다. 필자인 저 자신도 열심 있는 기도의 정신이 부족한 데 대한 비난을 함께 받아야 하며, 이 일 때문에 함께 겸비한 자세를 취해야 마땅합니다. 활발하게 움직이는 시대의 특성 때문에 우리 목회자들이 공중 앞에 서는 일이 너무 많아서 열정적으로 개인 기도를 위해서 드리는 시간이 너무 적다는 핑계를 댈 수는 없지만 그 잘못에 대한 책임을 약간은 무마시킬 수 있을지 모릅니다. 일에 바빠 개인적 경건의 시간이 침

해당합니다. 이러한 변명의 구실에도 불구하고 참으로 우리는 죄를 짓고 있습니다. 왜냐하면 우리는 기도하고 있지 않기 때문입니다.

마치 우리가 보내심 받은 것이 사망에서 영혼들을 구원하기 위함이라고 믿지 않는 것처럼, 하나님의 은혜가 없이는 단 한 경우에도 성공적일 수 없음을 전혀 믿지 않는 것처럼 기도하지 않고 있습니다. 다드릿지(Doddridge)나 브레이너드(Brainerd)나 페이슨(Payson), 마틴(Martyn)이나 다른 많은 사람들의 일기를 읽어보고도 '간절한 열심'을 가진 기도가 서글프게 부족한 것을 인하여 자책하지 않을 자가 누구이겠습니까? 아마 현대처럼 공적으로 모여 기도하는 일이 많으면서도 사적으로 기도하는 일은 적은 시대가 없었습니다. 우리의 사업 거래를 할 때마다 우리는 기도로 시작합니다. 그러나 너무 자주 사업적인 정신으로 기도합니다. 진지함과 깊은 경건은 서글프게 빠져 있습니다. 그래서 너무나 자주 경건의 실제 행사에서 경외심이 부족한 것을 드러내고, 그리하여 기도의 정신이 약화되는 쪽으로 발전해 나갑니다. 경건의 정신이 침체된 일보다 더 무섭게 여겨야 할 것이 없으며, 경건의 정신이 올라가는 것보다 더 강렬하게 바랄 것이 없습니다.

기도하는 목회사역은 반드시 '간절한 열심'을 가진 목회임에 틀림없습니다. 또한 '간절한 열심'을 가진 목회 사역은 기도하는 목회임에 틀림없습니다. 그러니 우리는 이 시대의 모든 조건들이 우리로 하여금 그만큼 보다 더 간절한 열심의 간구를 넘치게 드려야 함을 인식해야 합니다. 기도하기 위해 더 많은 시간을 달리 뽑아낼 수 없다면 연구하는 시간이나 잠자는 시간에서 뽑아내야 합니다. 하나님의 성령의 은혜로운 감화를 간청하지도 않으면서 성령님의 역사를 기대할 권리나 이유가 전혀 없습니다. 성령님이 아니고서는 아무것도 할 수 없습니다. 부산한 활동이나 모임을 수도 없이 가지는 일 때문에 집중적 경건의 의식을 마음에서 밀어 내쫓지 않도록 조심합시다. 우리처럼 기도가 더 필요한 사람들이 없었고, 우리처럼 기도를 게을리 하는 위험에 처했던 적도 없었습니다.

활동하는 시간보다 기도하는 시간을 단축시킨 것이 낫다는 구실 속에 그럴듯해 보이는 것이 있습니다. 그러나 기도를 희생시키고 수행한 일들이 결국은 혼란과 허영으로 끝이 나는 일을 결국 만나게 될 것입니다. 참된 신앙의 대의(大義)를 위하여 공적으로 모이는 정신이 아무리 힘이 있고 왕성하다 할지라도 그것이 하나님을 전적으로 의존한다는 의식으로 바쳐지지 않으면, 하나님께서는 그것을 성전 안에다 질투의 형상을 세워 놓은 것으로 보실 것입니다. 또 그 일로 인해 하나님은 질투하실 것입니다. 그리되면 우리의 설교들이 사람의 능력이 됩니다. 아니면 아마 사람의 연약을 말하는 것이 될 것입니다. 그러나 우리의 기도가 정죄된 의식 하에서 하나님의 능력입니다. 우리가 설교하는 일을 느슨하게 하지는 맙시다. 그러나 기도가 더 넘치게 해야 합니다. 지성의 광선을 꺼버리지 맙시다. 그러나 거기에다가 경건의 뜨거움을 더합시다. 영혼 구원이 우리 자신의 힘 자체에 달려 있는 것처럼 노력은 합시다. 그러나 사도가 "내가 아무것도 아니로되"라는 말을 할 때에 가졌던 것과 같은 느낌을 가집시다.

우리의 설교를 듣는 회중들의 영원한 운명이 우리 자신의 설교 뿐 아니라 우리 자신의 기도에도 달려 있습니다. 우리는 우리에게 주어진 선교의 목적을 이행합니다. 강단에서뿐만 아니라 골방에서도 말입니다. 이 이중적 끈질김, 처음에는 죄인들에게 하나님과 화해하라고 탄원하고 그런 다음에는 하나님께 그들에게 성령을 부어 주십사고 탄원하는 그 이중적 끈질김이 있어야 합니다. 그것이 아니면 '새 언약의 성공적인 일꾼'이 되리란 기대를 전혀 할 수 없음을 인식합시다. 그렇게 함으로서 하나님께서 지정하신 방편들을 사용하시는 그 하나님의 지혜를 높이고, 하나님의 은혜에 우리가 전적으로 의존되어 있음을 고백함으로 말미암아 하나님의 권능을 높이게 되는 것입니다.

리처드 백스터는 그의 책 「참 목자상」의 결말에 그 책의 유용성을 확신한다고 표현하였습니다. 만일 제가 그 확신적 표현을 제 입장에서 소망과 기도의 확신이 아닌 다른 방법으로 받아들였다면, 그것은 제 속에서 터무니없고 우스꽝스러운 허영을 산출하였을 것입니다. 그러나 저는 소망과 기도의 정신으로 받아서 저 위대하고 거룩한 사람의 어법을 그대로 빌어 다음과 같이 말하고 싶습니다.

"형제들이여, 저는 지금 제 충고를 마치고 그 충고를 실천에 옮기도록 여러분에게 부탁하는 바입니다. 거만한 자들은 제 충고를 조소 어리게 받고, 이기적이고 나태한 사람들은 불쾌하게 받겠지요. 아니 분개하면서 받겠지요. 그럼에도 불구하고 저는 조금도 의심하지 않습니다. 죄와 사탄의 대적에도 불구하고, 하나님께서 제 충고를 사용하시어 당신의 많은 종들을 일깨워 그 의무를 감당하게 하실 것이고, 정당한 개혁의 역사(役事)를 촉진시키실 것입니다. 하나님께서 많은 영혼들의 구원을 위해서 감당하는 현재의 일에 복을 주실 것이고, 그 일을 수행하고 감당하는 여러분에게 평강을 주실 것입니다. 또한 나라 전체가 하나님을 섬기는 종들을 분발시켜 그 일을 감당하는 여러분을 지원하게 하실 것이고, 하나님 당신의 교회들의 순결과 연합을 증가시키실 것입니다. 저는 그 점을 의심하지 않습니다. 아멘."

## 은혜의 방식 *The Method of Grace in Gospel Redemption*

존 플라벨 지음 | 서문 강 옮김 | 신국변형 양장 648면 | 값 25,000원

이 책은 존 플라벨의 저작들 중에 가장 유명하고 가장 많이 읽혀진 책으로 19세기 프린스톤 신학대의 거장 아취발드 알렉산더(Archibald Alexander)가 회심하는 데 이 책이 결정적 역할을 하였다. 목양적인 저자의 영적 지각과 충정으로 성도들의 마음속을 들여다보며, 그들의 마음을 움직여 구원하시는 하나님의 방식으로 데리고 가서 죄의 각성과 구원의 은혜와 그 확신에 이르게 한다.

## 영의 생각, 육신의 생각 *On Spiritual Mindedness*

존 오웬 지음 | 서문 강 옮김 | 신국변형 양장 360면 | 값 16,000원

원제(原題)는 On Spiritual Mindedness로서 로마서 8장 6절의 "육신의 생각은 사망이요 영의 생각은 생명과 평안이니라."를 기초 본문으로 저자가 당시 목양하던 회중들에게 진정한 '영적 생각의 방식'을 연속 강론한 것이다. 저자는 '마음의 생각과 그 방식'이 구원받은 이후 그리스도인의 성화(聖化) 생활을 지로하는 결정적 방향타(方向舵)임을 역설한다. 이 책을 다 읽고 나서 독자마다 성령께서 마태로 하여금 예수님의 산상설교를 마무리하게 하던 그 진술의 능력을 반드시 음미하게 될 것이다.

## 고린도전서 13장 사랑 *Charity and Its Fruits*

조나단 에드워즈 지음 | 서문 강 옮김 | 신국변형 양장 456면 | 값 20,000원

존 칼빈이 그랬던 것 같이 조나단 에드워즈도 자신의 정체성을 진정한 설교자로서 헌신하는 데서 보여주었는데, 본서가 바로 그에 대한 가장 좋은 예증일 것이다. 성령님께 사로잡힌 사도 바울이 고린도전서 13장에 진술해 놓은 '사랑'의 진면모를 그가 가진 모든 신적 은사와 은혜의 촉수로 더듬어내어 자기 회중들에게 연속 강론한 것을 묶어 이 책을 펴냈다. 이 책은 한번만 읽으면 단맛이 다 빠지는 종류의 책이 아니고 여러 차례 반복하여 읽을수록 그 영적 진미를 더 느끼게 하며, 하나님의 복음의 은혜의 풍성함에 겨워 더욱 더 만족을 주기에 충분하다.

## 사망의 잠 깨워 거듭나게 하는 말씀 *Sermons in the Natural man*

윌리엄 쉐드 지음 | 서문 강 옮김 | 신국변형 양장 336면 | 값 16,000원

예수 그리스도께서는 "사람이 거듭나지 아니하면 하나님 나라를 볼 수 없느니라…물과 성령으로 나지 아니하면 들어갈 수 없느니라"(요 3:3)고 하셨다. 그 말씀은 예수 그리스도를 믿음으로 말미암아 구원에 이르는 복음의 이치에 눈을 뜨는 일은 거듭난 사람에게만 가능하다는 의미이다. 아직 거듭나지 못한 상태에 있는 자연인(natural man)들은 영적으로 죽은 자들로서 깊은 사망의 잠을 자는 자들이다. 교회를 다니거나 교회 밖에 있거나 자연인의 상태에 있으면 그 이치를 모른 채 사망의 잠에 빠져 있게 된다.

## 구원을 열망하는 자들을 위하여 The Anxious Inquirer

존 에인절 제임스 지음 | 서문 강 옮김 | 신국변형 양장 256면 | 값 13,000원

영국에서 19세기 후엽 첫 출간 당시 50만부가 팔린 고전으로, 영적 각성을 받아 자신의 죄인됨과 구원에 대한 '절박한 근심'을 하는 이들을 위한 책이다. 빌립보 감옥의 간수가 바울과 실라에게 "선생들아 내가 어떻게 하여야 구원을 얻으리이까?"(행 16:30)라고 간절하게 물은 것과 같은 단계에 있는 이들을 가리켜 'Anxious Inquirer'(염려하여 묻는 자)라고 하는데, 이 책은 이 상태에 있는 이들을 구원으로 인도하시는 하나님의 성령님의 말씀이 담겨 있다. 이미 그리스도 안에 있다 여기는 이들도 이 책을 통해 자신의 믿음의 신적 기원 여부를 가늠할 수 있을 것이다.

## 고통 속에 감추인 은혜의 경륜 The Crook in the Lot

토마스 보스톤 지음 | 서문 강 옮김 | 신국변형 양장 328면 | 값 16,000원

"하나님께서 행하시는 일을 보라 하나님께서 굽게 하신 것을 누가 능히 곧게 하겠느냐?"(전 7:13)를 주제로 지상 성도들의 단골 메뉴인 '고통'의 문제를 하나님의 은혜와 그 능하신 손 아래서 어떻게 접근해야 하는지를 가르치고 있다. 하나님께서는 지상의 자녀들 각자에게 분정(分定)된 몫을 주시되, 그 속에 반드시 '굽은 것'을 넣어 주시어 그로 인해 '고통'을 느끼게 하신다. 그리하시는 하나님의 목적은 그들로 '고통 자체'가 아니라 그것을 방편 삼아 사랑하시는 자녀를 향해 그리스도 안에서 예정하신 그 하늘에 속한 신령한 '은혜의 경륜'을 이루고자 하심이다.

## 요한계시록 그 궁극적 승리의 보장

서문 강 지음 | 신국변형 양장 320면 | 값 16,000원

이 책은 '요한계시록 바르게 깊이 읽기'를 선도할 개혁주의적 강해서다. 저자는 1:3의 말씀, "이 예언의 말씀을 읽는 자와 듣는 자와 그 가운데에 기록한 것을 지키는 자는 복이 있나니 때가 가까움이라." 하신 것에 착안하여, 성경의 다른 65권의 책들과 같이 동등하게 묵상하고 강론되어 섭취할 영적 양식임을 확신한다. 또한 현대의 그리스도인들은 요한계시록을 처음 받은 초대교회 성도들 보다 그리스도의 재림에 더 가까이 서있으니, 요한계시록의 메시지야말로 그 어느 때 보다 절박하게 필요함을 저자는 역설한다.

## 믿음의 깊은 샘 히브리서 시리즈 (전6권) An Exposition of Hebrews

아더 W. 핑크 지음 | 서문 강 옮김 | 신국변형 양장

신약성경에서 성도의 믿음을 받치고 있는 교리적인 두 기둥과 같은 서신은 로마서와 히브리서이다. 오늘을 사는 우리에게 있어서 로마서는 복음의 본질을 창조주 하나님과 인간의 관계를 기초하여 접근하게 한다면, 히브리서는 구약의 신약적 성취라는 관점에서 복음을 접근하게 한다. 이 강해서 저자는 교회사상 유명한 세계적인 40여종의 히브리서 강해서와 주석서를 참조하여 예리하고 종합적인 성경관으로 면밀하게 강해해 나간다. 이 강해서는 로이드 존스의 로마서 강해와 쌍벽을 이루며 한국교회와 그리스도인들을 받쳐줄 것이 틀림없다.

청교도신앙사

하나님의 열심을 품은
# 간절목회

초판 1쇄 펴낸날   2012년 11월 1일
　　2쇄 펴낸날   2015년 4월 30일

지은이　　존 에인절 제임스
옮긴이　　서문강
펴낸이　　전수빈
펴낸곳　　청교도신앙사

주소　　　서울시 은평구 녹번로3길 2(녹번동)
전화　　　02-354-6985(Fax겸용)
전자우편　smkline@naver.com
등록　　　제 8-75(2012.8.21)

디자인　　백현아
출력,인쇄　예원프린팅
총판　　　도서출판 솔로몬(02-599-1482)

파본이나 잘못된 책은 구입처에서 바꾸어 드립니다.

ISBN 978-89-87472-26-3   93230
값 18,000원